数字知识宝库纵览

——美国数字图书馆案例精析

刘燕权　著

Surfing the World of Knowledge

——Analytical Case Studies of Digital Liberties in the United States

By Yan Quan Liu, Ph. D.

海洋出版社

2014 年 · 北京

内 容 提 要

本书系统介绍了以美国国家科学数字图书馆为主的世界级顶尖科学数字图书馆，具体翔实的分析了多个数字图书馆的建造背景、基本概况、资源组织、技术特征、服务特点等，并附有作者的精湛评估。本书内容涉及数字图书馆的基本原理与各类技术实现，包括数字图书馆的设计与建设、资源组织与描述的标准化、多媒体海量数据库的管理、软件系统构造与配置、个性化的 Internet 检索、推介服务，本地搜索，跨数据库检索，智能化界面问题、多媒体数据的压缩与检索、版权保护、多媒体流媒体网络、多计算机平台系统交互与操作、与远程教育的关系、传统图书馆的数字化改造以及新兴服务手段及商业影响等问题。所有数字图书馆均附有相应网址，可供读者免费登陆使用其收藏的各类免费资料数据库，以期实现信息资源共享和利用。

本书可作为大中专信息系统管理或工程学院、图书馆学院、软件学院、各类管理学院及所有相关专业的本科生、硕士生、博士生和教师等的专业教材或教学参考书。还可作为计算机、图书情报、信息管理以及网络文化教育等领域的研究人员和工程技术人员、管理人员、服务人员的信息参考资料。

图书在版编目(CIP)数据

数字知识宝库纵览：美国数字图书馆案例精析/刘燕权著. —北京：海洋出版社，2014.6

(21 世纪图书馆学丛书. 第 4 辑)

ISBN 978-7-5027-8830-8

Ⅰ. ①数… Ⅱ. ①刘… Ⅲ. ①数字图书馆-案例-美国 Ⅳ. ①G250.76

中国版本图书馆 CIP 数据核字(2014)第 043373 号

责任编辑：杨海萍

责任印制：赵麟苏

海洋出版社 出版发行

http://www.oceanpress.com.cn

北京市海淀区大慧寺路 8 号 邮编：100081

北京旺都印务有限公司印刷 新华书店北京发行所经销

2014 年 6 月第 1 版 2014 年 6 月第 1 次印刷

开本：787 mm×1092 mm 1/16 印张：40

字数：480 千字 定价：80.00 元

发行部：62132549 邮购部：68038093 总编室：62114335

海洋版图书印、装错误可随时退换

主编弁言

《21世纪图书馆学丛书》主要特点是注重图书馆实践，选题实在、新颖、信息丰富、密切结合图书馆工作实际，没有空喊令人看不懂的理论。该丛书第一、二、三辑出版以来，深受广大图书馆工作者的欢迎。

该丛书第四辑涵盖面较为广泛，共有6册，所涉及范围包括上海图书馆副馆长周德明研究馆员主编、上海图书馆采编中心以及上海市图书馆学会信息资源组织分委员会编著的《RDA：从理论到实践》、《数字图书馆论坛》主编顾晓光编著的《拥书权拜小诸侯——图书馆馆长访谈录》、美国南康涅狄格州立大学刘燕权教授著的《数字知识宝库纵览——美国数字图书馆案例精析》、杭州图书馆研究馆员李明华著的《规划设计图书馆建筑要旨》、《图书馆报》主编赖雪梅、姜火明编辑的《瞧，那些知名的海外图书馆》以及《图书馆专业英语最低限度词汇》。所有这些选题，都是图书馆员思考讨论的所在。相信这些务实的专业论著的出版，对图书馆现时的工作，图书馆事业未来的发展，一定会有所帮助。

丘东江

2014年3月于北京

前 言

数字图书馆是一个新兴的、涉及互联网、数字化、多媒体、数据仓库、资源组织、版权保护等诸多技术的计算机及信息学应用领域,应用前景非常广阔。美国国家科学数字图书馆项目(NSDL)缘起于20世纪90年代中期国家自然科学基金会的重点大力资助,为各类读取数字资料的人提供了全球科学信息通道。这些世界级顶尖的数字图书馆不仅代表了最新网络数据资源及服务技术,同时也提供了多种丰富坚实的信息知识服务。

本书系统介绍了以NSDL为主的世界级顶尖科学数字图书馆,具体翔实的分析了每个数字图书馆的建造背景、基本概况、资源组织、技术特征、服务特点等,并附有作者的精湛评估。通过应用实例本书内容涉及数字图书馆的基本原理与各类技术实现,包括数字图书馆的设计与建设、资源组织与描述的标准化、多媒体海量数据库的管理、软件系统构造与配置、个性化的Internet检索、推介服务,本地搜索,跨数据库检索,智能化界面问题、多媒体数据的压缩与检索、版权保护、多媒体流媒体网络、多计算机平台系统交互与操作、与远程教育的关系、传统图书馆的数字化改造,以及新兴服务手段及商业影响问题等。所有数字图书馆均附有相应网址,可供读者免费登陆使用其收藏的各类免费资料数据库,以期实现信息资源共享和利用。

本书的编写有三个目的:一是作为大中专信息系统管理或工程学院、图书馆学院、软件学院、各类管理学院,及所有相关专业的本科生、硕士生、博士生和教师等的专业教材或教学参考书。二是作为计算机、图书情报、信息管理,网络文化教育等领域的研究人员和工程技术人员、管理人员、服务人员的信息参考资料。本书既可以作为教材或教学参考书,也可以作为工程开发的技术参考书。三是作为大学图书馆,公共图书馆,专业图书馆,各类信息中心,IT与网络公司等机构保存和基藏本图书,为大众提供各类知识阅读。

这不仅是某些学科的教科书,也是许许多多教科书的必备参考书。美国国家科学数字图书馆系列提供了几乎囊括所有主要科学学科的动态平台,本书介绍的所有数字图书馆案例均是优秀教学事例课件,各类专门数字图书馆均为专业优秀数据库,适应如今社会高速发展的全数字化时代。本书侧重特色图书馆数据库的建设,并充分考虑到了学校的特点、学校实施专业教育和信息技术在教育中应用的需要,信息量大,选题有极强的实用性、应用性和时代性,将是一本不可多得的数字化教育资源。

与同类书进行比较,本书选题独一无二,数字图书馆的专著不多,专门介绍世界级顶尖级科学数字图书馆,并对数字图书馆多方面的领域通过应用实例进行论述,实属第一次。

借本书出版的机会,本书作者愿对参与本书各单篇撰写工作的所有编著者表示衷心的感谢,感谢他们的辛勤笔耕将英文素材编译整理转换成中国读者喜读爱看有趣的科研作品。同时感谢我所在美国信息图书馆学系的历届研究生们,他们在我的数字图书馆课程教学中浏览审阅各类数字图书馆,精心选择优秀馆站,研读分析它们的成功与不足之处。他们撰写的课程作业为本书单篇提供了详实丰足的基础素材,保证了内容的准确、完整、及时、可靠。最后,作者特别鸣谢顾晓光先生,是他的努力和智慧使这些数字图书馆的精析作品得以出版发表,使中国朋友们有机会纵览这些世界级数字图书馆的缘起、发展和建树,共同探索构造具有中国特色的信息图书馆高速通道和高质服务,为所有信息知识求索者做出贡献。

刘燕权(Yan Quan Liu)
美国南康涅德格大学终身教授
天津理工大学天津市特聘教授

目　录

Tables

美国科学数字图书馆(NSDL)2005－2006年资助项目述评

刘燕权/美国南康涅狄格州立大学

谷秀洁/北京大学信息管理系

摘　要:促进科学、数学、工程与技术教育的发展是NSDL的宗旨。文章从项目资助资金、受助单位和内容范围等几个角度对美国科学基金会(NSF)2005和2006会计年度的美国科学数字图书馆(NSDL)项目进行了综合归纳,并从馆藏建设、用户服务和促进内容传播三个方面进行了分析研究。资金、标准化和人才是影响数字图书馆建设发展的重要因素,而开源软件为低预算的数字图书馆发展提供了契机。

关键词:NSDL;数字图书馆;国家资助项目;述评分析

An Analytical Review of the U. S. National Science Digital Library

Yan Quan Liu, Ph. D. /Southern Connecticut State University, USA

Gu Xiujie/Department of Information Management, Peking University

Abstract: Looking at the last two years of Science, Mathematics, Engineering and Technology Education (SMETE) funding for the National Science Digital Library (NSDL) projects, a number of trends are supported by data regarding the grant totals, the types of institutions awarded, and the themes of proposed subjects. After analyzing the collection building, user service and dissemination issues, and the open source tools carve out a way for the small budgets libraries.

Keywords: NSDL; Digital library; Awarded program; Analytical review

1 前言

数字图书馆建设在世界各国正如火如荼地展开,国外以美国为代表设立了各种数字图书馆项目,也形成了一批各具特色的成果。《数字图书馆论坛》编辑部特别邀请美国南康涅狄格州立大学的刘燕权老师为案例课堂栏目策划组织了一组有关美国数字图书馆的文章。这些文章评论的数字图书馆都是由美国国家科学基金(NSF)资助的,均为国家科学数字图书馆(NSDL)计划的组成部分。因此,它们代表了数字图书馆目前的进展。所选案例的项目都是由国家科学、数学、工程、技术教育数字图书馆(SMETE Digital Library)资助的。尽管将由不同作者的来完成这些内容,但是各篇文章将采用相近的写作形式和评论的方面。评论的内容将尽可能包括:

(1)项目经费、资助年限、网址和相关信息;

(2)项目目标或使命陈述、框架以及(或者)合作的尝试;

(3)项目意义:包括背景、合理性、相关研究及其影响;

(4)调研、评估或者项目实施中采用的方法;

(5)资源组织:资源的范围和类型、资源描述或元数据方案;

(6)服务特征:包括存取和利用,例如浏览或者搜索引擎;

(7)技术特征:包括界面设计、软件结构、硬件组成、系统或数据库的互操作;

(8)项目改进、评估和维护的方案;

(9)项目优缺点的分析和评价。

这组案例课堂的文章都将从用户视角来进行评价,例如,考察资源是否容易获取、馆藏的有用性以及图书馆的组织结构等。

美国国家科学数字图书馆(National Science Digital Library,NSDL)是国家科学基金会(National Science Foundation, NSF)资助的提供科学、技术、工程以及数学(STEM)教学和科研资源的免费在线图书馆建设计划。它缘起于1995年NSF本科生教育委员会(Division of Undergraduate Education)的一篇概念性文章。自1998年起进行了两轮的原型设计。2000年至2006年末,NSF共投入约1.374亿美元的资金,资助了来自34个州235项次申请中的192个项目。这些项目包括为各个教育阶段的师生创建馆藏和服务,以及数字图书馆及其在教育领域应用的研究。2006年5月的数据显示,160个获得NSF资助完成的NSDL项目和在建项目中收藏资源包括教学资源、辅助资源、新闻和展览等,资源总数已达150万个以上,同时其数量每周定期得到补充、更新并持续增加。[1-3]

NSDL是美国政府目前支持力度最大的数字图书馆计划,对美国的数字图书馆的建设发展影响巨大。为帮助读者对近两年来美国数字图书馆的发展有一定了解,本文回顾了2005到2006会计年度NSF科学、数学、工程与技术教育(SMETE)基金资助的国家科学数字图书馆(NSDL)项目建设情况(其中大多项目的资助始于1999年),分析讨论的内容包括近两年的资助金额,获得资助的机构类型,获得资助的项目领域,以及数图项目发展建设的趋势和存在的问题。

2 项目资助金额

NSDL计划有三个资助方向,其项目分为:

(1)“馆藏方向”(Collections Track),但从2004年开始,“路径方向”(Pathways Track)取代了“馆藏方向”(Collections Track);

(2)“服务方向”(Services Track);

(3)“对象研究方向”(Targeted Research Track)。

2005会计年度NSF资助了国家科学数字图书馆(NSDL)项目计划中的21项申请,提供资金总数达17 469 432美元。这些资金中,32%用于核心综合项目,7%用于转包合同,31%用于路径项目(Pathways projects),26%用于服务项目,5%用于对象研究。2005年没有资助馆藏项目。[3]

2006会计年度共投入12 342 579美元。其中,44%用于核心综合项目,9%用于转包合同,43%用于路径项目,5%用于服务项目。当年没有用于目标对象的研究投入。共有20个项目获得了资助。[3]对比这两年的数据可以看出,美国加大了对路径方向项目的投入,缩减了服务和研究型项目的资金。NSDL计划负责人Lee I. Zia在2006年3月的《数字图书馆杂志》(D - Lib Magazine)上发表文章指出:2005年保持了这种变化,即从早期重视馆藏资源转变为重视帮助用户“连接”资源,或者找到符合他们目标的资源路径。这种服务路线关注于两个领域:选择服务和方法培训。总之,研究资金不再支持新创建的馆藏项目,而是支持对已有馆藏的利用和用户服务。[4]

从2007年度美国国家科学基金项目申报文件(NSF 07 - 538)看,预计资助的项目数为20 - 28个。路径项目减至1 - 2个,有4 - 6个服务项目,15 - 20个小型项目,资助总额大约600万美元。[5]目前尚无确切的项目信息。

3 获得资助的机构[3]

3.1 2005会计年度获得资助的机构

NSF的NSDL计划2005年资助的机构包括以科学研究为中心的大学、学会/协会、研究中心、博物馆等。2005会计年度获得资助的机构详情见表1。

表1 2005会计年度获得资助的机构①

序号	机构名称	项目名称	备注
1	加州大学伯克利分校(5) 科罗拉多矿业学院(2) 科罗拉多大学(Boulder)(5) Worchester 工艺学院(3) 杜克(Duke)大学(1) 弗吉尼亚工艺学院及州立大学(5)	K－Gray 工程教育之综合门径 A Comprehensive Pathway for K－Gray Engineering Education	合作项目
2	美国科学促进协会(3)	生物科学教育网第三期合作项目 Biosci Ed Net (BEN) Collaborative Cycle 3(Pathway)	
3	马萨诸塞——阿默斯特大学(2)	NSDL 资源定制项目 Customizing Resources for NSDL	
4	美国物理教师协会(2)	物理与天文学教学“伙伴”路径项目 The ComPADRE Pathway for Physics and Astronomy Education	
5	Carleton 大学(2)	数字图书馆学科建设项目 Pedagogic Services for Digital Libraries	
6	康奈尔大学 Endowed 分校(3) 华盛顿大学(2)	NSDL 注册:支持互操作的元数据传递项目 An NSDL Registry: Supporting Interoperable Metadata Distribution	合作项目
7	康奈尔大学 NYS Land Grant 学院(3)	便利中小学生从动物行为多媒体图书馆选择资源的评注项目 Facilitating K－12 Selection in an Annotated Rich Media Library of Animal Behavior	

① 括号内的数字表示该组织到2006年累计获得NSDL项目资助的次数。

续表

序号	机构名称	项目名称	备注
8	犹他州立大学(4)	开放课件和 NSDL 资源的链接服务 Services to Link Open courseware Repositories and the NSDL	
9	Drexel 大学(4)	综合技术能力项目:开发有效的 NSDL 教师培训模式 Leadership Development for Technology Integration: Developing an Effective NSDL Teacher Workshop Model	
10	技术教育研究中心(2) (TERC Inc)	促进地球科学数据在教育领域应用的地球勘探工具软件培训班 Earth Exploration Toolbook: Workshops to Facilitate the Use of Earth Science Data in Education	
11	肯特州立大学(4)	NSDL 材料数字图书馆:材料学教育与科研中心 NSDL Materials Digital Library Pathway: Hub for Materials Education and Research	
12	弗吉尼亚工艺学院及州立大学(5)	内容定制:用课程网站缩短 NSDL 与用户之间的距离 Personalization of Content: Bridging the Gap Between NSDL and its Users through the Course web site	
13	科学、艺术与人文博物馆(2) (Exploratorium)	促进课外教育工作者利用 NSDL 的职业发展机构 Professional Development Institutes to Increase Afterschool Educators' Use of the NSDL	

续表

序号	机构名称	项目名称	备注
14	缅因数学与科学联合会(1)	PRISMS：中学科学课程的现象与表现指导网 PRISMS－Phenomena and Representations for the Instruction of Science in Middle Schools	
15	美国心理学学会(1)	在线心里实验室 Online Psychology Laboratory	
16	伊利诺伊大学Urbana－Champaign分校(2) 堪萨斯大学科研中心(2004项目)(3)	通过研讨班评价用户基础、扩大分析科学数字图书馆的有效利用 Assessing the User－base and Expanding the Usability/Reach of the Analytical Sciences Digital Library through Developmental Workshops	合作项目
17	俄亥俄州立大学科研基地(5)	向NSDL注入NSTA K－16[①]连贯教育内容 Connecting NSTA K－16 Content to NSDL	

(注:根据NSDL2006年报整理[3])

不难发现,基金倾向表现出明显的“马太效应”。首先,“名校”更容易获得资助。康奈尔大学、威斯康星·麦迪逊大学、卡内基·梅隆大学、哥伦比亚大学项目获批次数名列前茅。其次,联合多所大学的大型协作项目容易上榜。第三,许多获得资助的项目都是NSDL的持续项目,有的已经连续多次获得支持。杜克大学是唯一首次获得资助的大学,可能是因为它搭上了工程教育项目的“顺风车”。

① 注:NSTA是美国科学教师联合会(National Science Teachers Association);K－16指从幼儿园(kindergarten)到大学毕业(Grade 16)的连贯教育。

3.2 2006会计年度获得资助的机构[3]

从公布的数据看,2006年NSDL计划仍然青睐大型合作项目和曾经多次获得资助的机构(见表2)。

表2 2006会计年度获得资助的机构

序号	机构名称	项目名称	备注
1	威斯康星·麦迪逊大学(8) 卡内基·梅隆大学(7) 美国化学协会(1)	化学教育数字图书馆:NSDL的化学教育路径项目 ChemEd Digital Library: An NSDL Pathway for Chemical Science Education	合作项目
2	哥伦比亚大学(6)	通过为学科内容加评注的方法提升NSDL资源的价值 Adding Values to NSDL Resources through Pedagogical Content Knowledge Annotations	
3	韦恩(Wayne)州立大学(2) 东密执安大学(2004项目)(4) 犹他州立大学(2004项目)(2)	数字图书馆利用:用NSDL学习资源和工具连接服务不到的师生 DL Connect: Connecting underserved Teachers and Students with NSDL Learning Resources and Tools	合作项目
4	WGBH教育基金会(5)	教师教学标准化增进计划 Teachers Domain Educational Standards Enhancement	持续项目
5	科罗拉多大学Boulder分校(5)	基于美国艺术与科学研究院线形图方法,用概念浏览界面促进NSDL网络资源的利用 Enhancing NSDL. Org with Concept – browsing Interface based on AAAS Strand Maps	

(注:根据NSDL2006年报整理[3])

4 资助项目

比较容易获得资助的是那些协作型的、在相关研究领域整合资源网络的项目。合作者常常是那些大型高校或国家级组织。项目主要集中在四个方面：

(1)从用户服务的角度增加现有资源的价值；

(2)聚集同类馆藏形成更大的资源规模；

(3)促进NSDL信息资源传播的项目；

(4)标准化和共享元数据。

以下是对近两年项目的简析。

4.1 增进用户服务的项目

2005－2006年，有9个项目是以增进用户服务为目的的，约占公布项目总数的41%。除个性化服务，概念地图、知识标注、索引和界面设计外，在Web2.0环境下，对于用户上传的资料，康奈尔大学在麦考利声音图书馆实施的保证人样本和双向代理(double－broker)制度也值得关注。

表3 增进用户服务的项目

序号	项目名称	主持机构	关键概念和成果
1	基于美国艺术与科学研究院线形图方法，用概念浏览界面促进NSDL网络资源的利用	科罗拉多大学Boulder分校	·在NSDL中利用现有连线关系概念地图专为儿童设计的概念浏览界面

续表

序号	项目名称	主持机构	关键概念和成果
2	NSDL 资源定制项目 Customizing Resources for NSDL	马萨诸塞阿默斯特大学	·在数学论坛数字图书馆中创建个性化的学习环境:"个性化数学论坛" ·从认知、情感和社会维度为数字图书馆建立索引 ·评价索引是否有助于师生、投稿人和作者等利益相关人及时有效地找到资料;索引和随机检索哪个效果更好 ·为专题图书馆——"750 个数学和几何问题"图书馆生成一个门户,特别考虑特殊的认知和行为技巧 ·整合元数据 ·针对其他图书馆服务提供者的定制服务传播工具
3	数字图书馆学科建设项目	Carleton 大学	·为 NSDL 创建教学材料 ·创建能使其他数字图馆链接本项目教学资源的工具,同时建立扩大教学资料和样本馆藏的机制 ·利用社区中与用户相关的兴趣度较高的教学资料,开发个性化的教学门户
4	通过为学科内容加评注的方法提升 NSDL 资源的价值	哥伦比亚大学	·利用地理教学数字图书馆,为至少 1000 份资源提供教育内容知识标注(Knowledge Annotations) ·改进地理教学数字图书馆系统用户界面,使知识标注可以作为检索结果有效地显示出来 ·设计可用性测试并检测使用情况 ·考虑到复制问题,NSDL 可以利用本项目的工具和方法给馆藏添加教育标注

续表

序号	项目名称	主持机构	关键概念和成果
5	便利中小学生从动物行为多媒体图书馆选择资源的评注项目	康奈尔大学 NYS Land Grant 分校	·为麦考利数字图书馆的馆藏创建覆盖(overlaying)的地图工具 ·为方便教师挑选适当的声音记录,创建保证人样本文档 ·使用户能够将动物记录及其地理分布联系起来 ·提供允许教师通过地理位置限定记录搜索的在线工具 ·预先挑选大众普遍倾向的物种行为制作展示用的"典型案例" ·在图书馆创建者和投稿人之间建立"双向代理"(double－broker)协作系统
6	开放课件和NSDL资源的链接服务	犹他州立大学	·通过分布式机构网站建立联合搜索 ·开发可放课件知识库的门户 ·便利NSDL收割元数据和课程资料
7	内容定制:用课程网站缩短NSDL与用户之间的距离	弗吉尼亚工艺研究院及州立大学	·研究并开发能够让大学层次的课程网站成为希望利用NSDL的师生活动中心的技术 ·为教师和学生建立灵活的个性化信息查询界面 ·通过用户研究了解师生关于课程网站的需求和和活动 ·评价上下文关联语境服务的构成 ·开发综合的个性化框架
8	在线心里实验室	美国心理学学会	·在线教学,演示实验 ·在线收集心理测试数据,供教学分析

续表

序号	项目名称	主持机构	关键概念和成果
9	PRISMS：中学科学课程的现象与表现指导网	缅因数学与科学联合会	·建立既符合国家科学内容标准又适于教学的1000个现象和表现的数字馆藏 ·描述和评注这些资源 ·提高中学教师、教务人员和NSDL用户选择、分析和概括问题的能力，为数字图书馆增添内容

4.2 数字图书馆联合发展项目

多方合作、聚集同类资源、避免重复建设的数字图书馆联合发展项目是近两年的热点。特别是从用户角度出发的路径项目，重视了资源的有机结合和充分利用，值得我们借鉴。

表4 数字图书馆联合发展项目

序号	项目名称	主持机构	关键概念和成果
1	K-Gray工程师教育之综合门径	加州大学伯克利分校；科罗拉多矿业学院；科罗拉多大学；Worchester工艺学院；杜克大学；弗吉尼亚工艺学院及州立大学	·合并国家工程教育数字图书馆(National Engineering Education Delivery System, NEEDS)和技术工程数字图书馆 ·有意识地为NSDL工程学增添优质资源 ·整合符合中小学(K-12)标准的统一的课程资料 ·促进内容贡献者与用户的互动 ·为工程学路径内容增加质量控制/评论协议 ·为工程学路径的可持续发展建立非营利战略伙伴关系

续表

序号	项目名称	主持机构	关键概念和成果
2	生物科学教育网第三期合作项目	美国科学促进协会	·将生物科学教育网(BEN)的合作者扩大到22家 ·开发院系校园型程序,管理学校和基于社区的培训班 ·为2700名预期的贡献者提供技术支持
3	化学教育数字图书馆:NSDL的化学教育路径项目	威斯康星·麦迪逊大学;卡内基·梅隆大学;美国化学协会	·通过NSDL建立一个化学教育数字图书馆的路径 ·利用教科书内容目录定位资源的界面 ·建立帮助评价、传播资料和维持未来发展的志愿者社区
4	物理与天文学教学"伙伴"(ComPADRE①)路径项目	美国物理教师协会	·基于网络内容建立一个既适合讲授小学科学入门课教师,又适合物理/天文学专业大学生、高层次的物理学家、教师和学生,以及终生学习人士学习的数字资源网络 ·编辑审核材料,然后为每个社区量身定做组织资源;部分入藏的资源要经过同行评议 ·为社区成员交流、共享资源和互相学习提供工具

① 注:ComPADRE,Digital Resources for Physics and Astronomy Education,物理和天文学教育数字资源。

续表

序号	项目名称	主持机构	关键概念和成果
5	NSDL 材料数字图书馆:材料学教育与科研中心	肯特州立大学	·在目前材料科学数字图书馆馆藏的基础上构建信息基础设施 ·为教学和科研提供有意义的内容与服务 ·为资源传播提供便利 ·扩大协作网络 ·提供描述、管理、交换、存档和传播数据的工具 ·提供支持开放存取的建模和仿真工具 ·为研究生导论课程的虚拟实验室提供教学内容和服务 ·为合作开展材料科学研究生教学维护工作空间 ·开发促进资源发现的本体工具
6	向 NSDL 注入 NSTA K－16 连贯教育内容	俄亥俄州立大学科研基地	·将 NSTA 的资料库连接到 NSDL ·既扩大能够提供服务的教师队伍,又增加提供资料的种类和数量 ·区分贡献给 NSDL 和路径项目的资源优先等级 ·开发电子出版模型 ·建立适合所有资源的元数据 ·打造创建、维护和提供利用馆藏资源的信息基础设施和软件工具

4.3　促进信息资源传播的项目

宣传和推广项目成果,培训教师,有效地促进信息内容、工具软件和信息技术的利用是 NSDL 近两年的资助重点之一。与众多商业站点的加强宣传攻势不同,NSDL 选择了师资培训的道路,这与它非营利的性质、服务对象和教学资源内容是紧密联系的。

表5 促进信息资源传播的项目

序号	项目名称	主持机构	关键概念和成果
1	促进课外教育工作者利用NSDL的职业发展机构	Exploratorium	·培训班、研讨会 ·技术支持 ·用户的大学教育社区 ·NSDL标准化、可传递的课程模型
2	促进地球科学数据在教育领域应用的地球勘探工具软件培训班	TERC Inc	·简易数据分析培训班:教师利用NSDL、DLESE(地理教学数字图书馆)和EET资源的2小时快速职业培训 ·为服务不到的群体招募教师 ·收集培训前后和执行前后的利用数据
3	数字图书馆利用:用NSDL学习资源和工具连接服务不到的师生	韦恩州立大学	·计划开展直接影响中学和中学教师的全国范围的培训班,培训对象是上岗前和在岗的电教老师和学校图书馆多媒体专职教师;创新培训模式 ·评估和研究教学的效力 ·促进广泛传播的途径 ·建立可持续发展的坚实基础
4	综合技术能力项目:开发有效的NSDL教师培训模式	Drexel大学	·研究将NSDL内容融入教学的复合型培训模式 ·计划培训5－9年级的900名教师,分成3个层次进行
5	通过研讨班评价用户基础、扩大分析科学数字图书馆的有效利用	伊利诺伊大学Urbana－Champaign堪萨斯大学科研中心(2004项目)	·基于概念层级组织内容 ·提供自动收割数据和智能元数据收集的软件 ·扩大分析科学数字图书馆(ASDL)馆藏范围,包括虚拟实验室和网上文章 ·教学方法的创新之处在于整合了教师授课和问题引导等方式

4.4　标准化和元数据项目

专门开展的标准化和元数据项目近两年并不多，许多项目计划都涵盖有元数据部分，因此，这类项目常常被归为“服务类”。例如，俄亥俄州立大学的“向 NSDL 注入 NSTA K－16 连贯教育内容”的项目。康奈尔、华盛顿大学的合作项目 NSDL 元数据注册项目和 WGBH 教育基金会的“教师教学标准化增进计划”值得重视。

表 6　标准化和元数据项目

序号	项目名称	主持机构	关键概念和成果
1	NSDL 注册：支持互操作的元数据传递项目	康奈尔大学 Endowed 分校；华盛顿大学	·开展元数据注册登记服务作为 NSDL 中心元数据的补充 ·为人工或机器代理注册方案提供支持，同时支持这些方案（语义网）间术语和概念的自动映射和交互（crosstalks）
2	教师教学标准化增进计划	WGBH 教育基金会	·创建一个受控词表界面工具

5　分析与评价

总体来看，NSF 的 NSDL 计划近两年来投资主要在理工科教育和科研资源的建设和开发使用领域。资助机构看好那些多方协作的有研究力量的高等学府和国家级学术研究型组织。路径门户，资源整合，资源开发工具，教学创新，网络系统互操作，个性化、本地化的项目得到青睐。

5.1　馆藏建设

以馆藏建设为中心的项目，重心多放在为共享服务和专深层次挖掘、建设奠定资源基础。如,加州大学伯克利分校合并了两个数字图书馆;俄亥俄州计划联合诸多专业机构的数字图书馆资源;美国物理教师协会、美国化学协会和卡内基·梅隆的项目致力于将相似的资源合并;特别是肯特州立大学为研究生虚拟实验室开发的资源和服务。多数项目注意到了在共享内容的同时共享元数据,以提高数字图书馆的资源发掘及检索能力。为了避免重复,加大这类共享元数据项目的研究力度成为热点。

5.2 用户服务

分析NSDL项目可以发现,在用户导向(User oriented)观念的影响下,人们更加关注个性化的用户界面和路径入口。弗吉尼亚工艺、阿莫斯特大学和肯特州立大学项目是典型,包括了实现个性化搜索、评注、资源管理等功能的设计。俄亥俄州立大学应用了“我的图书馆”、“我的记事本”和“我的成绩单”(My Transcript),下一步还计划增加日历和个性化的发表论文、学生作业和其他“灰色文献”的空间。科罗拉多大学项目的特点是根据国家科学技术工程和数学标准链接相关资源。对教师来说,确保资源符合学习目标是最具吸引力的。Carleton大学开发的内容管理系统(CMS)整合了馆内外目录,可以直通NSDL数字图书馆。让各类数字图书馆为用户提供更多的自存档门户条件似乎成为一种趋势,这样既可以分解数图内部工作量又可有效增加馆藏。哥伦比亚大学为检索返回的资源列表添加评注的项目在这方面很有创意,它使教师和学生能够更准确地选定所需资源。

5.3 促进内容传播

内容传播是从馆藏到用户过程中的重要环节。近两年NSDL项目支持的区域性培训班就是例证。培训对象主要集中在初高中教师和上岗前的中学教师,旨在提高中小学师资在理工科教学方面的素质和水平,以利于对理工科教学资源的深层次挖掘使用。

针对大学教师和教授的培训班还是空白。加强在这些层面的传播案例的研究,有待发掘有效的项目设计。

如果一个项目是大学或协会的合作项目、能够为馆藏增加评注、教育信息、丰富的元数据、并且能向潜在的用户推广数字图书馆,那么它就很有可能获得 NSF 的 NSDL 计划的资助。NSF 对扩大资源用户群的项目更为关注,其目的是,既然已经花了数百万美元建设馆藏,那么现在就该告诉用户促进科学、技术、工程和数学教育的资源都有哪些,应该怎样加以利用。

6 问题与挑战

与数字图书馆相近的概念并非现在才有。早在 1938 年,韦尔斯(H. G. Wells)在他的同名著作中就提出了“世界大脑”(World Brain)的设想。尽管在当时他关于知识聚合物的设想还具有浓厚的主观色彩。但 Rayward 认为,世界大脑是近代有关社会——生物进化论最伟大的表述。这是一个能够按照“公开的计谋”(Open Conspiracy)迅速形成,并且反过来促进计划成功实现的有机体,科学家和其他社会成员将凭此创造一个新的世界。[6] 这个知识机器应该是什么样的? 这个幻想在多大程度上影响了布什,使他在 1945 年《大西洋月报》上发表的《诚如所思》中设计了‘Memex’? 这些问题都十分有趣。(Lesk, 2004)上世纪后半叶,随着 ARPAnet 揭去了她神秘的面纱,以及互联网、万维网的兴起,这种普遍存取知识的观点由理想变成了现实。

如今,数字图书馆的形式千姿百态、领域无所不包。然而,其面临的大量问题也是数字浪潮初兴之时的领域先锋们所始料不及的。与传统建筑型图书馆经常遇到的尴尬相似,数字图书馆建成后紧接着的问题就是如何维持。丹 · 福勒(Dan Fuller)在文章中指出:“我们现在该干什么? 把数字图书馆再维持十年”。他详细分析了在现行资金模式下维持数字图书馆所面临的挑战。“当这种不定期的资金减少的同时,全州的数字图书馆就要面临与其他州立机构和项目竞争有限资源的局面。采取政治行动和宣传鼓动来巩固和维持州数字图书馆是十分必要的。”(Fuller, 2006)这一点与历史上传统图书馆在预算危机时所采取的办法十分相似。正如福勒所言,尽管传播知识的方式不同,数字图书馆将会如传统图书馆所经历的一样,随着“蛋糕”的缩减而产生分化。因而,数字图书馆需要创立可持续的模式,这种模式必须考虑改进和改变技术、度量、评估和利用等问题。

资金并非当今数字图书馆馆员思考的唯一问题。Yannis Ioannidis 认为,“从某种程度上说,最主要的问题是任何的努力看起来都十分孤立”。(Ioannidis, 2005)环顾网上许多数字图书馆的建设都在印证他的论断。数字图书馆一期和二期工程(DL1&DL2)的网站多数是孤立地客居在所隶属图书馆的网站下面。数字图书馆的研究者倡议探讨共同关心的问题,深化数字图书馆服务及管理应是下一步共同努力的目标。Ioannidis 和 DELOS 工作组建议,“现在应当改变战略,设计和建设通用数字图书馆管理系统(DLMS),该系统应当在可能的环境下支持各种数字图书馆的功能。”传统图书馆同样也碰到过这个问题,并通过提供超越本地馆藏的“获取”服务、整合图书馆系统(如 Sirsi)以及 OCLC WorldCat 这样的标准化分类组织在一定程度上解决了它。因此,数字图书馆下一步亦应朝这个方向发展,即强调标准化、互操作和元数据映射。

目前数字图书馆的趋势是要在服务及管理不断深化和预算紧缩条件下满足建设及发展数字图书馆的需求。如何在挑战中找到成功的突破口,一位数字图书馆研究者的建议很有启示:“你不需要国会图书馆那样丰富的馆藏,你也不需要一堆资助的钞票……,你所要的就是网络和没有多少知识但却充满好奇心的无所畏惧的员工”。(Weber, 2006)而且,这种并不昂贵的数字图书馆发展趋势已经被大量的免费开源软件所证实。Greenstone 和 DSpace 都可以证明在图书馆的预算内建立数字图书馆是可以实现的。

参考文献

[1] NSDL History[EB/OL]. [2007-09-13]. http://nsdl.org/about/? pager=history.

[2] Frequently Asked Questions about NSDL by Educators[EB/OL]. [2007-09-13]. http://nsdl.org/about/? pager=faq.

[3] NSDL 2006 Annual Report [R/OL]. (2007-02)[2007-09-13]. http://nsdl.org/about/download/misc/NSDL_ANNUAL_REPORT_2006.pdf.

[4] LEE L Z. In Brief: The NSF National Science, Technology, Engineering, and Mathematics Education Digital Library (NSDL) Program[EB/OL]. (2006-03)[2007-09-13]. http://www.dlib.org/dlib/march06/03inbrief.html.

[5] NSF. NSDL Program Solicitation (NSF 07-538) [EB/OL]. (2006-11-07) [2007-09-14]. http://www.nsf.gov/pubs/2007/nsf07538/nsf07538.pdf.

[6] RAYWARD W B. H. G. Wells's Idea of a World Brain: A Critical ReAssessment[J]. Journal of the American Society for Information Science 50 (May 15, 1999):557-579.

[7] NSDL projects[EB/OL]. [2007-09-20]. http://nsdl.org/resources_for/library_builders/? pager=projects&subpager=all.

[8] NSDL projects[EB/OL]. [2007-09-20]. http://nsdl.org/resources_for/library_builders/? pager=projects&subpager=all.

作者简介

谷秀洁,女,(1972-),北京大学信息管理系05级博士生,导师吴慰慈教授,联合培养导师刘燕权博士。受国家留学基金委“国家建设高水平大学项目”支持,2007年9月-2008年2月我在美国南康涅狄格州立大学做访问学者。通讯地址:北京大学畅春新园3-573宿舍100871

美国电子骨骼项目:人类和灵长类动物解剖学交互式数字图书馆评析

刘燕权/美国南康涅狄格州立大学
谷秀洁/北京大学信息管理系

摘　要:美国电子骨骼项目是将现代多媒体技术比较成功地运用于人类和灵长类解剖学仿真教学的一个数字图书馆。文章对该数字图书馆的建设、意义及现状进行了综合性的述评,包括项目概述、资源组织、技术特征、服务特征以及作者的评估与建议。

关键词:电子骨骼; 仿真教学; 数字图书馆; 虚拟实验室

The eSkeletons Project: A Case Study of the Digital Library for Simulation Education and Research on Human & Non – Human Anatomy

Yan Quan Liu, Ph. D./Souther Connecticut State University, USA
Gu XiuJie/Information Management Department of Peking University

Abstract: The eSkeletons Project is one of successful digital library projects providing an interactive learning and research environment for the study of the skeletal anatomy of humans and other primates with modern multimedia technologies. Although it was initially designed for college and university students, it has been found to be useful by learners of all ages including educators and researchers who seek open access to 2D and 3D skeleton materials. The article provides an extended review on the project's backgrounds, site construction, resources organization, technological features, services provided, as well as comments and suggestions made by the authors for future improvements of the project.

Keywords: eSkeletons; Simulation education and research; Digital library; Virtual laboratory

1 项目概述

德克萨斯——奥斯汀大学创建的电子骨骼项目(The eSkeletons Project)是美国国家科学基金(NSF)资助的仿真教学数字图书馆,2001 年 4 月 4 日发布使用。根据知识共享协议(Creative Commons)免费提供个人学习和非商业目的下载,网址为 www. eSkeletons. org。该项目改变了以往解剖学教学过程中师生必须通过"手动"(hands - on)的方式才能触摸骨骼样本的单一模式,为学习人类及其他灵长类动物的骨骼解剖学和进化学提供了一个交互的多角度的虚拟学习平台。

电子骨骼项目数字图书馆不但提供彩色的、动态的、高质量的二维和三维图像,而且这些图像还贴有肌肉、清晰度、长度以及形态特征等丰富的标签信息。用户既可以通过骨骼的各个区域导航、观察连接肌肉和关节的每块骨骼的位置、比对不同物种的骨骼,利用 Quicktime(Apple 公司的软件)欣赏高清晰度的 360 度旋转和漂浮效果,还可以通过 VRML 软件(Virtual Reality Modeling Language)体验"进入"骨骼观察的特殊感受。该项目从资源、技术到服务和管理都有可圈可点之处。它界面简单,适用于不同年龄和层次的用户,可以打印、下载和学习自测。目前,针对儿童的操作界面和针对专业人士的骨骼鉴别子系统尚在建设当中。(图1)

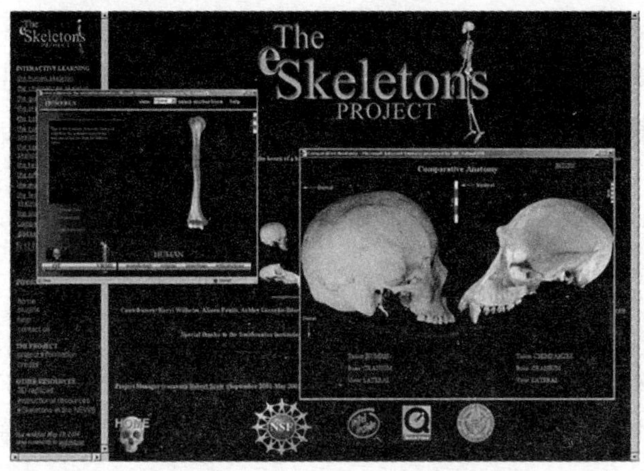

图1 电子骨骼项目(Burns, 2004)

电子骨骼项目的发展经历了两个阶段:(1)1998－2002年是美国数字图书馆二期工程(DLI－2)的一个项目,全称为"三维空间的虚拟骨骼:作为网上解剖学研究平台的数字图书馆"(Virtual Skeletons in Three Dimensions: The Digital Library as a Platform for Studying Web－Anatomical Form and Function)。受助金额为287 147美元,负责人是John Kappelman。项目设计是利用现代技术扫描并存档复杂形状的骨骼对象,构建骨骼数据库、适合初级和高级用户学习的互动界面、人体解剖学和人类进化导论课程以及CDROM虚拟实验室。[1] (2)2003－2006年作为NSDL的本科教育项目,获得了NSF 398 726美元的资助。项目全称为"www.eSkeletons.org:人类和灵长类动物解剖学交互式数字图书馆"(www.eSkeletons.org: An Interactive Digital Library of Human and Primate Anatomy),由John Kappelman,Timothy Ryan和Laura Alport负责。项目计划新增的内容有:①扩大物种范围(包括大型和微型灵长类动物的骨骼数据)、增加特定位置的插图、增设比对研究和数据发布项目;②设计适应不同年龄用户的多个入口、连接国内各州师生的虚拟课堂、检验各种生物学概念和主题的工具和试验；③增加自测功能，汇总课程资料、PPT 和课堂练习供师生下载；④作为鉴定和比较工具的三维图像打印输出；⑤可供笔记本电脑和个人掌上电脑（PDA）用户远程下载的界面；⑥符合 NSDL 的整合要求。[2] 电子骨骼项目现在仍由德克萨斯—奥斯汀大学建设和维护。

2 数字资源及其组织

电子骨骼数字图书馆的“馆藏资源”十分特殊，它以人类和其他灵长动物的二维和三维骨骼图像为主，辅以文本、音频资料、软件工具和外链资源。现有数据库包括人类、大猩猩、狒狒、狐猴、松鼠猴、黑猩猩、狨猴、领狐猴、小鼠狐猴、原始猴亚目、蜂猴和眼镜猴的数字骨骼，其中有许多是罕见或者濒临灭绝的物种。标本实体由该校人类学系和史密森研究院（Smithsonian Institution）国家自然历史博物馆提供。该网站现有 2 254 张 jpg 格式的图像，每张图像有 2 -4 种 gif 格式的叠加显示（overlays）。[3] 用户可以从 6 种角度比较包括人类在内的 12 种灵长类动物的电子骨骼。“教学资源”类目下有实物大小的图片打印、教学歌曲、字谜游戏和拼图。免费提供 Quicktime 和 VRML 软件工具的下载，此外还外链了 24 个相关资源的网址。可惜，目前只有英文内容。笔者没有找到该项目元数据方案的相关文献，采用登录测试法看到的元数据有：物种分类、术语表、骨骼名称、观察视角和属性。值得一提的是，电子骨骼项目直接将简明版本的二维图像及其叠加信息（overlays）的元数据列表作为一个浏览检索的入口颇具创意。此表所用的元数据包括：编号、类型、格式、内容（视角 + 对象）、URL、叠加信息（overlays）及其 URL。[3]

电子骨骼项目主页由资源列表和显示窗口两部分组成。资源列表的可用内容包括：(1) 骨骼观察比较数据库，由下拉式分类菜单、比较解剖学数据库和术语表三部分组成;(2)初学用户,由项目简介和系统要求、软件下载、帮助和FAQ组成;(3)项目,包括项目信息、托管方和经营者、校友录、版权、数据下载、手持界面(hand-held site)和屏幕保护;(4)资源,包括教学资源、外链、新闻中的电子骨骼项目、元数据和检索数据库。其他是几个在建和计划建设项目的Logo。其中,骨骼鉴定项目十分令人期待。项目组计划提供25-30个案例供大家讨论,通过骨骼判断年龄、性别和身高等信息。[4]

3 技术特征

3.1 数据采集、存储和输出

创建图像的技术包括“立体激光扫描”(three - dimensional laser scanning)和高清X光计算机断层摄影术(HRXCT, high resolution X - ray computed tomography)。激光扫描使用的是奥斯汀Digibotics有限公司的产品。该技术可以根据一个激光数据点,运用三角函数在固定的Z轴或水平状态下测算相应的X值和Y值。为避免失真,该项目采用了旋转样本,连续多点采集数据的方式。这种慢速扫描的方式非常费时,有时扫描一件样本要用一晚或者一个周末的时间(图2)。高清X光CT技术以往多用于医疗诊断。该项目结合骨骼数据模型,运用CT扫描提供高清晰度CT图像。该技术是由生物图像研究有限公司(Bio - Imaging Research, Inc. Lincolnshire, IL)研发的。数据可以用多种格式(如TIFF, BMP, TARGA, PICT)存储在CD - ROM,压缩盘/J盘(Zip or Jazz disks)或者数字磁带(DAT tapes)上。[5]电子骨骼项目早期提供CDROM数据,现在提供笔记本电脑和掌上电脑的数据下载,分别是250 Mb和90 Mb。下载文件可以让用户离线使用这个数字图书馆。另一个尚未开放的教育资源将来也是可以下载的,就是可以生成三维立体复制品的STL立体图像文件(stereolithography)。用户将能够通过3D打印机生成原样或者按比例缩放的精确的教学用骨骼模型。

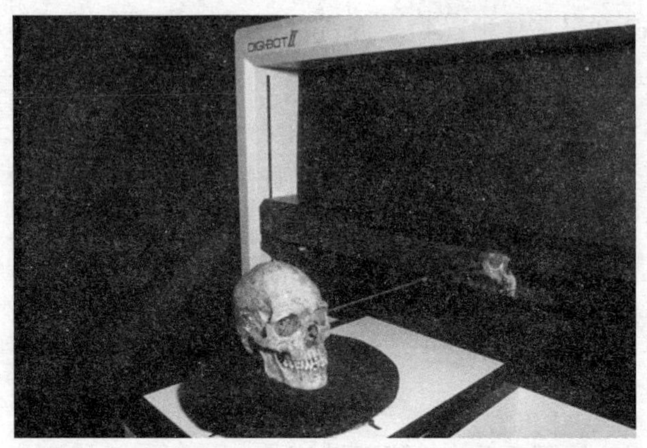

图2　用立体激光扫描技术使骨骼样本数字化[6]

3.2　硬件和软件要求

电子骨骼数字图书馆的最大亮点就是多媒体仿真教学,因此对硬件设备和软件的要求比较高。要安装Quicktime和虚拟现实VRML播放器。以Quicktime为例,其最低系统要求:(1)233MHz Intel Pentium级别或更好的处理器;(2)至少128 MB内存;(3) Windows XP (Service Pack 2)或Windows Vista。

3.3　界面设计

电子骨骼数字图书馆界面简单,以黑色为背景,仿佛在观察X光片。在分类浏览(Select A Taxon)栏目下,用一个灵长类骨骼模型为导航界面,分为头部、躯干、上肢、下肢四个区域,每区域提供下拉式菜单选定观察对象。不同的区域和搜索框分别用不同的颜色加以标识。“比较解剖学”界面选用三行两列矩阵式的下拉菜单,以“种类+骨骼+视角”的方式检索和比较图片。“术语表”按字典顺序排列，方便学生查找浏览。所有网页、每个步骤每个环节都有明确的提示。标签说明与叠加信息详尽细致。界面相当直观，基本不需要文字说明。界面的交互功能极佳，利用平面环境已经最大限度地提供了一种立体的感受。

4 服务特征

4.1 目标用户

该数字图书馆最初是针对本科生教学设计的。因为界面简单，后来逐步扩大到中小学教学以及研究人员等各个年龄和层次。其中，“教学资源”提供了适用于中小学生理卫生课程教学的挂图、游戏和歌曲。符合儿童审美要求的 ekids Portal 门户正在建设当中。此外，在建的“骨骼鉴别”子系统则是针对研究人员设计的虚拟实验室和讨论平台。

4.2 服务方式

电子骨骼的亮点是图片比对视窗、Quicktime 漂浮及旋转视图，以及像电子游戏一样的虚拟现实互动探索。基本采用资源列表和下拉菜单的浏览方式，还为用户脱机使用提供了免费数据下载。但是，该项目没有设计搜索引擎对话框，这可能是它的一点缺憾。

4.3 版权管理

电子骨骼项目遵循知识共享协议（Creative Commons，CC）。可以自由的：(1)“复制、发行、展览、表演、放映、广播或通过信息网络传播本作品”；(2)创作演绎作品，条件是：1)署名，必须按照作者或者许可人指定的方式对作品进行署名；2)非商业性使用；3)相同方式共享，即如果改变、转换本作品或者以本作品为基础进行创作，只能采用与本协议相同的许可协议发布基于本作品的演绎作品。标本扫描、数据采集和维护是非常耗时的工作,先后有 20 多名学生在数字资源建设中做出了贡献。对此,项目组以“校友录”的方式公布了各个阶段的项目负责人和建设者。

5 评价和建议

将激光扫描、高清 X 光 CT 和虚拟现实等三维多媒体技术运用于数字图书馆的交互式仿真教学是电子骨骼项目的创新之处。它为数字图书馆领域增添新的资源类型和利用模式进行了有益的尝试。尽管有的计划尚未完成,但是它的设计思路、技术和人机交互中的仿真教学实践对今后的数字图书馆建设与发展有很大的启发意义。

但是,多媒体技术对软件环境和硬件设备的要求较高,成为限制该项目利用的原因之一。其次,目前可以下载的浏览插件都是较低版本的商业软件,要想升级到更高的版本就得付费,这对于检索其彩色动态高质量的二维和三维图像是一个瓶颈。为此,对于商业插用软件的依赖会限制用户和数字图书馆本身的发展,这是一个值得重视的风险。其他可以改进的地方有:(1)增加其他语种的界面;(2)增加搜索引擎对话框;(3)考虑与其他同类资源的互操作和路径建设。

参考文献

[1] NSF. Award Abstract[EB/OL]. [2007 - 10 - 16]. http://www.nsf.gov/awardsearch/showAward.do? A wardNumber = 9816644.

[2] NSF. Award Abstract[EB/OL]. [2007 - 10 - 16]. http://www.nsf.gov/awardsearch/showAward.do? A wardNumber = 0226040.

[3] E - skeletons Project Meta Date[EB/OL]. [2007 - 10 - 16]. http://www.eskeletons.org/.

[4] EDMONDSON B. Eskeletons: No Bones About It[EB/OL]. [2007 - 10 - 17]. http://learn.nsdl.org/eskeletons_3.htm.

[5] KAPPELMAN J, RYAN T, ZYLSTRA M. e – Skeletons The Digital Library as a Platform for Studying Anatomical Form and Function[EB/O L](1999 – 09 – 01) [2007 – 10 – 17]. http://www./dlib/dlib. org/dlib/september99/kappelman/09kappelman. html.

作者简介

谷秀洁,北京大学信息管理系05级博士生。受2007国家留学基金资助在美国访学。通讯地址:北京大学畅春新园3 – 573宿舍100871

麦考利图书馆——“自然之声”视音频特藏中心评析

刘燕权/美国南康涅狄格州立大学

谷秀洁/北京大学信息管理系

摘　要:麦考利图书馆作为目前世界上最大的动物声像媒体开放资源库,隶属于康奈尔大学鸟类实验室,具有基础研究、科普教育、数据保存、原居地评判、乃至音像制品销售等多种功能。该中心是美国国家自然科学基金和科学数字图书馆计划重要资助项目之一。文章从资源组织、技术特征、服务和管理几个方面对麦考利图书馆做了概要的评述。

关键词:麦考利图书馆; 自然之声图书馆; 动物行为; 视音频资料; 数字图书馆

Macaulay Library: A Case Study of the "Library of Natural Sound"

Yan Quan Liu, Ph. D./Southern Connecticut State University, USA

Gu XiuJie/Department of Information Management, Peking University

Abstract: Cornell University's online Macaulay Library, one of NSF's NSDL projects and the world's largest archive of animal sounds and associated video, offers the general public a chance to, in virtual mode, accompany researchers into the wild. By reviewing "The world's largest archive of animal sounds and associated video", this paper provides an overview of the major development of this huge open – source database including its audio visual resources organization, technologies used to store and retrieve the digitized materials, services provided and management issues on its four sections: education, research, conservation and commercial.

Keywords: Macaulay Library; the Library of Natural Sound; Animal behavior; Audio – visual materials; Digital library

1 概述

麦考利图书馆原名"自然之声图书馆"(the Library of Natural Sound),隶属于美国康奈尔大学的鸟类实验室,是世界上现存动物声音及其相关影像最多的图书馆。为人类最大限度地开发与利用动物行为视音频特藏,这个网上中心具有基础研究、科普教育、数据保存、原居地评判、音像制品销售等多种功能,免费向大众开放。[1-3]网址为 www. birds. cornell. edu/macaulaylibrry/(图 1)。

网上声音图书馆项目的发起人是 1999 年加入康奈尔大学的 John Bradbury。此前,他是加州大学(圣地亚哥)自然科学院的副院长。美国国家科学基金会(NSF)资助该馆将原来模拟信号的视音频馆藏进行了数字化。2000 年初,他们将模拟记录转成了 DVD 形式,并以在线和离线的方式备份了多个副本,以保证图书馆长期可用。建成了可以将声音样本"送"到互联网上的"巨型硬盘农场"。同时,梅隆基金会承担了工作人员的工资;易安信公司(EMC)赞助了存储系统和平台;海军科研办公室、个人和企业赞助商,例如苹果公司和索尼公司都帮助过图书馆整合动物照片和视频信息。2003 年,建有声音工作室、光纤接入、能够恒温恒湿保存音像资料的新馆落成。为表彰林达 · 麦考利(Linda Macaulay)女士的杰出

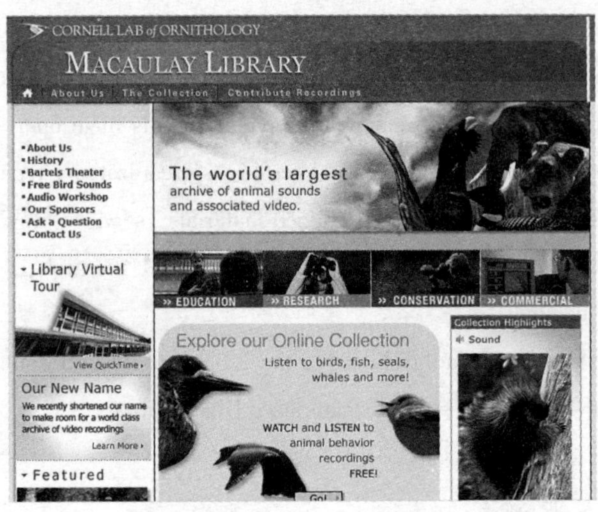

图1 麦考利图书馆主页

贡献，正式更名为麦考利图书馆。

2003－2005年，麦考利图书馆连续两次获得NSF美国科学数字图书馆(NSDL)计划项目资金，累计金额达157.17万美元。第一个是四年期(2003－2007年)的馆藏建设项目，全称为“具有丰富多媒体内容的动物行为数字图书馆”(A Digital Rich Media Library of Animal Behavior)，金额达921 701美元，负责人是Jack Bradbury博士。该项目计划实现：

(1)连接麦考利图书馆和NSDL的界面；

(2)可以让专家远程标注元数据，使用其注释工具；

(3)允许用户检索评注和使用数据库的提问工具，以直接转到符合用户提问的记录，然后编辑聚合记录中的对应部分发送给用户。评注和提问工具都具备可视化和交互映射(Interactive Mapping)功能，使初学者也能够获取馆藏；

(4)联合自然历史博物馆等数字馆藏资源。[4]第二个是三年期(2005－2008年)的服务项目，全称为“便利中小学生从动物行为多媒体图书馆选择资源的评注项目”(Facilitating K－12 Selection in an Annotated Rich Media Library of Animal Behavior)，金额为 649 999 美元，项目负责人还是 Jack Bradbury 博士。

项目计划实现：

(1)能够叠加(Overlay)在麦考利数字馆藏上的地图工具，使用户能够将动物记录及其地理分布联系起来；

(2)为方便教师挑选适当的声音记录，创建标本文档；

(3)能够限定地区搜索数据库中的野生动物；

(4)预先挑选大众普遍喜爱的物种行为，制作展示用的"典型案例"；

(5)为小学生开发各种科学话题的教学模型，例如能够展示说明物理规律的动物行为；

(6)在图书馆和教师之间建立"双向代理"(Double - broker)协作系统。[5]

2 数字资源及其组织

麦考利图书馆继承和发展了鸟类实验室利用以往各种技术所创建的声像档案。1929 年，康奈尔的研究人员就开始利用电影技术捕捉野生动物场景和声音，进行田野记录并对动物的声音进行分类。二十世纪 30 年代，康奈尔鸟类实验室通过出售鸟鸣唱碟来筹集科研经费。70 年代，由于技术更新，磁带替代了老旧的唱碟，将康奈尔 15 000 条记录保存了下来。同一时期，研究人员扩充馆藏的劲头十足，甚至到委内瑞拉复制了 5 000 种鸟类记录和上千张的研究照片。[6] 目前，康奈尔的记录(包括早先的记录)都已数字化，共有 16 万条声音记录和 3 000 种动物累计 700 小时的视频资料。多数是美洲新大陆的物种，还有非洲、马达加斯加、欧洲、前苏联和东南亚的物种。其中，音频记录覆盖了世界上 67% 的鸟类，而且收录范围已经扩充到了昆虫、鱼类、蛙类和哺乳动物。[3] 除了鸟类实验室的馆藏和项目资源外，麦考利图书馆还链接了美国国家自然历史博物馆和费城动物园等数字资源。

麦考利图书馆的资源组织有几大亮点：

(1)本体和元数据：康奈尔大学举办了两次国际学术会议，制定了《动物行为本体标准初稿》(a proposed Standard Animal Behavior Ontology, SABO)，[7]形成了生物体——行为/事件——假设的本体描述模式(图2)；其次，利用uBio(www. ubio. org)进行动物学名和俗称的转换。麦考利图书馆的每条视音频记录都有元数据标注。[8]例如，视频元数据，包括时间和地点、栖息地描述、行为特征、位置和检索数据等均被加入视频短片，并被存储于Oracle数据库中。该数据库还可以处理行为分析、系统信息和动物原居地的描述。数据模型十分强大，在71份表格中描述了将近600个特征项，其中22份是为了适应处理对动物功能和分类有不同意见的弹性表格。[9]这些功能使麦考利图书馆可以通过多种渠道查找资料。这些渠道包括检索动物的俗称或学名、国家或地区、经度和纬度、研究或记录人员的姓名、记录的音质、记录分类号等。这种多渠道的检索使数字的、单声道的、立体声的，即便是非数字的纪录都可以方便找到。不过，非数字资源只能列出元数据，没有链接。研究人员还可以通过JavaScript进行高级检索和编辑。

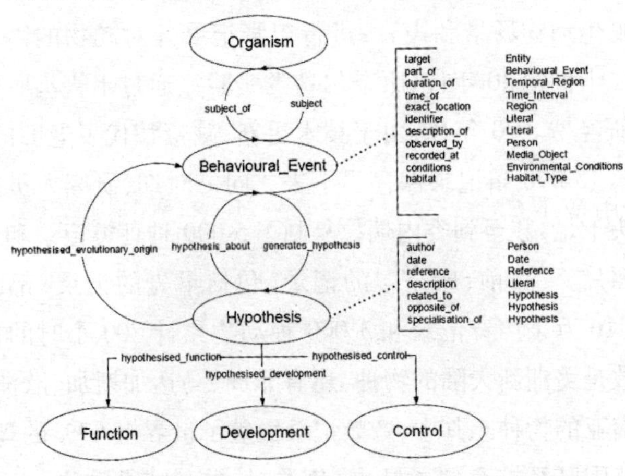

图2　动物行为本体模型

（2）内容评注和引带标签：在教学资源中，针对中小学教育增加了音像资料的描述性评注，以方便师生选择播放。动物行为数据库中，记录的初始部分（引带）都有揭示分类号的语音标签。

（3）三维空间检索：用 Google Earth 直观地揭示动物原居地和记录采集地的地理位置。

3　技术特征

3.1　数据采集、存储和输出

康奈尔应用 Sonic Solutions 技术将数字化的资料形成母版（Master Files），然后用 VideoBank 转变为数字档案，并且复制到 DVD－R 上进行存储。编目信息包括一个声音 ID 和每个记录的数据，给出一个独一无二的档案名称。数据写入使用美国通用光盘格式（UDF）的标准。录音为音频交换文件格式（Aiff）。VideoBank 技术使资料成为加有查询和检索元数据的序列，并且允许复制、编辑图书馆的视频资料；既可以标记全部记录也可以标记编辑的选集。然后，麦考利数字图书馆使用 Popwire 公司的压缩引擎（Compression Engine）编码技术将文件转换成各种不同的输出格式：如 Wav，Mp3 和 RealSurestream。为了维护这个超过 40 兆兆的数据库系统，康奈尔采用苹果公司计算机系统记录和存储资料，用 Final Cut Pro 编辑（图 3），用 Web Objects 进行 Java 设计，用 Xserve 作服务器。

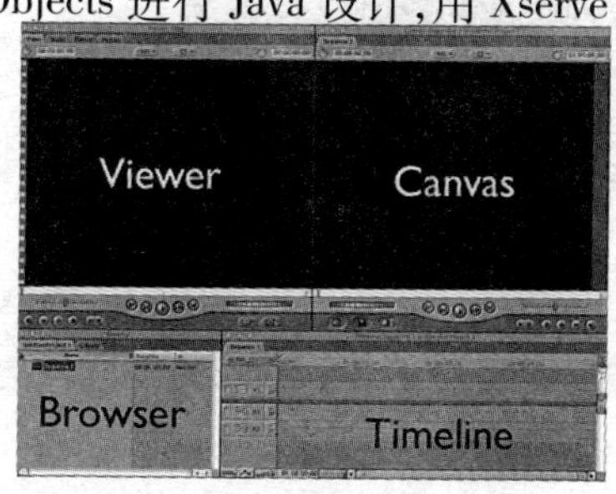

图 3　苹果公司的 Final Cut Pro 编辑界面[10]

3.2　软硬件要求

由于麦考利图书馆需要多种视音频资料的检索，对 Windows 的最低配置是奔腾处理器、256MB 的随机存储、QuickTime7.0.3 以上的播放器以及 Windows2000/XP 操作系统。苹果(Apple)机的最低配置是 G3 处理器，256 MB 的随机存储、QuickTime7.0.3 以上的播放器以及 Mac OS X10.39 以上的操作系统[11]。需要配备的检索和播放软件为：高级 JavaScript 应用程序、视频播放器 QuickTime、流媒体播放器 Real Player 、观察光谱和声波的 Raven Viewer。其中 QuickTime 和 Raven Viewer 两个插件可以从麦考利图书馆直接免费下载。

3.3　界面设计

麦考利图书馆的主页分为教育、科研、保存和商务四个子系统。核心馆藏是在线动物行为数据库，主要通过图片、声音、视频和评注来展示。其中，可视化工具 Raven Viewer 较具特色(图 4)。用户不仅可以看短片，还可以同时观看声波和频谱的变化。更有趣的是，用户可以自己设计视频、音频、波形、频谱等显示信息，调整播放速度和焦距。

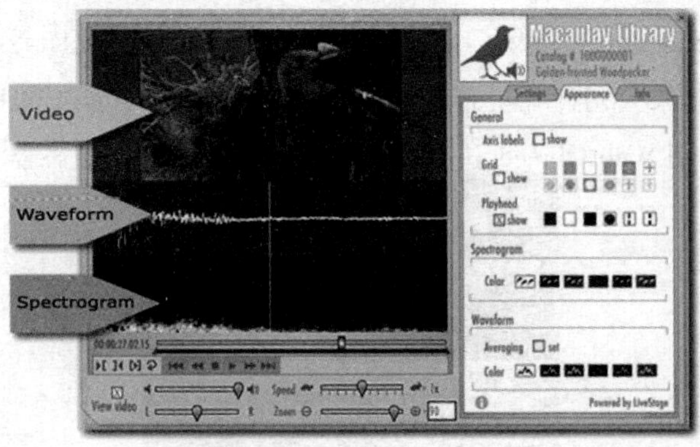

图 4　Raven Viewer 播放器

4 服务特征

4.1 目标用户

麦考利图书馆是从鸟类实验室的视音频特藏起步，依托鸟类实验室，联盟其他相关数字资源而形成的动物行为科研与科普教学专业站点。他的目标用户也由最初的鸟类爱好者、科研人员，扩大到了中小学师生。

4.2 服务方式

麦考利图书馆的核心服务是在线查询和播放动物行为声像资料。此外，音像制品销售和链接的其他相关数字资源（如鸟类实验室的科普活动）也别具特色。

（1）音像制品销售

销售音像制品筹集科研经费是鸟类实验室的传统。因为其收入被用于科研，所以商业行为并不影响鸟类实验室或者麦考利图书馆的非营利组织性质。定价考虑的主要因素是使用目的和音像制品的时间长度。商业目的的使用收费是75美元/小时，机关团体用户是50美元/小时，个人学习研究只收25美元/小时。[12]在线数据库中有彩色图标的记录均可免费获取。

（2）科普互动活动

鸟类实验室的系列互动活动“城市鸟类研究”可谓是个寓教于乐的科普典范。这些活动包括“城市中的鸟”、“观察鸽子”、“数乌鸦”、“鸽子侦探”和“海鸥多大了”五个子项目。每个子项目都有配套的学习课件。图书馆允许用户上传观测数据，但是必须实名注册，然后在线填写观测位置、观测时间、观测方式、观测范围、参加人数以及观测结果。结构化的数据库和下拉菜单帮助使报告工作简单易学。鸟类专家会对异动数据进行人工干预，定期更新公布统计结果。

(3) 专业知识培训

麦考利图书馆还为专业或业余的声音记录者提供一系列技术支持。例如,在一个关于"野外记录技术"的网页上列举有"前置放大器、变压器、衰减器"的利弊;Nagra D 型摄像机和具有数据压缩功能的数字摄像机(如 Mini - Disc)的优劣;还有野外修理设备的窍门、简单实用的小贴士(比如多带电池)等。其他网页还列出了标准、存储硬件和软件,另有一个网页专门向普通大众提供如何记录野生动物声音的培训。

(4) 三维全景导游

麦考利图书馆的三维全景虚拟导游非常方便。尽管鱼眼镜头(Fish - eye)和虚拟现实的全景导游并不新奇。但是,麦考利图书馆用列表和地图图标两种方式来显示位置和景象给人直观真实的感觉。如果能够用这种方式记录野生动物的生活环境、行为,以及观测者的活动那才令人叫绝呢。

5 管理模式

5.1 人员管理

麦考利图书馆除管理人员(2 人)外设有五种岗位,分别是音频修复师(6 人)、视频修复师(4 人)、媒体资料传送(6 人)、工程和信息技术(7 人)和研究生/博士后(5 人),共有 30 余名工作人员。[13]

5.2 版权政策

主页显示,音像资料版权归属康奈尔大学鸟类实验室。

5.3 捐赠政策

麦考利图书馆因人手不足,委婉地谢绝了一般资料的上传请求。但是为了有序的扩充馆藏,图书馆对缺藏物种进行清点,开列了200余种音频资料和15类视频资料的征集清单,希望有人能够记录并捐赠给图书馆。[14]

6 评价和建议

麦考利图书馆的建设者认为,数字图书馆的一个主要功能就是利用通用界面和软件程序使各种各样的存档资料整合在一起。[15]他们不是仅仅用"新瓶"来装"旧酒"(数字化),而是力求让已有80多年历史的"老树"在网络环境下开出"新花"。动物行为本体标准是一项重要的基础研究,动物行为视音频资料则是这种研究的基础材料。为了使这种基础资源不断巩固发展,麦考利图书馆善于借用外力发展壮大,从自然历史博物馆的数字资源到uBio名称库,以及用户互动活动和音像制品销售,形成了资源、人力、资金要素的良性循环。

康奈尔大学的这项工程采用生物声学,教育学,计算机学,以及自然历史博物馆学的有关方法,整合了全球关注的动物行为视音频资源。其数据整合有以下几个亮点:便捷了数据提取(搜索工具可让使用者直接到达他们希望得到数据,比之前从影片剪辑上搜索快得多),提高了理解程度(行为论题多可以迅速得到确切以及经过验证过的例子),扩大了教育范围(教育者可以方便灵活的提取在线媒体教程),提高了资源保存能力(遍布世界的野生动物专业及爱好者可以方便的得到学习和比对的样本),便利了研究(科学家可以花费低成本在短时间内得到有关样本),方便了大众(为科学普及教育提供了经过验证的例子),提供了基础构架(为媒体扩充收集提供了必要的应用模式)。

麦考利图书馆目前只有为查询本站所藏视音频文件设计的搜索引擎,还没有总的站内搜索引擎,这是一个小小的缺憾。同时,如果没有一定的专业背景或者不熟悉特定的动物词汇,动物行为数据库的搜索框并不能成为用户查找资源的通道。建立一个完整的馆藏列表索引链接将会给读者提供一个捷径。此外,用户为观看或者聆听媒体,需要下载专用插件,这对于既不想花时间也没有处理软件能力的用户来说是一个繁琐和烦恼之处。如果使用站内直接浏览技术处理多媒体使用时的安全和防火墙问题,其所藏风景和声音可能会更加让人享受。再次,可能是出于版权保护的需要,在线免费音频资料采取的是 Mp3 格式,在解压缩过程中会出现部分分解频率丢失的现象。

参考文献

[1] [2007-10-31]. http://www.birds.cornell.edu/macaulaylibrary/about/nameChange.html.

[2] [2007-10-31]. http://www.cornell.edu/libraries/.

[3] [2007-10-31]. http://www.birds.cornell.edu/macaulaylibrary/about/index.html.

[4] [2007-10-31]. http://nsdl.org/about/index.php? pager=projects&this_sort=pi&keyword=&project_id=332872.

[5] [2007-10-31]. http://nsdl.org/resources_for/library_builders/index.php? pager=projects&this_sort=start_date&keyword=&project_id=0532786.

[6] [2007-10-31]. http://www.birds.cornell.edu/macaulaylibrary/about/mlHistory.html.

[7] SABO. [2007-10-31]. http://mypage.iu.edu/~emartins/Ethosource/EthoData/ethodata/resources/pdfs/SABO_cornell_final.pdf.

[8] [2007-10-31]. http://www.animalbehaviorarchive.org/link.do? destination=aboutsite#faq.

[9] [2007-10-31]. http://www.birds.cornell.edu/macaulaylibrary/Search/archivalMethodVideo.html.

[10] [2007-10-31]. http://www.birds.cornell.edu/macaulaylibrary/Contribute/logTapes.html.

[11] [2007-10-31]. http://www.animalbehaviorarchive.org/link.do? des-

tination = download.

[12] [2007 - 10 - 31]. http://mlsource. ornith. cornell. edu/cgi - bin/WebObjects/ProductionOrder. woa/1/wo.

[13] [2007 - 10 - 31]. http://www. birds. cornell. edu/macaulaylibrary/about/ourStaff. html.

[14] [2007 - 10 - 31]. http://www. birds. cornell. edu/macaulaylibrary/Contribute/top10MostWanted. html

[15] [2007 - 10 - 31]. http://www. birds. cornell. edu/macaulaylibrary/about/future. html.

作者简介

谷秀洁(1972 -),北京大学信息管理系05级博士生。本论文作者得到国家2007年度留学基金支持。通讯地址:北京大学畅春新园3 - 573宿舍 100871

动态图像图书馆——通向世界动态图像的窗口

刘燕权/美国南康涅狄格州立大学

陈芬/北京大学信息管理系

摘　要:动态图像图书馆(Moving Image Collections,MIC)旨在成为美国第一个动态图像的网上资源集成服务系统。隶属于美国国会图书馆,该数字图书馆具有资源检索、基础研究、科普教育、数据保存、乃至产品租赁和销售等多种功能。文章从资源组织、技术特征、界面设计,服务特点,评价和建议等方面对动态图像图书馆做了概要的评述。

关键词:动态图像;动态图像图书馆;视音频资料;数字图书馆

Moving Image Collections—A Window to the World's Moving Images

Yan Quan Liu, Ph. D./Southern Connecticut State University, USA

Fen Chen/The Department of Information Management,Peking University

Abstract: The Moving Image Collections (MIC) intends to be the first ambitious & collaborative projects of NSF's NSDL located in the Library of Congress, intended to be the nation's first integrated online services system of moving images free to the public. This digital library offers users all kind including archivists, librarians and educators to a wide range of features and services of the world's moving images. By reviewing the MIC, this paper provides an overview of the major development of the digital collection, including its resources organization, technologies employed, interface design, services provided, and suggestions for the improvements.

Keywords: Moving image Collections; MIC; Moving image; Film preservation; Audio - visual materials; Digital library

1 概述

动态图像图书馆(Moving Image Collections,以下简称为MIC)隶属于美国国会图书馆(LC),是一个免费的数字图书馆。它的建馆目标旨在成为美国第一个动态图像的资源集成服务系统,[1]使这个网络中心成为图书馆员、档案管理员、文献收藏家以及其他对动态图像集合和动态图像保存技术感兴趣的爱好者最终的(one - stop)网站资源查询中心。为了最大限度的开发与利用动态图像资源,该网络中心提供了包括资源搜索、专业研究、科普教育、文献租赁和销售等在内的多种服务。网址为 http://mic. loc. gov/index. php(图1所示)。

MIC项目的赞助者主要为国会图书馆(LC)、动态图像保管联合会(Association of Moving Image Archivists, AMIA)、美国国家科学基金会(NSF)。

(1)国会图书馆。该馆于1893年起开始收藏动态图像。然而,由于当时存储易燃的硝酸纤维素胶片比较困难,图书馆仅保存了与动态图像相关的描述性材料。1942年,国会图书馆意识到动态图像及其保存的重要性,开始收集影片本身。目前,动态图像和电视集合的获取、编目和保存工作由该馆的MBRS(Motion Picture,

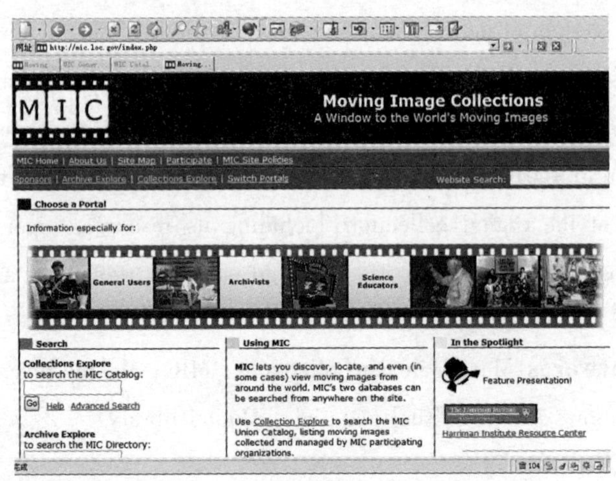

图 1 MIC 主页

Broadcasting and Recorded Sound Division)部门负责。

(2)动态图像保管联合会。AMIA 是美国最大的关注动态图像保存的非盈利性专业组织,成立于 1991 年,目的是促进动态图像领域的发展,鼓励与动态图像资料获取、展示和使用相关方面的合作,会员包括来自全世界各个领域的 750 多个组织和个人。除了出版文献和开展教育项目外,AMIA 每年举办一次专业会议,其活动包括推动有关标准的制订、鼓励专业领域内的交流、倡导并设计国家动态图像保存的政策和计划、组织与其它专业团体的合作交流等,旨在促进事业发展。

(3)美国国家科学基金会。该基金会是 MIC 项目第一阶段(2002 - 2005 年)的主要投资方,将其作为国家科学数字图书馆的一部分,对其发展提供了大部分的项目资金。

MIC 数字图书馆的历史可以追溯到 1994 年国会图书馆美国国家电影保存委员会(National Film Preservation Board)出版的题为“电影保存再阐述(Redefining Film Preservation)”国家电影保存计划。1997 年,该文献由国会图书馆修订出版,作为后续的名为“电影和电视保存 1997(Television and Video Preservation 1997)”计划的一部分。这些计划都由美国国会委托,作为国家电影保存法案(National Film Preservation Act of 1992)的一部分。1997 年的电视和视频计划出版之后,国会图书馆邀请 AMIA 参与评论、制订了包含上述两个计划文档内多个建议的实现策略。国会图书馆拟定了提供必要资金资助的协议,AMIA 接受了邀请,建立了一个特别委员会——美国国家动态图像保存计划委员会(Committee on U. S. National Moving Image Preservation Plans,CUSNMIPP)。在该委员会的3 年(1997 - 1999)活动中,CUSNMIPP 做了一系列的相关调研工作,于 1999 年提交了最终报告。MIC 项目即是实现该报告发展的一个产物。

MIC 项目发展中的一个关键阶段是 2000 年 10 月,国会图书馆的国家电影保存委员会决定提供资金给 AMIA;AMIA 与当时在佐治亚理工学院(Georgia Institute of Technology)工作的 Grace Agnew 取得联系并让其给出实质性的发展建议。Grace 访问了该领域内的专家并准备了一份全面的报告,在 2001 年底展示给 AMIA 和国会图书馆,提议为全世界的动态图像文献保存机构建立和维护一个最终的网络门户。该报告受到了这两个机构的热烈支持。之后,Grace 与 AMIA 一起工作,向 NSF 提交了此计划协作方案及资助申请、寻求开发 MIC 框架和技术的启动资金。

2002 年第四季度,NSF 批准了 MIC 项目提案, 资助 Rutgers University(RUL)、Georgia Institute of Technology(GIT)以及 University of Washington(UWash)为期 3 年共 $899 945 的启动资金。该项目被描述为“收藏和服务项目的结合”(NSF,2002)。[2] 同年国会图书馆同意作为 MIC 项目的永久性管理机构。2004 年,MIC 网站正式启动,网址为 http://mic. imtc. gatech. edu/;2005 年,技术转移到国会图书馆,网址变更为 http://mic. loc. gov,成为 MIC 永久的主机地址。

2 数字资源及其组织

2.1 档案名录(Archive Directory)与联合编目(Union Catalog)

作为资源组织建设的中枢,档案名录与联合编目在MIC数字图书馆中占据重要位置。

(1) 档案名录

档案名录列举了收集动态图像的组织和个人,包括档案库、图书馆、博物馆、历史社团、电影工作室、广播公司等。每一个组织或个人的信息包括通讯方式以及服务、许可政策、动态图像拷贝的出租和售卖信息等数据集。Archive Explore是检索该名录的工具。

MIC档案名录在MIC中扮演着重要角色。它允许用户检索、浏览以及定位合适的数据集。同时,该名录不仅是作为一个信息源而存在,它还是组织间合作的工具,提供参与组织对编目和资料保存活动的评价、支持研究和教育站点的开发、发展大家共同感兴趣的领域(编目,文献保存)等等;用以促进AMIA和国会图书馆识别和设置特定的培训和合作需求。

(2) 联合编目

MIC联合编目将款目记录集合汇总到一个地方,便于动态图像的收集和管理工作,使得用户能够跨多个数据集检索动态图像。Collections Explore是检索该目录的工具。

每一个动态图像的信息包括题名、日期、物理格式、主题信息、拥有该动态图像的组织的信息等。一些记录包含指向动态图像的链接,可以进行即时下载。

MIC联合编目具有如下亮点:

首先,它使用创新性的架构,连接档案名录款目数据到每一个题录记录,这些题录用来显示给用户。这样,用户一次查找,就可以获得动态图像的描述、获取政策和联系方式等多种信息；

其次，在数据集、研究类型、任务、用户组织、可用资源等多方面体现了动态图像标记的多样性。各个参与组织可以根据多样的内容标准、元数据模式以及方法对他们的动态图像进行编目；MIC联合编目兼容这种多样性，同时鼓励和提倡使用国家以及国际编目标准。MIC 允许参与者保持自身的记录格式、以便适应他们自己的需求，同时为所有用户提供一致的界面显示方式。

2.2 元数据架构——MIC 核心注册(Core Registry)

MIC 用数据元素核心注册的方式作为一个独立著录格式方法，以将所藏资源中多种多样参差不齐的模式统一化。使用核心注册，记录可以从任何几个标准格式或者档案库的内部格式进行导入；然后，他们被映射到 MIC 的核心注册，以导出组织内部或者任意的标准格式。

目前，MIC 联合编目应用 MARC、MPEG－7 和都柏林核心集(DC)导入和导出记录。用户可以浏览的目录记录的格式包括：MIC，MIC XML，MARC HTML，MPEG－7 XML，都柏林核心 XML 以及其他组织的原始格式。进入 Archivists 门户，使用 Collections Explore 搜索一个记录，选择完整的记录，就可以在页面底部选择一种界面显示方式。

数据元素的核心注册(Core Registry)用于下面几个目的：

(1)提供来自于任何机构、任意编目模式的动态图像的完整信息；

(2)提供来自于任何机构、任意编目模式的动态图像的一致性信息；

(3)提供尽量全面的信息、满足所有类型用户的核心信息需求。这些需求在 IFLA 的"书目记录的功能性需求"报告中定义，具体包括：1)查找：查找符合用户搜索要求的动态图像；2)鉴定：确认动态图像符合用户查找要求；区分具有相似特征的多个图像；3)选择:选择适合用户需求的动态图像(即选择的动态图像在内容、物理格式等方面符合用户的需求;或者排除不符合用户需求的动态图像);4)获取:获取动态图像,方式包括购买、租借、网上浏览、电子版即时下载等。

(4)允许将 MIC 编目记录置于特定的 MIC 门户中。这样做有多个目的:1)定制(Customization):MIC 门户为特定用户提供定制的搜索、显示信息资源的功能。例如,对于 Archivists 门户,关于动态图像和动态图像研究机构的信息将更加专业化、有更高的技术性;而 NSDL 门户、科学教育电影(Science Goes to the Movies)门户,仅包含科学主题的动态图像编目记录和对于科学教育者有用的信息;2)研究和合作:MIC 门户允许参与机构针对特定的组织类型(例如,广播新闻文献库)、用户类型(例如科学教育者)或者物理格式(例如,数字化视频)开发访问策略。MIC 计划在将来的数字化视频门户(Digital Video Portal)中使用 MPEG-7 标准,让用户可以研究数字化视频、促进动态图像组织开发先进的数字化视频访问策略。

图 2 显示了编目模式映射功能。

2.3 门户(Portals)

门户是一个 Web 站点,提供与某一特定主题相关的、或者为特定用户服务的广泛的资源和服务。[3] MIC 门户为特定用户提供搜索、显示信息资源等服务。

用户可以在 MIC 网站中任何一个窗口对联合编目和 MIC 档案名录进行搜索,只需点击 MIC 任务栏上的 Collections Explore 和 Archive Explore 链接即可。

在一个特定的门户内,检索和界面显示的信息是针对特定用户的。例如,通过科学教育者门户(Science Educators Portal)进行联合编目搜索的结果将限定在科学主题方面的动态图像上;而 Archivists 门户内的搜索结果将包含机构编目和文献保存实践的深层

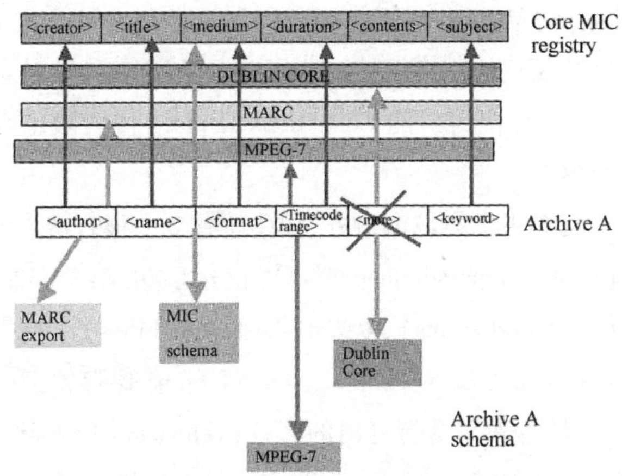

图2　核心元数据注册映射(Core Metadata Registry Maps)

(来源于 httpmic. loc. govunion_catalog_1diagramtwothree. htm)

次专业信息。用户如切换不同的门户,只需点击 MIC 任务栏上的“切换门户”链接。

目前,MIC 面向三类用户,提供了三个主要门户窗口:

(1)档案员(Archivists):为档案保管专业人士提供关于获取、管理、保存、编目和展览示范动态图像集合的信息,包括:标准和规范的技术数据和信息,格式识别,版权说明,评估管理和图书馆系统集成,专门会议,持续教育机会,以及更多的专业信息。该门户包含三个子门户:1)编目和元数据;2)文献保存;3)展览示范项目。为了促进数据集之间的信息共享,用户可通过 Archive Explore 搜索包含文献保存和编目实践的专业信息。

(2)普通读者(General Users):为学生、电影制作者、胶片使用者、研究者、收藏家以及普通用户提供信息。该门户是探索动态图像世界的很好的起点。它包含电影和电视资源,例如电影节宣传单、DVD 资源、教育机会、动态图像历史和保存信息、个人视频和家庭电影集合的保管和处理等。

(3)科普工作者(Science Educators):走向影视的科学(Science Goes to the Movies)。提供用于科学教育和学习的动态图像信息和指向科学视频的网络链接。为了方便查找对科学教育有用的动态图像,用户可在门户的 Collections Explore 搜索限定在科学动态图像范围内。

除了上面的 3 个门户窗口外,MIC 还有 2 个很有特点的窗口:

(1)记忆墙(Remembrance Wall):记忆墙包括三个部分:失传电影(Presumed Lost Films)、复失电影(Found Films)以及失传与复失电视(Television Lost & Found)。Found Films 保存曾经一度认为已经失传、但是后来又重新复出的影片;Television Lost & Found 涉及电视方面的保存。记忆墙重点放在人们推测已经失传(Presumed Lost)的一些珍贵资料上。所列的大部分是无声电影,因为最大的损失发生在 1930 年以前制作的电影。虽然没有人知道失传的电影的确切数量,但是根据一些人的估计,在 1910 年和 1920 年间制作的电影中,只有 10% 保留了下来;在 20 世纪 20 年代制作的电影中,只有 20% 的得保留[5]。每一部电影的介绍包括:题名、发行日期、发行人、导演、演员表、摘要等。

(2)聚光灯下(In the Spotlight):介绍某一个特定的动态图像资源等。

3 技术特征

3.1 数据采集、存储和输出

MIC 的主页上提供链接,欢迎并鼓励拥有动态图像资料的组织机构将拥有的数字资源上传列入到 MIC 的档案名录中。数据集可以是任何规模,而 MIC 则把收集该数据集的访问政策和限制清晰的展示给用户。

到目前为止,参与 MIC 的档案库数目为 232 个,[5]可以通过名称或者国家方式来浏览(当然也可以通过 Archive Explore 来搜索)。到2006年10月,MIC的联合编目已经导入并且提供对14个站点的记录的搜索,包括CNN图书馆,国会图书馆MBRS,国家医药图书馆Smithsonian等,共包含308 937条编目记录[6]。一些机构提供了数字化视频文件的访问,包括MBRS、国家地理电视台和电影图书馆、国家医药图书馆等。

对于用户检索结果的输出,可以通过Archive Explore对档案名录进行搜索,搜索的结果包括:某个特定档案组织的网页和地址,该组织和数据集的简介(Profile),服务内容,如何获得动态图像等。Collection Explore的搜索结果采用分级显示的方式:首先显示所有搜索结果的简要介绍,包括名称、日期、所属机构等;点击名称链接,将出现新的页面、显示更加详细的信息,包括主标题、所属系列、主题、类型、版本、语言、原始拍摄地点、日期、文摘、媒体概述、备注、致谢名单、出品公司等。

3.2 技术架构

MIC使用PHP来创建网页,使用开放源码软件MySQL作为数据库,遵循知识共享协议(Creative Commons License),该技术架构使得网站更易于维护和使用。[2]通过OAI,MIC有效地在资源使用者和资源贡献者之间架起一个和谐资源分享的桥梁,使得用户共享更有成效和友好(见图3所示)。

使用Rutgers大学图书馆提供的程序,MIC创建了映射工具,能够将任何动态图像资料库(无论使用什么样的元数据模式),通过MIC联合编目进行全局的记录,实行匹配共享(图3所示)。

从2004年秋季起,MIC开始使用映射工具注册资料库到MIC联合编目中。映射工具的测试站点包括10家左右。[7]

3.3 界面设计

MIC数字图书馆有非常精彩的主页、能够调动人们对于站点内容访问的兴趣。

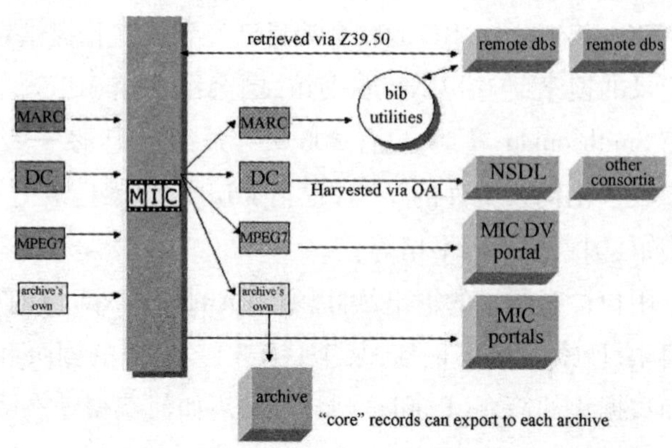

图 3　MIC 映射(MIC Mappings)

(来源于 httpmic. loc. govunion_catalog_1diagramtwothree. htm)

MIC 根据用户的总体需要,提供了面向一般用户、文档管理专业人士以及教育者的三个不同的具有针对性的服务门户,从而将用户的注意力重点放在最适合他们需求的数据集合上。门户的选择通过锯齿状的胶片来展示,图像在每个单元轮转,用户的注意力能够被立刻吸引到该区域和门户的选择上。在每一个门户内部,资源包括书目、网络目录、会议公告、白皮书和与主题相关的其它资料,范围从实践到技术,因选择的端口不同而有所差异。在彻底了解指定端口的可用资源之后,用户可以发现所需的不同信息。站点上的导航永远是清晰的,在每一个 MIC 页面图标下面,都有所属领域的标志。主页包含了主要的网站功能,如门户选择、信息检索等,便于用户使用。

MIC 的一些网页充分考虑了用户使用的便利性,例如档案名录搜索页面,在网页顶部和底部都有搜索工具栏,这是因为该网页超长,中间提供了根据名称和国家来浏览的功能,所以,网页底部再次提供搜索功能可以方便用户,不需要他们再滚动到网页顶部才能再进行其它搜索。[8]

4 服务特点

4.1 目标用户

MIC 为广大范围的用户提供具有针对性的服务,MIC 的用户总体上分为三类:

(1)一般用户。满足普通用户对于动态图像的需求,提供一般性的信息。

(2)文档管理专业人士。满足专业人士对于动态图像的需求,涉及该领域的精深知识。

(3)教育人士。将动态图像引入教育领域、促进科学教育的普及与发展。

4.2 服务方式

MIC 的核心服务是在线查询检索。此外,资源产品销售和其他相关数字资源也别具有特色。

(1) 资源检索

MIC 在线查询分为两部分:档案查询与馆藏查询,主要通过两个相应的搜索引擎(Archive Explore)和馆藏搜索引擎(Collection Explore)实现。进入任何一个门户,在任务栏上都有对应这两种查询的链接。每一种搜索方式包括基本查询和高级查询两部分。

1)搜索引擎(Archive Explore)——搜索 MIC 目录:提供了搜索和索引浏览两大功能。①搜索功能:通过名字搜索组织;通过地区或者资料类型进行联合限定性检索(国家限定,如澳大利亚、加拿大、德国、丹麦、英国等;类型限定,如动画、公司记录、纪录片、教育、工业、表演艺术等;主题限定,如艺术、摄影和建筑、经济、教育、地理和旅游等;格式限定,如电影、视频记录、音频记录、数字化文件等);②索引浏览功能:可以通过名字的字母顺序或者区域索引浏览组织。

2)馆藏搜索引擎(Collections Explore)——搜索 MIC 联合编目:提供关键词搜索,同时提供元数据、组织和媒体类型的限定搜索:①元数据限定:所有领域,题名,摘要和内容,主题,类型等;②组织限定:北美学术电影档案库,CNN 图书馆,国会图书馆等;③媒体类型:是否限定为数字化视频。

(2) 资源产品的租赁和销售

MIC 包含多种产品提供方式,包括复制许可、公共展览、租借服务、出售等等。产品的租赁和销售是筹集馆藏发展及科研经费的一种方式。

(3) 专业知识培训

MIC 为专业或者业余的动态图像用户提供一系列的知识培训,培训分有不同的等级,分布在网络的不同部分。比如针对一般用户,提供关于动态图像的一般性知识,包括文献保存术语、编目术语等等;针对专业人士,则提供关于该领域的深层次技术。

5　评价和建议

正如该网站的副标题那样,MIC 数字图书馆试图成为全世界通向动态图像的一个窗口。

MIC 是档案管理者之间研究专业问题、进行沟通的平台,提供了教育、培训以及讨论机会。MIC 也提供了网站接口、编目工具以及对缺少这些资源的档案库的支持。

通过 MIC 的档案名录和联合编目,用户可以搜索动态图像以及档案库的信息,获悉如何从图像的拥有者那儿获取图像,以及与拥有者进行联系、获得更加专业的信息。档案名录和联合编目数据库的集成,使得终端用户可以基于单一档案或者若干个档案库的联合,执行限定联合编目搜索。MIC 也提供资源信息和链接,帮助用户理解影响动态图像获取的因素和环境,例如版权问题、捐赠协定等。

MIC 的用户界面设计得很好,视觉上符合逻辑、也很容易使用。档案名录和联合编目组织得很好、检索信息非常迅速。门户选择使得不同用户避免与用处不大或者对他们无关的接口交互,这样的门户方案减轻了网关的拥挤状况,用户将有更有效的使用体验。开放源码软件的使用,使得接口和数据库易于维护和发展。

正如 Threatt 所指出的:MIC 站点的优势有很多,首先和最重要的,是开发者和合作者应该以他们杰出的和有雄心的努力在有机合作上受到称道。[1]

MIC 也有需要改进的地方。例如 Threatt 提出,可以组织一般用户、图书馆员、档案管理员、文献收藏家以及数据捐赠者,开展连续的评估和可用性测试实验,测量新一代用户(millennium generation)如何使用因特网,尤其是他们如何搜索和评估该网站上提供的信息;提供直接进入国会图书馆主题词词表(Library of Congress Subject Heading Lists,http://www.loc.gov/catdir/cpso/lcco/lcco.html)的途径以便进行关键词搜索等。[1]

至于维护情况,Patterson 指出,维护最好的领域是档案名录;而联合编目对维护的需求并不大。因为联合编目在两年内,比起最初让渡期间的数目,仅仅增加了 7 个。[2]

总之,MIC 网站拥有潜力成为一个具有非常价值的工具,能够为教育者、研究者、K-12(美国的中小学教育模式,从小学一年级 Kindergarten 到高三 Grade-12)学生,[17]大学生、电影和视频存档者、文档收藏家、数据提供者和普通的热心家提供最全面的免费的动态图像资源服务。

参考文献

[1] THREATT M. A preview of moving image collections: A window to theworld's moving images[J]. Media Review, 2004: 119-126.

[2] PATTERSON K P. Digital library project review. 2007.

[3] [EB/OL]. [2007-12-22]. http://mic.loc.gov/public_portal/pub_

switch. htm.

[4] [EB/OL]. [2007 - 12 - 22]. http://mic. loc. gov/public_portal/remembrance_presumedlost. htm.

[5] [EB/OL]. [2007 - 12 - 22]. http://mic. loc. gov/public_portal/public_who. htm.

[6] [EB/OL]. [2007 - 12 - 22]. http://mic. loc. gov/public_portal/pub_stats. htm.

[7] [EB/OL]. [2007 - 12 - 22]. http://mic. loc. gov/public_portal/pub_unicatlg. htm#mapping.

[8] [EB/OL]. [2007 - 12 - 22]. http://mic. loc. gov/public_portal/public_who. htm#name.

[9] [EB/OL]. [2007 - 12 - 22]. http://mic. loc. gov/archivist_portal/arc_spnrs. htm.

[10] [EB/OL]. [2007 - 12 - 22]. http://mic. loc. gov/archivist_portal/arc_directy. htm.

[11] [EB/OL]. [2007 - 12 - 22]. http://mic. loc. gov/archivist_portal/arc_unicatlg. htm.

[12] [EB/OL]. [2007 - 12 - 22]. http://mic. loc. gov/archivist_portal/arc_participate. htm.

[13] [EB/OL]. [2007 - 12 - 22]. http://mic. loc. gov/archivist_portal/arc_policies. htm.

[14] [EB/OL]. [2007 - 12 - 22]. http://www. wikipedia. org/.

[15] [EB/OL]. [2007 - 12 - 22]. http://mic. loc. gov/about_1. htm.

[16] [EB/OL]. [2007 - 12 - 22]. http://mic. loc. gov/public_portal/public_archiveexplore. php.

[17] [EB/OL]. [2007 - 12 - 22]. http://mic. loc. gov/public_portal/public_collec

作者简介

陈芬,北京大学信息管理系05级博士生。得到国家2007年度留学基金支持。通讯地址:北京大学畅春新园3幢575房间 10087

性别与科学数字图书馆:EDC 与 ENC 的弃婴?

刘燕权/美国南康涅狄格州立大学

谷秀洁/北京大学信息管理系

摘　要:性别与科学数字图书馆是 NSF NSDL 基金支持的一个合作项目。虽然它在服务对象、主题创意、资源组织等方面有许多亮点,但是该项目仅仅开展了四年就夭折了。除了合作机构和人事变动等特殊原因外,该项目的立项选题、工作流程设计、内容组织等方面也存在不少问题。笔者沿袭案例课堂的内容框架,从资源组织、技术特征、服务特征、管理特征和评价建议几个方面对该项目进行了点评,以期为今后数图发展提供可借鉴之处。

关键词:GSDL; 数字图书馆; 网络资源; 性别平等; 科普教育

GSDL: An Abandoned Baby of EDC and ENC?

Yan Quan Liu, Ph. D./Southern Connecticut State University, USA

Gu XiuJie/Department of Information Management, Peking University

Abstract: Gender and Science Digital Library (GSDL) is a collaborated digital library program funded by NSF's NSDL in 2001. Designed as are source for educators, students, and researchers in science and mathematics, the library's focus is on providing materials that encourages women to enter these fields. However, the library website has no update since its founder transformed in 2005. This paper provides an overview of the major development of the resources organization and services provided, also pointed out some special issues existed, such as its substantiality and selection technique problems. The lessons emerged from this library included not only its unclear status but also what happens if and when a digital library loses funding and/or organizational support, which is certainly an important concern that must be addressed in the planning and development of any digital library.

Keywords: GSDL; Digital library; Web resources; Gender equality

1 概述

性别与科学数字图书馆(Gender and Science Digital Library, GSDL)是由隶属于美国教育中心(Education Development Center, Inc)的性别、多元化与技术部(Gender, Diversities, and Technology)和原俄亥俄州立大学的艾森豪威尔国家数学与科学教育资源中心(Eisenhower National Clearinghouse for Mathematics and Science Education, ENC)。(图1)目前,该项目由于种种原因停滞不前。本文希望通过剖析这个失败的案例从反面来提醒大家重视数字图书馆的立项、设计和可持续发展问题。

性别与科学数字图书馆2001年获得了美国国家科学基金(NSF)为期三年的资助。项目负责人是EDC的凯瑟琳·汉森(Katherine Hanson)和ENC的金布利·莱特(Kimberly Lightle),受助金额为849 971美元。其目的是建立一个基于互联网内容的"高水平的交互式图书馆"。能够兼顾个人和集体的学习环境以及正式和非正式的氛围,满足师生在各教学阶段开展性别平等教育的需求。这个数字图书馆的定位使命是:(1)帮助教师提高各年龄段学生(尤其是女生)的学习兴趣,促进科学、技术、工程和数学方面的教育;(2)鼓励学生热爱科学并且将来从事科学方面的工作;(3)为研究性别在科学创新和教学过程中的作用提供跨学科的试验平台;(4)为对查询和信息交换、最佳教学实践和教育指导感兴趣的用户创建一个网络社区。该项目的目标用户是中小学(K－12)的师生、大学本科生和教师、性别科学研究人员以及其他成年自学者。[1-3]

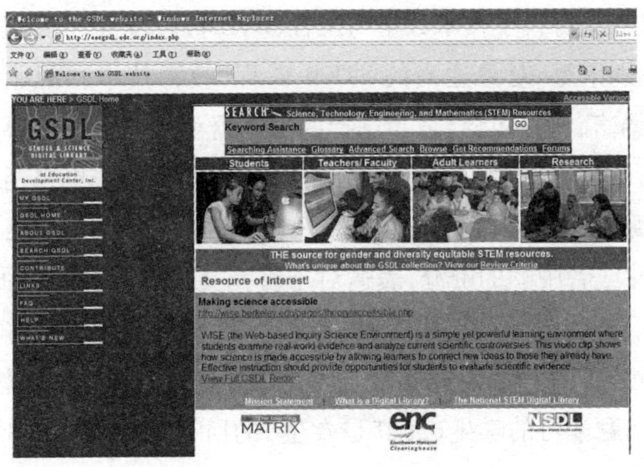

图 1　性别与科学数字图书馆主页

2　数字资源及其组织

不同于以往的数字化项目,性别与科学数字图书馆希望在互联网上"掘金"。它的资源来自于以下几个方面:(1)艾森豪威尔教育资源中心(ENC);(2)妇女教育平等法案资源中心(Women's Educational Equity Act Resource Center);(3)国家自然科学基金项目;(4)各种科学教育中心和平等促进中心;(5)网友推荐上传的网页、服务列表和链接。所有资源由专业的顾问和合作组织根据馆藏发展政策和选择标准评价、分类并作摘要。

性别与科学数字图书馆较早采用了以用户为中心组织资源的模式(表1),结构化的提问关系数据库和USMARC元数据框架。[1]每条资源链接都可以“查看完整记录”。元数据包括题名、URL、责任者、摘要、分类(ENC标准)、格式、语言、版权、学科、记录审核时间、最后修订时间、交互水平、交互类型、教学方式、性别(作者性别、强调哪类性别问题)、用户费用、版权、学习场景和目标用户等。

性别与科学数字图书馆制定了详细的馆藏发展政策以及网络资源选评标准。这些政策与标准包括:(1)与国家目标和标准相结合:资源要支持科学技术数学与工程(STEM)教育;(2)课程水平和学科:性别平等、对象适当的STEM课程,教育技术和职业发展资源;(3)语言:首选英语,适当选择西班牙语和其他语种;(4)时间跨度:当前的网络资源;(5)地理分布:首选美国资源,也包括其他国家的资源,以及地方的、州的和地区资源;(6)文化多样性:反映文化多样性或者中立的资源,表达对于多元文化和全球社区的尊敬,重点展示与性别、伦理、残疾人、照顾不到的人员和特殊需求人士相关的问题;(7)来源:能够促进平等、创新和标准STEM教学,以及基于问题学习的学生(尤其是女生)的所有网络资源;(8)格式:通过网络传播的各类电子格式。

资源评价过程为,相关网络资源被识别以后,首先被送给外部评估人员,人工判断是否符合收录标准。评价人员包括研究人员、科学家和性别科学图书馆的顾问。这种资源评价标准确保了馆藏质量,收录的资源符合建馆方针,可读性高,值得欣赏。但是它的负面是挑选过程导致该项目高成本,资源收藏受限于时间与数量。

表1 性别与科学图书馆的页面显示层次

<table>
<tr><th>第1层</th><th>第2层</th><th>第3层</th><th>第4层</th><th>第5层</th></tr>
<tr><td rowspan="2">学生</td><td>中小学(k-12)</td><td>研究建议;网上活动;项目;行为榜样;职业;校园</td><td>资源链接</td><td></td></tr>
<tr><td>大学生</td><td>研究建议;奖学金;实习机会;教师准备;职业;妇女研究;学生社团</td><td>资源链接</td><td></td></tr>
<tr><td rowspan="4">教师</td><td rowspan="3">中小学教师</td><td rowspan="3">搜索建议;课程计划;指导策略;职业发展;</td><td>小学</td><td rowspan="3">资源链接</td></tr>
<tr><td>初中</td></tr>
<tr><td>高中</td></tr>
<tr><td>大学教师</td><td>搜索建议;耐力战略;职业发展;博士后机会;教师准备;妇女研究</td><td>资源链接</td><td></td></tr>
<tr><td rowspan="2">成年学者</td><td>职业发展</td><td>资源链接</td><td></td><td></td></tr>
<tr><td>怎样当老师</td><td>资源链接</td><td></td><td></td></tr>
<tr><td rowspan="5">研究人员</td><td>性别平等</td><td>资源链接</td><td></td><td></td></tr>
<tr><td>数学</td><td>资源链接</td><td></td><td></td></tr>
<tr><td>技术</td><td>资源链接</td><td></td><td></td></tr>
<tr><td>科学</td><td>资源链接</td><td></td><td></td></tr>
<tr><td>工程</td><td>资源链接</td><td></td><td></td></tr>
</table>

表2 GSDL的资源评价标准

<table>
<tr><th>名称</th><th>细目</th><th>描　述</th></tr>
<tr><td rowspan="6">通用标准:整体评价资源极其内容是否符合性别科学图书馆的馆藏标准和特定目标。</td><td>学科领域</td><td>自然科学、理论或者应用数学、工程技术、教育技术和职业发展主题,例如评估和评价工具、关于更换教师、平等和方法的研究、或者准备和/或妇女研究。</td></tr>
<tr><td>深度</td><td>适合高中以上教育</td></tr>
<tr><td>必备条件</td><td>明确强调科学中的性别平等,适当的(美国)国内分布,比现存类似资源要好</td></tr>
<tr><td>可沟通性</td><td>与服务对象的语言相通</td></tr>
<tr><td>可用性</td><td>免费、可读的数字格式,而且资源链接适当、有效</td></tr>
<tr><td>不采用</td><td>不采用资源的贡献者将会被通报,并且提供评价意见</td></tr>
</table>

续表

名称	细目	描　述
科学标准：检测内容的准确性、组织、是否符合标准和机构战略	国家标准	符合 National Academies 国家学术出版社的《国家科学教育标准》
	准确性和可靠性	基于公认的科学原理、结论或者直接观察得出的实验结果。不确定的资源要明确标明目前的知识局限和不确定的特性
	教学效力	结合资源的利用方式、目标用户以及教师利用资源的背景进行综合考虑
	师生容易使用	简单易用，不言自明、注明了特殊要求或者问题
	文件完整	提交时完整、可评价。文档格式，尽可能包含书目或者参考文献，补充数据文档化，并且有针对目标用户和使用的说明
	激活和可持续	表明任何具体的操作系统需求，比如插件或者特殊软件
性别、多样化和平等原则：衡量是否平等地表现，以及与性别、性别定位、残疾人、种族、伦理以及或者语言相关的内容	品质	基于优秀的有关性别平等的研究和实践，包含精确的信息
	教育意义	有助于解决或者减轻性别平等的教育障碍，强调联盟的性别平等义务，并且/或者促进解决挑战的更多方法
	性别平等	支持改变、包容、肯定、表现和综合的概念
	自信	支持和认可年轻人的技能和才干，用尊重的口气鼓励他们的自信
	合作	鼓励探索和诱导学习
	自我发现	使学生可以发现个人生活和资源内容之间的联系
	文脉关系	强调信息的上下文语境、目的和解释
	社会联系和包容	突出人类关系主题，提供获取附加信息的方法
	图表和多媒体	展现男女平等问题的描述性数据、图表、视音频内容；对于不同人种和伦理背景的描写；表现受排斥的人群的社会地位和影响

续表

名称	细目	描 述
教育标准:衡量教育资源的特点和范围	教学设计	包括活动、课程以及教师在学生需要时给予指导的教学知识点。资源应当包括的要素有:背景信息、教学目标、概念、过程、需要学习的技能、阅读材料列表、安排、阅读、特殊活动、教师评估和学生完成情况的考核标准
	支持资源	包括支持资源,教学媒体、试卷、完成任务、样本文档、权威评估工具、职业发展资源以及适于教师在发展、实施和评估教学活动中的背景资料
	补充资源	电子格式,可以直接利用
	评论资源	适于教师评价教学资源
媒体设计标准:可以度量、交互界面、导航以及技术要求	适当的用户	针对目标用户设计
	有视觉吸引力	展示方式引人、主题相关、内容动人
	技术活力	品质优良、兼容、耐久、适于残疾用户使用
不适用的原则		不符合上述标准的
		广告、促销和目录
		没有附加值、指向其他站点的链接,例如搜索工具、组织结构
		建设得不好或者维护技术差的资源,或者提供的服务不可靠

3 技术特征

性别与科学数字图书馆的馆藏完全是网络资源,支持文本、图像、视音频等多种文件格式。网络服务器自动记录用户浏览信息,包括 IP、互联网域名、浏览器类型、操作系统、浏览历史、浏览的页面、下载内容以及访问时间。

性别与科学数字图书馆采用了开源软件 CWIS(Centre Ware

Internet Services)。它不同于其他为了共享资源而设计的目录软件包,而是从一开始就按照国际元数据标准来发展的。CWIS 利用网络可追踪项目结果,也能提供最新的服务,其中包括信息注释、等级排名、即时发布新闻支持、代理推荐、完整的元数据编辑工具、预包装分类法。数图专家 Edward Almasy 在《建立个人资源入口的工具:CIWS 和搜索端口工具箱》里对 CIWS 的功能和特性做过详细描述。[4] 其中,最吸引人的特性就是安装容易、操作简单,适于各类操作系统。性别与科学数字图书馆技术主管 Sarita Nair - Pillai 说,他们面临最大的技术挑战之一是目录的翔实程度。例如他们想把每本书的每一章节都编入目录,而不仅仅是书目本身,或者一个具体的网页而不是网站。他们最关注的问题是失效链接和消失的网站,这是困扰数字图书馆的普遍问题。归根到底,用户对软件要求的复杂性和可行性远远超出了现有软件本身的复杂性。

4 界面设计与服务特征

性别与科学数字图书馆提供了五种查询方式:简单检索、高级检索、词汇表、站内导航和浏览。高级检索除了下拉字段外,还提供了限定型选项,包括交互程度、性别、语种、目标用户、格式。不过现有选项窗口过于狭窄且不能调整宽度,造成选项内容不能完全显示。页面左侧拥挤,右侧留有大片的"空地",这种布局很让人费解。词汇表为读者提供了专门术语检索方式,但存在着收词数量少(有的首字母下面根本没有内容),解释也不严谨等问题。从"浏览"途径看(见表 3),其分类体系略显散乱。"论坛"栏目现仍无历史纪录。"推荐资源"和"我的 GSDL"需要用户首先进行注册。个性化服务项目目前只有"显示参数",其中包括,我喜欢音频内容、我喜欢文本内容、我喜欢视频内容等。相对于快速发展的推荐系统和个性化技术,GSDL 的设计显得有些落后,需要改善更新。

表3 "浏览"入口显示的分类体系

第1层	第2层	第3层
教育技术	职业、计算机素养、计算机在教学中的使用、计算机、远程教育、指导问题、互联网、媒体、软件	资源链接
常规教育	能力分组、成就、非裔美国人、职业、评论思想、课程、公平、性别、职业发展、标准	资源链接
数学	代数、应用数学、稽核、职业、历史、指导问题、镀亮、数觉、概率、技术	资源链接
科学	农业、职业、地球科学、工程学、通用科学、科学史、非正式教育、指导问题、生命科学、自然科学、加工技巧、科学家发明家、技术工艺	资源链接

5 版权特征

GSDL的数字资源完全免费向公众开放,但是严格遵守美国版权法律规定。对于自建和代理的原始资料,GSDL拥有版权;对于上传资料,版权归属原作者,GSDL只拥有相应分编纪录的版权。为促进资源的描述和发现,提供给GSDL的作品可以进行加工,但GSDL决不故意侵犯版权。除非保持原样、加有GSDL的标识并且与其保持超链接,GSDL的资源不允许改编、复制和再传播。除了个人、教育和非商业性目的的合理使用,GSDL的编目记录未经授权不得被利用。

6 评价和建议

GSDL目前存在严重问题,正如标题所言,从2001年立项到2005年ENC转制,GSDL实际上已经成为了一个"弃婴"。他被抛弃的原因非常值得探讨。

6.1　合作方的变故

原来隶属于俄亥俄州立大学的 ENC 是 GSDL 的主要资料来源。2005 年 9 月该中心转制为公司以后，中断了对 GSDL 的资源供给，成为该数字图书馆瘫痪的导火索。另一方面，项目主办方 EDC 是个国际性的非营利组织，目前掌管了 335 个左右的项目；二级单位"教育、职业和社区项目部"(Education, Employment, and Community Programs, EEC)掌控了 61 个项目；三级单位"性别、多元化和技术部"(Gender, Diversities, and Technology, CDT)负责 6 个项目(包括 GSDL)。[5] 目前，这 6 个项目的负责人都只有一个人，所有项目管理维护和更新完全都有 Sarita Nair - Pillai 女士掌管。可以想象，她有多少时间来关照这个项目呢？项目创始人 Katherine Hanson 女士是美国著名的女权主义者。根据维基百科的介绍，上世纪 90 年代克林顿执政时期，她曾经做过教育部妇女教育平等法案出版中心的负责人。[6] 2000 年，她到 EDC 组建了"性别、多元化和技术部"，并且连续三年获得 NSDL 的多个项目资助，分别是 GSDL、有效获取项目(Effective Access)和职业开端项目(CaREN，后来更名为"有趣的工作"Fun work)。一年一个获奖项目，资助金额累计达到 183 万美金，这种活动能量确实令人刮目相看。但是，归根到底，她是一位政治家，不可能安心坐下来搞项目建设。EDC 的网页上显示，新的部门主管是 Maria - Paz Avery，说明 Katherine Hanson 女士已经功成身退了。回过头来看，NSF NSDL 基金在立项的时候是否受有政治因素左右？是否有名人"效应"？当然，这些猜想没有根据，但令人回味。

6.2　选题问题

在很大程度上，该馆服务对象似乎并不十分明确，或者过大过宽。性别与科学数字图书馆的目标是在性别平等和科学的范围内收集尽量多的信息。因而根据该目标，馆藏必须十分广泛，从小学直到大学的教学资源包括研究生的心理研究、课程计划及自学工具都应该收录。这样就需要一种资源收藏的逻辑框架,否则新资源的添加就存在障碍。但是,无论从 GSDL 以读者为中心的资源组织方式看,还是从浏览分类体系看,其逻辑脉络都不清晰。其次,性别平等与科学本身是一个跨学科的课题。如果馆藏政策和采选标准过于拘谨于此,即会导致入库资源十分有限,客观上降低了利用率。浏览网页发现,该馆实有馆藏不足 400 条,且多数链接已经失效。就像一所空房子,哪里还会有用户呢? 搜索提示页虽然提供的内容很丰富实用,但也仅仅是在外观上那样而已。

6.3 搜索引擎 vs 人工分拣

GSDL 项目建议书提到的"高质量"目前实际上是应对搜索引擎的低效率而言。在 2001 年,这种观点还能站住脚。但是,随着网络内容的飞速增长和搜索引擎、推荐系统、OAI 等技术的发展,人工筛选分编网络资源的方式显然不能适应现今用户海量资源快速存求的需求,有些落伍。但是,人工挑选的资源的确质量较高。用 Cyberbee 评价 GSDL,除了信息的及时性外,其他选取指标都比较好。在发现、组织和维护网络资源时如何将计算机技术和人工智慧有机相结合始终是一大研究热点。

6.4 专家 vs 群智

GSDL 的资源选择过程强调专家把关,并且制定了详细的审核标准,导致生产馆藏建设成本非常高。如果不考虑其他成本,用投资总额除以现有 400 条收藏数据,每条记录实际价值超过 2 000 美金! 调用哪种人力资源,采用什么技术,如何激励和调控也是数字图书馆建设,乃至互联网发展的重要话题。

6.5 数字图书馆的可持续发展

以美国为代表的科研项目管理制度有其自身的弊端,在数字图书馆建设上表现尤为突出。一般来讲,NSF 的 NSDL 数字图书馆项目建设投资周期大约限定在 2 - 3 年。不少项目又多为合作项目,和尚多了无水喝,一旦资金用尽,项目负责人又忙着申请下一个基金。而实际上一些项目刚刚启动就因为资金问题而搁浅,这毋庸置疑地影响到了数字图书馆的可持续发展。

总之,性别与科学数字图书馆项目的夭折有人事因素、设计理念和制度问题等多种因素。尽管如此,作为试验田,该项目锻炼了 EDC 的研究人员,也为网络资源的发展提供了借鉴。在接下来的两个项目中:“有效获取:教师在课程教学中利用数字资源”和“有趣的工作”(The Fun Works)项目,研究人员吸取了教训,细化了主题,使目标用户和主题内容一目了然。其次,GSDL 明确的馆藏发展政策和选择标准表现出色,很有其可取之处。该项目强调选择方式以及评论的权威性,避免了那些偶然发现的质量较低的网站的收藏。此外,他们坚持使用基于都柏林核心的元数据标准,在各种元数据之间建立了映射,并且根据 NSF 的要求开放记录数据,这些做法值得肯定。

参考文献

[1] [EB/OL]. [2007 - 12 - 27]. http://www.nsf.gov/awardsearch/showAward.do? AwardNumber = 0121677.

[2] [EB/OL]. [2007 - 12 - 27]. http://eecgsdl.edc.org/SPTUI—GSDL/gsdl/about.php.

[3] [EB/OL]. [2007 - 12 - 27]. http://www2.edc.org/gdi/GEMS.htm? downloadURL = true&loId = BAB3C43 - 1B18 - 44C4 - B084 - FEF54BF132EC.

[4] ALMSAYE. Tools for Creating Your Own Resource Portal: CWIS andthe Scout Portal Toolkit [EB/OL]. (2007 - 12 - 27). http://www.ideals.uiuc.edu/bitstream/2142/1746/2/Almasy620636.pdf.

[5] [EB/OL]. [2007 - 12 - 27]. http://main.edc.org/Search/ctrdiv.asp? ID = 31&type = Center.

[6] [EB/OL]. [2007 - 12 - 27]. http://en. wikipedia. org/wiki/Katherine_Hanson.

作者简介

谷秀洁(1972 -),北京大学信息管理系05级博士生。本论文作者得到国家2007年度留学基金支持。通讯地址:北京大学畅春新园3 -573宿舍 100871

地球系统教育数字图书馆——地球教育科学数字资源中心评析

刘燕权/美国南康涅狄格州立大学

陈芬/北京大学信息管理系

摘　要:地球系统教育数字图书馆(Digital Library for Earth System Education,DLESE)是美国最大的地球教育科学数字资源中心之一。作为NSF NSDL和美教育部支持的一个合作项目，该数字图书馆隶属于大气研究大学联盟(University Corporation for Atmospheric Research,UCAR),具有资源检索、基础研究、科普教育、资源评估等多种功能。文章从资源组织、技术特征、界面设计、服务特点、评价和建议等方面对地球系统教育数字图书馆做了概要的评述。

关键词:DLESE；地球科学；地球教育；数字图书馆

Digital Library for Earth System Education: A Case Study of Resources Center for Geoscience Education

Yan Quan Liu, Ph. D./Southern Connecticut State University, USA

Fen Chen/The Department of Information Management, Peking University

Abstract: Supported by both National Science Foundation and the

Department of Education in the US, the Digital Library for Earth System Education (DLESE) is the most extensive collection of digital learning resources for geoscience education in the US. This digital library offers users, including educators to learners at all levels, a wide range of resources and services on the Earth System to bring greater science education and literacy through access to materials and services online. This paper provides an overview of the major development on its resource organization, technologies employed, interface design, services provided, and assessment. This library requires some user proficiency but outlines how to obtain the necessary resources, so that users can not only search the site itself, but also create a very specific and defined search for resources by selecting portals, services, datasets, tools, types of files to enhance learning for particular age groups.

Keywords: DLESE; Earth education; Earth system; Digital library

1 概述

地球系统教育数字图书馆(Digital Library for Earth System Education,以下简称 DLESE)是一个免费资源,致力于收集、发展和传播面向所有教育层级进行地球学习的资源。DLESE 由教育家、学生和科学家等团体共同努力合作建设,目的是全方位地改善地球系统教学的质量和效果。

DLESE 是国家科学基金会(NSF)建设数字化科学图书馆的早期努力。DLESE 从 NSF 得到了 5 年的资助,在资助期(2002 - 2007),DLESE 项目中心位于大气研究大学联盟(University Corporation for Atmospheric Research,UCAR)。NSF 在 2008 年 1 月 9 号声明,[1] DLESE 现在由国家大气研究中心(National Center for Atmospheric Research,NCAR)的计算和信息系统实验室和 NCAR 图

书馆运营;UCAR 是 NCAR 的管理者。图 1 是 DLESE 的主页(http://www.dlese.org/)。

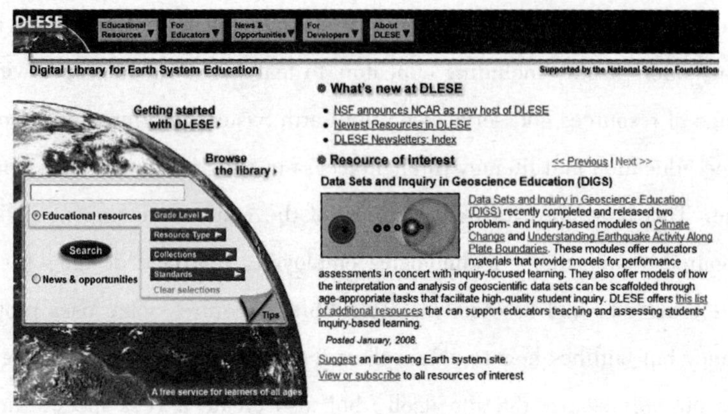

图 1 DLESE 主页

将地球系统资源与教育联系起来,是 DLESE 的主要目标。DLESE 通过多种维度支持地球系统教育:(1)开发链接集合,指向高质量的资源,提供全方位、涵盖所有领域的地球系统指导;(2)提供地球数据和图像(imagery)存取,包括工具和接口的使用;(3)创建查询(discovery)系统,有效发现 DLESE 中的资源;(4)提供分布式系统,共享资源;(5)提供支持服务,帮助用户最有效地创建和使用资源;(6)提供便利的通讯网络,支持地球系统教育内所有感兴趣领域的交互和协作。

DLESE 对于教育资源的访问重点放在交叉学科领域。数据集合提供了资源的获取,这些资源能够将地球系统引入课堂或者其它学习场所,展示了科学在解决现实世界问题上的应用。所有的地理学领域被包含在数据集合范围之内,包括大气和太阳系;DLESE 对于地球系统的认识还包括政策、法律、经济、健康科学和工程中的环境问题。

为了保证资源的质量,DLESE 制订了资源和元数据的质量保证标准。为了满足这些质量要求,DLESE 项目中心(DLESE Program Center，DPC）与集合构建者（Collection builder）一起工作，帮助他们正确使用 DLESE 的元数据格式、转换他们自己的（本地的）元数据到相应的 DLESE 元数据格式；没有达到质量标准的项目将不能从该数字图书馆中获取。此外，为了保证系统的可持续发展，DLESE 制订了集合资源增加和删减政策，[2] 支持集合的增长和可维护性——通过鼓励组织或者个人捐献他们所拥有的资源的元数据实现数字图书馆增长；而删除某些资源则是质量保证的一种机制。

此外，DLESE 是 NSDL（国家科学数字图书馆，National Science Digital Library）地球科学领域的一个节点。NSDL 服务于更加广泛的科学、技术、工程和数学教育团体。

2 数字资源及其组织

2.1 资源类型

DLESE 重点收集那些组织良好、便于使用、关注学习者（Learners）、有效应用于教育领域、科学准确、有助于培养理解能力和重要技能的资源。它提供对于广大范围的地球系统教育资料的获取，包括：（1）教育资源：案例学习，家庭作业，指南，课程计划，课堂活动，课程，模型，问题集等；（2）评估和教学方法资料：试卷、小测试、问卷、自我评估、教学技巧和教育研究等；（3）研究资料：期刊文章，总结，摘要，片断，论文，政策等；（4）数据：地球空间数据（地图，数值数据，图片等）；（5）新闻和机会：会议，专业发展，机会等方面的信息；（6）工具：软件和工具，用于用户交互、资源获取和管理、格式转换、模型和建模等。资源的格式包括文本、视频、动画、音频、图形、表格、视觉（照片）信息等。许多资源组织在数据集合（Collections）或者组（Groups）中，相关资源反映了一致的主题（Theme）。可以看出，在很多方面，数字集合与传统图书馆中的资源集合是类似的。

DLESE 中的所有资源都由团体成员捐赠,并且周期性的检验其技术稳定性。复查数据集合(Reviewed Collection)中包含那些近期检查过的、有代表性的(Exemplary)资源。[3]

2.2　站点主要区域

在主页以及其它各个页面上,DLESE 提供了五个主要区域:

(1)Educational Resources:用于查找和评论图书馆资源、集合或者服务;

(2)For Educators:探索一系列与课堂充分利用 DLESE 及其资源等相关的问题。它也提供 DLESE 成员高度感兴趣的研究,例如如何整合科学研究和教育等问题;

(3)新闻和机会:搜索和传播新闻和机会信息。它允许创建新闻和机会集合;提供检索并以摘要和全部信息两种方式显示结果;订阅 RSS 新闻以及 Matters 新闻通讯;

(4)For Developers:包括 DLESE 元数据框架的详细讨论;DLESE 与 NSDL 整合信息;DLESE 网页服务使用文档;构建、管理和共享 DLESE 数据集合的工具下载;

(5)About DLESE:提供 DLESE 政策和 DLESE 核心文档等。

2.3　元数据框架

(1)元数据

DLESE 本身并不拥有资源的物理文件,而是通过查询和传递系统来聚合、组织和传播有关的资源信息给用户、从而提供资源的存取服务;这些资源信息就是元数据。DLESE 以数字记录的方式保存元数据;这些记录被组织成数据集合(Collection)。对元数据记录进行搜索,DLESE 提供了对互联网上的地球系统教育资源的获取。

在 DLESE 中,元数据提供了关于课堂活动、课程、科学可视化、课程计划、数据、注释、集合、图像、新闻或者机会等方面的诸如题名、描述、受众、地理空间、关键词等方面的信息。结构良好的元数据与有效的检索系统相结合,促进了面向目标的检索、浏览和资源使用,一旦资源被发现,关于该资源的元数据信息将返回给用户;同时,元数据也是与其它图书馆进行信息交换的内容。因为DLESE只拥有元数据,因此,元数据成为它的核心结构组件。

DLESE提供了三种元数据方法来定义资源:

1)款目级别必需元素(Item - level Required)。这是DLESE进行资源索引和搜索所必需的最小信息,包括:URL、题名、描述和资源类型等。它被称为款目级别元数据(Item - level metadata),因为这类元数据描述了单个的资源。

2)款目级别可选元素(Item - level Robust)。它是指在必需的元数据之外的任何元数据元素,包括教育标准、关键词、与其它资源的关系等等。这类元数据也是款目级别的元数据,只是更加完备。

3)集合级别元数据(Collection Level)。用来描述一组款目级别元数据记录,即集合的整体特征的元数据。相关信息包括集合维护者信息、集合资源数量、集合资源类型、集合范围等。

从资源功能性分类来看,DLESE提供了广泛类型的资源访问,不同的元数据框架被开发来支持资源独特性质的描述:ADN、集合、注释、新闻和机会。

1)ADN(ADEPT/DLESE/NASA)

DLESE查询系统(DLESE Discovery System)目前使用该框架,它描述了学习环境中(例如课堂活动、课程、虚拟场景漫游等)典型使用的资源。框架基于XML模式,利用强制的数据类型和诸多受控词表来支持有效的浏览、检索和资源发现。目前使用的版本为0.6.50。

2)News and opportunities(新闻和机会)

用来描述事件或者对时间敏感的资源(有详细的起始和结束

日期,例如授权、研讨会(Workshop)、会议(Conference)等)。该框架基于 XML 模式,支持强制数据类型。目前版本为 1.0.00。

3)Annotation(注释)

描述资源中不被直接发现的附加性信息。这些信息包括但不限于注解、教育标准、教学小窍门(tips)、使用心得、总结信息等。该框架基于 XML 模式,有强制的数据类型和受控词表支持,并且开发自 NSDL 注释元数据框架。目前使用的版本为 1.0.00。

4)Collection(数据集合)

作为整体款目来描述一组元数据记录。框架基于 XML 模式,有适中的数据类型和受控词表支持。目前使用的版本为 1.0.00。

5)NSDL - DC

NSDL 使用该框架来描述资源。框架基于 XML 模式,DPC 提供从 ADN 元数据框架到该元数据的转换(Crosswalk)。

6)Object(对象)

描述名称 - 值对,例如 FAQ 和术语表。该框架基于 XML 模式,正在开发之中。

(2) 受控词表

如上面所述,DLESE 支持若干种元数据架构,如 ADN、Collection 等,每一种都有不同的受控词表。在 DLESE 信息系统中,每一个受控词表都是一个独立的 XML 模式文件;除了 XML 表示之外,DLESE 提供每一个词表条款的解释。

DLESE 对词表进行持续的管理,不定期跟踪词表和词表的最新定义,以便让词表定义、技术文档对于整个 DLESE 系统具有可用性。为了完成词表管理的目标,DPC 制订了词表管理工作流,负责四个主要的管理功能:1)需求定义。决定某个特定的元数据框架是否需要一个新的词表;2)开发。决定词表术语与定义,定义术语使用的参数等。如果需要,选择用户接口标签和维护属性;3)元数据框架实现。集成词表到合适的元数据框架;发布元数据框架的新版本。这项工作将影响所有的元数据记录;4)词表/元数据管理/GUI 实现。利用词表管理器(Vocabulary Manager)输入词表术语、定义、技术文档和 GUI 标签;词表管理器使得这些信息可以被 DLESE 其它系统使用。

2.4 数据集合与类别

(1) 类别

DLESE 目前包含 13 520 个资源,[4]并从主题、等级、资源类型和标准四个角度对资源进行了分类;每一个资源包含不同的主题,分属不同的等级、资源类型和集合。

1)主题(Subject):包括农业科学、大气科学、生物学、气候学、生态学、地理科学、地址科学、海洋科学等;

2)等级(Grade level):共分为 9 个等级类。其中,小学到高中分为四个等级,大学(College)分为两个等级,此外,还包括研究生、普通用户等级等;

3)资源类型:分为 8 个大类,例如面向课堂(for the class)、视觉资料(Visual)、文本资料(Text)、音频(Audio)等,每个大类下面又有若干个子类;

4)标准:包括两个标准——NATL 科学教育标准和 NATL 地理标准。每个标准都有自己的具体分类类目。

(2) 集合

DLESE 数字图书馆中的项目以主题或者集合方式组织,目前有几十个集合资源,包括亚历山大数字图书馆、气候变化集合(Climate Change Collection)、课程资源库、NAP 地球和生命科学等。其中,一个特殊的集合是 DRC(DLESE Reviewed Collection),它包含的资源满足一系列 review 标准,目的是提供高质量的资源。

3 技术特征

3.1 数据采集、存储和输出

DLESE 主页上提供了链接，欢迎并鼓励拥有地球系统教育资源的组织机构将资源转换为符合 DLESE 要求的元数据模式、并提供网上资源访问方式。对于用户检索结果的输出，DLESE 将提供与该资源相关的详细的元数据和链接信息，包括等级、资源类型、主题词、相关资源和数据集合、资源链接等。

3.2 技术架构与支持工具

DLESE 推荐使用的操作系统是 Linux 或者 Windows 2000，浏览器为 IE 5.5 以上或者 Netscape 6 以上的版本。DLESE 元数据通过 XML 结构化数字记录形式来保存，具体技术包括：(1) XML 作为词表术语和定义的容器(Container)；(2) XML 模式用于元数据框架；(3)数据库(MySQL)用于元数据/词表管理器；(4) CVS 管理 XML 文件。

用户接口方面，DLESE 使用 OPML(Outline Processor Markup Language)为用户接口显示。为了将 OPML 用于用户接口，DLESE 扩展了基本的 OPML，在不同的命名空间增加了一些属性和元素，开发了 Groups OPM(控制标签，在 UI 中排序和分组受控词表)和 Trees OPML(创建 HTML 导航)。

此外，DLESE 还开发了面向不同用户的工具。这里，简单介绍 DCS 和 OAI：

(1) DCS(DLESE Collection System)——构建数据集合

集合构建者使用 DCS 来编目教育资源(课程计划、模型、数据等)、新闻和机会通告以及资源的注释。DCS 提供了基于 Web 的数据著录界面、搜索、建立集合工作流的能力，来帮助集合构建者对元数据进行编目。

(2)OAI 工具

DLESE 的 OAI 软件包括数据提供者(data provider)(支持 2.0 协议)和数据收获者(data harvester,支持 2.0 和 1.1 版本)。数据提供者提供 XML 元数据服务,数据收获者下载并保存 XML 元数据到特定的目录。通过 OAI,DLESE 有效地在资源使用者和资源贡献者之间架起一个和谐资源分享的桥梁,使得用户共享更有成效和友好。网上提供了工具的下载和详细的用户使用说明。[5]

3.3 界面设计

DLESE 页面设计简洁、便利、独具特色。主页包含了主要的网站功能,如高级信息检索、资源浏览、最新公告等,便于用户使用。五个主要区域(Educational Resources,For Educators,News & Opportunities,For Developers 以及 About DLESE)以及检索菜单永远出现在页面的顶部,无论是浏览相应资源、还是执行检索任务,都非常便利。同时,五个主要区域提供了资源的功能性分类,用户可以直接选择适合自己的端口,具有针对性。

同时,值得一提的还有 DLESE 的资源分类浏览页面,它分为左、右两个版块。

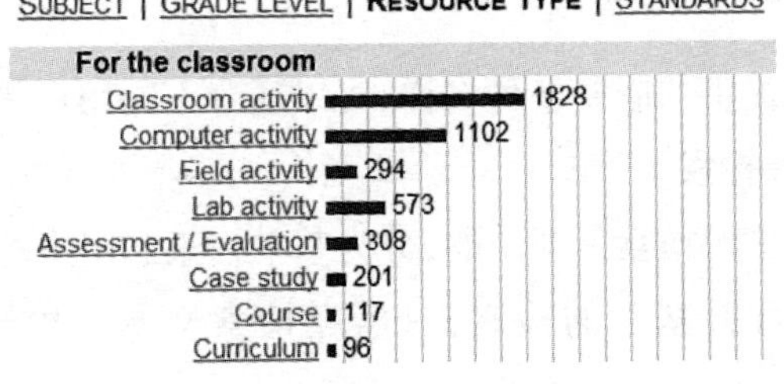

图 2 资源类目浏览

左版块从四个角度(主题、等级、资源类型以及标准)显示了资源的大类和其包含的子类,每一大类和子类旁都显示了资源数量,每一个状态条都是指向该类的链接，如图 2 所示；右版块则提供了数据集合的选择等。这样，既可以浏览所有集合中的不同类别的资源，也可以选择特定的数据集合、浏览该集合中相应的资源类别，非常便利。

4　服务特点

4.1　目标用户

DLESE 为广大范围的用户提供具有针对性的服务；用户总体上分为三类：

(1)教育家。DLESE 为教育人士提供了丰富的地球教育资源，可以将这些资源引入课堂和其它教育场所、促进科学教育的普及与发展。

(2)学习者(Learners)。可以利用 DLESE 提供的资源，进行该领域知识的获取。DLESE 的资源涉及各种等级，从 K－12 到研究生/专业级别。

(3)一般用户。DLESE 的资源可为普通用户提供帮助。

4.2　服务方式

DLESE 提供的服务多种多样，可以适合不同用户的需求。

(1)资源检索

DLESE 中的检索是简单的，分为基本检索和限定检索。

为了进行最基本的检索，只需在检索文本框内输入关键词即可。

限定检索则可以限定搜索任务到特别的标准(Criteria)，包括：等级、资源类型(例如，课堂活动和插图)、集合、和标准(目前，包括美国国家科学教育标准和国家地理标准)。为了从主页细化搜索，使用搜索框中的蓝色下拉菜单。

(2)RSS 新闻传递(RSS news feeds)

DLESE 提供 RSS 服务来传递简短的新闻摘要或者其它信息(Feeds)给用户。

现有的 feeds 包括三大类:(1)关于 DLESE;(2)教育资源;(3)新闻和机会。每一个大类又包含若干个小类,例如,新闻和机会下面又包括新闻、工作、会议等子类。

(3)专业培训

DLESE 提供了多方面知识和技能的培训,例如 OAI 培训、DCS 培训、元数据培训(DLESE 元数据框架的使用:提供了关于元数据框架及其使用、必需的元数据和相关受控词表的说明等。依赖于培训的等级,有可能涉及培训费用)、编目培训等。

(4)集合评估(Collection assessment)

集合评估是比较图书馆实际的数据集合范围与图书馆用户期望的资源范围的过程。[6] 就 DLESE 而言,用户的需求来自于对 DLESE 检索系统(DLESE Discovery System)的搜索和浏览请求的分析。DLESE 从主题、等级和资源类型角度评估了它的集合,评估项目调查了从 2002 年春天到 2004 年 12 月份的数据。

4.3 知识产权

DLESE 的基本原则是共享和合作精神,希望为所有的 DLESE 团体提供对所有基础知识(Infrastructure intellectual property, Infrastructure IP,包括但不限于计算机软件、元数据、应用程序、工具、技术、过程、系统、系统架构、数据、数据库、相关文档、或者其它资源,例如网页内容或者图片等)的基于非商业目的、无限制的使用访问。在此基本原则的基础上,DLESE 定义了基本权利、访问和使用授权,款目包括资源创建者(或者其所在机构)保留相应的个体知识产权权利,元数据创建者保留他们对于元数据的个体知识产权权利,元数据建立者授权 DLESE 修改和重新定义元数据的格式来满足 DLESE 系统和服务的要求(例如,提供元数据给其它数字图书馆）等。

5 评价和建议

DLESE 采用了分布式的方式来建设数字资源，可以发挥对该领域研究感兴趣的所有人的力量。它提供了教育、培训以及讨论机会，是地球系统教育者、科学家和学习者之间研究专业问题、进行沟通的平台。DLESE 也提供了元数据转换和其它支持工具。

通过将组织良好的受控词表和 DLESE 所有元数据字段和资源内容的索引能力结合起来，DLESE 提供了良好的资源组织和检索功能。对于元数据和受控词表，DLESE 不断维护更新、发布新的版本，保证其适应最新的发展需求。

DLESE 的用户界面设计得很好，简洁、易用。五个主要区域和检索栏出现在所有的页面上，既方便进入特定的功能区域、又可以随时实现检索。同时，帮助系统全面详细、解释清晰，例如搜索栏中，在各个选项旁边都会有提示信息（Tips），提示该选项的含义。

技术上，开放源码软件的使用，使得接口和数据库易于维护和发展；OAI 标准的使用，方便用户获取和利用相关元数据；支持软件的开发，有利于资源捐献者生产适合 DLESE 标准的元数据。

DLESE 对于资源质量的重视，也值得称道。它建立了一系列数据集合、元数据的生产标准，以及资源增加和删减的准则，为用户提供高质量的资源。

今后，DLESE 面临的挑战包括资金和资源建设等[7]。DLESE 采取的是分布式馆藏建设方法，依靠社区成员来发展数字资源。Kastens[8] 指出这意味着必须不断被动的诱导用户来参与资源建设；他同时指出，DLESE 需要平衡资源增长与质量的关系，确定合适有效的激励机制，处理资源的不稳定性问题，提供合适的、适合不同年龄、能力和知识层次的资源等。

简言之，DLESE 网站能够成为一个有价值的工具，为教育者、研究者、学生、一般用户提供最全面免费的地球系统教育资源服务。

参考文献

[1] [EB/OL]. [2008 - 2 - 5]. http://www. nsf. gov/news/news_summ. jsp?cntn_id = 110947&org = NSF&from = news.

[2] [EB/OL]. [2008 - 2 - 5]. http://www. dlese. org/documents/policy/collections_accession. php

[3] [EB/OL]. [2008 - 2 - 5]. http://www. dlese. org/new_dlese/.

[4] [EB/OL]. [2008 - 2 - 5]. http://www. dlese. org/dds/histogram. do?group = subject.

[5] [EB/OL]. [2008 - 2 - 5]. http://www. dlese. org/Metadata/tool/index. htm.

[6] [EB/OL]. [2008 - 2 - 5]. http://www. ldeo. columbia. edu/edu/DLESE/assessment/index. html.

[7] Yi Liu, Youxiang Lu. The digital library for Earth system education.

[8] KASTENS, et al. Questions & Challenges Arising in Building the Collection of a Digital Library for Education[J]. D - Lib Magazine, Nov. 2005.

[9] [EB/OL]. [2008 - 2 - 5]. http://www. dlese. org/Metadata/vocabularies/index. htm.

[10] [EB/OL]. [2008 - 2 - 5]. http://www. dlese. org/Metadata/ui/index. htm.

[11] [EB/OL]. [2008 - 2 - 5]. http://www. dlese. org/Metadata/vocabularies/vocab - mgmt - process. html

[12] [EB/OL]. [2008 - 2 - 5]. http://www. dlese. org/educators/eval. php.

作者简介

陈芬,北京大学信息管理系05级博士生,得到国家2007年度留学基金支持。通讯地址:北京大学畅春新园3幢575房间 100871

海洋哺乳动物数字图书馆——国际生态环境与生态系统政策文献收藏中心

刘燕权/美国南康涅狄格州立大学

王茵/哈尔滨工业大学国家示范性软件学院

摘　要：隶属于美国海洋哺乳动物委员会的国际生态环境与生态系统政策文献图书馆是 NSF NSDL 的一个资助项目，收集了180余年的国际环境及生态系统政策方面的文献。这些文献总结了海洋资源、野生动物以及环境方面的选择性条约、国际公约及其他的相关文献，有助于推动环境知识的学习和探索发现。文章对该数字图书馆的建设进行了综合评述，主要包括项目概述、背景及重要性、方法、资源组织、服务特征、技术特点、改善及作者的分析与评价。

关键词：海洋哺乳动物委员会；数字图书馆；数字集成系统

Marine Mammal Digital Library: A Case Study of the Digital Library of International Environmental and Ecosystem Policy Documents

Yan Quan Liu, Ph. D./Southern Connecticut State University, USA

Wang Yin/The National Pilot School of Software, Harbin Institute of Technology

Abstract: The Marine Mammal Commission (MMC) Digital Library of International Environmental and Ecosystem Policy Documents was one of NSF NSDL collections' projects. The MMC Digital Library implemented a comprehensive digital collection of international environmental and ecosystem policy documents. By using the DigIn tech it developed a sustainable single source and made the huge digital collection easily searchable. The MMC library supports a rich learning environment and benefits researchers, teachers, students, diplomats and decision - makers throughout society from global to local levels. Source materials for this collection come from the Marine Mammal Commission's five - volume Compendium of Selected Treaties, International Agreements, and Other Relevant Documents on Marine Resources, Wildlife, and the Environment.

Keywords: Marine Mammal Commission(MMC); Digital library; Digital Integrated Systems

1 概述

国际生态环境与生态系统政策文献数字图书馆项目隶属于美国海洋哺乳动物委员会，又名海洋哺乳动物数字图书馆（MMC Digital Library），免费对所有公众开放；旨在实施可持续数字典藏的国际环境和生态系统的政策性文件。该馆的主要任务是收集可促进对全球范围学生及学者有益的学术知识资源、支持和发展有关世界环境及生态系统政策文献的数字信息活动。海洋哺乳动物委员会的国际生态环境与生态系统政策文献数字图书馆收集了从 1819 年到 1999 年的国际环境及生态系统政策方面的文献。在海洋哺乳动物委员会的 661 份文献里简明扼要地总结了海洋资源、野生动物以及环境方面的选择性条约、国际公约及其他的相关文献。这些文献组成了数字图书馆的信息资源，这些资源有助于推动环境知识的学习以及探索发现，以使研究者、老师、学生、外交官和从地方到国际范围的各层决策者从中受益。海洋哺乳动物委员会的国际生态环境与生态系统政策文献数字图书馆的网址为:http://nsdl. tierit. com(网页见图1)。

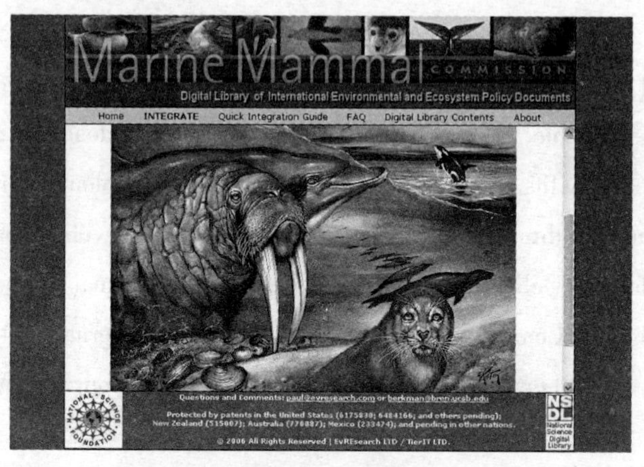

图1　海洋哺乳动物数字图书馆首页

为了更好地开发海洋哺乳动物数字图书馆项目,美国国家自然基金会给予了两次资助。第一次资助由俄亥俄州大学研究基金会提供,获得的资金总额为459 076美元,有效期限为2002年9月21日至2003年8月31日。第二次赞助由新媒体工作室提供,获得的资金总额为433 738美元,有效期限为2003年7月9日至2007年2月28日。项目资助的宗旨是完成数字收集,以提供国际环境与生态系统政策文献的"可持续性单一资源",从而便利知识探索,支持"充足的学习环境"(NSL,2006)。资助这个项目的原因是减少重复及分散的搜索以提高效率、节省时间。

2　背景及重要性

海洋哺乳动物数字图书馆的最初设想源于1977年,那个时候对许多团体来说,作为背景材料而收集渔场协议是非常困难的。"通常1976年之后的材料比较分散,难以发现,必须想尽办法才能获得”(Twiss, 1993, xxv)。而在当时,人们是通过“国家海洋渔场服务办公室、国家海洋与环境办公室、内陆渔业与野生动物服务与国家公园服务机构、国家海洋与国际环境及科学事务局、海洋学研究院、法律公司、私人工业等部门获得渔场咨询等信息的。”(Twiss, 1993, xxv)。Twiss 将这个情况跟国会以及议会的委员咨询并讨论,发现搜索自 1977 年之后的这些相关信息时,大家都遇到类似的难题。为此,大家都支持并鼓励整理这些有用文献,用“可持续的单一数字资源收集”,以在内容、形式与结构方面对这些信息做更好的开发,“以方便社会范围内各个层次的教师、学生、研究学者、外交家及决策者”(NSF,2006)。

海洋哺乳动物数字图书馆与该方面有相似收集的其他数字化图书馆有所不同。最大不同之处在于该图书馆为各类文件划分了等级层次,以识别政策文献之内和之间的关系。这些等级层次是可延伸且可重叠的,结果的理解性很强,便于使用者有效地分析利用。

海洋哺乳动物数字图书馆为研究者提供了众多关键性政策文献资源。海洋哺乳动物委员会的文献分三卷丛书:海洋资源、野生动物以及环境方面的选择性条约、国际公约、其他的相关文献。这三卷丛书是由华盛顿海洋哺乳动物委员会的 Richard L. Wallace 先生编汇的。海洋哺乳动物数字图书馆的文献也是由此编制而成的。1991 年,Wallace 先生在公约背景资料无法获得的条件下汇编了这些文献,而更多的研究都表明在当时的条件下,许多研究者及其同仁在寻找基础文献方面都存在困难,他们也为此花费了大量的时间和金钱。

同时,海洋哺乳动物委员会的委员们经常需要核实文献资源以制定各类关于海洋和环境议题的纲要,为此对重复的、多余的、不必要信息的研究耗费了大量开支。海洋哺乳动物数字图书馆的建立不仅为海洋哺乳动物委员会,同时也为国会的有关委员会,如法律委员会、学术委员会、环境委员会、工业委员会以及相关政府部门提供了政策信息查找的便利。

3 数字化资源与组织

3.1 组织方法

顾问性咨询理事会负责为海洋哺乳动物图书馆提供监督和指导。“咨询理事会强调的重点为质量控制，在设计、实行与评估战略方面提供建议与指导”（NSL，2006）。咨询理事会监督并指导以下几个方面：设计与实施、战略评价、战略传播及管理，使它们遵循长期的可持续发展战略的要求。与这个项目展开合作的项目包括地球系统教育数字图书馆、地球系统内水资源数字图书馆以及国际性法律下的相关信息中心。“这些文献在扫描和排版之前，需要先被检验以保证完整、扫描清晰、与其他版本的文献一致。”“美国国务院也会派人审阅文献，附加有用信息并保证没有信息丢失。在扫描之前要做四次不同的校正和一次最终审阅”（Twiss1993，xxviii）。数字图书馆的只读光盘由 BYRD 极地研究中心和海洋哺乳动物委员会分发。

3.2 资源组织

海洋哺乳动物委员会为数字图书馆收集需要的文献，包括美国国家出版局的精选条约以及联合国和其他国际机构的国际条约。“文献包括海洋资源、野生动物及环境等。内容包括美国及 31 个其他国家的 400 多个综合主题”（Twiss，1993，xxviii）。这些材料分为多边条约与双边条约。“多边条约部分按题目划分（如南极洲、环境与自然资源、渔业，等等），而双边部分根据国家字母顺序划分”（Twiss，1993，xxvi）。

印刷体的海洋哺乳动物委员汇编纲要约有 672 份文件，这座数字图书馆就包含了从 1818 年到 1999 年的 661 份文件，只有 20

份文件没有被存入其中。图书馆的纲要是在国内和国际政府代理机构以及非政府组织、大学、工业和大众的广泛参与下于 1991 至 2000 年汇编完成。除了未保存的 20 份文献,其他所有文献都可以在图书馆里完整的浏览。用户可以通过"数字图书馆内容"的页面阅读数据库里的所有文献,读者可根据内容表的年限或字母顺序排列的相关链接进行查阅。此页面还介绍了如何使用集合(搜索)项一次性查阅整个文献。

海洋哺乳动物数字图书馆使用的是 DigIn 数字整合系统(Digital Integration System),该系统可以建立各种"等级"和"颗粒组",以搜索结果的形式出现。由于 DigIn 系统可以在文献中识别关键词(通常被称做"颗粒组")并能将其与其他包含相同或相似"颗粒组"的项目进行摘选和分类,"用这种方式组织的内容能够客观地描述信息源之间的关系"(TierIT LTD,"Home," 2006)。该图书馆站点对于 DigIn 建立的"颗粒组"释意为:"'颗粒组'就是分散的信息,例如文章、政策文献的附件或附录"(MMC, about)。通过这种方式组织并集合的数据,DigIn 系统可以发现之前毫无关联的信息之间的新关系。独特的"融合"(INTEGRATE)功能(与传统的搜索及计数系统相反)能够使用户动态地、客观详尽地探索这些国际政策文件的长期相互关系(海洋哺乳动物数字图书馆,http://nsdl,tierit. com/index. htm)。DigIn 系统称此为"唯一可以将所有内容——无论是按照原文或非按照原文的、有结构或无结构的信息,集合在一起的产品"。而 DigIn 系统也被称为是信息管理的"瑞士军刀"。DigIn 程序只与可靠数据产生作用,不需要元数据标签,这样可以将数字收集空间的存储量减少百分之六十。(TierIT,LTD "About",2006)

由于海洋哺乳动物数字图书馆不使用元数据,在数字图书馆内容的页面上,人们可以看到关于文件命名系统的释解。资源文件的名称是通过标准化的命名习惯分配给各个文件的。这些资源文件名称可以通过使用编辑菜单或是滚动查找的方式找到。命名过程是在一阶组、初级标识符、第三标识符、数据类型的基础上建立起来的。包括储存媒介的结构数据组织便通过这个命名标准建立起来。用户可以通过输入资源文件名的方式查找文件。图书馆使用这种标准"建立存储媒介内的有条理数据组"(MMC,"Digital Library Contents",2006)。图2详细介绍了文件命名系统。

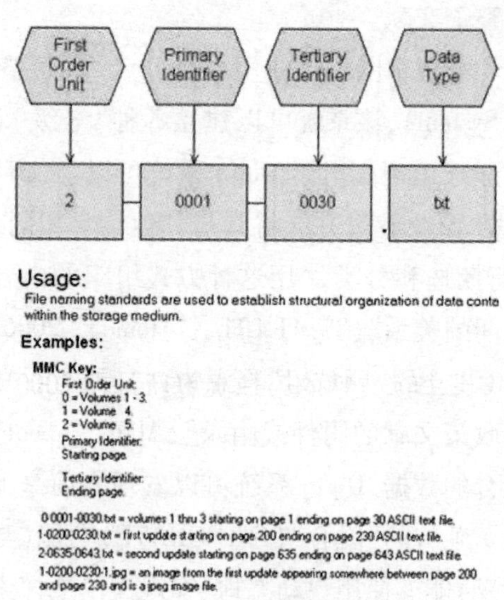

图2　文件命名系统

4　服务特点

海洋哺乳动物委员会的数字图书馆应用的是EVREsearch公司的DigIn数字集合系统,这种来自EVREsearch公司的已授予专利的数字整合系统是用来获取综合海洋哺乳动物委员会国际环境和生态系统数字图书馆信息的。这个系统可以用来演示相关成果,"在可延伸且可重叠的等级结构中详尽地辨认信息资源之间的客观关系"(海洋哺乳动物数字图书馆,http://nsdl.tierit.com/index.htm)。

这些等级又分为三个层次:顶层为设计年份签名,中间层为政策文件名称,底层为区组名称。用户可以整合搜索条目,选择一个对应多个或是一个对应所有的搜索条目。查询的问题可以是任何名词、短语或主题。该系统支持布尔逻辑查询。伴随条目的区组在可延伸及可重叠的等级中被取回及展示出来。由于所有条目都伴随索引,所以这些整合结果是非常容易理解的。如果一些区组无伴随条目,那么将出现以下提示:“抱歉,我们没有找到符合您搜索要求的相关政策文件。您可以访问我们的‘快速整合引导页面’来完善您的搜索要求。如果仍然没有结果,请您发电邮至 paul@evresearch. com,我们将会帮助您完成搜索。”用户还可以选择浏览文件表:(1)按年份排列的目录表格;(2)按字母顺序排列的目录,(3)常用及常见搜索条约目录。

此数字图书馆文献的第一次更新是在 1997 年完成的,使用的是同样的标准和评估方法,加入了从 1993 年到 1995 年的 100 多份合法文件。数字图书馆文献的第二次更新是在 2000 年完成的,覆盖了包括从 1996 年到 1998 年的 650 多个装订以及未装订文件。

海洋生物与环境条约只有在数字图书馆才可以找到,这对于需要此信息的许多团体都提供了更简便快捷的通道。信息是用有层次结构的技术格式提供材料之间的关系,这样的数字图书馆使许多组织机构都获得了很好的利益。

5 技术特点

海洋哺乳动物数字图书馆的 XML 语言易理解、可视性强,使之可以很容易地被重新编制。例如:

```
<! DOCTYPE HTML PUBLIC " -//W3C//DTD
HTML 4.0 Transitional//EN" >
<html> <head> <title>Digital Library of the Marine
Mammal Commission International Environmental and
Ecosystem Policy Documents </title>
```

<meta content = "Marine Mammal Commission, Marine mammal, Digital, Integration, Marine, Ecosystem, DIGIN" name = "keywords" > <link href = "style. css" type = "text/css" rel = "stylesheet" >

</head>

该数字图书馆的建筑风格是把含有指数的复杂国际文件与自动化技术相结合,而这种技术是综合了专业信息管理、检索和展示系统,是以来自 EVREsearch 有限公司的相关方法为基础的。这个系统通过可延伸且可重叠的等级结构来表现条约之间的关系。数字整合系统(DigIn)可以使用户利用概念这样的文件夹迅速快捷地找到相关信息,并自动将相关信息颗粒组联结起来。这个系统不需要维护,并能减少百分之六十的储存需求。这项技术可以把不分内容、不分媒介、不分来源、不分范围的职能机构信息带给用户(DigIn,2006)。

海洋哺乳动物数字图书馆的样板是南极条约可搜索性数据库(http://webhost. nvi. net/aspire)。为了使信息搜索更简便,“原始文件”被分解成有限的组件,并附带相关信息:(1)数字图书馆内独特的层次位置,(2)使用年限,(3)签约国,(4)政体分类。增加后的颗粒组附带着标签被插入到有限的组件当中,这使得数据库的搜索更加容易。搜索结果在用户定义的可延伸性与可重叠性层次等级中显示出来。国家自然科学基金会授予“关于海洋哺乳动物委员会的国际生态环境与生态系统政策文献数字图书馆摘要”,编号为#0329044,(http://www. nsf. gov/awardsearch/showAward. do?AwardNumber =0329044)。海洋哺乳动物委员会的国际生态环境与生态系统政策文献数字图书馆内的文献都是根据可定义成分,将信息与他们独特的等级位置、文献年限、签署国家和政体类别划分的。这样的系统就为获得必要文件保证了长期利益。

6 评价和建议

海洋哺乳动物委员会的国际生态环境与生态系统政策文献数字图书馆已得到寻找这个特殊主题信息的普通用户的广泛使用。同时这个数字图书馆也得到研究专家或具备特殊领域专业知识人员的广泛使用,因为它包含的信息非常具体。

在评估网站的时候,彼得和贝尔(2006)说道:“任何数字信息系统应当尽可能做到用最少的链接,最迅速地到达所需要的检索点。遗憾的是,通常用户在浏览网站时,这样的链接往往却是最薄弱的。”海洋哺乳动物数字图书馆在对用户的友好性方面设计得非常成功,并且成功地提高了用户在搜索上的效率。对于不习惯它的搜索方式的用户来说,最初可能是个挑战。但是,数字图书馆提供了可遵循的明确的、完善的并且简单的检索指令。这些检索指令包括图表、示例,一步接一步的指令将有效地减少搜索者的焦虑,并且能够使他们快捷有效地在站点进行检索。

为了实现便捷用户的理念,海洋哺乳动物数字图书馆使用了整洁清新的界面,创造了一个在整个网站中统一一致的构思模板。其首页是一幅非常漂亮的“蓝色之外”,是由美术家 Marty Katon 特意为此 MMC 数字图书馆设计的。在主页顶部的菜单选项上有一个非常显著的“快速集成导引”和“常见问题”这两个选项,用来帮助初使用户更有效地搜索数字图书馆。“海洋哺乳动物委员会的国际生态环境与生态系统政策文献数字图书馆”的标题清晰地显示在每一页的顶部,以水平菜单栏的形式展现在每一页上(如图 1 所示)。菜单项目有:主页、综合、快速综合指导、常见问题、数字图书馆目录和相关信息。每页的底部显示版权信息、2006 年的版权日期和答疑电子信箱的联系方式。所有页面的一致性使数字图书馆有一个很有条理的外观,并能通过站点轻松的导航。可用性就如同 Jeng 形容的一样:“一个产品的广度应该达到不仅能使被指定的用户使用,而且可以使特定用户在特定环境下达到特定目标的效率、效益和满意程度”(Jeng, 2005, p. 50)。海洋哺乳动物数字图书馆的特别之处不仅在于它的内容,它还介绍了一种检索的新技术,即DigIn数字整合系统,添加了很多人性化的设计,让全文检索更加方便,使大众化的操作更便易。

参考文献

[1] http://nsdl. comm. nsdl. org/meeting/poster_docs/2003/673_marineMammal_handout_04. pdf? nsdl_annual_meeting = 8e98b59fa61ef023a2d765fa85d621c2.

[2] http://digin. tierit. com/default. asp.

[3] http://www. evresearch. com/.

[4] http://nsdl. tierit. com/.

[5] http://www. nsf. gov/award search/show Award. do? Award Number = 0329044, http://www. nsf. gov/award search/show Award. do? AwardNumber = 0226195.

[6] Information Technology&Libraries, 24(2), 47 - 56.

[7] http://nsdl. tierit. com/index. htm.

[8] National Science Foundation Award Abstract # 0329044 Marine Mammal Commission Digital Library of International Environmental and Ecosystem Policy Documents[EB/OL]. http://www. nsf. gov/awardsearch/showAward. do? AwardNumber = 0329044.

[9] Computers in Libraries, 26(6), 32 - 35.

[10] Information Technology&Libraries, 25(3), 170 - 175. WWW Cyberguide Ratings for Web Site Design (http://www. cyberbee. com/design. pdf).

作者简介

王茵,毕业于英国布拉德福德大学,获得项目计划与管理的硕士学位。现于哈尔滨工业大学国家示范性软件学院负责外事工作。通讯地址:哈尔滨工业大学775信箱 150001

“在线心理学实验室”数字图书馆项目评析

刘燕权/美国南康涅狄格州立大学
朱晖/意大利博科尼商业大学复旦大学国际管理系

摘 要:作为“美国国家数字图书馆项目”(NSDL)组成部分之一,在线心理学实验室项目是一个用来在高中和大学阶段进行心理学教育的数字图书馆。文章对该数字图书馆的建设、现状及目的进行了综合性的述评,包括项目概述、项目构成和界面、实验提交过程、项目目的以及评估。

关键词:心理学教育;心理学实验室;数字图书馆;实验素材

Online Psychology Laboratory: A Digital Library for Psychology Education

Yan Quan Liu, Ph. D./Southern Connecticut State University, USA
Zhu Hui/The Department of International Management, Fudan University

Abstract: Being developed with funding from the US National Science Foundation and as part of the National Science Digital Library (NSDL), the Online Psychology Laboratory (OPL) is an American Psychology Association hosted website. The digital library designed to teach psychology at the high school and college level provides students/

scholars in the field highly interactive, web-based psychology experiments and a data archive that consists of data collected using the experiments. A rich set of download and analysis tools gives users access to the data in a variety of formats online. As one of the examples of Web 2.0, like Youtube. com and Amazon. com, this DL is improved by the more users who create and add content. The Online Psychological Laboratory is a fine resource for budding psychologists.

Keywords: Psychology education; Psychology laboratory; Digital library; Experiment materials

1 项目概述

在线心理学实验室项目(Online Psychology Laboratory)是由美国国家科学基金会(NSF)直属的大学生教育分部(DUE)资助的数字图书馆项目。这是美国国家科学基金会资助的第一个有关于心理学的项目,同时也是"美国国家数字图书馆项目"(NSDL)的一个组成部分。项目始于2005年1月1号,估计将一直持续到2008年12月31号。美国心理学协会(American Psychology Association)是该项目的主持单位,密西西比大学和北爱荷华州大学是项目的具体执行单位。在线心理学实验室项目可以通过以下网址访问:http://opl.apa.org。一个由来自高中、社区学院和大学的10位代表所组成的咨询委员会对该项目的网络站点进行管理,以保证数字图书馆馆藏资料的质量、一致性和教育价值以及材料收集的全面性。从项目开始至今,在线心理学实验室保持着来自高中和大学学生每天将近1 400次的点击率。

2 项目构成和界面

通过使用来自一个基于万维网的实验室的实验素材,一些捐

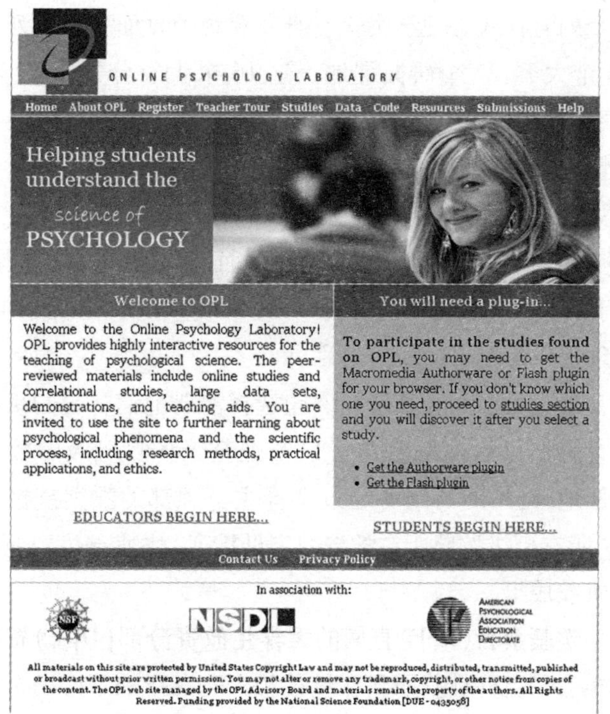

图1 在线心理学实验室主页

(http://opl.apa.org/Main.aspx)

助的实验以及那些很难产生的富有趣味性的资料(例如,声音文件、图像和电影),在线心理学实验室项目组成了一个数字图书馆。这个数字图书馆由三部分组成:

(1)高度交互式的,可通过万维网交互的心理学实验以及实证;

(2)一个积累式的数据档案,通过这个档案库,学生可以进行数据检索以供分析;

(3)为最终用户的不同需求而设计的用户可控制的数据提取和分析工具系统。在线心理学实验室主要针对两类用户:教育者和学生。在主页上,用户可以选择通过教育者或者学生的路径进行浏览访问。教育者之后通过三种方法:类别、字母表和分析被引入到一个列有在线心理学实验室研究课题的页面。这个列表上总共有 16 个大类、27 个研究课题。这 16 个大类分别是:生物学基础、健康心理学、个人差异、产业组织、学习、生命期限发展、记忆、动机和情感、个性、心里紊乱、社会心理学、意识状态、压力、克服和健康、思考以及最后的紊乱治疗。

学生也将被指引到一个类似的页面,但是在选择研究课题之前,他们必须输入班级 ID 来注册。对于那些没有 ID 的学生来说,他们必须提供参与者的相关信息。

教育者也可以为一个研究课题选择注册他们各自的班级。这将使教育者们可以追踪参与者以及把基于各自班级的数据格式化。类似地,网站的访问者通过选择主页顶部的数据链接和合适的班级(所有班级按照所在学校的字母排列)快速寻找到他们所在班级的研究成果。

除了实验素材,项目中还包含有其他资源。在生物心理学方面,有交互式的脑电图,药物作用模拟,Necker Cube Illusion,Counter rotating spirals illusion, 视觉认知影像以及感觉感知指南。网站上同样有“疾病控制中心”、“斯坦福嗜眠发作药物中心”、“美国药物国家图书馆”、“国家健康协会”以及“国家老龄化协会”的链接。此外,网站上还有给老师的一些小建议,80 门不同课程的提纲,到老师网络、咨询顾问以及讨论小组的链接。你还能找到关于心理学历史、研究方法、发展心理学、认知科学、实验心理学以及社会心理学的相关资源。

出于技术考虑,在线心理学实验室采用了很多不同的资源形式:文本/HTML、图片/jepg、图片/png、图片/gif。访问站点需要安装 Authorware 和 Flash 插件,如果访问者没有安装,网站提供了安装的直接链接。

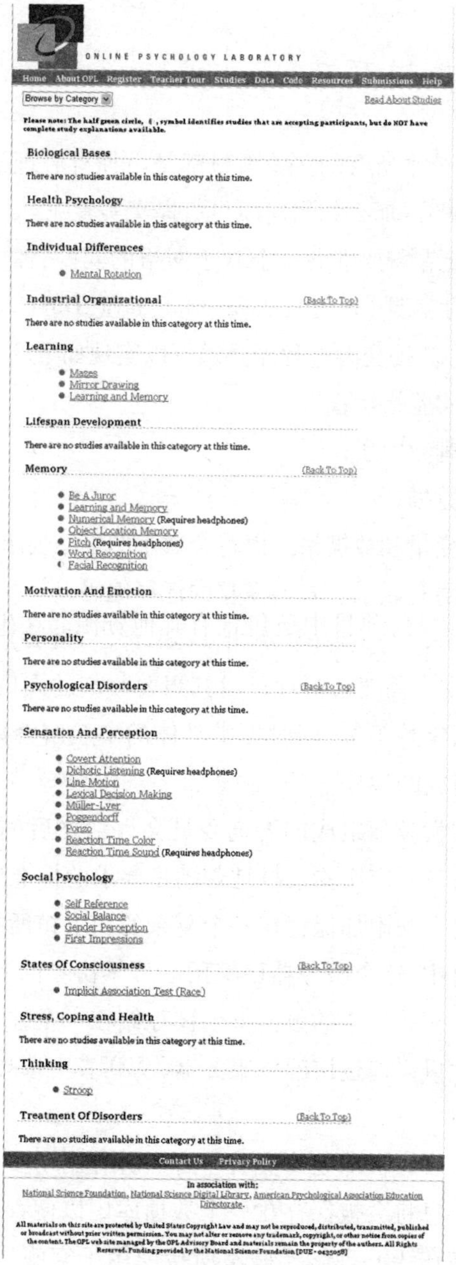

ONLINE PSYCHOLOGY LABORATORY

Home About OPL Register Teacher Tour Studies Data Code Resources Submissions Help

Browse by Category

Read About Studies

Please note: The half green circle, ◖, symbol identifies studies that are accepting participants, but do NOT have complete study explanations available.

Biological Bases

There are no studies available in this category at this time.

Health Psychology

There are no studies available in this category at this time.

Individual Differences

- Mental Rotation

Industrial Organizational (Back To Top)

There are no studies available in this category at this time.

Learning

- Mazes
- Mirror Drawing
- Learning and Memory

Lifespan Development

There are no studies available in this category at this time.

Memory (Back To Top)

- Be A Juror
- Learning and Memory
- Numerical Memory (Requires headphones)
- Object Location Memory
- Pitch (Requires headphones)
- Word Recognition
- ◖ Facial Recognition

Motivation And Emotion

There are no studies available in this category at this time.

Personality

There are no studies available in this category at this time.

Psychological Disorders (Back To Top)

There are no studies available in this category at this time.

Sensation And Perception

- Covert Attention
- Dichotic Listening (Requires headphones)
- Line Motion
- Lexical Decision Making
- Müller-Lyer
- Poggendorff
- Ponzo
- Reaction Time Color
- Reaction Time Sound (Requires headphones)

Social Psychology

- Self Reference
- Social Balance
- Gender Perception
- First Impressions

States Of Consciousness (Back To Top)

- Implicit Association Test (Race)

Stress, Coping and Health

There are no studies available in this category at this time.

Thinking

- Stroop

Treatment Of Disorders (Back To Top)

There are no studies available in this category at this time.

Contact Us Privacy Policy

In association with:
National Science Foundation, National Science Digital Library, American Psychological Association Education Directorate.

All materials on this site are protected by United States Copyright Law and may not be reproduced, distributed, transmitted, published or broadcast without prior written permission. You may not alter or remove any trademark, copyright, or other notice from copies of the content. The OPL web site managed by the OPL Advisory Board and materials remain the property of the authors. All Rights Reserved. Funding provided by the National Science Foundation (DUE - 0435058)

图 2 研究课题选择界面

3 实验提交

数字图书馆中所有的实验素材都是由拥有心理学教育经历的教育家所提供的。那么如果向项目组提交实验呢?

首先,提交者需要准备一个基于网络的实验,你可以使用任何一款你偏好的工具(HTML、JavaScript、Java、Director、Authorware、Flash、VB. Net)。提交者的程序必须可以实现如下的功能:

(1)呈现实验指示;

(2)呈现刺激因素;

(3)记录数据;

(4)创建变量和数据格式以符合数字图书馆要求;

(5)提供附有联系方式的完整的注释编码;

(6)建议分类的关键词(例如,认知,评定,发展)。

此外,提交者需要告诉项目组其想要收集的人口统计信息,例如性别、种族、年龄等等,同时提供具体的实验解释以便向他人介绍该实验所研究的现象。

在由心理学教师组成的咨询委员会评估之后(在线心理学实验室网站没有就判定实验素材是否满足要求的标准进行解释),提交者的实验将会被附加保存在一个复杂的图书馆所拥有的服务器上的实验集合中,这个服务器由美国心理学协会的专业IT人员进行维护管理。实验产生的数据将会被存储在一个独立的数据库服务器上。学生可以通过访问该服务器,从列表中选择你的实验,来获取实验信息。

实验提交者将被认定为实验作者。所有用于实验所收集的信息以及学科信息将会被保存在一个数据库中以便存储和检索。一旦某个实验被在线心理学实验室所接受用于实施,在线心理学实验室的工作人员将对它进行修改,以满足技术需求。然而,任何修改都必须是小范围的,同时也将记录在数据库中。任何与在线心理学实验室标准所抵触的标志和内容也将被移除。

4 项目目的

一旦建成,在线心理学实验室将会成为一个对于每一个能登录网络的学生开放的学习资源。图书馆的实验交付、数据下载以及一键分析工具将极大地促进机构的教学和研究活动的整合。在目前来看,这些机构往往不能够对学生的研究活动提供帮助,而借助这个数字图书馆,连平时不擅长实验设计和数据分析的老师都可以做到教学和研究的一个相辅相成。通过数字图书馆,攻读心理学的学生将能够为课堂作业或者个人项目收集数据,分析数据和报告各自的发现成果。

在线心理学实验室上的资源对于学生来说是一个参与实验心理学的很好的机会,学生们可以学习如何下载数据,进行 ANOVA 单变量测试,双变量的相关性分析,配对取样,卡方模型,以及比较性测试。对于老师来说,他们能够学习怎样在 Excel 和 Spss 中使用实验数据,这些是心理学家们最常使用的分析工具。

不仅如此,由于心理学是与其他许多学科互通的,比如生物学、社会学和行政科学,在线心理学实验室项目将为那些相关学科的、但是有需要学习心理学有关知识的学生提供实验素材做出贡献。

5 项目评估

对于新用户来说,在线心理学实验室看上去十分的直接。尽管网站中的一部分仍旧在建设之中,但是已经完成的页面十分净洁清楚,也很容易去浏览。谈到评价在线心理学实验室的数字图书馆标准,Chowdhury(2003)提供了不同的评价标准:“总的来说,我们可以通过检验检索结果的有效性,以及达到这些结果所需要

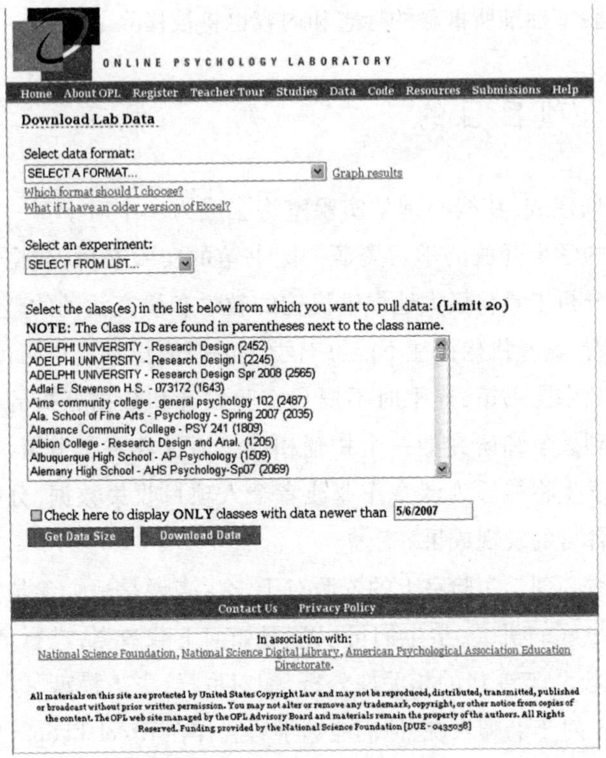

图3　数字图书馆数据下载

的时间、精力和成本来评估数字图书馆”。此外，关于数字图书馆技术方面的评价也可以作为评估的参考：存储空间、可使用性、相应时间以及每次交易的成本。用户们在在线心理学实验室找到的结果（或者实验）和那些被提交的一样出色。咨询委员会确保了提交的实验拥有顶尖的质量；然而，基于现在只有27个实验课题，增加研究课题的数量已经成为了下一步的工作重点。所幸的是，在线心理学实验室对于学生和教育者是完全免费的。用户可以选择不注册，这个增加了实验室的可用性。总的来说，在线心理学实验室对于处在发展初期的心理学家来说是一个难得的优质资源。

参考文献

[1] CHOWDHURY G G, CHOWDHUY S. Introduction to Digital Libraries[M]. London: Facet Publishing, 2003.

[2] National Science Foundation. Award abstract #0435058 – Online Psychology-Laboratory[EB/OL]. [2008 – 3 – 16] http://www.nsf.gov/awardsearch/showAward.do? AwardNumber = 0435058.

[3] Online Psychology Laboratory[EB/OL]. [2008 – 03 – 16]. http://psychexps.olemiss.edu/AboutPE/NSDLparticipation.htm.

作者简介

朱晖,06 级意大利博科尼商业大学–复旦大学国际管理双硕士项目。电子邮箱:zh064950812@hotmail.com

材料数字图书馆

刘燕权/美国南康涅狄格州立大学
于浩洋/哈尔滨工业大学软件学院

摘　要：数字图书馆在信息基础设施建设和信息教育中起到非常重要的作用。目前主要涉及以下几个方面：为专业界提供知识、信息搜集和交流、支持科研和教学。材料数字图书馆正是在这种背景下产生的。它的主要目的是为材料界提供信息基础设施，方便科研和教育并促进两者之间的联合。文章对材料数字图书馆的建设、意义及现状进行了综合性的述评，包括项目概述、资源组织、技术特征、服务特征以及作者的评估与建议。

关键词：材料数字图书馆(MatDL)；材料属性标识语言(MatML)；材料；实验室经验；数字图书馆；虚拟实验室

The NSDL MatDL Pathway: A Gateway to Resources and Learning Tools on Materials Science

Yan Quan Liu, Ph. D./Southern Connecticut State University, USA
Yu Haoyang/School of Software, Harbin Institute of Technology

Abstract: As part of the NSF National Science Digital Library program, the Materials Digital Library (MatDL) offers an information infrastructure for the materials science community that facilitates integration of research and education as well as advancement of the individual goals of each. Focusing on particularly undergraduate and graduate students, educators and researchers, the NSDL MatDL Pathway provides stewardship for content and services needed across the materials science (MS) community with these features: 1) Tools to describe, manage, exchange, archive, and disseminate data among national and international government – funded materials teams and centers, 2) MatForge for open access development of modeling and simulation tools, 3) Teaching Archive for collaborative development of core undergraduate teaching materials, and 4) Services and content for Virtual Labs in undergraduate introductory science courses. Beyond its specialized serving community MatDL should be more public oriented, coupled with being inexperienced – user friendly, then it would play a larger role in the promotion of digital library services nationally and internationally.

Keywords: Materials Digital Library; MatML; Materials; Lab experience; Digital library, Virtual library; Digital library; National Science Digital Library (NSDL)

1 项目概述

材料数字图书馆(MatDL)项目是一个包含有美国国家标准局(NIST)的材料科学与工程实验室、麻省理工学院(MIT)的多种材料科学家,密歇根大学(U – M)的材料科学家,肯特州立大学(KSU)及科罗拉多州立大学(CU)的计算机与信息科学家共同努力的成果,由美国肯特州立大学(Kent State University)在国家科学基金(NSF)资助下建设的。网址为 http://matdl.org/fez/index.php。

“材料图书馆是 NSF 国家科学数字图书馆项目(NSDL)的一部

分,是为材料科学提供的信息基础设施。其目标是既便利整合科研和教学资源,又有助于个人开展深入的研究”(Bartolo, Lowe,Sadoway, Powell, Glotzer, 2005)。该图书馆定位于材料科学,尤其是“软材料”(Soft Matter),并且设置了一个与主页链接的“软材料维基”(Soft Matter Wiki)。点击该连接就会打开一个新的浏览窗口。这里对“软材料”的定义为:“软材料是诸如聚合体、生物分子、液态晶体、表面活性炭和蛋白质这样的材料。与金属、陶瓷这类无机材料相比,软材料是有机的、能够在常温下进行软化和处理。”由此可知,该数字图书馆是有关科学工程与实验的专业图书馆。正如Bartolo 等人在《数字图书馆杂志》(D－Lib Magazine)中所概括的:“材料科学(MS)是科学研究的重要交汇领域,对科学、技术、工程和数学(STEM)的研究和教学具有重要的和辅助的作用。材料科学本身就涉及各种学科,并且随着理想工具(如自组装纳米结构)的研发,正在向设计和生成新材料的方向迈进”(Bartolo,Lowe, Sadoway, Powell, Glotzer, 2005)。材料数字图书馆是促进材料科学和其他科学进步的完美工具,通过网络连接了全国学术界以及大学和科研机构的教师和学生。

研究型数字图书馆的作用是支持科研和教学。Bartolo 的文章援引了 Christine Borgman 的观点,认为“设计研究型图书馆的挑战在于要同时支持教学与科研的需求。要通过调整科学数据的投资,利用查询学习,提供数据利用和交换服务来改进教学模式”(Bartolo, Lowe, Sadoway, Powell, Glotzer,2005)。而材料数字图书馆通过提供检查科学模型和模拟的平台,提供学位论文以及允许科学社区的互动等方式实现了这一点。这些分散的社区在材料数字图书馆中形成了一个社区。材料科学的内容在自然科学、数学及工程技术的研究和教学中占据非常重要的地位。美国在 80 年代末期提出,要想在材料时代保持竞争优势,至少需要对以下两方面进行努力:扩展核心知识存储和完善学科教育。而要实现这两点需要所有专业团体共同努力。

国家科学数字图书馆的主要使命是加强各个科学团体之间的联系从而在更大程度上整合研究和教育促进发现和创新。主要工作体现在如下三个方面:提高信息投资的效率;引入主动学习来促进自然科学教育;服务于信息使用及交换。

材料数字图书馆的另一个重要目标是将材料科学研究跟教育紧密地结合在一起。目前该项目正被整合到麻省理工学院的一个虚拟的实验室经验之中。早期的学生自我评估调查显示出,无论在支持虚拟实验室和完成额外的教育目标方面,材料数字图书馆(MatDL)都显示出其潜在的正面价值。另一个独立的调查显示,在完成一些实验室学习目标上,虚拟实验室完全可以达到跟实际实验室一样的效果。

材料数字图书馆(MatDL)目前正在合作开发一个材料属性图示仪器(合作者为堪萨斯州立大学和麻省理工学院)和一个提交工具(合作者为堪萨斯州立大学和密歇根大学)。材料属性数据标识语言(MatML)是一个可扩展的标识语言,用来交换由材料数据专家在工业、政府、标准组织及专业领域中开发的信息。基于网络的材料属性数据标识语言图示仪器允许学生在大约80种由材料属性数据标识语言标注的材料之中比较所选的材料属性。材料属性数据标识语言图示仪器通过让学生应用特征数据完成最优材料选取而实现在教育环境中增加的价值。提交工具已经被纳入到密歇根大学学生和研究人员生成纳米结构图像的一个特定工作流程之中。提示用户详细说明领域信息,自动地生成、配属关键字及修改描述。

为了在科学事业中更好的发现、学习和改进,贯穿整个讨论会的共同主题应包括:

(1)知识所针对的特定团体;

(2)数据的收集与交换;

(3)对研究与教育的支持。

为了与论述相一致,材料数字图书馆,作为国家科学基金会

(NSF)国家科学数字图书馆计划的一部分,为材料科学界做了一个有关信息基础设施的调查。这个信息基础设施使研究与教育更容易地整合到一起,并且能促进个人目标的进步。

材料科学(MS)在科学界代表了一个重要的交叉学科,因为材料科学在科学、技术、工程及数学(STEM)中扮演了中心与补充角色。由于天生的交叉性,材料科学在设计、生产拥有理想属性的新奇材料方面不断地取得进步,例如自组装的纳米结构。认识到材料科学在科学界与全球经济中所处的举足轻重的位置,1989年一份具有里程碑意义的报告:《20世纪90年代的材料科学和工程:在材料年代保持竞争力》建议,通过不断增强的,互动与交流来联合那些参与或被材料科学及工程学所影响的支持者们。委员会从5个需求之中确定出来的最紧迫的两个是:核心知识基础的擅长;履行教育使命。完成这些挑战需要材料科学界几个主要派别之间的协作与集体努力。而国家科学数字图书馆计划在集合这些团体的过程中,起到了十分关键的作用。

设计科学的并能同时支持研究与教育的数字图书馆有如下需求:

(1)用科学数据投资做杠杆;

(2)用探索性的学习来改进科学教育;

(3)为数据的使用和交换提供服务。作为美国国家科学数字图书馆之中的一个项目,材料数字图书馆通过检验数字图书馆在如下方面所起的作用将材料科学工业、研究和教育界定为优先位置;

(4)支持虚拟实验室,大量地介绍本科科学课程,而不是建立实际的实验室;

(5)开发标识语言应用程序支持科研与教学;

(6)响应料科学家的需要,为数据的收集与交换创建工具。

2 数字资源组织、技术特征

材料数字图书馆的资源组织采取多种方式。可以通过社区、主题、年代、作者和新增内容进行浏览。主题列表主要包括材料科学、地球科学、生物科学、物理学、工程技术。其他分类中还包括艺术、哲学与宗教。目前并不是所有的类目下都有内容。它的"特藏"有知识库和"软材料维基",其中"软材料维基"由密歇根大学的 Glotzer Group 创建。据国家科学基金会获奖项目(#0333520)介绍,该数字图书馆采用 XML 标记元数据。

材料数字图书馆的元数据方案包括都柏林核心(Dublin Core)、电力电子工程研究院(IEEE)的学习对象元数据和国家标准技术研究院(NIST)的标记语言(Bartolo, Lowe, Sadoway, Powell, Glotzer, 2005)。据《数字图书馆杂志》报道,该项目"特别设计了'材料权属数据标记语言'(Materials Property Data Markup Language, MatML)和 XML 语言来管理和交换材料信息,以便自动使用数据,解决数据解释和互操作的难题"(Bartolo, Lowe, Sadoway, Powell, Glotzer, 2005)。材料权属数据标记语言是材料数字图书馆的优势和重要贡献。

都柏林核心也是一个注重互操作的元数据标准。"都柏林核心元数据倡议(Dublin Core Metadata Initiative, DCMI)是致力于促进互操作元数据标准、传播和开发描述专门元数据词表以实现智能信息发现的组织。"材料数字图书馆应用了可以互操作的都柏林核心和 DCMI 标准的元数据词表。DCMI 提供了一个便利查找、共享和管理信息的简单标准。

登录该数字图书馆的部分内容需要口令。例如,"软材料维基"页面不能编辑文章。诚然,这可能是维护信息资源学术完整性的有益措施。

材料数字图书馆的一个亮点是自己定制的材料权属数据标记

语言(MatML)。据 IEEE 委员会报告,MatML 在支持虚拟试验室方面具有潜在价值(Bartolo, Lowe, Sadoway, Trapa, 2005)。当然,该项目的另一个优势是用这种语言综合了各种各样的材料。这些特征有利于研究机构协作以及全国材料科学领域的凝聚与合作。

该数字图书馆的一个不足之处是主页上缺乏对材料科学自身的介绍。网站入口是为已经了解网站或者已经具备主题专业知识的用户设计的。从普通用户角度看,网站没有使用帮助,只在"软材料维基"版面有关于怎样编辑文章的说明。当然,这是为有一定信用的用户提供的有限活动。浏览网站的过程也没有说明和帮助。通过增加网站地图来了解资源概貌可能会好些。在主页的文本框旁建立帮助链接是可以做到的,它会提示用户输入检索词的技巧。同样的,成功的检索既需要有关材料科学的术语知识也需要对馆藏范围的了解。

另一个不足之处是其他主题分类列表没有与材料科学建立链接。例如,艺术和历史栏目还没有文件可浏览。实际上,问题不是这些分类包含了什么,而是空链接,并且名称也不符合相关的逻辑。这些"其他学术领域"并不是材料科学的分支,也没有表现在图书馆的称谓中。如果不去探查一番,人们是不可能知道还有这些内容的。可能的假设是,这些"其他分类"可能是该项目扩展计划的一部分。

对于了解材料图书馆的用户来讲,信息是容易获取的。图书馆还为公众用户提供了大学课程的练习题和答案。它的组织方式对于已经掌握数据库知识的用户来说是很熟悉的。然而,如果能够在网页上提供指导,例如微软 Windows 辅导那样生动的视频,获取信息应该会更容易。对于其他数字图书馆来说,这种方式也是有效的。

作为国家科学数字图书馆的一部分和学术应用型图书馆,材料数字图书馆是为专业社区构建的,它的许多不足之处都与公众利用有关。这是一个重要的考虑。如果它也能够在服务专业社区之外,也定位于普通公众,友好地连接没有经验的用户,那么它在促进国内外数字图书馆建设中的作用可能更大。材料数字图书馆可以作为一种不足的借鉴模型。

3 服务特征

材料数字图书馆的对象包括:材料界研究人员,材料学科本科生、研究生及工业界。其主要的服务项目包括:虚拟实验室、开发标识语言、创建数据收集与交换的工具。

3.1 虚拟实验室

实验室经验长久以来被看做是所有本科学生科学课程中的非常重要的组成部分。此外,工程项目的委派需要项目组提供受过专业培训、能够展现一定能力的研究生,比如设计和展开实验的能力。一直以来,这些能力都是通过实际实验室培养出来的。然而,在提供有意义的可传递实验室经验方面,有很多操作方面的困难,特别是在那些介绍性本科科学课程方面。

在线环境,比如数字图书馆,通过支持虚拟实验室经验来为本科学生提供介绍性科学课程,并提供所需协助及实验机会。如果实际实验室经验的指导目标可以通过虚拟实验室来完成,那么涉及到提供实际实验室时面临的诸如预算缩减、空间有限及本科生录取人数增长等诸多困难将会被缓解或者降低到最低限度。

美国工程与技术鉴定委员会(The Accreditation Board for Engineering and Technology with support from the Alfred P. Sloan Foundation,ABET/Sloan)建议建立一个基于质询的、协作的学习经验要比探讨这些经验是实际的还是虚拟的更重要。会话定义了十三个工程技术实验室学习目标(仪器、模型、实验、数据分析、设计、错误分析、创造性、实验心理、安全、沟通、协作、实验室道德规范、感观的认知)可以用来评估实际实验室经验和虚拟实验室经验成果。曾有人建议,那些目标之中,除去某些例外,如:仪器、实验心理、感观认知,有很多都可以在实验室之外达成,并且这些目标也分重要程序的优先级。道德规范、数据分析、沟通和协作是必须的;模型、实验、仪器和安全是比较重要的因素;感观认知、实验心理、错误分析和设计也不能被忽视。

材料数字图书馆的投资人,麻省理工学院(MIT)和堪萨斯州立大学(KSU)进行了一项学生调查,开始评估虚拟实验室有效性的问题,同时评估数字图书馆在支持实验室经验方面的潜在价值。八名使用固态化学虚拟试验室的麻省理工学院(MIT)学生参加了调查,以评估他们对于该科目理解程度的改变(1 = 显着更糟, 3 = 没有改变, 5 = 很多改善)。他们可以在结束入门课程之后的 4 周时间(Independent Activities Period, IAP)内使用虚拟试验室共有 13 个工程与技术鉴定委员会(ABET)实验室目标作为此次虚拟实验室实验项目。调查结果显示,学生认为虚拟实验室可以成功地改进他们在 13 个工程与技术鉴定委员会(ABET)实验室目标方面的理解。其中,最引人注目的改进有如下几点:实验、协作、研究道德规范、交流(各自的平均分为 4.50、4.50、4.63、4.75)。早期的调查结果也支持这样的意见:一些实验室目标可以成功地通过虚拟实验室来达到相同的效果。三个取得最大改进的实验室目标(协作、科研道德规范、交流)也被确认为实验室经验的本质目标。

材料数字图书馆(MatDL)的目标就是保存科学研究的数据,以便科研机构可以为他们的学生提供真实的数据来完成实验室目标,包括数据分析和书写报告。此外 MatDL 扩展了课堂教学的范围,为学生提供发表个人成果的机会。麻省理工学院 8 人小组之中的三个人,还完成了另一个调查,收集关于材料数字图书馆(MatDL)在完成 8 个教育目标过程中的潜在价值的意见(1 = 非常有价值,3 = 某种程序上来说有价值,5 = 没什么价值)。总的来说,学生们对于数字实验室表达出了积极的看法,选项多分布在 1 到 3 之间。

表 1　学生对材料数字图书馆(MatDL)在支持 8 个教育目标时体现的潜在价值的评估表

数字图书馆教育目标	N	平均	标准方差
支持一个虚拟实验室的经验	3	1.33	.577 35
通过发布学生自己的工作给学生带来的实际经验。	3	1.33	.577 35
通过认证学生自己的工作给学生带来的实际经验。	3	1.33	.577 35
支持其他学院在类似课程中注册学生间的工作与互动	3	1.33	.577 35
增强学生对材料科学方面的研究应用程序的认知	3	1.33	.577 35
使学生能够获得同学的出版物	3	1.66	.577 35
增强学生的科研兴趣	3	2.00	1.000 0
通过分享相关的科研数据使课程变得更有趣	3	2.00	1.000 0

对于材料数字图书馆(MatDL)在支持虚拟图书馆经验潜力的评估,研究者们表示出非常肯定的意见。同时,在通过许可和发布学生自己成果带给学生的实验经验方面、在支持与其它机构学生互动方面以及在增强学生对材料科学方面的研究应用程序的认知方面,材料数字图书馆(MatDL)也都显示出非常好的潜质。在使学生能查看同学发布的内容、增强学生的科研兴趣方面及通过分享相关的科研数据使课程变得更有趣方面,学生们也表现出强烈的认可。

3.2　开发标识语言

在特定的学科领域内推动国际科学数据交流标准的发展,数字图书馆起到了十分重要的作用。快速而方便地访问材料属性对任何一个材料科学组织都有着非常重要的意义。很多包括私人公司、政府实验室、大学、标准化组织及专业团体都验证了这个需求。一个例证就是材料属性数据标识语言(MatML),一种最初在美国国家标准局(NIST)开发的 XML 程序。材料数字图书馆(MatDL)尝试建立了一个应用材料属性数据标识语言(MatML)的实用模型,来考察材料学科团体对统一数据格式利用的可能。该模型通过基于 Web 的应用程序提供材料属性数据，允许使用者创建图表来进行材料比较。利用这个模型过程中涉及的工作包括：数据向材料属性数据标识语言（MatML）格式的转换、分析材料属性数据标识语言（MatML）格式数据和开发基于 Web 的用于数字化教学的应用程序。

因为没有什么广泛应用的使用材料属性数据标识语言（MatML）的例子，材料数字图书馆（MatDL）为了调查材料界所用的通用数据格式开展了一项示范性项目，用来提供实际的模型。该示范性研究将材料属性数据提供给基于网络的应用程序，便学生能绘制出多种材料属性的图表。

该研究的目的是通过以下三种方式来探索数字图书馆在研究院、政府及工业生产中广泛应用过程之中得到的利益及所遇困难：

（1）用材料属性数据标识语言（MatML）来标识材料属性数据（见图 1）；

（2）分析材料属性数据标识语言（MatML）文件；

（3）为在线学习开发基于网络的标识语言程序。

材料属性数据标识语言（MatML）的数据库目前已包含有 80 种材料属性数据，涵盖陶瓷、金属、聚合物等领域。在基于网络的程序生成比较不同材料所选属性区别图表的过程中，该标识语言已经被用作数据输入的标准格式。文档对象模型（Document Object Model，DOM）在超文本预处理语言（Hypertext Preprocessor，PHP）之中的扩充用来解析材料目录中的所有材料属性数据标识语言（MatML）文件。整个文件并没有被解析，但却应用了一门在 XML 文档中查找信息的语言（XPath）来搜索当前比较图表中相关的一系列属性。

该示范性项目专注于麻省理工学院材料科学本科生课程的核心要求中的一项训练：材料加工，包含广泛主题的材料科学工程（MSE3.158），如分子扩散、热传导、液体流动、耦合传送。学生们在看到给定大纲的宽度和题目的复杂性之后，会认为课程非常困

```
<Material>
    <BulkDetails>
        <Name>Titanium, TI</Name>
            <PropertyData property="pr13">
                <Data format="float">435.4</Data>
            </PropertyData>
    </BulkDetails>
</Material>
<Metadata>
    <PropertyDetails id="pr13" type="thermal">
        <Name>Heat of Fusion</Name>
        <Units name="J/g" description="Joules per gram">
            <Unit Description="Joules">
                <Name>J</Name>
            </Unit>
            <Unit power="-1">
            </Unit>
        </Units>
    </PropertyDetails>
</Metadata>
```

图 1　材料属性数据标识语言(MatML)例，
钛的材料属性数据(部分)

难。最开始的训练中(见图 2)，学生获得了一个张列有导热系数、密度及热容量的材料清单。

在新的基于网络的应用训练中，由于消除了从前必须开展手工计算而带来的时间、精力方面的限制，学生可以用更多的材料进行实验并且分析结果，提交图表。

示范项目带来的潜在冲击可以为材料界广大的支持者带来利益。教育工作者可以采用示范项目来开发新的跟材料处理相关的练习和应用程序。科研人员也可以应用由仿真软件实现的材料数据安全交换的模型，如美国国家标准局(NIST)开发的面向对象的

1. Thermal properties and optimal materials selection (27)

In many situations, product designs include parts whose only function is to conduct or resist the conduction of heat. Materials for these parts are thus chosen entirely on the basis of their thermal properties. Select the best material from the list provided for each of the following applications.

(a) Heat shield sandwiched between a hot body and a cold one which minimizes the steady flux between them. (4)

(b) Heat shield which protects something from short, intense bursts of heat (long timescale is needed). (4)

(c) Cheap (i.e. not diamond) temperature sensor, in which short timescale of heat conduction is necessary for rapid response. (4)

(d) Light heat reservoir which must hold as much heat as possible per degree C per unit weight. (4)

(e) Heat sink for a semiconductor device, which must minimize temperature difference for a given flux. (4)

(f) Heat sink for melt spinning, in which liquid metal is injected against a rotating heat sink where it is solidified as rapidly as possible, so the material must conduct heat away from the surface quickly. (Hint: evaluate the flux through $x = 0$ in an erfc-like unsteady conduction problem. Diamond is not an ecomonically viable option.) (7)

Candidate materials:

Material	k, $\frac{W}{m \cdot K}$	ρ, $\frac{g}{cm^3}$	c_p, $\frac{J}{kg \cdot K}$
aluminum	238	2.7	917
copper	397	8.96	386
gold	315.5	19.3	130
silver	425	10.5	234
diamond	2320	3.5	519
graphite	63	2.25	711
lime (CaO)	15.5	3.32	749
silica (SiO_2)	1.5	2.32	687
alumina (Al_2O_3)	39	3.96	804

图2　旧方法中依据热属性选取材料的一个例子

有限元素(Object - oriented Finite Element, OOF),开展虚拟实验来测量和形象化内应力。同时,产业界在多种不同的环境设定中用这些模型存储、传达和检索材料数据。如用计算机辅助设计软件为跨温度性能材料选择相应的组成,或为特定功能优化材料组合。

3.3　创建数据收集与交换的工具

通过支持可靠的数据收集与交换,数字图书馆完成了一个关键作用:为研究人员提供数据提高科研实力并且为各系学生提供可用数据以改善学习。数字图书馆正在通过与肯特州立大学的信息科学家及密歇根州立大学的材料科学家(其研究集中在计算纳米科学和软材料仿真)展开合作来探索这一作用。这项合作产生了一系列纳米图像。协作的目标是捕捉原数据。原数据反映了仿真种类中一些材料科学家须了解及复制该仿真的相关细节。由此产生的元数据的用意是提高在一个实验室内或分布式网络合作实验室之中进行资源检索的能力。在收集数据时,附加对数据的说明也会产生额外的优势。同时,去除向外部知识库(如数字图书馆)提交资源的主要障碍,将极大地增加用户自己为要依靠用户本身支持的知识库做出贡献的可能性。此外,一旦资源到达了外部知识库,他们可能会适用于其他用途,如教育。

为推动原数据获取,材料数字图书馆正在开发一个纳米结构提交模板(见图3)。模板的示范和测试工作是作为一个科研小组的日常工作流程的一部分进行的。

Add A New Item to MatDL

Please Enter the Following Information. When finished click the "Begin Import" Button at the bottom of this page.

* Required Fields.

Title Tetra-Tethered POSS *

Author (Last, First) Chan Elaine

Add Another Author

Simulation Type

Number of Building Blocks *

Number of tethers *

Composition of Tethers *

Concentration *

Starting Temperature *

Run Temperature *

Number of time steps *

Solvent Selectivity *

Final Phase

Finalize Description

Description

A system of 1000 building blocks of POSS (polyhedral oligomeric silsesquioxanes) with 4 homopolymer tethers, each consisting of 4 beads, at concentration 0.25, was run starting from an initial configuration generated under athermal conditions. The system was then instantaneously quenched to a temperature of T* = 1.0 and run for 5 million time steps forming a cubic ordered phase. The solvent was selectively good for tethers and poor for POSS cages.

Give a citation to a published paper (and url, if available) that describes how you generated the nanostructure.
Citation:
Url:

Keywords:

NVT | Brownian Dynamics | BD | Tethered Nano Buildin | Lennard-Jones | FENE | POSS

Add Another Keyword

License

Please choose one of the following Creative Commons licenses to specify on what conditions people may copy and distribute your work.

- I do not wish to specify a license for general public usage
- Attribution [more info]
- Attribution-NoDerivs-NonCommercial [more info]
- Attribution-NonCommercial [more info]
- Attribution-NonCommercial-ShareAlike [more info]

Alternatively, you may enter...

- A URL to the license you want to use:
- Or your own license text:

Files

Please Select Your File(s) to Upload

If you are uploading more than one file, please enter a description for each file.

C:\tetra-tether-poss-4bead-zoom-new.jpg Browse... File Description: Single nanobuilding blc *

C:\4bead-Micelle-M1018 Browse... File Description: Spherical micelle with 1

Browse... File Description:

Browse... File Description:

Browse... File Description:

Click "Begin Import" when Finished, note that you must finalize your description first.

Begin Import

图3 纳米结构提交模板

目前版本的工具会为所有与仿真类型静态列表相关的参数提示用户(例如,在多面体低聚倍半硅氧烷(poss)的笼形分子内进行的布朗动力学仿真;块状聚合物内的耗散粒子动力学仿真),捕获对重建仿真来说必须的值。参数的显示依赖于模拟类型的选取。例如,在多面体低聚倍半硅氧烷(poss)的笼形分子内进行的布朗动力学仿真包含的提示有:构造块的数量、系链的数量、系链的构成、浓缩度、开始时的温度、运行温度、时间步骤数量、最终阶段和溶剂选择。块状聚合物内的耗散粒子动力学仿真共享了一些相同的参数(如:构造块的数量、浓缩度、运行温度、时间步骤数量和最终阶段),同时也需要 Delta A 提示。

仿真类型的选取也会引起仿真的方法和模型及仿真关键字自动生成。一个可编辑说明段中包含了所有的输入参数值。完成后,用户向材料数字图书馆提交特定领域原数据及合适的图像、数据文件及认证。当前,用户可以提交的是那些没有被列上仿真种类列表的资源。但却因为需要过于详细的提示、自动生成的关键字和描述段落生成而失去了其方便性。开发灵活的模板计划能更好地适应一系列不同仿真类型导致的参数多样性。

另一些这种类型的模板用在绘制微观图像的仿真软件中来帮助研究生理解材料结构的形成过程。模版协助作者提供更完整和连续的元数据,今后的发展将实现元数据捕捉软件与仿真软件之间的无缝连接,以减轻提供者的负担并减少错误发生的可能性。

4　评价和建议

综合以上几方面内容可以看出材料数字图书馆(MatDL)近期的主要工作在于数据标准格式的制定,并应用该格式开发了一些工具应用程序,应用于数据录入和数据提供。目的是改善学科内部的交流,包括将研究结果应用于教学。

简便的录入方式能够减少信息提供者的工作量,降低提交数据的门槛,可以帮助图书馆收集到更多的内容。统一的格式是把收集到的数据进行管理和利用的必要条件。

值得借鉴之处是,应该多在数据采集方面下些工夫,增加有用的资源。因为图书馆的利用率不高多数是因为没有有用的资源。靠图书馆的努力,要么增加采购经费,要么方便资源提供者。数字材料图书馆(MatDL)的经验说明,后者往往更为有效。同时,图书馆也要努力扩大业务的范围,不一定直接面对用户,也可以通过支持其它业务间接地服务于用户,或者干脆将边缘业务纳入自己的服务范围之内,比如虚拟实验室。

最后,确定数据格式,等于建立了统一的交流平台。这项工作也可以由图书馆牵头进行。图书馆视野应该更大,从更宏观的角度看学科的发展和自身的价值。

参考文献

[1] DELOS Workshop on the Evaluation of Digital Libraries, Department of Information Engineering, University of Padua, Padova, Italy October4 – 5, 2004[C/OL]. [2008 – 06 – 01]. http://www.delos.info/eventlist/wp7_ws_2004.html.

[2] GOLDENBER – HART D. Libraries and Changing Research Practices: A Report of the ARL/CNI Forum on E – Research and Cyberinfrastructure[R/OL]. ARL Bimonthly Report, no. 237 December. [2008 – 06 – 01]. http://www.arl.org/newsltr/237/cyberinfra.html.

[3] GLOTZER S C. Some Assembly Required[J]. Science, 2004, 306(5695): 419 – 420.

[4] National Research Council. Materials Science and Engineering for the1990s: Maintaining Competitiveness in the Age of Materials[M]. Washington, D.C.: National Academy Press, 1989.

[5] BORGMAN C L. Evaluating the Uses of Digital Libraries[C/OL]//DELOS-Workshop on Evaluation of Digital Libraries. Padova, Italy, 4 October 2004. [2008 – 06 – 01]. http://www.delos.info/eventlist/wp7_ws_2004/

Borgman. pdf.

[6] Accreditation Board for Engineering and Technology Criteria for accrediting engineering programs[EB/OL]. (2004) [2008 - 06 - 01]. http://www. abet. org/criteria_eac. htm

[7] BORGMAN C L. Digital libraries and virtual universities[M]//TSCHANG FT, SENTATD. Access to knowledge: new information technologies and the emergence of thevirtual university. New Yor: Pergamon, 2000: 207 - 242

[8] FEISEL L, PETERSON G. A colloquy on learning objectives for engineering education laboratories[C]//Proceedings of the American Society for Engineering Education Annual Conference, Mission Bay, CA, June, 2002.

[9] ROSA A. The Challenge of Instructional Laboratories in Distance Education [C/OL]//ABET Annual Meeting October 31, 2003. [2008 - 06 - 01]. http://www. abet. org/AnnualMeeting/2003Presentations/Distance% 20Ed - Rosa. pdf.

[10] BARTOLO L M, LOWE C S, SADOWAY D R, TRAPA P E. Large Introductory Science Courses & Digital Libraries[C]//Accepted at ACM/IEEE Joint Conference on Digital Libraries, June 7 - 11, 2005. Denver, CO USA.

[11] BEGLEY E. MatML version 3.0 schema. (National Institute of Standards and Technology, NISTIR 6939), 2003 [EB/OL]. http://www. matml. org/downloads/MatMLv30. pdf.

[12] BARTOLO L M, LOWE C S, POWELL A C, SADOWAY D R, VIWYRAJ, STEMEN K. Use of MatML with software applications for e - learning[C]//Proceedings of the Fourth ACM/IEEE Joint Conference on Digital Libraries. Tuscon, AZ USA. Association for Computing Machinery, Inc. (ACM): 190 - 191.

[13] Object - Oriented Finite Element[EB/OL]. [2008 - 06 - 01]. http://www. ctcms. nist. gov/oof/.

[14] BARTOLO L M, LOWE C S, GLOTZER S C. Information management of microstructures: Non - print, multidisciplinary information in a materials science digital library[C]//Proceedings of the Eighth International Society for Knowledge Organization Conference. London: UK. ERGON Verlag,

2004:297 - 301.

[15] BARTOLO L M, LOWE C S, FENG L Z., PATTEN B. MatDL: Integrating Digital Libraries into Scientific Practice[J]. Journal of Digital Information, 2004, 5(3) [2008 - 06 - 01]. http://jodi.ecs.soton.ac.uk/Articles/v05/i03/Bartolo/.

[16] 王松林. 数字图书馆与保存型元数据. 数字图书馆论坛,2005(4):22 - 27.

[17] LAURA M B, CATHY S L, DONALD R S, ADAM C P, SHARON CG. NSDL MatDL Exploring Digital Library Roles[J/OL]. D - Lib Magazine, 2005, 11(3)[2008 - 06 - 01]. http://www.dlib.org/dlib/march05/bartolo/03bartolo.html.

作者简介

于浩洋,哈尔滨工业大学软件学院07级工程硕士。通讯地址:哈尔滨工业大学,哈尔滨市西大直街92号A - 8公寓521宿舍150001

CoMPASS，概念地图教学数字图书馆

刘燕权/美国南康涅狄格州立大学

马凌云/上海师范大学图书馆

摘　要：CoMPASS 是一个基于概念映射项目的动态支架型数字图书馆，它主要利用概念地图的形式描述科学概念之间的联系，以帮助中小学生学习科学知识。文章对该数字图书馆的建设以及现状进行了综合性的评析，包括项目概述、资源组织、技术特征、服务特征以及作者的评估与建议。

关键词：概念地图；CoMPASS；数字图书馆；中小学教育；中学教育

CoMPASS, A Digital Library Integrating Digital Text in Design – Based Science Classes

Yan Quan Liu, Ph. D. /Southern Connecticut State University, USA

Ma Lingyun/Shanghai Normal University Library

Abstract: CoMPASS is a digital library of "concept mapped project – based activity scaffolding system." Through describing the relationship among scientific concepts by concept maps this project aims to help students of primary and secondary schools to study scientific knowledge. This article provides an extended review on the construction and current situation of the digital library, including project development, resources organization, technology features and services provided. Author's comments and suggestion are also given.

Keywords: Concept map; CoMPASS; Digital library; K - 12 Education; Middle school education

1 项目概述

CoMPASS 是一个辅助中学生实行地图地理教育的项目，其英文全文为 Concept Mapped Project Based Activity Scaffolding System，附标题为 Design and use of a concept map interface for helping middle school students navigate digital libraries，其目的旨在设计和利用概念地图界面帮助中学生在数字图书馆中遨游。由威斯康星州麦迪逊大学创建，始于 2004 年 9 月，并获得美国国家自然科学基金会（NSF）国家科学、技术、工程和数学数字图书馆项目（NSDL）为期 4 年的资助，受助金额为 435 000 美元。CoMPASS 作为基于概念映射项目的活动支架系统（Concept Mapped Project - based Activity Scaffolding System），是一个超文本系统，采用概念地图（concept map）的形式在外部将概念之间的关系表示出来，并配以文字解释和描述概念，从而帮助中学生学习地图地理科学知识。这个数字图书馆的网址为 http://www.compassproject.net/compass/。该项目的前期负责人是威斯康星州麦迪逊大学的李·齐亚（Lee L. Zia），他也是 NSDL 的项目主任。两位项目系统负责人是萨德汉娜·庞坦贝卡（Sadhana Puntambekar）和罗兰特·胡布舍尔（Roland Hubscher），前者是一位致力于教育心理学研究的专家，后者主要从事信息设计与组织交流的研究。

遵循 2004 年 NSDL 项目的总体目标，即继续建设 NSDL 的高质量教育资源，以支持在科学、技术、工程和数学（STEM）领域各个层次的学习,通过提供数字环境下对可靠和权威的学习和教学资料的广泛获取和联合服务,促进正规 STEM 教育质量的持续提高,同时也为非正规教育和终生学习提供资源,CoMPASS - DL 主要在科学教育领域为教师和中学生提供良好的教学参考资料及服务。具体来说 CoMPASS 有两个目标:1)提供一个导航概念地图界面,帮助学生选择相关联的文件和与自己学习目标有关的资源;2)通过课堂教学中的实证工作,使 NSDL 团队在为中小学生(k - 12)设计资源时,了解如何将数字资源更好地整合到探究型科学课堂(inquiry - based science classes)中。目前,CoMPASS 系统正被应用于威斯康星州和康涅狄格州的一些中学中,正在评估该数字图书馆在课堂中发挥的作用。截至 2007 年,已有 1 000 多名六年级至八年级的中学生 1 使用了 CoMPASS 系统。进入 CoMPASS 系统需要填写申请单以获得账号与密码,但是目前提交申请单的页面无法打开,需通过电子邮件提交用户姓名、机构、使用目的等信息,才能获得登录权限(图 1)。

图 1　CoMPASS 系统对外服务的主页

CoMPASS - DL 项目与另外两个项目密切相关,与以下两个项目一起组成 CoMPASS 系统:

(1) CoMPASS－CAREER 项(http://www.compassproject.net/info/CAREER_overview.htm)。此项目的意义是了解学生认知表达的变化,为科学课程设计超文本资料(CAREER:Designing Hypertext Materials for Science Classrooms: Understanding Students'Changing Cognitive Representations)。旨在通过使用概念地图图文并茂的形式帮助学生学习科学。该项目得到美国国家科学基金(NSF)的"早期职业生涯项目"416 000 美元的资助。这是 CoMPASS－DL 项目的预研究。主要研究超文本系统的设计以及中学生的认知表达,结果表明绘图助手可以辅助导航和学习,概念地图在支持学习科学现象和科学原理之间的丰富关系上体现了重要的价值。

(2) CoMPASS－IERI 项目(http://www.compassproject.net/info/IERI_overview.htm)。此项目的意义是在以基于设计的科学课堂中将数字化文本整合(IERI: Integrating Digital Text in Design－based Science Classrooms),旨在让学生以亲身参与即"动手"的形式帮助学生以基于项目、基于设计的途径学习科学。该项目得到美国国家科学基金(NSF)的"跨行业间教育研究协议"(Interagency Education Research Initiative)1.9 亿美元的资助。此项目是基于 CoMPASS 系统的实证研究。目的是进一步了解在以设计为基础的课程中,从信息文本到实验和动手活动中概念学习的整合,以了解学生在使用多文本进行科学探索时认知表达的变化。

2　数字资源及其组织

CoMPASS 的"馆藏资源"主要是参照美国国家科学教育标准,中学生应当掌握的科学知识中涉及的众多概念。目前"馆藏资源"还处于建设和完善中,主要是一些物理概念,包含三个单元:力与运动、光、简单机械。每个单元包含若干个主题,比如力与运动单元包含:圆周运动、直线运动、抛物运动、自由落体、曲线运动等五个主题。各主题中涉及的概念没有再被线性的层累式的列举,而是主要依靠概念地图来导航,同时它也提供快速检索功能。

CoMPASS 的每个页面都显示两个部分,即左侧的概念地图和右侧的文字描述,也就是说资源的描述包括两种格式:概念地图和文字说明,两者能保持动态的一致。所谓概念地图是包含有节点(node)的主题(ideas)地图,节点之间由表示关系的词语来连接。概念地图最简单的形式是两个词语同被第三个词语连接形成一个语义单元(semantic unit)。CoMPASS 中使用的概念地图包含了众多语义单元,显得更为详细也更复杂(图 2)。它是动态的,每个节点都可以被选中、放大,根据学生选择的概念(或节点)可随时绘制新的以被选择概念为中心的概念地图。用概念地图的形式使信息可视化是 CoMPASS 资源描述的一个亮点,但它同时也配以文本信息辅助说明,原因是庞坦贝卡教授认为"阅读、书写、交流都是讲授科学知识(science instruction)的重要部分",文字与图像结合也许是最佳方案。文字描述力求详尽、生动,描述中涉及到其他概念,会用超链接显示,将与之相关联的概念联系起来,有时也包含一些公式与一些小的动画加以说明。

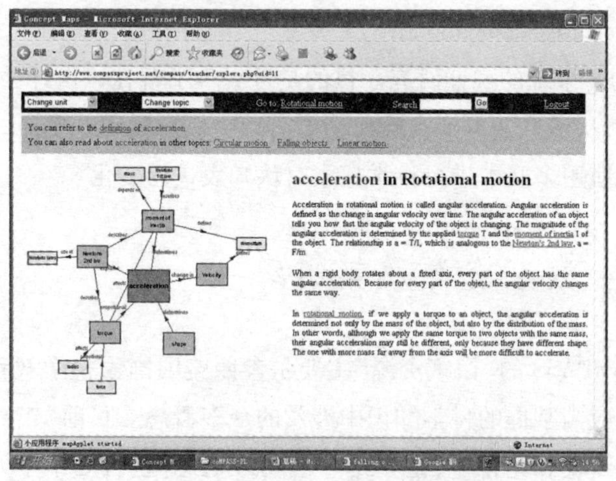

图 2　CoMPASS 的资源描述界面

为帮助学生理解同一概念在不同主题中的含义,CoMPASS 运用了概念的选择视图(alternative views)。例如,学生在学习自由落体中的加速度的概念,他可以选择上端的超链接来改变视图,查看直线运动或者曲线运动中加速度的概念,这有助于学生将同一概念放置于不同的关联语境(context)中学习,融会贯通,便于他们进行对比与分析,使他们灵活掌握知识,以帮助他们深度学习科学概念与科学现象。

3 技术特征

3.1 概念地图(Concept Map)

概念地图创建之初运用了数据挖掘技术,了解概念之间显著的联系,作为设计导航模型的基础。然后将某一领域(domain)知识分解成为概念单元。所有的概念单元被保存在数据库中,并形成表示单元之间的关系强度的索引。两个关系紧密的概念单元索引值为1,无关联的单元索引值为0。关联强度决定了概念之间的空间距离。概念地图是动态的,可以放大和缩小。通过对数据库中概念的检索,在该领域的概念框架中会形成一个表示概念之间关联强度的函数,表示该检索词的概念地图就形成了。概念地图会根据学生在数据库中检索信息时选择的概念随时绘制,因此地图不仅能为学生学习科学知识提供概念化的帮助,也能支持导航。

3.2 鱼眼技术(Fisheye Technique)

主要概念显示在地图的中央,最相关的概念将立刻围绕着它,而那些最相关的概念也依次在另一层上被次相关的概念所围绕。概念之间关系可能错综复杂,形成的概念地图可能层次非常多。如何在一个屏幕内显示有着多关联的大幅概念地图,这是一个难点。CoMPASS 使用了鱼眼技术来解决这一难题。通过使用鱼眼视图,被用户用鼠标点击的一小部分地图将成为焦点(the focus)而被放大,而其他部分将被缩小成仅可视其存在而已。

3.3 硬件和软件要求

CoMPASS 通过 Java 语言实现,可以通过 Web 浏览器访问。客户端需要安装 Java1.4 以上版本的插件,由于 Java1.4 能够支持 Solaris、Linux、Windows 等多种平台,对硬件和软件要求不是很高。以 Windows 系统要求为例:(1)Pentium 166MHz 或更快的处理器;(2)至少 125MB 的可用磁盘空间和 32MB 的内存;(3)Windows98、ME、NT、2000、XP 等;(4)5.5 版本以上的 IE 浏览器。

4 界面设计与服务特征

CoMPASS 界面简单,上端是两个选择“单元”与“主题”的下拉式菜单和一个快速检索框,左边是动态的概念地图,右边是概念的文字描述。图文对应,一目了然。CoMPASS 是为帮助中学生学习科学知识而设计的,因此它易于操作,很少出现帮助性文字,后来在实证研究中发现,它对于教学人员也有一定的帮助。

为了解 CoMPASS 在教学中所起的作用,庞坦贝卡对它进行了一系列的测试。她让六年级与八年级的学生在课堂中使用 CoMPASS 系统,观察他们在完成任务时的表现,然后让他们对该系统进行评价。结果显示,69% 的学生会优先选择图形工具来决定概念的选择,然而也有 45.2% 的学生在回答 CoMPASS 是否有助于他们理解概念之间关系的问题时表示中立。

CoMPASS 系统目前正处在建设与完善的过程中,主要通过招募中学教师参与的形式,由老师引导学生使用。由于注册页面需要通过邮件联系该项目的成员,才能获得使用权限,个人用户无法直接使用,因此它的服务范围目前很有限。

5 评价与建议

导航概念地图运用于数字图书馆,帮助中学生学习科学知识,是 CoMPASS 的亮点。它不仅提供了一种可视化的思维工具,是强有力的学习、助记策略,也是数字图书馆领域一个有益的尝试。目前这个数字图书馆正处在完善过程中,从学生的使用情况来看,它的可视化的设计思路具有美好的前景。但是,它也存在一些局限之处:

(1)鱼眼技术部分地解决了大图无法在一个屏幕内显示的问题,但是在概念选择、切换的时候仍然容易迷失方向。仅依靠概念地图作为导航是不够的,如果增加一个概念索引或者概念列表可能会更好。(2)Java 对客户端的配置有一定的要求,在通过 web 访问时,Java 程序的运行显得非常缓慢,需要等待较长的时间。

参考文献

[1] The NSF National Science, Technology, Engineering, and Mathematics Education Digital Library (NSDL) Program [EB/OL]. [2008 - 07 - 29]. http://www.dlib.org/dlib/march05/zia/03zia.html#note2.

[2] Project overview [EB/OL]. [2008 - 07 - 15]. http://www.compassproject.net/compass/website/2. CoMPASS - DL. htm.

[3] CoMPASS [EB/OL]. [2008 - 08 - 03]. http://www.compassproject.net/compass/.

[4] Hübscher R, PUNTAMBEKARS. Integrating knowledge gained from data mining wi th pedagogical knowledge [EB/OL]. [2008 - 08 - 10]. http://203.208.33.101/search? q = cach e:RudXklhArKYJ:www.educationaldatamining.org/EDM2008/uploads/proc/10_Hubscher_28. pdf + compass + system + puntambekar + design&hl = zh - CN&ct = clnk&cd = 8&gl = cn&st_usg = ALhdy28TKe15gtIICZnJEofVy9hbAYQqTA.

[5] A UW - Madison education prof seeks middle school science teachers to par-

ticipate in a professional development project [EB/OL]. [2008 - 07 - 31]. http://www. schoolinfosystem. org/archives/2007/09/a _ uwmadison _ edu. php.

[6] Sadhana Puntambekar homepage [EB/OL]. [2008 - 07 - 31]. http://www. compassproject. net/sadhana/Templates/research. htm.

[7] PUNTAMBEKAR S, STYLIANOU A. Designing metacognitive support for learning from hypertext: What factors come into play? [EB/OL]. [2008 - 07 - 31]. http://www. cs. usyd. edu. au/ ~ aied/vol9/vol9_roger_Puntambekar%20&%20Stylianou. pdf.

[8] Java runtime environment [EB/OL].

作者简介

马凌云,上海师范大学图书馆,馆员。通讯地址:上海桂林路100 号 200234

教师之家数字图书馆：生命科学,K－12

刘燕权/美国南康涅狄格州立大学

岑蔚/美国南康涅狄格州立大学

摘　要：教师之家是美国一个为中小学教师和青少年儿童提供课堂教学的多媒体资料数字图书馆,是将现代多媒体技术比较成功地运用于K－12教学的一个范例。文章对该数字图书馆的建设、意义及现状进行了综合性的述评,包括项目概述、资源组织、技术特征、服务特征以及作者的评估与建议。

关键词：中小学教学;数字图书馆;多媒体教学

Teachers' Domain Collection: Life Sciences, K－12

Yan Quan Liu, Ph. D. /Southern Connecticut State University, USA

Cen Wei/School of Communication, Information, and Library Sciences, Southern Connecticut State University, USA

Abstract: Teachers' Domain is a digital library funded by the National Science Foundation and the WGBH Educational Foundation and strives to improve science teaching and learning through multimedia resources for students and teachers. The collection was carefully selected and presented to cover key curricular topics, and context utilized with teacher resources and complemented with professional development courses. Teachers' Domain utilizes an online environment and a digital library structure for the learning resources to provide rich media that excites educators, engages learners, and inspires students. This article provides an extended review on the construction and status of the digital library, including project overview, resources organization, technological features, services provided, as well as comments and suggestion made by authors.

Keywords: Digital libraries; K – 12 education; Multimedia education

1 项目概述

教师之家数字图书馆是一个为课堂教学和教师专业发展而建立的多媒体资源中心。它的英文全文为 Teachers'Domain: Multimedia Resources for the Classroom and Professional Development,也是美国国家科学、技术、工程和数学数字图书馆项目(NSDL)的重点项目之一。图 1 为它的网址标志,网址为 http://www. teachersdomain. org/。

图 1 教师之家数字图书馆网址标志

为建立一个"以网络为基础的,教师能够轻松访问并有效实现个人专业发展和丰富学生课堂活动的具有搜索及共享功能的多媒体资料库",国家科学基金会于 2001 年拨款资助波士顿的 WGBH

教育基金会建立了教师之家数字图书馆(NSF,资助授予号0121636)。资金主要投放于生命科学领域,其后的资助覆盖了物理学和工程学范畴。教师之家,正如其名,是一家为中小学课堂教学和教师专业发展而建立的多媒体资源中心,旨在为教师和学习者提供能直接使用的多媒体资料,其内容主要针对K-12(学前班到十二年级)自然科学常用教学内容,包括生命科学、物理学、工程学、地球和空间科学,稍后扩展至社会学如公民权利运动的社会研究。教师之家的所有资料不但充分反映了国家与各个州的教学目标,而且配有声音、视频、图像或交互式动画、背景介绍、课程计划以及课堂讨论。此外,隐藏式字幕(Closed Captions/CC)的应用方便了有听力障碍的残障人士。

教师之家的使命是提供一系列经精心挑选的能反映课程重点并实现教师资源共享同时补充专业发展课程的学习辅助资料,以期通过制作和传播这些可直接登录使用的多媒体资料提高自然科学的教与学。教师之家利用互联网的网上环境和数字图书馆的学习资源,为教师和学生提供丰富多彩的媒体世界,启发灵感、促进学教积极性。

WGBH是一家公共非盈利广播机构,旨在促进知识传播和社会公益,同时在全国范围内支持教育改革(WGBH,2005)。美国公共广播公司的很多电视广播节目及其网站的大部分内容都是由WGBH制作的。教师之家即是WGBH教育基金支持的各类有助于实现其为公共服务使命而建立的项目和服务之一。WGBH使用已经播报的电视和广播节目为教师之家提供免费教育资源,实现将多媒体技术应用于课堂教学,从而进一步完成了WGBH的使命。WGBH及其合作伙伴提供的大量资源使得教师之家成为一个基地,在这个数字图书馆里,教师和学生可以直接使用高品质的多媒体教学工具。

作为免费的为教育服务的数字图书馆。Burns确定将外来资助与自有资金相结合来维护馆藏资源(2006)。WGBH教育基金会

的资助使这个项目得以支撑,同时获得以下机构支持:

(1)国家科学基金会通过国家科学数字图书馆(NSDL)提供路径和资料库;

(2)国家科学基金会教材开发项目;

(3)国家科学基金会董事会数学和物理学多学科领域办公室与国家科学基金会董事会地球科学所辖地球学部;

(4)博物馆和图书馆服务协会;

(5)开放社会协会;

(6)个人捐赠;

(7)商航基金会,主要针对增加工程和项目执行评估特色方面的资料;

(8)公营广播公司在小规模试验计划中将地方资源和国家资源相结合;

(9)在线专业发展课程将来有望能自足经营并通过专利使用权转让创造收入。

2 资源组织及管理

教师之家项目的意义在于为教师和学生提供更多获得课外优质学习辅助资料的途径,同时多样化的资料格式满足了学习者的个性化需求。作为美国国家科学数字图书馆项目之一,教师之家在生命科学、物理学/工程学以及地球/空间学方面丰富了国家科学数字图书馆 K-12 阶段的教学资源,以多媒体的方式吸引大量的教育工作者和学习者并激发他们的教学积极性。同时,教师之家还拥有四个特殊馆藏,包括公民权利(Civil Rights)、向他人学习(Learning From the People)、开放式教育资源(Open Educational Resources)以及化学先驱 Percy Julian 和公民权利资源(Percy Julian Chemistry and Civil Rights Resources)。

教师之家数字图书馆的资料主要来源于美国公共电视节目,

如《生命的奥秘》(The Secret of Life)、《新星》(NOVA)、《科学奥德赛》(A Science Odyssey)、《建筑巨无霸》(Building Big)、《进化》(Evolution)、《变焦》(ZOOM)以及其他 WGBH 为美国公共广播电视公司制作的科技类节目。多媒体资料丰富多彩,包括视频、采访片断、网络互动、照片、动画、图片、图示、音频等。

教师之家所有资源都以学生为本,为教师和学习者服务,网页上无任何广告及商业链接。接受家庭教育或者在校外接受非正式教育的学习者也可以免费使用这些资源作为学习辅助材料。教师可以利用教师之家找到符合时代要求的以课程为基础的材料,用此作为现有书本资料的补充。据一项研究显示小学高年级及初高中的学生是科学和数学获得重大突破的主力军。因此,国家科学数字图书馆关注这些群体并以为这些群体服务为工作重心,深受中小学师生的赞赏。

作为国家科学数字图书馆的项目之一,教师之家拥有一系列非常有用的网络工具,比如使用个人文件夹收集、组织和注解所需资料,便于使用者再次浏览时直接获取资料,同时通过已保存的文件夹直接索取资料可以更有效地利用课堂时间。此外,对媒体片断具体长度和大小的标注,便于使用者课程安排过程中的准备和删选。

教师之家站点上设有"我的资源"(My Resources)帮助用户保存、注释和分享其在站点搜索中找到的一些多媒体资料,使教师可根据学时、学生或课程单元组织资料。用户还可以通过建立公共博客允许学校的其他人浏览他们文件夹里的资料以实现资源共享(教师之家,2006)。同时,教师之家提供的关于课程内容的背景资料、课堂计划和讨论既科学又符合时代要求,又因为其拥有稳定可靠的网络地址,教师可以放心地在课堂上通过访问已保存的文件夹来使用这些资料。

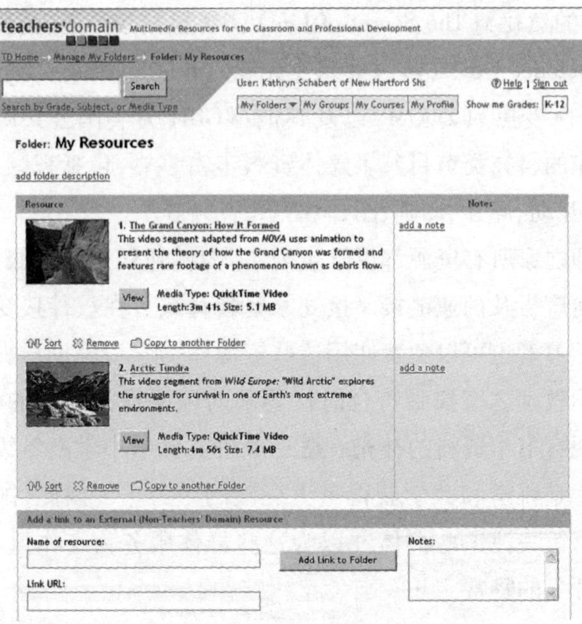

图2 管理“我的资源”

3 技术特征

由于数字视频片断通常是较大的文件夹,因此建议使用宽带(T1、Cable modem、DSL)连接以确保网络速度。浏览器建议使用 Netscape 和 Internet Explorer versions 4.5 或更新版本,为取得最佳效果最好是使用 Internet Explorer 5 或更新版本,Netscape7 或更新版本,或者 Safari。同时,快速的处理器有助于视频播放。需要的插件在站点所列如下:Shockwave 和 Flash、QuickTime 和 Acrobat Reader、也可选择 RealPlayer。

4 服务特征

由于教师之家的馆藏资料是通过重新定格已经制作好的数字

资料,成为能在课堂上使用的长约2-10分钟的片断,因此从教师之家搜索到的资源格式通常是视频片断或者是图像亦或是交互式动画。用户可以通过搜索国家科学数字图书馆或直接通过教师之家的主页来搜索这些资料。

教师之家的搜索特点是:搜索前要求简单注册,界面设计合理,搜索过程中的每一步骤和选项都清晰标明。数字图书馆的各个资料库都有相应的标题,有助于搜索过程中确定在什么类别下搜索所需资料,并且可以通过确定年级、媒体类型、主题而使搜索更加精确。

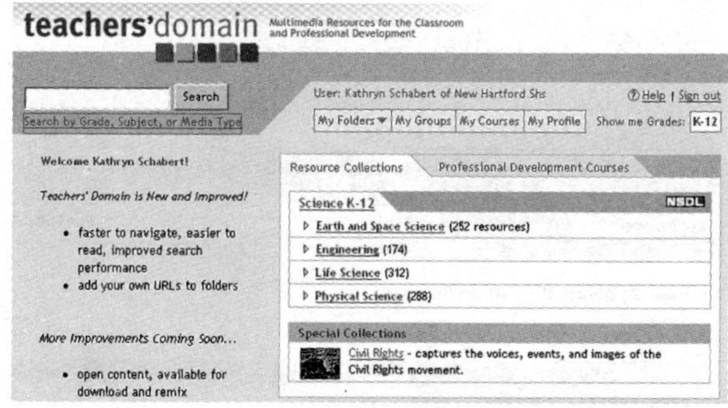

图3　搜索界面

自然科学每一领域均在学科基础上被细化为若干主题。

搜索过程通过副主题进一步细化。

为了使搜索或浏览信息更加精确,用户可以通过点击超链接来了解资料原始广播来源、适用年级和媒体类型;同时摁下"观看"(View)按钮就能立即打开媒体片断,了解整堂课的内容。最后,界面提供国家科学数字图书馆的搜索框作为备选,便于搜索者进一步搜索相关资料。

教师之家的馆藏亦可通过国家科学数字图书馆(NSDL)的网站查询。NSDL的搜索功能在查询阶段设置信息提示功能使搜索更加便捷。该搜索引擎借助了其他多家数字图书馆提供交叉搜索

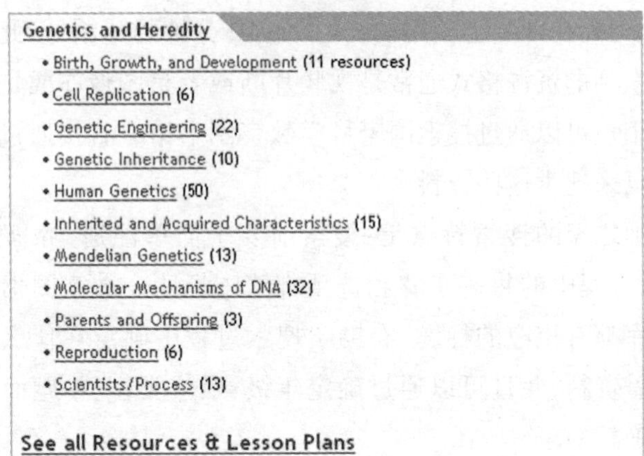

图4 学科分类主题

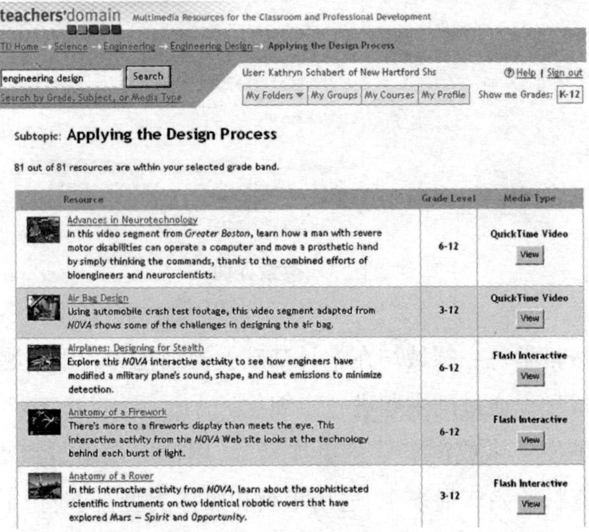

图5 通过副主题细化搜索

功能,同时提供注解来说明信息来源、资源格式和资料描述。当用户点击会员数字图书馆时,一个用来说明原始藏书和详细资料完整描述信息的新窗口就会打开。搜索引擎使用推荐法,搜索能够细化到“适用”或“排除”某些状况,因而搜索更具针对性而更有效。

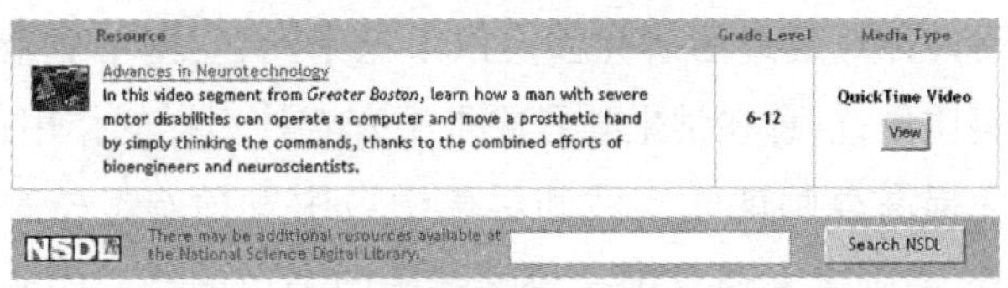

图6 资源简介

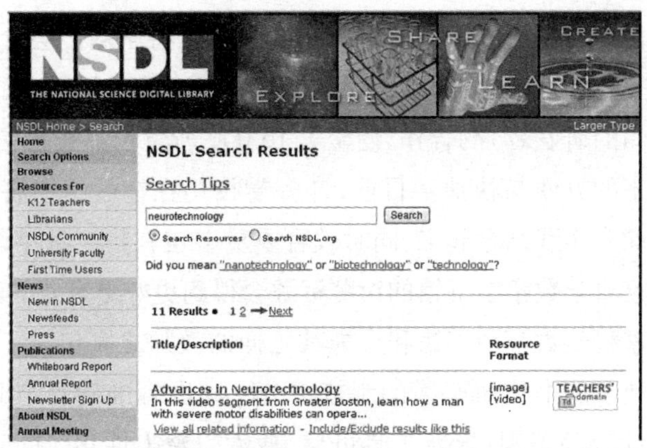

图7 通过国家科学数字图书馆(NSDL)访问“教师之家”

5 评价与建议

作为儿童和技术中心(Center for Children and Technology)至少四项项目评估的主题,对教师之家的研究从其前期开拓、跟进到全面执行再到革新阶段,儿童和技术中心在福特基金的赞助下开展了全面调查。他们使用了多种方式来研究通过应用技术手段提高学生学习成绩和教师备课效率的成效,网上调查、教师采访以及课堂观察均为评估提供了依据。此外,个案调查就目前学校多媒体技术使用的情况提出了许多问题。在每一项调查中,教师之家都因为使用方便,能有效利用课堂时间,高品质的内容和演示,内容与时俱进符合教学标准,以及本身提倡积极学习和基于调查的研究而获得好评。最近的研究涉及以下三个问题:网络更新如何提高了资料质量;信息在学生学习成果中有着什么样的作用;专业发展部分在提高教师课堂实践和学生学习中发挥着怎样有效地作用。此外,教师之家通过国家科学数字图书馆的核心团队及其政策委员会和常务委员会以及其他致力于开发数字图书馆及其服务的图书馆团体,确保其拥有广泛的、持续的全国范围内的影响力。这些评估尚在进行中,随着时间的推移,国家科学基金会会给予更多资金支持。最近,教师之家又成功实现了与 Thinkronize(教育类搜索产品的研发者)的合作,使全美 16 000 所学校都能感受到教师之家带来的方便与快捷。目前,许多学校仍在继续努力将多媒体技术与课堂实践结合起来,同时教育委员会也在推广数字图书馆,相信国家科学数字图书馆的馆藏资源会得到更好更有效的利用。

国家科学数字图书馆和作为其延伸的教师之家包含了有效的教育类数字图书馆所必需的组成部分。其内容准确且与时俱进,界面设计合理美观,导航工具可靠,搜索引擎人性化。同时,在线学习资料反映 K－12 课程目标,有助于教师协调课堂活动以及学生自主课外学习。通过专业发展课程和教育市场营销推广,教师之家定会成为科普工作者众所周知的选择,同时也会是其他不可靠网络资源的有效替代。

参考文献

[1] BURNS D. Sustainability Vignette: Teachers' Domain from WGBH[EB/OL]. (2006) [2006－10－06]. http://content.nsdl.org/exhibits/SPT—FullRecord.php? ResourceId = 529.

[2] Center for Children & Technology. (n. d.). What We Do[EB/OL]. [2006－10－23]. http://cct.edc.org/whatwedo.asp? numWhatWeDoId = 7.

[3] HUNTER B, ARDIS M. K－12 Education Considerations for a National SMETEDigital Library[EB/OL]. (2001) [2006－10－24]. http://www.piedmontresearch.org/bib/k12.html.

[4] National Science Foundation. Teachers' Domain Collection: Life Sciences,

K-12:Award Abstract #0121636[EB/OL]. (2006) [2006-10-18]. http://www.nsf.gov/awardsearch/.

[5] National Science Foundation. Teachers' Domain Pathways to Science: Rich-Media Sources for K-12 Teachers: Award Abstract #0434813 [EB/OL]. (2006)[2006-10-18]. http://www.nsf.gov/awardsearch/.

[6] PASNIK S, SCHINDEL J. Project Report: WGBH Teachers' Domain - Pathways to Science: Rich-Media Resources for K-12 Teachers[R/OL]. (2004) [2006-10-18]. http://cct.edc.org/admin/publications/report/wgbh_TDE_2004.pdf.

[7] Teachers' Domain. Multimedia Resources for the Classroom and Professional Development[EB/OL]. (2006) [2006-10-23]. http://www.teachersdomain.org.

作者简介

岑蔚,美国南康涅狄格州立大学研究生。通讯地址:Library and Information Science, Southern Connection State University, USA 06515

罗塞塔数字图书馆：人类语言的绿洲

刘燕权/美国南康涅狄格州立大学

黄田青/嘉兴学院图书馆

摘　要:罗塞塔数字图书馆协作项目由"今日永恒"基金会发起,是美国国家科学、数学、工程和技术教育数字图书馆计划(NSDL)重要工程之一,其目标旨在为公众和学者提供人类语言资源的数字化服务,并为人类语言的长期保存确定一种新的机制,保护濒临灭绝语言,帮助已经消亡的语种在未来复活。罗塞塔项目使用 Web2.0 技术,以灵活的结构处理语言信息存储关系并允许进行研究和资源共享。文章对该数字图书馆的建设以及现状进行了详尽的评析,包括项目概述、资源建设、服务特征、元数据标准和技术构架,以及作者的评估。

关键词:语言学;数字化;数字图书馆;科学教育资源

DOI:10.3722/j.issn.1673—2286.2009.02.011

The Rosetta Digital Library: A Path to Human Language Archive

Yan Quan Liu, Ph. D./Southern Connecticut State University, USA

Huang Tianqing/The Library, Jiaxing University

Abstract: The Rosetta Project is a global collaborative effort initialized by the Long Now Foundation to build an online archive of all the documented human languages that will serve as the premier reference and research tool for the world's languages. As an important project funded by NSF NSDL, it uses Web 2.0 technologies to maintain a flexible structure that allows for changes to information and relationships between information and allows for research and resources sharing. This article provides an extended review on the construction and current situation of the digital library, including project review, resources organization, services features, metadata scheme and technological infrastructure. Author's comments and suggestion are also given.

Keywords: Linguistics; Digitization; Digital library; Science education resources, National Science Digital Library (NSDL)

1 项目背景

语言学家克劳斯(Michael Krauss)十年前曾预言,全球有大约6 000种还在使用的语言,有一半会在一个世纪内因无人使用而消亡。更有语言学家估计全世界90%的语言可能会消亡,甚至在22世纪,与这些语种相关的文献记录也会彻底消失。事实上,一些小语种和土族语种的消亡速度快的惊人,如已经灭绝的爱尔兰海曼岛的马恩语(Manx),高加索地山区尤比克语(Ubykh)等多种语言。

语言是人类认知世界的工具,更是社会文化最重要的元素,因为它是一个知识体系传承的载体。语言的消亡可意味着文化的殆尽。保护人类的语言,特别是濒临灭绝的语言就是对文化的保护。全世界的语言学家正在努力协作开展这个工作,例如论证哪些语言有抢救保护的可能,哪些语言必须在消亡前做好长期保存等等。

一种行之有效的方法就是创建语言学资源数字图书馆,收藏濒临灭绝语言的各种信息,包括录音、文法、字典等,并通过互联网向用户发布语言信息。这不仅可以对人类语言资源起到长期保存的功能,同时也可以让使用小语种的人们通过互联网扩大那些语言的使用范围,从而一定程度上避免语言的解体。

2 项目概述

罗塞塔计划(Rosetta Project)[1]是基于以上背景而产生的。罗塞塔称谓来自于罗塞塔石碑(Rosetta Stone)一词。该石碑上刻有古埃及同一文本的三种语言对照版本。后来的考古学家对照各语言版本的内容后,解读出了埃及象形文的含义,因而罗塞塔石碑成为了语言保存和破解的代名词。罗塞塔语言学数字图书馆也试图成为人类语言资源的存储仓库,旨在为公众和学者提供人类语言资源的数字化服务,并为人类语言的长期保存确定一种新的机制,并可在未来帮助已经消亡的语种复活。

罗塞塔语言学数字图书馆或可简称罗塞塔数字图书馆是罗塞塔计划(Rosetta Project)的主要组成部分,始于1996年,由美国的"今日永恒"基金会[2](The Long Now Foundation)发起创建,发起人为Brian Eno和Stewart Brand。罗塞塔计划实际上是"万年钟与图书馆"计划(Clock and Library Projects)的一个子项。"万年钟与图书馆"计划重点研究技术发展给数字资源长期保存带来的影响,而罗塞塔计划则是侧重研究技术对于语言学资源长期保存的作用和影响。

罗塞塔数字图书馆是"罗塞塔计划"的门户资源网站,由"今日永恒"基金会负责具体实施并承担项目主要经费,总额预计在一百万美元左右。同时,因其特有的语言学资源的独创性和重要性,项目也受到了不同社会团体的资助。其中,美国国家科学数字图书馆(NSDL)资金资助达36 051美元。2003年至2005年,美国国家科学基金会(NSF)行为与认知科学分会的认知、心理和语言科学项目也对其进行了年度经费资助。Brian Eno个人对该项目进行了资助。罗塞塔语言学数字图书馆项目吸引了全美一些著名的语言学研究机构的参与,包括斯坦福大学、东密执根大学以及所属的名为"语言学名录"的语言学资源门户(Linguist List)、开放语言文档联盟(OLAC)、NSDL下属的"濒临灭绝语言"基金会。这些学术机构在很大程度上帮助了罗塞塔语言学数字图书馆完善其资源建设。比如,Linguist List为其提供众多的语料库资源,OLAC的元数据标准为其元数据方案实施提供了基础。

3 资源建设

罗塞塔语言学数字图书馆是一个多方参与、分布式合作项目,集成了成千上万的学术专业人士和全球母语使用者的努力。项目也组织了正规的文档搜索小组进行资源查询收集工作,他们分散在一些机构中,如斯坦福、耶鲁、伯克利、国会图书馆以及语言学夏季研究所等地方。而在资源收集、组织和加工的过程中就必须进行协调和平衡,尤其是对于濒危语言资源的认定。罗塞塔管理机构有着非常严格的资源评审制度,其机制和牛津英语字典初稿的编著机制比较接近。罗塞塔数字资源文档由一个13人组成的管理委员会负责管理,成员都是领域专家和专业研究人员。

3.1 资源收集

罗塞塔数字图书馆资源主要是收集全球所有现存的6 000多种语言相关资料。自从2004年罗塞塔项目归入NSDL馆藏建设后,项目文档的数量已经翻了一番,从起初的1 000种语种扩大到了2006年的2 500种语种。到2008年8月为止,罗塞塔语言学数字图书馆资源已经包括了2 376个语种,95 254个文本页面,共有2 545义务贡献者参与了资源建设。它也是目前为止同类型资源中规模最大的一个语言数字化资源库。

3.2　资源类型

罗塞塔数字图书馆资源类型是按照语言学标准确定的,而这样的资源类型设计为用户提供了直观的浏览界面。更为重要的是,这样的资源类型兼顾了资源的元数据方案(Metadata Schema)的实施和元数据互操作的可行性,为语言资源的交互和长期保存提供了基础。根据语言学领域特点,罗塞塔数字图书馆语言资源描述可以分为一般性描述和语法描述。

一般性描述主要是某一语言的语言元描述,包括语言历史沿革、与别的语言的关联属性(是否同属于一个语系还是其它语种的子系)、类型特征、使用者数量和地理分布、能与非本语种使用者交流的会话者和多语种会话者的数量和地理分布。另外还包括子元素的描述:地图——语言使用者地理分布区域图和相邻语言使用者区域图;拼写——语言拼写规则,包括发音指南。

语法描述主要是某一语言的一项或多项语言学分析,包括对于音素和组合的语音描述;语义最小单位构成单词的方法以及单词构成短语、从句和整句的方法词法(Morphology)和句法描述。特定语言的单词汇编词汇描述,包括字典和斯瓦迪士词表(Swadesh List,一种语言基本词汇表,通常包含一、二百个核心词语);语言结构和文本使用样式。

上述资源描述决定了罗塞塔数字图书馆语言资源类型特征,基本上涵盖了语言学元素以及其概念关系。同时以上各种资源类型都可以表现为一种或者是多种多媒体形式。

3.3　载体类型

罗塞塔数字图书馆资源载体类型包括语言学相关的文本、音频、图表、图像、动画、视频等。图书馆资源长期保存载体有两种主要形式:光盘和数字化存档。值得一提的是这种称为罗塞塔微雕镀镍光盘,其作用等同于一个可长期保存的语言学档案库和翻译器,用于语言文字的储存和翻译。罗塞塔光盘记录了语言描述信息以及对应的文字和图像,每张碟片存储密度可达存 35 万页图文,保存年限可达 2 千年至 1 万年。即使在极其遥远的未来,人类仍可以用它来让那些已经灭绝的语言重新复活,光盘外观和功能类似于"旅行者"号宇宙飞船上携带的向外太空生命传递人类信息的光盘。罗塞塔语言学数字图书馆已经用这样的光盘记录了世界上 1 000 多种语种的描述信息。

另一种保存载体是数字化文献,主要以语种的文字描述和语音表述为主,基于 Web 向用户开放,并做本地保存。

图 1　罗塞塔微雕镀镍光盘

3.4　资源组织

语言描述性资源的数字化工作主要是集中在对已有的高校图书馆印刷型文献的扫描存档。这些印刷型文献一般包括某语种的语法书籍、字典和教材。罗塞塔项目也采编斯瓦迪士词表,计划自主开发这些词表。现已完成了对应 6 000 多种语言的斯瓦迪士词表原型。为确保词表的在线浏览功能,罗塞塔语言学数字图书馆与马克斯 - 普朗克协会人类进化学研究所(MPI - EVA)正在合作开发适用的 Web 检索工具。同时,罗塞塔语言学数字图书馆对于外部系统的相关数据字典和数据库的采集也非常重视，也开发出了相应的后台管理程序。

罗塞塔数字图书馆允许注册用户在线提交某一语种资源描述信息，内容涵盖语种简介、关键词、贡献者、创建者、版权项等。这些元数据标准的选用都是参照 DC 完成的。罗塞塔数字图书馆也正是通过这种分布式的资源组织方式来实现母语使用者的参与，特别是一些濒危语言使用者的加入，可以更为妥善地对语言资源进行长期保存。

罗塞塔语言学数字图书馆数字资源是由世界各地语言学专家和母语使用者共同合作完成的，所以它在语言学数字资源服务上需要平衡用户类型和需求以及资源互操作等各项内容，并具体表现在界面设计上，尤其是资源检索和内容浏览方面。

4　服务特征

4.1　目标用户

一般用户：满足了解人类语言多元化信息，扩大语言使用范围，以此警示多元化语言面临的威胁。

教育专家：满足语言学教学资源需求，提升比较语言学教学研究水平。

领域专家：满足语言学资源长期保存需求，开发并传播一种语言学工具，设想用它在某个将来帮助某个已消亡语种的复活。

4.2　界面设计

罗塞塔数字图书馆自然人机交互模式是以直接操纵为主的、与命令语言特别是自然语言共存的人机交互形式。其界面设计注重了易用性和复杂性的融合，满足了不同层次用户的需要。在易用性方面，针对目标用户为一般用户和专家学者结合为主的特性，界面专业术语注重通俗化用法,兼顾专业、标准化语言学词汇,并能自动判断及提供多语种界面。无论是有经验用户还是无经验用户,均可方便地浏览、定位和下载感兴趣的语言资源。在复杂性方面,罗塞塔语言学数字图书馆考虑到了资源特点和它们之间的概念关系,在完成预定功能的前提下,如语言国别的随机浏览等,采用简单明了而又具吸引力的用户界面,即可以减低系统运行的复杂性,又平衡了界面的视觉化效果。

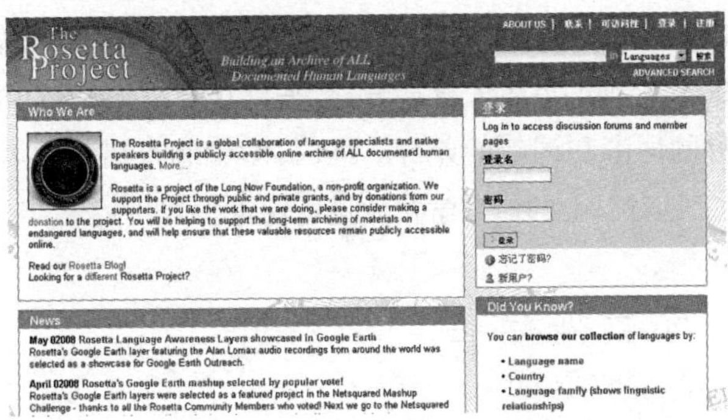

图2 罗塞塔语言学数字图书馆界面

4.3 资源检索

罗塞塔数字图书馆采取常用的文本检索策略,分为一般和高级检索模式。

一般检索:可以执行语种名称或关键词检索,如国家名称、部落名称等。检索结果显示需检索语种的别的称谓,使用该语种的国家名称,与该语种相关的罗塞塔资源项。

高级检索:提供限定条件包括语言节点(lingual node)、国家或地区、关键词、语系、来源(题名、作者、日期、贡献者与或逻辑检索)。也提供数据类型检索,支持多项选择菜单;也可以用地图标示执行以上限定条件检索。

罗塞塔数字图书馆采用了Google 地图服务混搭(Mash - up),可直观地为用户提供可视化的语言使用区域浏览检索,满足了用户检索习惯。

4.4　资源显示

为克服语言翻译过程中产生的歧义,罗塞塔语言学数字图书馆提供了本地化词汇对照表,帮助用户分析词素、词汇抽象语音形式,支持 OPIN 在线语料库资源检索和收割。罗塞塔语言学数字图书馆自建语料库,可提供源语文本和译语文本检索并对照显示,为用户提供了比较语言学的资源平台。比如,用户可以浏览《圣经创世纪》和《联合国的世界人权宣言》等平行双语种文本,了解和掌握不同语种的词素和词汇的差异。同时,学者和母语使用者可以借助 Web 工具对以上的语言学资源进行评论。

5　元数据标准

罗塞塔语言学数字图书馆选用的是 OLAC 的 DC 元数据方案的扩展形式,对应资源内容描述类元数据、知识产权描述类元数据和外部属性描述类元数据三大类 15 个著录项。对于资源元数据侧重于内容描述类元数据和外部属性描述类元数据,如 title、relation、location 和 format 等。罗塞塔语言学数字图书馆元数据方案考虑元数据标准的灵活性和扩展性,可以针对不同语言学资源的特点修改相应编码体系。

6　技术构架

在技术架构方面,罗塞塔语言学数字图书馆需解决如何避免产生语言学信息歧义,也就是要确保语言资源的一致性理解。譬如,语种经常被划分在更大的语系范畴下,但是学术界对于更大规模语系的大类或子类的定义有不同的理解。罗塞塔数字图书馆在数据库架构设计上采用了有争议数据和无争议数据的共存。数据模型允许用户对于所有数据检索浏览,模型本身也让这两部分数据达到一定的平衡。采用的方式是处理概念模型节点和关系,即节点对应的是数据库的静态部分,也就是无争议数据部分,而关系用于对有争议数据进行编码。

罗塞塔数字图书馆节点包括属性、限定词、元数据和资源。节点有两种类型,语言节点和地理节点。语言节点就是数据库元素,他们和语言实体、语种、方言、语系等内容有关。地理节点与地理实体关联。罗塞塔语言学数字图书馆资源内容是静态的,通过两个或者是两个以上节点关系或者是别的数据类型来构建的。这里的关系有两个上位类、节点关系和类别关系。节点关系是数据库内两个节点的关系属性,比如,父子关系是节点关系,也是语言关系和地理关系。类别关系是节点具有的类型或者属性,比如,定义是否是一个语言节点的实例可以分为一个语种、方言或者语系。罗塞塔数字图书馆基于开源 Plone(为 Zope 的一部分)的 CMS 系统,数据库语言为 Python。Python 也是大多数语言学数据库常用设计语言。罗塞塔语言学数字图书馆节点存储用到了 ZOBD(Zope 对象数据库),以对象而不是表作为数据存储。以下是 ZOBD 在罗塞塔语言学数字图书馆语言节点的表述实例:

```
NODE OBJECT //节点对象
  Properties //属性
    ID: rus //标示符: rus
    Metadata: //元数据
      Name: Russian //名称: 俄语
      Type: Lingual //类型: 语言
      Resources: RussianText1, RussianText2, //资源: 俄语文本1,
俄语文本2
    RussianGrammar1//俄语语法1
```

罗塞塔数字图书馆数据存储格式支持 RDF,使用 DC Title 元素充当 RDF 的谓词。这使得罗塞塔语言学数字图书馆和同类型的数字图书馆相比,其元数据互操作性更强,语义功能也较出色。

7　功能评测

罗塞塔语言学数字图书馆建设目标比较大,有潜力在语言学和文化地理学等领域占据重要地位。但到目前为止它还没有完全达到原先的设计目标。系统架构设计本身没有明显的不合理之处,主要问题还是在于其收集的语言学资源偏少。同时,在界面设计上还有细节需要完善。比如许多语言资源的文本字体太小,削弱了阅读的愉快感。语言相关图片比较少,文档扫描模糊,不易阅读。语言资源访问和检索选项需要细化,如下拉菜单无"斯拉夫语"或者是"罗曼语"选项,国名浏览也没有按照字顺排列。以国名"智利"检索进行测试,其对应的使用语种无西班牙语。以语种名称检索,如 Romani - Vlax(罗马尼亚 - 弗拉克斯语,一种在罗马尼亚或是吉普赛部落使用的方言)显示的资源只有这个文字界面,没有提供地图和斯瓦迪士词表,也没有影像资料。即使是西班牙语这样不太可能濒临灭绝的语种,罗塞塔语言学数字图书馆也只提供了极少的相关资源。此外,虽然该馆提及很多历史档案的保护及处理,但却没有一个完整的网站定期更新维护计划。

参考文献

[1]　[EB/OL].[2008 - 10 - 11]. http://www.rosettaproject.org/.

[2]　[EB/OL].[2008 - 10 - 11]. http://www.longnow.org/.

[3]　LEAHY J D. The Rosetta Project Digital Language Archive Digital Conversion of Sound Recordings[EB/OL]. [2008 - 10 - 11]. http://public.longnow.org/rosetta_public/Audio_Conversion.pdf.

[4]　GOOD J, HENDRYX - PARKER C. Modeling Contested Categorization in Linguistic Databases, 2006[OL]. [2008 - 10 - 12]. http://public.longnow.org/rosetta_public/GoodHendryxParker - Modelling.pdf.

[5]　National Science Foundation award abstract for Collaborative Project: The Rosetta Project—All Language Archive[EB/OL]. [2008 - 10 - 11]. ht-

tp://www. nsf. gov/awardsearch/showAward. do? AwardNumber = 0333727.

[6] The Rosetta Project about us page[EB/OL]. [2008 - 10 - 25]. http://www. rosettaproject. org/about - us/about - us.

[7] The Rosetta Project homepage[EB/OL]. [2008 - 10 - 25]. http://www. rosettaproject. org/.

[8] The Rosetta Project history of the collection page[EB/OL]. [2008 - 10 - 25]. http://www. rosettaproject. org/about - us/archive/collection - history.

作者简介

黄田青,男,嘉兴学院图书馆副研究馆员。通讯地址:嘉兴学院图书馆,314001。E - mail: jxhtq@ 163. com

分析科学数字图书馆评析

刘燕权/美国南康涅狄格州立大学

陈晨/德国亚琛工业大学

摘　要:分析科学数字图书馆(Analytical Sciences Digital Library,简称 ASDL)是一个收集、分类、链接和发布基于网络的同行评议过的分析科学领域素材的数字图书馆,免费对公众开放。作为美国国家科学数字图书馆(NSDL)项目的一部分,分析科学数字图书馆为分析科学的教学和技术发展提供了丰富多彩的资源与服务。文章着重对该数字图书馆的建设及现状做了概要的评述,包括资源组织、技术特征、界面设计,服务特点等方面,同时包括笔者评价和建议。

关键词:分析科学;数字图书馆;科学教育;科学教育资源;美国国家科学数字图书馆(NSDL)

A Review of Analytical Sciences Digital Library

Yan Quan Liu, Ph. D./Southern Connecticut State University, USA

Chen Chen/Media Informatics, RWTH Aachen, Aachen, Germany

Abstract: Analytical Sciences Digital Library (ASDL) is a free digital library that collects, catalogs, links and publishes web - based peer reviewed materials for the curricular development and resources sharing in analytical sciences. As a part of the National Science Digital Library (NSDL) program, ASDL contains great content mostly belonging to the essay/paper contributors for all who want and desire the resources and materials in the analytical science field. By reviewing the ASDL, this article provides an overview of the major development of the digital library, including collection digitization, resources organization, interface design, technological features, and service components. Author's comments and suggestion for improvements are also given.

Keywords: Analytical sciences; Digital library; Science education resources; National Science Digital Library (NSDL)

1 项目概述

分析科学数字图书馆(Analytical Sciences Digital Library, ASDL)是美国国家科学基金会(NSF)资助的免费数字图书馆，也是美国国家科学数字图书馆(NSDL)项目之一。ASDL 旨在收集、分类、链接和发布基于网络的同行评议素材,用于分析科学的课程发展和技术资源。[1] ASDL 的网址为 http://www.asdlib.org/,主界面如图 1 所示。

ASDL 作为国家科学数字图书馆(NSDL)项目的一部分,由堪萨斯大学研究中心(University of Kansas Center for Research Inc.)承担建设。自 2004 年 10 月 1 日起该项目得到 NSDL 数个奖项共计 1 277 077.00 美元的资助,此资助将一直持续到 2009 年 9 月 30 日。

ASDL 囊括了同行评议的论文,分别分布在高校网络课件(Course Ware),高校实验信息(Lab Ware),教育实践(Educational Practices)和在校大学生研究(Undergraduate Research)四大类别下。根据知识共享协议(Creative Commons License),ASDL 免费向

所有需要分析科学领域资源和材料的人开放,并提供非商业目的的下载。知识共享协议允许任何人在承认版权归论文原作者享有的情况下,访问站点并将站点材料用于教学和学习目的。

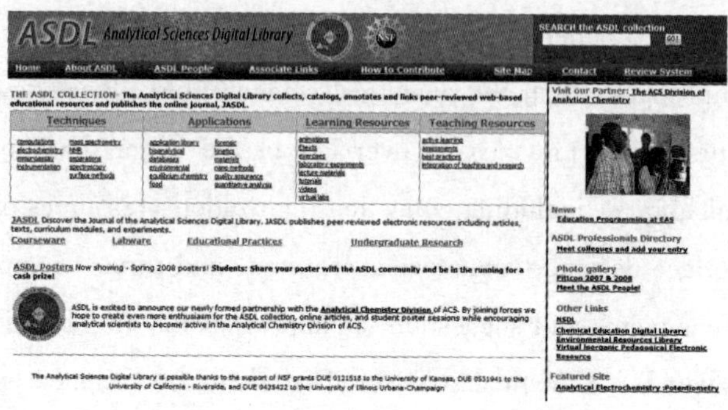

图 1 ASDL 主页

ASDL 早期是产生自一个关于“分析科学课程发展”的工作组。2004 年 10 月起,ASDL 接受来自 NSF NSDL 的大额资助,资金雄厚从而使其日益壮大。到目前为止,ASDL 已经链接了 300 多个被同行评议过的站点,并与其他的组织建立了合作关系,如电子环境资源图书馆(Electronic Environmental Resources Library),美国化学学会分析化学部(Division of Analytical Chemistry of ACS),分析化学家东南非网络(Southern and East African Network of Analytical Chemists)以及化学教育数字图书馆期刊(Journal of Chemical Education Digital Library)。通过这些合作机构,ASDL 不断获取大量资源,加其宣传面的不断扩大,使那些迫切需要分析科学资源和想更深入了解分析科学的人们从中获益匪浅。

2 数字资源及其组织

2.1 文献资料

ASDL 包含了基于网络的同行评议的分析科学领域的论文,除此之外，分析科学数字图书馆期刊（Journal of Analytical Sciences Digital Library，JASDL）还提供教学课件、实验、教学方法等材料供个人学习交流。这些资源可以通过 ASDL 所链接的站点检索到。ASDL 在将站点链接输入数据库之前，都会先通过同行进行评议来评估站点的价值。目前 ASDL 已链接 300 多个网站的站点，并且每篇文章还另外链接至特定的讨论组，以此来将文章与社区（Community）联系起来。和所有同行评议的专业期刊标准一样，ASDL 的每篇文章由两名分析科学领域或者应用领域的专家评估，并且就其发表的教育价值做出评论。[2] ASDL 没有正规的元数据格式。但对收藏的每篇文章或每个网站都作有详细的说明（Resources Description），其中包括标题、链接地址（URL）、作者、注释、出版商、读者级别、收录时间、关键词等。访问这些资源的主要途径是通过搜索实现这些信息条目的查询，然后通过链接实现资源分享。每篇被引用文章的评估者都会留下注释，ASDL 的用户可以通过注释来查看搜索结果是否相关。

除此之外，ASDL 将电子资源分成四部分，其中高校网络课件（CourseWare）包含了高校讲座、研讨会、案例研究和课程的资源；高校实验信息（LabWare）涉及实验、电子书和新的教学技术等方面；教育实践（Educational Practices）的资源非常有限，目前只有一篇教学技术发展的文章；[3] 最后一类——在校大学生研究（Undergraduate Research）包括了来自在校大学生和他们项目的资源。

2.2 专家名录（Pro - fessionals Directory）

ASDL 提供专家名录，收集了 ASDL 成员、工业和政府专家的联系方式，以及他们的研究信息。这对分析科学工作者来说是一项宝贵的资源，通过专家名录，同领域的学者们随时可以交流探讨、寻求帮助或提交文章，从而为分析科研工作提供了极大的便利。ASDL 允许它的成员将联系方式公布在名录中以便于联系。专家名录可以修改，也可以随时添加新的专家信息。ASDL 将专家按首字母归类，并提供搜索功能。每项专家名录中均标明专家姓名、工作单位、所在部门、职称、地址、电子邮件和电话号码，有的条目还标明研究方向或者研究兴趣。[4]

ASDL 站点管理团队由总编辑领导，管理主管和编辑们。另有一支咨询团队和 10 名编辑助理，以 ASDL 的整体名义对外洽公。[5]

3 技术特征

3.1 数据采集、存储和输出

ASDL 站点本身只存储了有限的文章，大部分的馆藏资源是通过链接在别的站点上的相关资源实现的。从某种意义上来说，ASDL 站点更像是一个分析科学的专业资源目录门户，通过链接的 300 多个相关站点，以及建立合作关系的机构链接，ASDL 以很小的代价(数据资源空间)囊括了大量的信息资源。

除此之外，ASDL 还鼓励用户以个人的名义向数据库提交文章或站点。如前文所述，提交的文章或站点由分析科学领域的专家作出评估，随后再决定是否发表。提交的文章有可能被接受、拒绝或者建议修改。同时 ASDL 对外公开邀请分析科学领域的学者作为评估志愿者，也欢迎所有的用户在它的专家名录上留下联系信息以便交流。ASDL 的资源可以通过检索获得。ASDL 的站点提供简单的搜索功能，用户可以输入关键词进行查询。同时 ASDL 的首页顶部也提供了资源分类，通过点击相应的关键词链接同样可以在 ASDL 的数据库中进行搜索。搜索时数据库并不进行全文搜索，搜索结果以列表形式给出，所有相关结果均提供一个可用的 URL 以链接到站外相应的宿主站点上。每个收藏的 URL 均有一个资源描述(Resources description)，用户可凭借描述来估价确定搜索结果的相关度。

3.2 保护机制与版权管理

ASDL 作为一个开放的资源站点，所有的资源发布全都基于知识共享协议(Creative Commons License)。知识共享协议允许：

(1)"复制、发行、展示、表演、放映、广播或通过信息网络传播作者的作品"；(2)作者作品的使用及演绎，条件是：1)署名，必须按照作者或者许可人指定的方式对作品进行署名；2)非商业性使用；3)相同方式共享，即如果改变、转换本作品或者以本作品为基础进行创作，只能采用与本协议相同的许可协议发布基于本作品的演绎作品。[5]因此用户只要在承认资源原创者版权的基础上，并承诺不将其用于商业目的，就可以自由的下载并使用 ASDL 的资源材料。同时，向 ASDL 提交文献或站点的用户，同样也必须遵守知识共享协议的规定，并答应将提交的文献向公众开放。

为了保障文献资料的安全，并尽可能的协调所有评估专家们之间的工作进度，ASDL 还向编辑和评估专家们提供了密码保护机制。通过密码保护，专家和编辑们可以在文献发表之前对文献进行合作性评估，以此规范数据库资源。

3.3 界面设计

就用户界面而言，ASDL 的界面应该说不拘一格或杂乱不齐，资源归类并不很直观，用户往往较难找到他们所需要的资源链接。导航栏分类多样化，表述模糊，表面关键词不具有很高的辨识度。搜索功能单一，不提供高级搜索项。站点信息被分为老式框架文本和 java 脚本菜单，且两者并不协调一致。

数据库内部操作在 NSF 的数字图书馆和各个外链资源宿主站点上均运行良好。虽然 ASDL 的社区(Community)功能设计得不错，却很少得到使用。

除了基于网页的资源外，ASDL 并不提供其他格式的信息。网站本身没有任何音频、视频或者扫描图片，界面设计过于单一很难快速吸引用户的注意。用户只能通过文字来识别操作和检索入口,网站总体而言缺乏与用户的互动性。网站的技术重点在于数据库和社区服务方面,可惜社区服务并未得到妥善的利用。

4 服务特征

4.1 目标用户

ASDL是针对分析科学学者所设计的数字图书馆。目标用户包括分析科学及其应用领域的专家、学者、教育工作者、学生,以及所有需要了解获取分析科学资料的人。其中JASDL提供了与教育学习相关的分析科学领域资料,尤其适合高校教师与学生使用。

4.2 服务方式

ASDL通过用户搜索给出搜索结果来输出馆藏资源。搜索结合了NSDL.org站点的国家科学数字图书馆数据库,此站点包含了所有NSF的数字图书馆,用户可以遍历搜索整个的数字图书馆网络。然而ASDLib.org站点内的搜索功能比较有限,没有高级搜索功能,给单词数量比较多的复合型查找带了极大的不便。同时,ASDL站点也不支持全文搜索,这大大降低了搜索的查全率与查准率。

ASDL还具备完备的社区服务功能。社区有权评估提交在ASDL的每篇文章,可以预见此项功能能有效提高文献质量,规范图书馆收藏。可惜的是,此项服务基本未被使用。ASDL的论坛访问量也很低,只有十几个人注册过,目前只对外开放了8个公共论坛。笔者在注册论坛之后,一直未收到激活论坛帐户的电子邮件。论坛服务应该引起ASDL管理团队的重视,使其更加规范化。

5 评价与建议

ASDL的搜索功能相当基础：搜索引擎不支持Borland查询语言，不提供任何"帮助"选项。如果ASDL提供"帮助"选项，相信对于分析科学用户来说，会有很大的助益。返回的搜索结果中列出文章资源的理解和注释，注释中的元数据非常有限，如标题、出版商、注释、读者级别、收录时间、关键词等。文章会由注释者标注上不同的等级，不过由于标注者不同，等级的划分标准似乎并不统一，给检索带来一定误导。虽然读者级别和发表时间已经成为标准的检索项，但是用这两者作为检索项在ASDL上依旧不是上策。很多学者表示如果可以从读者级别和发表时间入手进行检索，检索工作将会非常高效。

ASDL还有很多需要改进的地方：

（1）开通高级检索功能，支持多重检索项联合检索，支持标准化查询语言；

（2）重新制作用户界面，适当添加多媒体格式资源，改进网页导航栏的分类，增加与用户的互动；

（3）重视社区和论坛，规范这两者的用途，充分利用社区和论坛，为分析科学工作者提供交流讨论的平台。

ASDL有着巨大的资源，然而它的浏览和检索障碍制约了其中很大一部分用途。随着管理团队对它的不断改良，ASDL将是分析科学工作者不可或缺的资源库。

参考文献

[1] ASDL[EB/OL]. [2008-11-11]. http://www.asdlib.org/aboutASDL.php.

[2] ASDL[EB/OL]. [2008-11-11] http://www.asdlib.org/facultyDirectory.php.

[3] ASDL [EB/OL]. [2008 - 11 - 11] http://www.asdlib.org/articles.php?type = epractices.
[4] ASDL [EB/OL]. [2008 - 11 - 11] http://www.asdlib.org/asdlPeople.php.
[5] Creative Commons Licenses[EB/OL]. [2007 - 07 - 10]. http://creativecommons.org/about/licenses/meet - the - licenses.
[6] The analytical sciences digital library: a useful resource for educators[EB/OL]. [2007 - 07 - 10] http://acs.confex.com/acs/marm06/preliminaryprogram/abstract_30026.htm.
[7] The NSF National Science, Technology, Engineering, and Mathematics Education Digital Library (NSDL) Program: New Projects and a Progress Report[EB/OL]. [2007 - 07 - 10] http://www.dlib.org/dlib/november01/zia/11zia.html.
[8] [EB/OL]. [2008 - 11 - 11] http://en.wikipedia.org.

作者简介

陈晨,德国亚琛工业大学媒体信息学系07级硕士生。通讯地址:Hirschberger Str. 58 - 64, Zimmer 42316, 53119 Bonn, Germany。E - mail: rosemarycc@gmail.com

ChemEd，化学教育数字图书馆评析

刘燕权/美国南康涅狄格州立大学

王静/CALIS管理中心

陈小军/美国南康涅狄格州立大学

摘　要：化学教育数字图书馆(Chemical Education Digital Library or ChemEd)是一个收藏应用化学和科学教育数字资源的门户网站,该项目由美国化学教育杂志和美国化学学会教育分会发起,是美国国家科学、数学、工程和技术教育数学数字图书馆计划(NSDL)重要工程之一。该数字图书馆具有资源检索、基础研究、科普教育等多种功能。文章从项目背景、资源组织、技术特征、界面设计、服务特点等方面对化学教育数字图书馆做了概要的评析,并包括作者的评价和建议。

关键词：ChemEd DL;化学教育;科普教育;数字图书馆;美国国家科学数字图书馆项目(NSDL)

ChemEd, A Chemical Education Digital Library

Yan Quan Liu, Ph. D./Southern Connecticut State University, USA

Wang Jing/CALIS Administrative Center, Peking University

Xiaojun Cheng/Southern Connecticut State University, USA, USA

Abstract: ChemEd, Chemical Education Digital Library is a collaborative, community - driven effort of American Chemical Society and Journal of Chemical Education . As an important part of the National Science Digital Library, funded by the NSF, ChemEd aims to provide exemplary digital resources, tools and online services to aid in teaching and learning chemistry. This paper provides an overview of the major development on its resource organization, technologies employed, interface design, services provided, and authors' assessment of this digital library.

Keywords: ChemEd DL; Chemical education; Science education; Digital library; Science education resources; National Science Digital Library (NSDL)

1　概述

化学教育数字图书馆(Chemical Education Digital Library, ChemEd DL)是美国《化学教育杂志》(Journal of Chemical Education, JCE)、美国化学学会教育分会(the Education Division of the American Chemical Society, CHED)和 Chem Collective 合作的一个项目。作为美国国家科学、数学、工程和技术教育数学数字图书馆计划(National Science Digital Library,简称 NSDL)项目之一,该馆旨在为化学教育和学习者提供一个包含各方面化学教育数字资源的集合,提供一个化学教育资源共享与组织的平台。

化学教育数字图书馆是 NSDL 的一个门户项目(Pathways projects),也是由国家科学基金会(National Science Fund, NSF)支持的一个重要项目。ChemEd 收集各类化学教育数字资源,促进化学教学和学习的提高,用互联网为高校教师、中小学教师、家长、自学人士、学生和普通公众提供化学教育资源服务。

ChemEd DL 项目始于 2006 年 10 月,共接收 NSDL 数字图书馆项目的三笔资助,共 150 多万美元。

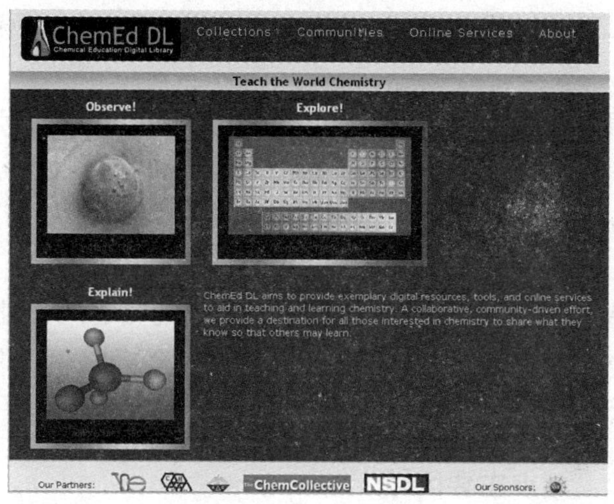

图 1　ChemEd DL 的主页（http://www.chemeddl.org）

2　数字资源及其组织

2.1　资源类型

提供数字资源、工具、在线服务来为化学的教与学服务，是 ChemEd DL 的宗旨。馆藏的内容既有来自于合作伙伴 JCE online、CHED 和 Chem Collective 的资源，也有其他来自互联网有关化学教与学的实用信息。馆藏资源栏目列有下面 17 项内容：化学信息（ChemInfo）、数字演示（DigiDemos）、数据练习（Data - driven exercises）、特色分子（Featured molecules）、在线学习社区（Learning communities online）、生活教科书（Living textbooks）、问题库（Qbank）、象征性数学（SymMath）、网络软体（Webware）、传记快照（Biographical Snapshots）、分子 360（Molecules 360）、概念地图（Concept Maps）、化学教育杂志网络版（JCE Online）、化学活跃起来（Chemistry Comes Alive!）、元素周期表（Periodic Table Live!）、这是什么

(What's This?)、明日科学家的今日科学(Today's Science for Tomorrow's Scientists)等。

这里需要提到的是,除了分子360、元素周期表、"这是什么"以及"明日科学家的今日科学"四项是ChemEd DL新增的内容外,其他都是来自JCE Online。资源的格式包括文本、视频、动画、音频、图形、表格等。

这些资源按照不同的化学研究领域(普通化学、分子化学、物理化学等)、教育水平(中小学各年级、高等教育)和使用目的(实验室、课堂教学)提供资源集合服务。

2.2　站点主要区域

在主页以及其它各个页面上,ChemEd DL提供了四个菜单:

Collection,馆藏资源。提供了ChemEd DL所包含的各种化学教学数字资源的列表。

Communities,社团。提供了ChemEd DL的社会群体的列表并配有简单介绍。包括普通化学、物理化学、无机化学、高中化学、化学实验室、评估和测试等等社群。

Online service,在线服务。提供了化学教育播客(ChemEd Casts)、化学教育目录(ChemEd Catalogue)、化学教育课程(ChemEd Courses)、化学教育维基(ChemEd Collaborative)四项服务内容。

About,关于。介绍了ChemEdDL项目的简要情况,以及项目的一些合作伙伴。

此外,在ChemEd DL首页面上,最中间位置是并列的三个子栏目的名称,分别是"这是什么"、元素周期表、分子360。这三个栏目是ChemEd DL的特色内容,并且形象生动富有趣味性,因此被放在显要的位置来吸引用户的注意力。

在网站每个页面的左上角是ChemEd DL的LOGO,用户通过点击这个图标返回到网站首页面。

2.3 元数据框架

(1) 元数据

ChemEd DL 对资源的描述以都柏林核心元数据为框架，包括题名、交替题名、描述、URL、创建者、馆藏集合、记录发表日期、JCE 出版者、权利、记录创建日期、记录校对日期、记录最后修改日期、语言等方面的信息。

(2)受控词表

ChemEd DL 用来描述化学教育数字资源的一个受控词表，由 JCE 开发和维护的。它的网址是 http://www.jce.divched.org/contributors/authors/journal/keyworddefs.html。它分为受众（Audience）、领域（Domain）、元素（Element）、教学法（Pedagogy）和主题（Topic）五个类别。每当需要出现新的词语来概括化学的新的领域时，JCE 就会对词表进行更新维护，增加新的内容。

3 技术特征

3.1 大量 WEB2.0 技术的应用

ChemEd DL 使用了大量的 WEB2.0 的技术，特别是在线服务部分尤为突出。

ChemEd Casts 使用了博客和播客的技术。用户在 ChemEd Casts 上将自己的网络日志或者自己制作的音频、视频节目上传到网上和广大网友分享。同时，用户可以利用 RSS 订阅感兴趣的内容。

ChemEd Collaborative 采用了 MediaWiki 技术。MediaWiki 是一套以 GPL 授权发行的 Wiki 引擎。它具有很丰富的功能，也具有很高的相容性和可塑性。MediaWiki 采用 PHP 语言写成，并以 MySQL 作为其数据库。

ChemEd classes 的课程管理服务采用了 Moodle 技术。Moodle(Modular Object - Oriented Dynamic Learning Environment),即模块化面向对象的动态学习环境的缩写,是一个用来建设基于 Internet 的课程和网站的软件包。利用 Moodle 技术,在 ChemEd classes 的平台上,化学教育者(老师)和化学学习者(学生)都是平等的主体,在教学活动中,他们互动协作,并根据自己已有的经验共同建构知识平台。ChemEd classes 平台界面简单,使用者可以根据需要随时调整界面,增减内容。课程列表显示了服务器上每门课程的描述,包括是否允许访客使用,访问者可以对课程进行分类和搜索,按自己的需要学习课程。

3.2　多媒体技术的应用

ChemED 采用了不少多媒体技术,增加了生动趣味性。

"这是什么"视频的有趣之处在于它演示了化学实验的实际过程。"元素周期表"则类似于一所数字化实验室,允许用户对周期表中的每种物质进行数字化试验。这项功能是化教杂志数字图书馆的专利,但它却在这里免费提供给网民使用。

"化学活跃起来"(Chemistry Comes Alive!)栏目曾获得了15 000 欧元的 Pirelli 国际奖金。包括了由 Journal of Chemical Education Software 出品的大约 2 000 个化学实验的视频,以其生动趣味性获得了青少年的青睐,并因为有效的利用多媒体工具促进中小学及大学的化学教育而受到肯定。

"分子 360"(Molecules 360)则通过三维演示来形象说明分子结构。

3.3　界面设计

ChemEd DL 的页面设计非常简单。按照功能区分的四个区域:馆藏资源、社团、在线服务和概况,设在页面顶部,只是在一、二级页面上显示。再下一级页面上只能依靠每个页面上左上角的

“ChemEd DL”logo 图标，才可以把用户带回到网站主页。各二级类目之间，通过二级页面上的列表集中，除此之外，各独立二级类目之间没有其他连接。

ChemEd DL 试图打造成为一个整合了包括 JCE、CHED 等的化学教育数字资源的一站式检索平台，首页并没有提供统一的检索入口。

4 服务特点

4.1 目标用户

ChemEd DL 的用户服务群大体上分为三类：

（1）教师群。ChemEd DL 为教育人士提供了丰富的化学教育资源，可以将这些资源引入课堂、实验室等教育场所，促进化学教育的普及与发展。这里及包括高校教师，也包括中小学教师。

（2）学生群。大中小学生可以利用 ChemEd DL 提供的资源学习化学知识，进行课程学习、课后练习、虚拟实验、解答习题等。

（3）一般用户群。ChemEd DL 丰富的多媒体资源可以帮助普通用户寻求化学知识服务，以达到普及化学知识的目的。

4.2 服务方式

（1）资源检索

ChemEd DL 提供了简单检索、复杂检索、分类浏览和过滤浏览四种资源检索的途径。

简单检索。在 ChemEd DL catalog 页面的右上角，有一个简单检索的输入框，用户直接输入检索词就可以进行单条件检索。检索的范围包括元数据上的全部信息，包括题名、创建者、摘要、主题词等等。

高级检索。在简单检索框的下方就是高级检索的超链接，点击后进入高级检索页面。高级检索就是通过多个检索条件之间的逻辑匹配来进行检索。页面默认是两组检索框,分别由检索字段和检索条件两部分组成。检索字段包括元数据表上的所有项目,用户可以通过下拉菜单进行选择。如果两个检索条件不够,可以通过点击旁边的“add another field”来添加。同时还支持在检索结果中再次查询。

分类浏览。页面上列举了馆藏分类、教育分类、主题分类、受众分类、区域分类、资源类型分类、格式分类等 7 种浏览方式。目前只有馆藏分类的浏览方式可以使用。馆藏分类主要依据 JCE 的分类标准将内容分成 13 个大类,用户可以点击各大类分别浏览。

过滤浏览中也是提供了馆藏分类、教育分类、主题分类、受众分类、域分类、资源类型分类、格式分类 7 种浏览大类,每个类下又细化为若干内容,用户点击选择进行浏览。请见图 2。

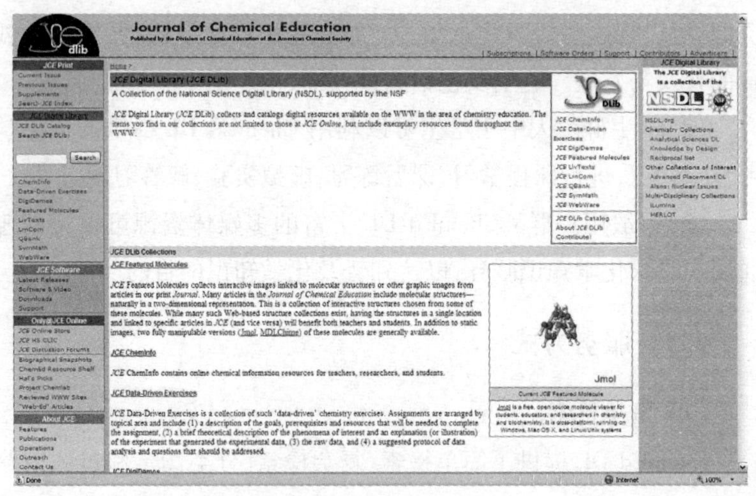

图 2　JCE 页面

（2）网络播客、课程管理与维基等服务平台

ChemEd DL 采用 WEB2.0 技术,为用户参与该数图的资源创建提供直接途径。通过化学教育播客、化学教育课程、化学教育维

基这些栏目，为用户提供参与的平台，是 ChemEd DL 提供服务的一种重要方式。ChemEd Casts 同时提供 RSS 信息传递。

此外，在化学教育目录、化学教育社团等栏目中也为用户参与提供了入口。

5　评价和建议

ChemEd DL 定位于打造一个既包含各方面化学教育数字资源又能使相关人员贡献、共享、组织化学教育资源的一个平台。除了数字资源存贮、整理、汇集、检索的功能外，还提供大量的交互学习模块，引入了播客、社团、维基等新的理念和服务，代表着未来数字图书馆服务的发展方向。

但是还存在一些问题：

(1)资源的内容尚显单薄。ChemEd DL 的目标是既包含 JCE、CHED、Chem Collective 等项目内容，又包括互联网上其他化学教育资源。但是从目前的情况，内容主要来自 JCE，其他内容较少。同时 ChemEd DL 的界面设计还是过于简单。

(2)搜索功能比较弱。从用户的角度看，化学教育杂志数字图书馆使用起来仍欠方便。它是从专业工作者的角度而非普通使用者的角度设计的。用高级搜索功能时，用户不仅可用标题，作者这类具体类别进行查询，而且可以用域名、课题，教育学等特定语言搜索。但普通用户在没有外界帮助的情况下是很难利用这些功能的。化学教育杂志网站在此没有提供与词典相连的链接。另一个问题是缺乏全文搜索功能。缺乏全文检索会影响用户有效使用网站资料。举例说，在分子演示 2007 网页上有篇名为“分子模型染料”的文章，谈到一种“赤藓红 B，荧光，罗丹明，百里香酚酞”的分子结构。这篇文章只在标题和摘要中有所描述，因此，如果用户只用特定的分子名称搜索，比如，用“赤藓红”而不用“染料”，就会找不到这篇文章。

(3)资源整合。各栏目间的分散孤立缺乏相应的资源整合。提供统一的检索入口可使其有效地成为化学教育资源的一站式门户。

(4)应更加明确以用户为中心的设计理念,区分目标用户群提供相应服务。相比于JCE为专业学术人群服务的定位,ChemEd DL包含的用户范围很广,但是却没有针对各用户群提供有效的导航或分类。从网站的设计上来看,针对不同用户提供不同服务的特点也没有体现出来,所有类型的用户使用的都是同一个界面。

(5)提供统一的身份认证,ChemEd DL的一些服务是需要用户名密码身份登录的,可是各部分区域间没有建立一个统一的认证,在各服务区域间要多次登录,不方便用户。

参考文献

[1] [EB/OL]. [2008 - 10 - 01]. http://www.chemeddl.org/.

[2] [EB/OL]. [2008 - 10 - 01]. http://www.jce.divched.org/index.html.

[3] National Science Foundation, NSF - Award Search - Awardee Inforamtion [EB/OL]. [2008 - 03 - 10]. http://www.nsf.gov/awardsearch/piSearch.do?SearchType = piSearch&page = 1&QueryText = chemed&PIFirstName = &PILastName = &PIInstitution = &PIState = &PIZip = lCountry = &RestrictActive = on&Search = Search#results.

[4] [EB/OL]. [2008 - 10 - 01]. http://www.pirelliaward.com/ed11_chm.html.

[5] BAWDEN D, VILAR P. Digital libraries: to meet or manage user expectations[J]. Aslib Proceedings, 2006,58(4):346 - 354.

[6] LOPATIN L. Library digitization projects, issues and guidelines: A survey of the literature[J]. Library High Technoloy, 2006,24(2):273.

[7] CHOWDHURY S, LANDONI M, GIBB F. Usability and impact of digital libraries: a review [J]. Online Information Review, 2006, 30 (6): 656 - 680.

作者简介

王静，就职于 CALIS 管理中心。通讯地址：北京大学 CALIS 管理中心 100871。E－mail：calis@ gmail. com

陈小军，通讯地址：Buley Library, Southern Connection State University, USA, 06515。E－mail：chengx1@ southernct. edu

敞开数学知识王国之门:美国数学数字图书馆——MathDL

刘燕权/美国南康涅狄格州立大学

王晓燕/美国纽约州立宾汉姆顿大学

摘　要:美国数学学会数字图书馆——MathDL 是美国国家科学数字图书馆项目(NSDL)之一。最近一年,该馆成功地整合了两大数字数学资源,将原来的 Math Gateway 和 MathDL 合为一体。文章综述了整合的背景及过程,并对整合后数学数字图书馆的框架、资源组织、服务功能与技术的采用等方面做了概要的介绍及评析,同时包括了作者的评估。

关键词:数学数字图书馆;数学门户资源整合;数字图书馆;美国国家科学数字图书馆项目

MathDL: A Digital Library for Math World

Yan Quan Liu, Ph. D./Southern Connecticut State University, USA

Julie Wang/Binghamton University (SUNY), USA

Abstract: The Mathematical Sciences Digital Library (MathDL) is one of the Pathway Projects within the National Science Digital Library (NSDL). In this new MathDL, two major resources, Math Gateway and the previous version of MathDL, are integrated into one site. This paper provides background information of the resource integration and evaluates the structure, contents, technologies, and customized services of the new MathDL. Author's comments and suggestion are also given.

Keywords: MathDL; Math Gateway; Resource integration; Digital library; National Science Digital Library (NSDL)

前年六月,美国数学出版界发生了一件意义非常的事。数学门户(Math Gateway)和数学科学数字图书馆(Mathematical Science Digital Library, MathDL),两个由美国国家科学基金赞助并由美国数学学会直接管理的数字图书馆合二为一了。同属数学领域,同为国家级数字图书馆,两大资源经过整合,沿用原数学科学数字图书馆的名字,开辟了新界面并界定了新域名 http://www.mathdl.org/。经过几个月测试,主要链接检索功能日趋稳定。从此,美国数学数字图书馆以其大一统的新形象示人。

将分散的资源重新整合,以便用户一站到位、统一检索,美国数学科学数字图书馆在其不算太长的历史进程中迈出了关键性的一步,其意义及应用价值是显而易见的。

1 MathDL 的起源与发展

回顾数学数字图书馆的起源,无论是追寻老 MathDL 的踪迹,还是查询 Math Gateway 的暂短历史,都不能不提到在美国数学数字图书馆发展进程中起到栋梁作用的莫里教授。Prof. Lang Moore 是美国杜克大学数学系的终身副教授。近年以来,他一直致力于研究如何运用网络技术辅助大学数学教育。2000 年,他从国家科学基金会申请到一笔 \$986 240 美元的基金开始创建 MathDL,一个面向大学生网上教学及其数学应用的数字图书馆。这个建立在美国数学学会网站下的数字图书馆对当时数学学会及数学研讨会的主要在线资源进行了整合和链接。它包括在线数学及其应用，在线数学杂志和在线数学工具购买指南三大部分。在其存在的几年中，它对数学学会所统辖的教育与教学资源起到了一个提纲挈领的作用。

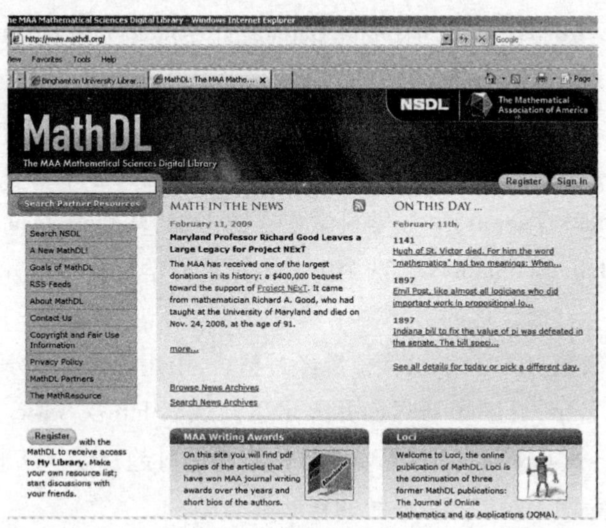

图 1 MathDL 主页

与此同时，随着越来越多的人意识到网络对人类生活所起的影响作用，有志于网络教学的数学教育者们也由个人的兴趣逐步发展成为合作伙伴。自 2001 年起，在华盛顿举行的每年一度的全美数学年会上，总有一群数学家聚在一起，专门探讨如何利用现有的网络资源进行数学教育。他们当时各自主持并掌握着一定的网上资源，但各自独立不成体系。这个名为“数字教育资源”的小组每年的中心议题都是围绕着如何能将这些分散的资源进行综合利用而进行。同样活跃在这个组织里的莫里教授，主持大家集思广益，准备申请基金共同创建起名为 Math Gateway 的项目。2004 年，他们的计划得到了美国国家科学基金会的支持。基金会为他们提供了以四年为期限，共计 2 014 549 美元的科研资金。许多当时参加小组讨论的成员都变成了 Math Gateway 最初的正式合作伙伴。那一年,与他们同时成为第一批美国国家数字图书馆的路径项目开发的九个主干路径还有物理学、生物学、化学等主要学科的数字图书馆。

这个称为数学门户(Math Gateway)的数字图书馆在最初开发时主要想解决的问题包括:1)架构路径及实施的步骤;2)如何设置统一词汇;3)如何设置新加入合作伙伴的条件限制;4)如何发展新的资源。可以预见到的是,同时由莫里教授担纲主持开发的两个项目由最初的侧重点不同,到有步骤地整合,直至最后顺理成章地走上了殊途同归的路。两大资源的合并不仅在最大限度上统一了数学科学的网上资源,而且在整合资金及人力管理上也做到了最合理的配置。

2 整合后的资源与框架构置

开宗明义,新版 MathDL 给自己设置的目标是弘扬高等数学教育,为数学协会会员提供交流并发表文章的平台;支持开发网上数学教学的改革及新的创见;普及并提高网上数学教学的科学教育质量;为数学教育者们自身提高提供相应的网上资讯;支持并协助全美数学协会宣传其负责的项目等等。

新版的 MathDL,虽然沿用老版 MathDL 的名字,但老瓶装新酒,内容急剧扩充。从新馆界面首页看,整合后的 MathDL 既保留了两大资源原有的拳头栏目,也有对原有资源加以改造后的栏目,同时还注入一些新的元素。到目前为止,其主要栏目有:

"数学历史上的今日"——此为 Math Gateway 原有栏目,专门讲述一些数学史上的名人趣事。此栏不仅为数学专业的学生及数学爱好者提供一部动态的数学史,也为教师们上课时提供可随手捻来的故事素材。

"数学界新闻"——此栏也是 Math Gateway 原有栏目。望文生义,这是了解数学界最新发展趋势及动态的直接视窗。

“数学伙伴”,此栏原为 Math Gateway 的中枢。现有栏目列出所有与 MathDL 合作的伙伴及其数据库的资料。用户既可直接点击某一具体数据库,也可先在界面首页左上方的检索框中进行统一跨库检索。检索结果会清楚标示出具体的数据存在于哪个数据库中,同时提供直接链接。从现有列出的 18 家资源提供者的名单中,多数为建立于各大学或研究所的某一专题数据库,例如 MathWorld,就是一部包括 12 000 条目的数学百科全书。又如 The Connected Curriculum Project(CCP)是设在杜克大学的一个专门收集数学教案及数学模型的数据库。还有 Demos with Positive Impact 则是利用动画科技设计的提供数学课演示的资料库。从这些侧重不同各有特色的教学资料库中,不难看出 MathDL 作为一个数学资源的总平台所具有的权威性、代表性及涵盖性。

Loci,这是将老版的 MathDL 中三个在线杂志进行整合后发行的一个新电子杂志。杂志的整合遵循的是新瓶装老酒的原则,它将原来的三个电子杂志:The Journal of Online Mathematics and its Applications (JOMA),Digital classroom Resources (DCR) 和 Convergence 加以调整合并,重新设计界面。核心资源部分仍由原来提供单位继续输入。对于三个杂志原有的文章,用户可在 Loci 的旧文档库里检索查询。

“数学学会写作奖”,这是通向各种奖励、科研基金的门户。希望得到资金支持或借鉴获奖者先例的,可通过查询此地得到很多一手资料。同时,用户可在此阅读所有获奖的文章。

MathDL 的几乎所有资讯都面向大众。尽管有些区域需要有数学学会会员资质方可进入,但大多普及型的数学资讯是对大众开放的。这样的设计非常符合 MathDL 开宗明义的提高并同时推广对数学基础知识教育的主旨。

3　功能与技术采用

像其他数字图书馆一样，MathDL，作为一个专业路径的主门户，其主要功能是在对其所拥有资源充分了解的基础上，将众多资源合理组织，按内容归类，并用 HTML 格式对各数据库及资料进行有条理的链接。而接下来的检索则是资源整合中关键之关键。把那么多语汇不同，系统各异的数据库放在一起，如没有统一的数据处理系统，将会对用户的检索造成很大的困难。

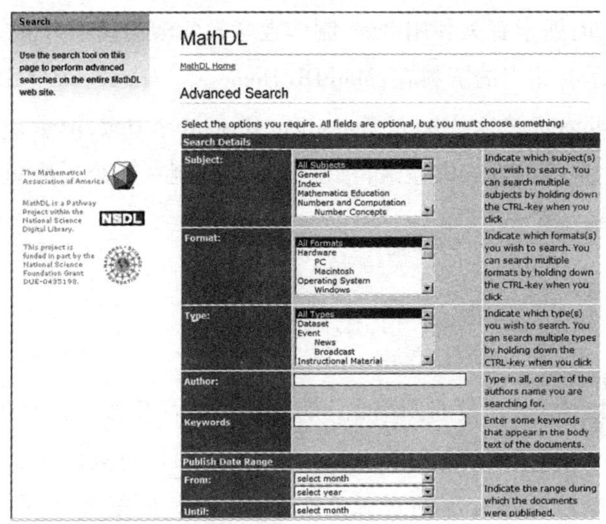

图 2　高级检索功能

新版的 MathDL，技术上最大的改进是更换了内容管理软件。目前 MathDL 用 Math Resources Inc. 所开发的内容管理系统取代了原来 Lucidea Corporation 的软件来进行检索处理及链接。创建于 1996 年的 Math Rources Inc. 一直致力于网络数学工具的开发。它既拥有技术强大的网络技术及编程专业人员，同时对数学科学领域非常熟悉。这个新的合作伙伴在 MathDL 网络接口及数据处理上的能力在新的数学数字图书馆中已可以看到，信息的搜寻和提取非常迅速。在为 MathDL 服务同时，Math Rources Inc. 也为美国国家图书馆数字图书馆(NSDL)进行同样的技术服务，所以用户在 MathDL 导航栏中，可直接连接并检索 NSDL 的海量信息。

新版 MathDL 的改进之二是在原有简单检索的基础上，增加了高级检索功能。用户可就具体学科(代数、几何、模糊数学等)，作者，资源类型(新闻、教学参考、科研基金)，技术类型(flash 模拟演示、java 程序)，以及发表时间加以限制后进行有针对性的搜索。进行高级检索时，用户可以灵活到限制一项或同时进行涵盖几个学科的检索。一次检索完毕，系统会清楚地标示检索结果所在位置。例如：搜索有关利用 flash 制作数学教学演示模型方面的资讯，结果提示有相当的资料在：MathDL Home < Loci Home < Loci：Archives Homepage < Digital Classroom Resources Homepage 。在此基础上，用户可进行二次检索，将检索范围限制在一个子库里再加入限制词缩小检索范围。

4　个性化的特色服务

新版增加的“我的图书馆”是项极富个性化服务的功能栏目。它是单个用户挂在网上的私人空间，支持用户对资源进行个性化处理。用户可对常用的资源建立书签，避免反复查找同一资料。再进一步，遇到需要讨论的问题，此处又可变成与同行网上交流的小型讨论室。利用 Web2.0 的技术，用户不但可以直接从这里提取大量教学参考，还可直接参与知识的创建过程，为对某一具体数学问题同样有兴趣的同行们进行对话提供方便。目前此项服务是需要注册的，但注册程序及所需提供的信息非常简单，并且不限制必须是数学协会的会员。

RSS Feeds 的功能也是新加进的，它容许用户把“数学历史上的今天”、“数学新闻”及电子杂志 Loci 嵌入个人的信箱，给数学研究者知识快速更新提供有效方便的服务。

因知识版权等问题在普及网络的今天变得备受关注,无论是资讯提供者、管理者还是资讯的提取者或利用者都需普及与更新有关的知识。MathDL 的设计者在这方面显然能及时跟进,在数学数字图书馆首页左侧的导航条明显的位置,加入关于知识版权、资讯合理利用的昭示链接。从这里,也可看出 MathDL 为用户服务的全方位思考与布置。

5 有待改进之处

高级检索在 MathDL 本身的数据库中运用得虽很有效,但对"数学伙伴"们的跨库检索尚无法使用。这一缺陷牵涉到如何规范原数据的问题。数学数图 2 MathDL 高级检索功能自图书馆的开创者们早在创建初期就在研究开发数字图书馆元数据处理中关键一环,界定元素和统一词汇。经过几年的努力,2005 年的 MathGateway 合作伙伴的年会上,大家已推出一个业已成型的数学教育专业分类语汇表(Core Subject Taxonomy for Mathematical Sciences Education),同时还就其他相关问题进行了深入讨论。但元数据处理需要大量人力资金及时间。所以虽然新版 MathDL 已在检索上迈进了一大步,植入了高级检索。但因其他伙伴尚未跟进,使目前的检索陷于不同步状态。用户检索时,需要及时察看左边的导航条与随搜寻所在位置而不断调整的提示语,才不会迷路。众所周知,元数据处理是否规范,在数字图书馆的信息提取的优劣上起决定性作用。网络技术发展至今,用户对资源整合需求的日益增长及对统一检索途径的探寻是对资讯提供者的元数据处理产生的新一轮挑战。莫里教授作为新的 MathDL 主管,以其对资源资金及技术的熟悉和专业的全面掌握,相信他会敦促 MathDL 的所有合作伙伴们尽快达成元数据处理方案协定,在元数据掌控方面有突破,从而使用户进一步受益。

另外,MathDL 虽已面世一段时间,一些二层界面仍在开发,标题列出却无法点击的地方不时还会看到。另外,一些枝节的链接也因为一、二层界面的不断变化而未及跟进,所以会出现一些"掉链子"的情况。

6 结论与知识共享

目前,整合工作的大框架已经筑好,主要界面也已定型。从总体上看,以新的面貌示人的美国数学数字图书馆,成功地为数学科学专业人士、数学教育者及广大数学爱好者们开启了一扇智慧之门。推开这扇门,重新梳理过的数学资源会以更合理的排列组合呈现出来。用户不仅可以凭借导航和检索,以最便捷的手段获取高质量大容量且种类缤纷的数学学科的信息,还可以通过由此而接通的科学基金会发展的其他学科的门户,横纵跨越各个主要科学学科领域,遨游科学的海洋。更为重要的是,在 Web2.0 的普及过程中,用户不再只是利用网络索取阅读知识,而是可根据自己的需要和兴趣,参与信息变知识的过程,回馈或向社会分享自己的学习教学成果。

参考文献

[1] About MathResources - MathResources Inc[EB/OL]. [2008 - 08 - 25]. http://www.mathresources.com/profile_contracting.html.

[2] HUDNUTT B. Navigating Math Tools[R/OL]. [2007 - 08 - 09]. http://mathforum.org/mathtools/NavigatingMathTools.pdf.

[3] MAA Online. The Math Gateway: mathgateway.maa.org (2006) [OL]. [2009 - 08 - 19]. http://www.maa.org/news/020706mathgateway.html.

[4] Math Gateway Partners Meeting (2005)[OL]. [2008 - 08 - 25]. http://www.maa.org/gateway/2005/index.html.

[5] MOORE L. "Math Gateway: an NSDL pathway to undergraduate mathematics"[J]. Focus, Nov. 2004:3.

[6] NSF. Award Abstract #0085861(2000). MathDL: a library of online learn-

ing materials in Mathematics and its applications[EB/OL]. [2008 - 08 - 19]. http://www. nsf. gov/awardsearch/showAward. do? AwardNumber =0085861.

[7] NSF. Award Abstract # 0435198 (2004). The Math Gateway[EB/OL]. [2008 - 08 - 18]. http://www. nsf. gov/awardsearch/showAward. do? AwardNumber =0435198 .

[8] POMERANTZ J, MARCHIONINI G. The digital library as place[J]. Journal of Documentation, 2006,63, 505 -533.

[9] SHECHTMAN N, CHUNG M, ROSCHELLE J. Supporting member collaboration in the Math Tools Digital Library[J/OL]. D - Lib Magazine,2004,10 (2). [2007 - 08 - 09. http://www. dlib. org/dlib/february04/shechtman/02shechtman. html.

作者简介

王晓燕(Julie Wang),女,毕业于南康涅克州立大学图书馆信息专业,现任美国纽约州立宾汉姆顿大学东亚研究馆员。通讯地址:Binghamton University Libraries, State University of New York, P. O. Box 6012, Vestal, NY 13902。E - mail: jwang@ binghamton. ed

美国记忆——美国历史资源数字图书馆

刘燕权/美国南康涅狄格州立大学

韩志萍/中央财经大学图书馆

摘　要：文章对美国记忆——美国历史资源数字图书馆进行了综合性介绍，从项目概述、资源组织、资源服务、技术特征等角度入手分析了该数字图书馆的总体特征，指出这是一个资源翔实、组织良好、遵循数字图书馆建设规范、服务完备的数字图书馆，为全球用户通过网络免费获取美国历史资料提供了便捷的途径。与此同时文章也指出该数字图书馆在检索效率上有待改进，应尽快实现分面检索功能，从而全面而准确地揭示多样化的各类收藏。

关键词：美国记忆；美国历史资源；数字图书馆；网络资源

American Memory—A Digital Library of American Historical Resources

Yan Quan Liu, Ph. D./Southern Connecticut State University, USA

Han Zhiping/Central University of Finance & Economics

Abstract: This article reviews "American Memory", a digital record of American history and creativity, including its collection digitization, resources organization, interface design, technological features and service components. Hosted by the Library of Congress this digital library "is to make its resources available and useful to the Congress and the American people and to sustain and preserve a universal collection of knowledge and creativity for future generations." While indicating its well organized rich resources and standardized site construction, author's comments and suggestion for the library's improvements are also given.

Keywords: American Memory; American history resources; Digital library; Web resources

1 项目概述

美国记忆数字图书馆(http://memory.loc.gov/ammem/index.html)的主要使命是通过互联网提供免费的开放获取服务,其内容涉及书面及口述文字、录音、移动影像、图片、地图及乐谱等记录美国历史的各类资源。这些资源来自国会图书馆及其他机构的收藏、来自历史事件、人民、地区及持续影响美国的各种思想等,作为教育和终身学习资源而服务于大众。鉴于其包容广泛、资料全面,普遍认为美国记忆是关于美国历史和创造力的较为全面的数字化记载。

美国记忆起源于1990至1994年间国会图书馆完成的实验性数字化项目,该项目对国会图书馆收藏的历史文档、移动影像、音频文档及照片、图片等珍藏品进行数字化加工,并制作成CD分发给有关机构。当这个实验性项目接近尾声时,图书馆对44个接受CD的机构进行了调查,发现用户的反响非常热烈,特别是中学师生们表示需要更多的数字化资源。但是以CD形式分享资源存在效率不高、成本高昂的缺点,国会图书馆迫切需要寻找另外更有效、更经济的方式来与大众分享这些珍贵资源。恰逢此时因特网开始出现并对人类知识的呈现和交流模式的转型产生巨大影响。

国会图书馆抓住了这一机遇并于1994年10月3日宣布从私人部门接受了1 300万美元捐助,将以此为基础正式启动国家数字图书馆项目。正是在那一天,在贯穿实验性数字化项目实施全过程的理念之下,国会图书馆推出了美国记忆历史收藏库作为国家数字图书馆项目的旗舰产品。其后数年间,这个具有开创意义的项目对国会图书馆及其他主要档案机构和研究型图书馆的最具历史价值的珍藏品进行了数字化加工,使它们能够通过网络传递到国会、学者、教育工作者、学生、普通大众及全世界的互联网用户。

项目伊始,美国国家数字图书馆即力主成为一个真正意义上的全国范围的合作性项目。1994至2000年的五年之间,国会两党提供了1 500万美元资助,同时公共部门和私人部门的密切合作使该项目得到了来自私人部门的4 000万美元捐款。1996年至1999年间,国会图书馆从Ameritech公司获得200万美元资助用于鼓励各类机构以竞争的方式取得资金,用于对本单位收藏的有关美国历史的资料进行数字化加工并通过美国记忆网站提供资源服务。此举产生了23个数字收藏,充实了美国记忆数字图书馆的内容,使其能够提供一百余个不同主题、年代、地点和类型的数字收藏。

国家数字图书馆早在2000年就已经提前实现了五百万件数字资源的目标。尽管如此,美国记忆资源库依然继续扩大在线历史收藏,使其更为全面地展示美国历史风貌,这也是国会图书馆利用新技术实现机构使命——收藏的资源为美国人民所得并所用——的一个重要体现。

图1为美国记忆数据库站点首页画面,界面简洁,栏目清晰,读者可以比较容易地找到资源发现路径。主要栏目包括资源检索、藏品浏览、收藏亮点、教育资源及咨询帮助等。以下对美国记忆历史资源数据库进行简要的介绍。

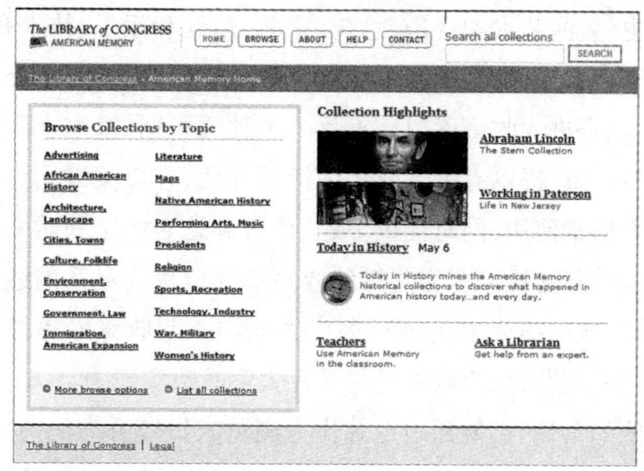

图1 美国记忆数字图书馆首页

2 项目资源及组织

美国记忆是通往国会图书馆关于美国历史的数字化资源的门户网站，目前已经拥有总计九百万件以上记录美国历史和文化的数字化藏品。这些资源内容庞杂，类型多样，若不精心组织，势必如珍珠散落在海滩上难以捡拾。为此，工作人员对这些资源进行了精心组织，根据原始格式、主题内容或者首创者、汇总者、捐献人等划分为一百余个不同主题的收藏库。原始格式包括手稿、画作、照片、海报、地图、声音、动画、书籍、小册子及活页乐谱。每一件在线藏品都附有解释说明，使其易于被读者发现、利用和理解。这些收藏库相对独立，允许库内浏览和检索；同时为了帮助读者在更广泛的视野内查找资料，也提供跨库检索的模式。

具体来说，所有资源可以从主题、年代、类型和地点等四大浏览入口进入，每个浏览项下又做不同程度的细分。以主题为例，共分为十八个类目，分别为广告、非裔美国人历史、市镇、文化和民间生活、环境和保护、政府和法律、移民和美国扩张、文学、地图、美国土著历史、表演艺术和音乐、总统、宗教、运动和娱乐、技术和产业、战争和军事、妇女历史等,每个类目下根据不同的特点划分为若干收藏库,点击进入收藏库以后可见一个独立页面,基本上各收藏库界面保持一致,提供有关本收藏的简单介绍,并以关键词作为检索点供读者检索使用,同时提供主题、作者和题名的字顺索引方便读者浏览。与其他机构合作建设的收藏库则以更为灵活的途径提供浏览模式,比如图 2 中美国早期广告业的兴起收藏库提供主题和分类途径的浏览,该收藏库是与杜克大学共建实现的。

其他如年代、类型和地点等作为浏览入口皆有类似的安排,只不过是从不同角度对同一个资源集进行重新组合,便于读者从多角度浏览。具体来说,在以资源所属时段为依据浏览的栏目中划分了以下时段:1400 – 1699;1700 – 1799;1800 – 1849; 1850 – 1899 ;1900 – 1929 ; 1930 – 1949;1950 – 1969;1970 – present。在资源类型浏览栏目中,划分了以下类型:地图;手稿;移动影像;活页乐谱、歌谱;照片、图片;声音文档;图书及其他印刷品。在以作品所属地域划分的栏目中,总计有美国东北部、美国南部、美国中西部、美国西部、全美及国际范围等类目。各类目下又根据藏品的实际情况划分为若干收藏库,进入收藏库以后,可根据需要浏览收藏品的有关情况介绍,包括概述、说明、作者简介等内容,还可以高保真地看到作品的原貌。

这种从不同路径出发为读者提供多视角资源组合的做法能够方便读者较为便捷地找到需要的内容,在资源组织方面颇具特色。

3 资源服务

3.1 检索

该数字图书馆提供了多种检索途径方便读者检索所需资源。各种类型的资源均可以通过关键词进行检索,检索框显示在每个

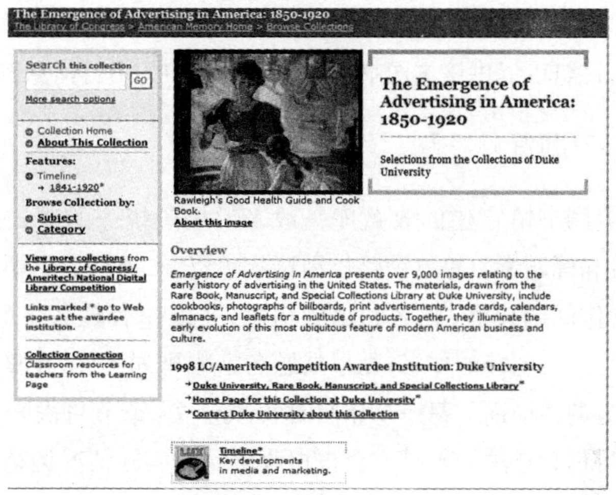

图2　美国早期广告业的兴起:1850－1920

页面上便于使用。如果检索的是文本类型的资源,则提供更多的选择,包括书目数据库和电子资源全文检索两种途径(只要该书的电子文本支持全文检索)。如果只想检索书目信息,则可以选择相应的选项,输入检索词后得到一系列根据相关性排序的图书标题。列表中的每个标题都链接到与之相关的书目信息。书目信息又提供了指向全文和该书图片页的链接。如果选择全文检索模式,则输入检索词后得到关于图书章节的链接,检索结果列表也是按照相关性进行排序,来自同一本书的多个章节可能会同时出现在检索结果里,此时列表中的标题以书名——章节名为显示格式,每一个标题下有四种显示选项:

书中图片浏览:提供链接到书中的首张图片,在此可以看到本书的全套数字化图片集。

全文:链接到特定章节的电子文本。检索词在文本中出现时以大写形式体现。如果某一款目的全文不可得,则会提供一个说明,并基于书目信息给出这本书的概要。

内容目次:提供指向该本图书内容目次的链接。如果该书没有全文则显示此项。

书目信息:提供该本图书在国会图书馆中的书目信息链接。

3.2 浏览

国会图书馆自建的收藏库一般来说按照统一的模式提供主题、作者和标题索引等三种路径浏览数字资源,条目以字顺形式展现,包含作品的作者、题名和出版信息,并以作者姓名字顺排列。如果作品没有明确的作者,则根据题名字顺排列,显示在整个检索结果列表的最前面。每一个条目都提供全文(章节目次)、图片浏览和书目信息选项。但是也会根据收藏品的实际情况调整浏览路径的设置,有的库可能只设作者路径的浏览模式,而另外一些库则可能提供分类路径的浏览模式。总体来看,美国记忆数字图书馆在收藏品浏览路径的选择方面遵循的总体原则是统一但不失灵活性。

3.3 特色栏目

美国记忆数字图书馆充分发掘自身的数字资源优势,在首页推出了重点收藏库和历史上的今天两个栏目,这两个栏目的内容设置可以根据需要随时调整,为大众带来更多重要信息。比如在林肯纪念日前后推出林肯收藏库置于首页,便于读者参考和掌握有关林肯的各种史料。历史上的今天则会推出一些重要的历史事件,充分挖掘馆藏信息,使读者更为深刻地了解美国历史的发展脉络。

3.4 咨询馆员在线帮助

网络参考服务的主要目的是帮助读者利用美国记忆数字图书馆及国会图书馆的其他资源。目前美国记忆数字图书馆主要提供三种形式的网络参考咨询服务。第一,对于一般性问题,在服务页面的右端提供了国会图书馆各类型服务的详细信息,帮助读者自助解决问题。比如,虚拟参考书架汇集了国会图书馆编辑的众多网络资源,供读者自行选择利用。此外,还有 FAQ、联机目录等常用的链接。第二,为读者提供表单咨询服务,读者在网上提交咨询问题以后五个工作日之内可得到回复。该咨询服务表单使用了 Question Point,是一个全球性、合作性参考服务项目。如果读者同意,在必要的情况下网站会将提交的问题转发给国会图书馆以外的咨询馆员以寻求合作解答,同时还会对该咨询问题及相应的答案进行存档,以备日后其他读者参考。第三,网上实时咨询服务,在每周五个工作日内(节假日除外),自东部时间下午 2 点至 4 点提供交互式的实时咨询服务,读者发送消息后,可即刻得到咨询馆员的回复。通过上述三个层面的咨询服务,基本上能够以全面而有效的方式解答读者在资源使用方面存在的困惑。

3.5 教育资源服务

在美国记忆网站的醒目位置有一个"面向教师"(For Teachers)的链接,该链接指向特别针对教师设计的学习空间,用来帮助教育工作者利用美国记忆的收藏教授历史和文化课程。首先,提供数十个由教师设计的、经过课堂实际应用考验的原始资源应用方案,主题从美国历史、内战、到美国文学不一而足。通过学习这些方案还可帮助更多的教师掌握利用这些历史资源设计课程的方法。其次,提供一些诸如谜语和游戏类的交互式活动项目供老师上课时使用,使他们能够紧紧吸引学生的注意力,提高课堂授课效果,这些专题活动通常针对单一主题的历史资源;针对多主题历史资源的综合,则提供了一些专题栏目,将整个数字图书馆中的有关资源进行整合,便于师生学习和掌握。再次,提供馆藏关联,帮助学生了解和掌握美国记忆收藏中的各种作品,提高批判性思维能力。在连接项里,可能会提供一些指导性理解和观点,使学生更好地理解文化背景,分析各种创造美国经验的历史性事件背后的成因。第四,交流中心。在此,教师可以充分利用整个馆藏中有益于课堂授课的主题资料,这些资料紧紧围绕不同主题而整合在一起,供教师在课堂使用。此外还为教师提供每月一次的网上聊天交流服务。该网站还提供教师的职业发展便利。鼓励教师参加在华盛顿特区举办的美国记忆学习组,或者通过视频形式参与活动。还可以通过自学方式参与自助式学习,或者与当地教师一起共享使用美国记忆收藏的经验和收获。

4 技术特征

4.1 藏品的版权信息

一般来说国会图书馆都会在目录有关字段、检索帮助及藏品相关的文字中注明版权所有者的信息及相关事项。作为一个公共机构,国会图书馆通常对其收藏不具有版权,因此对这些资料的使用不收取任何费用,不授权也不反对读者以打印或者其他形式分发使用藏品。如有特别的版权要求则会在重要位置指出。

4.2 元数据标准及 OAI 元数据收割协议

国会图书馆在对历史材料进行数字化加工并提供开放获取的过程中,致力于推动建立灵活而多样的元数据协议。经过广泛讨论后美国记忆数字图书馆决定采用 DC 作为元数据标准,一方面因其简单易用,容易为参与项目建设各家合作伙伴所接受;另一方面也因为该元数据标准很容易从 MARC 数据转化而来,国会图书馆所有数据均以 MARC 作为主要元数据标准,在数据转换方面不会产生太多成本。

OAI 意为开放获取倡议,是一个旨在促进网络信息资源开发、发布与共享的合作构架,OAI - PMH 是目前元数据收割的主要协议。元数据提供者提供的元数据中包括一个标示元数据对象网络唯一地址的 DOI,用来获取原始数字对象。国会图书馆较早采用了

OAI－PMH 元数据收割协议，体现出开放、共享、合作的专业精神。此外，为了使所有数据规范在适当的类别之下，国会图书馆专门编制了文化遗产资料基本类别术语集（Basic Genre for Cultural Heritage Materials），使这一庞大、多元的资源库得以统一在共同的分类标准之下。

4.3 保存及加工

根据国会图书馆的定义，资料保存主要体现在两方面。第一，以数字形式充分而准确地表现馆藏原件，便于读者利用；第二，对数字资源体系进行仔细设计，使其效用及可获取性不以任何技术平台的消失而消亡。

为此国会图书馆实施了《数字视听文档保存原型计划》，对录制的声音文档和移动影像藏品的数字化标准格式重新加以界定，同时也尝试使用新方式将这些资料呈现给研究人员。

考虑到图片、印刷品类资源的数字化扫描和转换操作具有一定的风险，美国记忆为此提出关于扫描和其他转换操作中必须遵循的转换标准和操作规范以减少风险并在实施过程中不断修订这些标准和操作规范用以对图书馆的数字化项目起到指导和规范作用，其中《国会图书馆文本和图形资料数字化转换技术标准》是比较重要而具有代表性的标准类文件。对于承接数字化转换工程的公司，国会图书馆也提出了特别的要求，《扫描业务承包商的转换要求》中，明确提出了原始纸质文献、缩微胶片和图片插画资料的扫描及文本转换中应当遵循的各种规范，确保扫描质量符合国会图书馆的要求。比如对文本扫描，要求其准确性达到 99.95%。同时要求转换文本应当以标准通用标记语言（SGML）进行标记，并采纳国会图书馆制定的美国记忆历史文档的文献类型定义（DTD）。美国记忆 DTD 与专门针对人文学科文本的国际性指南《文本编码倡议》（TEI）兼容。以 SGML 编码的文档版本主要用于档案文档，同时也可供在线使用。

5 不足之处及有关建议

总体来说美国记忆数字图书馆收录的资源极为丰富,资源的数字化加工质量一流,资源条目的元数据信息完备足以实现有效揭示,并实现了资源的多途径检索和多视角浏览,基本实现了其保存和推广应用美国历史资料的宗旨。

但是正因为其资源之多而庞杂,用户在寻找资源的过程中难免要经历许多弯路。对此,网站缺乏一个综合、全面而翔实的在线自助式学习教程帮助读者、特别是非图书馆专业人士快速地掌握检索和浏览技巧。

其次,网站检索功能需要提高。尽管提供了包括主题、年代、地点和类型在内的分面浏览和检索方式,但是这些分面是交织在一起的,不允许逐级缩小检索范围。这在很大程度上影响到检索效率。因为检索结果集往往很大,读者难以从中得到想要的结果。如果读者希望在主题途径检索到的结果中进一步根据文献类型或者年代缩小检索结果集,则不能如愿。这种功能在目前新一代OPAC产品中已经能够实现,在Amazon等购物网站中更是常见的一个功能。如果美国记忆数字图书馆能够在分面检索功能上有所改革,将会进一步提高这些收藏品的利用价值。

参考文献

[1] ARMS C R. Available and Useful: OAI at the Library of Congress[J]. Library Hi Tech, 2003,21(2):129-139.

[2] Library of Congress. American Memory[OL]. http://www.loc.gov.

[3] National Digital Library Program. American Memory Historical Collection[J]. D-Lib Magazine, 2000, 6(3).

[4] SEIXAS P. American Memory Learning Page[J]. The Journal of American History, 2004, 91(1).

作者简介

韩志萍,工作于中央财经大学图书馆。通讯地址:北京市海淀区学院南路39号中央财经大学图书馆 100081。

国家声音展馆——一个记录历史声音的数字图书馆

刘燕权/美国南康涅狄格州立大学

钟远薪/暨南大学图书馆

摘　要: 国家声音展馆(the National Gallery of the Spoken Word,NGSW),美国国家科学基金(NSF)资助的数字图书馆先导研究计划二期的项目之一,是记录20世纪重要历史声音的数字图书馆,旨在实现20世纪的重要讲演、广播和录音等历史声音的数字化储存、全文检索与在线使用。文章首先介绍该项目的基本情况,然后在资源建设与组织、技术手段和服务特征等三个方面对其进行概要的评述,最后提出评价和建议。

关键词: 口述历史;音频资料;国家声音展馆(NGSW);数字图书馆;数字图书馆先导研究计划二期(DLI2)

The National Gallery of the Spoken Word —A Digital Library of Voice of History

Yan Quan Liu, Ph. D./Southern Connecticut State University, USA

Zhong Yuanxin/The Department of Information Management, Wuhan University

Abstract: The National Gallery of the Spoken Word (NGSW) is one of NSF and Digital Libraries Initiative Phase 2 (DLI2) funded projects. As a repository for important audio materials collected from libraries across the United States, it provides spoken word collections spanning the 20th century including speeches, news, broadcasts and recordings that are of historical content fully - searchable online. In this paper, we first take an overview of the NGSW, and then introduce its resources organization, technologies employed and services provided. Author's comments and suggestion for its improvements are also given.

Keywords: Oral history; Audio materials; NGSW; The National Gallery of the Spoken Word; Digital library; Initiative Phase 2 (DLI2)

1 概述

国家声音展馆(The National Gallery of the Spoken Word, NGSW)是美国国家科学基金(NSF)资助的数字图书馆先导研究计划二期的项目之一,其目标是创建一个面向公众开放的记录20世纪重要历史声音的数字图书馆,实现具有重要历史价值的20世纪的讲演、广播和录音等声音信息的数字化储存、全文检索与在线使用,并为基础教育提供优秀的教育课程收集。

NGSW始于1999年9月,是一个持续5年的研究项目。作为一个国际性的多边合作项目,主要参与者有密歇根州立大学,语音和语言研究中心(CLEAR, The Center for Computational Language and EducAtion Research),人文与社会科学网(H - Net),芝加哥历史学会,联邦最高法院多媒体数据中心(OYEZ),美国历史之声数据中心,InvoTek公司;咨询合作伙伴则包括语言数据联盟、美国图书馆联盟、口述历史协会和美国历史协会。项目由Mark Kornbluh负责,Jack Deller、Joyce Grant、Michael Seadle、Douglas Greenberg、John Hansen以及Jerry Goldman等作为主要合作者,共同参与建设。2004 年 8 月,NGSW 五年研究计划结束,完成了斯塔兹·特克尔口述历史(Studs Terkel: Conversations with America)、联邦最高法院多媒体档案数据库(The OYEZ Project)、弗林特静坐罢工数据库(Flint Sit - Down Strike)、最早的声音 - Vincent 声音图书馆展馆(Earliest Voices: A Gallery from the Vincent Voice Library)、历史与政治之声(History and Politics Out Loud)、非洲数字图书馆(The African Digital Library)、密西根州作家网络(Michigan Writers Network)等七个子项目的建设,并通过 HistoricalVoice. org 网站,向全世界的用户提供项目成果的链接和服务。

NGSW 的重要意义首先在于站在文化遗产保护的高度,对 20 世纪重要历史原始声音的收集、整理和数字化,并提供给公众免费使用。众所周知,20 世纪很大一部分历史文化遗产存在于磁带等声音介质中,但这些介质大部分很容易丢失和损坏,或者收藏在档案馆和私人手中,不能很好地被学生、教师、研究人员和其他公众所利用,NGSW 的建设对于重要历史声音资料的保存和利用起到了重要的作用。其次,NGSW 的建设,在声音数字化存储、声音数字化标准、音频检索技术、元数据检索等相关数字化内容领域,为信息科学和图书馆学提供了有益的实践和探索。

2 资源建设与组织

2.1 资源收集原则

从托马斯·爱迪生发明的第一张蜡筒唱片到棒球明星贝比·鲁斯的声音,从伟大的护士弗洛伦斯·南丁格尔的讲话到斯塔兹·特克尔不知疲惫的采访,从历史上著名的讲演到联邦最高法院的口头辩论录音,NGSW 的资源收集涵盖 20 世纪的各行各业和各类主题的原始声音记录,并将收集的重心集中在二十世纪的政治文化的发展、流行文化、社区与个体方言、当今时代的国际关系和冲突等四个主题。同时,历史照片,录音的文字记录和基础教育教学资源则作为有益的补充。

作为一个横跨人文、工程、教育和图书馆学等多个学科的研究项目,NGSW 充分考虑了相关项目的前期建设成果和技术,并将优秀的项目纳入到自己的建设框架中,如联邦最高法院多媒体档案数据库项目。通过在前人工作基础上进行数字化和标准化工作,NGSW 提供了史上第一个通过互联网访问的具有广泛基础的在线声音联合网站。

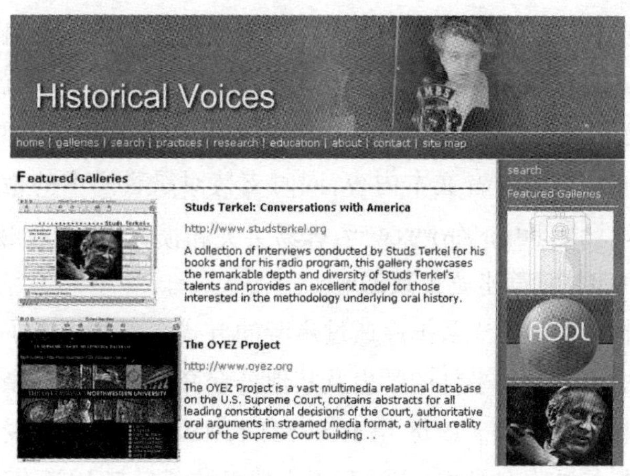

图1 Historical Voices 子项目简介与链接

2.2 主要建设内容

历史文化遗产声音资源目前包括 7 个收藏集合。

(1)斯塔兹·特克尔口述历史

斯塔兹·特克尔口述历史是美国民间声音的记录者斯塔兹·特克尔的声音资料数据库,包括他与社会各个阶层的美国民众的谈话录音、广播录音和电视面谈。1952 年至 1997 年间,斯塔兹·特克尔通过芝加哥艺术电台的"斯塔兹·特克尔计划",与无数芝加哥市民、美国及国际人物交谈,以期记录是谁在塑造着 20 世纪。这些谈话内容真实地体现了美国民众的生活,也展现出了斯塔兹

·特克尔的非凡能力与普世情怀。斯塔兹·特克尔口述历史提供了谈话主题分类浏览,并可以通过题名、关键词、时间、摘要、面谈者等途径进行检索。数据库地址是 http://www. studsterkel. org/。

(2)联邦最高法院多媒体档案数据库

联邦最高法院多媒体档案数据库,又称 OYEZ 工程,是美国联邦最高法院自 1955 年 10 月开始启用录音系统以来,所有主要裁决和口头辩论的录音资料及其他多媒体资料数据库。该工程的目的是使得公众可以自由获取联邦最高法院的各种声音、文本、图像以及视频资料。联邦最高法院多媒体档案数据库的声音资料采用流媒体格式存储,提供案件、法官、律师、辩护人、日历等导航浏览功能,并提供了站内检索功能。用户在收听相关录音文件的时候,页面上会同步显示录音文本内容,同时支持对录音文本的检索。数据库的地址是 http://www. oyez. org/。

(3)弗林特静坐罢工数据库

弗林特静坐罢工数据库通过声音的方式向那些还不了解这一美国历史上的重要事件的学生及其他公众介绍弗林特静坐罢工的来龙去脉及其影响。1978 至 1984 年间,Neil Leighton 教授带领着数名同行与数十名学生,广泛和深入地采访了参与 1936 年至 1937 年弗林特静坐罢工事件的工人们,为美国劳工史留下了极为珍贵的口述材料。2001 年,弗林特静坐罢工被纳入到 NGSW 项目中,老化的录音带被数字化,建立了数据库,并通过 HistoricalVoices. org 网站向公众开放。数据库中的所有的声音资料都配备了相应的文字档案,可以通过网络使用。检索方面,数据库提供了基于关键词检索的功能。数据库的地址是 http://www. historicalvoices. org/flint/。

(4)“最早的声音”–Vincent 声音图书馆展馆数据库

“最早的声音”是来自于密歇根州立大学图书馆文森特录音收藏馆收藏的 1877 年至 1927 年这段录音史上最早 50 年之中的意义重大的声音,包括政治家威廉·詹宁斯·布莱安、劳工领袖尤金·

德布斯、发明家托马斯·爱迪生、美国劳工联合会之父塞缪尔·甘波斯、第25届美国总统威廉·麦金利、第27届美国总统威廉·塔夫脱和黑人政治家布克·华盛顿等历史重要人物的讲话。声音文件按人名来分类,提供了录制时间、时长、摘要、索取号、录音文本等信息,用户可以在线收听录音文件,并可以选择是否同步显示录音文本。数据库没有提供检索功能,但可以通过搜索引擎进行站内检索。数据库的地址是:http://www.historicalvoices.org/earliest_voices。

(5)"历史与政治之声"数据库

"历史和政治之声"是美国历史上重要政治人物的讲话录音,包括公共场合的重要讲演和出自白宫的私人通话,一共收集了从1930年到1999年共19位政治领袖的107个录音,其中包括了罗斯福总统要求国会对日本宣战的陈词。数据库提供了按日期、演说者、题名的导航浏览功能,并可以对题名、演说者、日期、主题和录音文本的进行检索。用户可以在线收听录音文件和阅读录音文本,但不允许下载和分发。数据库的地址是:http://www.hpol.org/。

(6)非洲数字图书馆

非洲数字图书馆是由西非研究中心等多个组织共同建设的西非多语种多媒体数据库,文件类型包括了文本、图像、音频和视频。数据库按照主题和合作研究小组进行分类,提供了标题、简要描述、出版日期、版权、作者、访谈者等信息,用户可以通过关键词、机构、文件类型以及出版日期进行检索。用户可以下载使用这些文件。在声音文件中,还提供了法语和英语的录音翻译文本。非洲数字图书馆的一个有趣功能是用户可以通过检索,在结果中选取相关的资料,从而创建自己的个性化收藏。数据库的地址是:http://www.aodl.org/。

(7)密西根州作家网

密西根州作家网是密西根州作家的一个在线交谈社区,所有该州的作家都可以在上面交流思想、讨论作品和相互学习。不管是专业作家还是业余作家，网站都鼓励他们参与到交谈之中。网站由讨论列表、精选作家、事件日历、写作资源等四部分构成，网站的声音资料记录了交谈时间，简要的描述等内容，在线收听录音的时候提供了同步录音文本显示。网站没有提供检索功能，但可以通过搜索引擎进行站内检索。网站的地址是：http://www.michigan-writers.org/。

2.3 资源组织

NGSW是一个多方合作的项目，由于资源来自于不同的贡献者，因此资源采用分布式发布。在HistoricalVoice.org网站上，NGSW通过子项目集合的方式，给出各个子项目的简要介绍和链接地址，提供给用户根据自己的需要进行分别访问。在各个子项目的站点中，都提供了一定途径的资源组织方式，比如斯塔兹·特克尔口述历史提供了主题导航，大部分子项目都提供了基本的检索功能。

笔者没有找到NGSW关于资源建设的元数据标准的正式文档，在HistoricalVoice.org网站的研究模块中，提供了一份相关的草稿下载，该草稿里面提出了OAI收割、元数据建设的设想，这显示了NGSW有计划创立一个元数据检索平台，并有计划对录音内容进行规范处理。但根据使用观察，目前NGSW各个子项目之间仍缺乏一致的元数据标准，不过相关的声音资源，基本上都具备了题名、时间、相关人物、简要描述等内容，录音文本也大部分建立起来了。

NGSW采用了多方并行数据库系统，没有为所有资源建立一个统一的数据库。HistoricalVoice.org网站的检索功能也仍在建设之中。由于各个子项目的资源没有纳入到同一个发布站点，用户暂时无法通过搜索引擎对站内资源进行统一检索。

3 技术手段

3.1 声音数字化建设与存储

NGSW 的首要任务是通过合作机构将分布在全球各地的声音资源进行数字化。在项目开始时，当时已有的声音数字化标准和实践不能满足 NGSW 对声音资源的高品质要求，因此在数字化过程中，NGSW 项目组成员通过实验，分析声音幅频响应、动态范围、共振带宽、噪音干扰与感知质量等多方面的关系，并立足于技术现实和存储成本，确定了该项目声音数字化的最优技术方案：采样率为 96 000Hz，位深度为 24 - bit。声音文件格式采用 wav 格式，这是一种未经压缩的，可以最大的保留原有声音质量的，很容易转化成为其他流媒体格式的声音文件格式。同时该项目的工作人员利用技术创新来提高声音文件的质量，这包括评估和开发消除背景噪音和失真的软件；另外，用户也可以使用一个基于网络的均衡器和降噪器来定制声音效果。

声音文件制作完成后，刻录到 CD 上，采用 CD 作为主要的保存介质。在网络上提供服务的声音资源，则是经过流媒体处理后的 ram 等类型的文件，通过磁盘进行存储。声音文件的知识产权保护，采用数字音频水印技术来实现，数字音频水印及其加密技术的研究和应用，是 NGSW 的主要技术贡献之一。

3.2 声音检索技术

在声音的数字化建设过程中，项目组成员为声音文件建立了基本的著录信息。在互联网上，这些信息作为声音文件的描述，让用户了解所选取的声音文件的基本内容。同时，这些信息也被用作声音文件的基本检索点，实现声音文件的检索。

绝大部分 NGSW 项目，都通过技术手段和人工方式，为声音文件创建了录音文本。部分子项目已经实现了录音文本的全文检索。这就极大地方便了用户查找相关内容,提高了声音文件被发现利用的概率。在联邦最高法院多媒体档案数据库中,用户还可以通过录音文本的检索,快速定位到录音内容,是一项具有创新性的技术举措。

NGSW 在自动语音识别和声音检索方面做了许多有益的尝试,取得不错的成果,是 NGSW 项目的最主要技术贡献之一。在一篇博士论文中,Angkititrakul (2004) 详细介绍了如何通过声音信号传达出来的包括语言文字、口语/方言、性别、情绪及背景噪音等在内的多层次信息,来识别检测说话人的口音及身份,另一份研究则提出了一种通过语词的音频片段匹配音频数据进行检索的技术,后续的研究中还给出了音频分割的算法和匹配的指标,实验了创建语词音频索引和检索系统等优秀的研究成果和解决方案。

3.3　用户界面

NGSW 基于 web 提供服务,支持多种操作系统平台,用户只需要通过浏览器就可以访问,使用十分方便。网站设计简洁明了,导航栏提供为子项目集合、统一检索、实践借鉴、研究工作、教育支持、关于、联系我们和网站地图等内容。点开子项目集合,七个已经建设完成的子项目的首页包括截图、名称、网络地址和简要介绍,用户点击网络地址即可访问相应的声音资源。点击统一检索和实践借鉴栏目,则提示正在建设之中。点击研究工作,该页面提供了相应工作成果的下载。点击教育支持,该页面详细介绍了 NGSW 项目对教育的支持情况,并在右侧列出了已经建设的课程内容链接,点击链接进入课程后,则可以看到课程的主题和内容、针对的学生年级、课程目标等信息,十分方便教师和学生使用。关于联系我们和网站地图,则为使用者了解和使用 NGSW 提供了更多的便利。

各个子项目网站大部分设计通俗易用,一般经过三次点击就

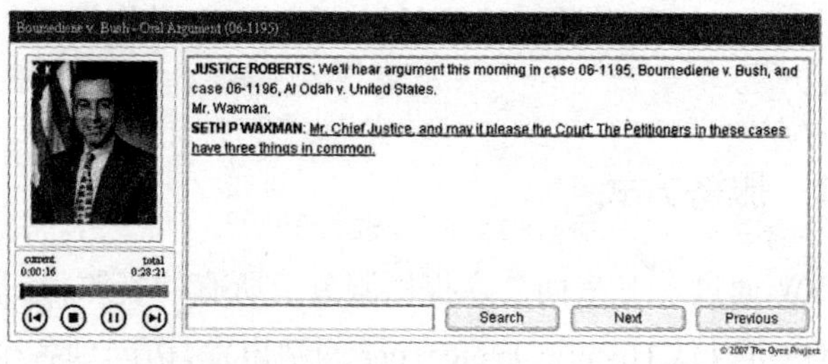

图2 联邦最高法院多媒体档案数据库声音文件播放界面

可以到达声音资源本身。对于用户而言,这些网站都是权威机构发布的,因而它们上面的内容是可以信赖的。音频文件使用 RealPlayer、QuickTime 或者 Flash 在线播放,这些都是大家所熟悉的软件,也是可信赖的。点击播放声音文件的时候,会显示该声音文件的相关描述信息。音频文件在播放的时候,大部分子项目会在同一页面上将录音文本呈现给用户,或者提供录音文本的下载。

4 服务特征

4.1 目标用户与开放使用

NGSW 声明拥有相关资源的版权,但开放给公众免费在线使用,并允许用户链接。NGSW 的目标用户为互联网公众,全世界的人们都可以免费使用 NGSW 的项目成果。NGSW 强调基础教育的保障功能,为基础教育创建了一系列基于 web 的教材、课程计划和教学资源,提供给教师和学生们在学校或者家里使用,从而促进多媒体基础教育教学工作的开展。有视力残疾的学生,尤其受益于这些教学资源。政府和决策者也可以从 NGSW 的资源中获得帮助,在制定行政计划的过程中,可以更好地参考过去的观点和公共观念。研究人员也将从 NGSW 的资源中获益。可以方便获取的历史声音数据,为研究者打开了一扇历史的窗口。此外,出版商和广播电台,也可以在获得授权的情况下,将 NGSW 的资源进行更广的传播。

4.2 服务方式

NGSW 通过 web 来向公众提供服务。所有的资源,都基于 web 发布,用户可以从 HistoricalVoice. org 网站出发,访问到各个项目站点的资源。在大部分的子项目中,都能提供录音文件的在线播放,并且提供同步录音文本显示,部分子项目允许用户下载声音文件后离线使用。

NGSW 提供包括视频资料的多媒体和个性化服务。例如弗林特静坐罢工数据库为用户提供了可点击视频文件,这些视频文件介绍和描述了部分罢工实况,例如与 Studs Terkel 的录影采访。这些多媒体元素增加视觉感官,使材料更加圆满翔实和具有吸引力。非洲在线数字图书馆提供"建立您自己的收集"的功能,用户可以在一个检索界面上选择参数,然后保存定制的检索,从而创建一个个性化的收集;此外它还提供了材料的翻译帮助用户克服语言障碍。

4.3 技术探讨及借鉴

作为一个先导项目,NGSW 项目不可忽视的一大服务功能是对建设多媒体数字图书馆进行相应的技术探讨和创新,为后续的数字化项目提供借鉴。据笔者检索,NGSW 项目组成员在国际声学、言语与信号处理会议等学术会议上发表了 10 多篇的与项目相关的论文,主题涉及声音采样与数字化、声音识别、数字音频水印、声音检索等多个方面,并在 HistoricalVoice. org 网站上提供了六篇工作成果的开放获取,此外在密西根州州立大学的网站等公共网站上,发布了不少的项目工作资料。这些内容,为信息科学和图书馆学贡献了宝贵的研究成果和研究空间。

5 评价和建议

NGSW 项目实现了大量有重要历史价值的声音资料的数字化,将这些资料从易损坏、易丢失、不易传播的介质转移到可持续保存、易于分发的数字平台上,使得本来只能在小范围内利用的资料,可以通过互联网迅速地被全球人们所利用。这些内容使得历史的声音可以在现代虚拟重现,对于还原历史,拉近人们对历史的认知程度,具有重要的意义。

NGSW 项目对于基础教育的重

视和参与,为基础教育提供充满活力的多媒体教学资源,使得项目成果得到了极大的应用和推广,发挥了更大的价值。

NGSW 项目的完成,为信息科学和图书馆学的相关理论研究,提供了相应的成果和实践内容,也为其他多媒体数字化图书馆项目提供了良好的借鉴。同时,建设好的数字声音文件及其描述性数据库,包括录音文本,已经为下一步深层次的研究和服务奠定了坚实的基础。

资源的分布式处理,使得资源分散在各个子项目的网站之中,而缺乏元数据规划,又无统一的资源描述和浏览页面,使用户无法找到一个统一的检索入口。这种资源组织方面的缺陷,对于用户而言,存在一定程度的使用障碍。希望 NGSW 能够建立元数据标准,并提供所有资源的按照主题、人物、时间的导航浏览和利用,提供包括录音文本在内的统一检索功能。更有序有效的组织已经数字化的声音资料,应该是 NGSW 目前的主要任务。

在五年研究计划结束以后,NGSW 面临着持续更新和继续拓展等问题,如联邦最高法院多媒体档案数据库不断有新的内容增加,如文森特录音收藏馆收集的 100 年来的社会各界 5 万多位名人的录音,目前仅数字化了其中极少的一部分。如何做到项目整体的可持续发展,也是 NGSW 面临的一个重要课题。

参考文献

[1] [OL].[2008 - 12 - 10]. http://www.ngsw.org .

[2] [OL].[2008 - 10 - 20]. http://www.ngsw.org/partners.html.

[3] [OL].[2008 - 10 - 20]. http://www.dli2.nsf.gov/projects.html.

[4] RUIZ, F J, DELLER J R, Jr. Digital. watermarking of speech signals for the National Gallery of the Spoken Word[C]//ICASSP, IEEE International Conference on Acoustics, Speech and Signal Processing - Proceedings, 2000,3:1499 - 1502.

[5] HANSEN J H L, DELLER J R, SEADLE M S. Transcript - free search of audio archives for the national gallery of the spoken word[C]//Proceedings of First ACM/IEEE - CS Joint Conference on Digital Libraries. New York: ACM, 2001:235 - 236.

[6] DELLER R, GURIJALA A, SEADLE M S. Audio watermarking techniques for the National Gallery of the Spoken Word[C]//Proceedings of First ACM/IEEE - CS Joint Conference on Digital Libraries. New York: ACM, 2001:237 - 238.

[7] ANGKITITRAKUL P, HANSEN J H. Accent and speaker recognition for advanced automatic speech recognition[D]. Doctoral Thesis : University of Colorado at Boulder,Jan. 2004 .

[8] SEADLE M, DELLER J R, GURIJALA A. Why watermark?: the copyright need for an engineering solution[C]//. Jul. 2002 Proceedings of the ACM International Conference on Digital Libraries. New York: ACM, 2002: 324 - 325.

[9] HANSEN J H L, HUANG Rongqing, MANGALATH P, ZHOU Bowen, SEADLE M,DELLER J R. Speech Find: Spoken document retrieval for a National Gallery of the Spoken[C].//Report - Helsinki University of Technology, Signal Processing Laboratory, v 46, Proceedings of the 6th Nordic Signal Processing Symposium,NORSIG 2004, 2004L:1 - 4.

[10] HUANG Rongqing, HANSEN J H L. Advances in unsupervised audio classification and segmentation for the broadcast news and NGSW corpora[J].

IEEE Transactions on Audio, Speech and Language Processing, 2006,14 (3):907 -919.

[11] KIM W, HANSEN J H L. Missing - feature reconstruction for band - limited speech recognition in spoken document retrieval[C]//INTERSPEECH 2006 and 9th International Conference on Spoken Language Processing, INTERSPEECH 2006 - ICSLP, v 5, INTERSPEECH 2006 and 9th International Conference on Spoken Language Processing, INTERSPEECH 2006 - ICSLP, 2006:2306 - 2309.

[12] AKBACAK M, HANSEN J H L. 10. A robust fusion method for multilingual spoken document retrieval systems employing tiered resources[C]// INTERSPEECH2006 and 9th International Conference on Spoken Language Processing, INTERSPEECH 2006 - ICSLP, v 3, INTERSPEECH 2006 and 9th International Conference on Spoken Language Processing, INTERSPEECH 2006 - ICSLP, 2006:1177 - 1180.

[13] [EB/OL]. [2009 - 01 - 04]. http://www. historicalvoices. org/galleries. php.

[14] [EB/OL]. [2009 - 01 - 05] http://www. historicalvoices. org/papers/OAISadaptation. rtf.

[15] PLICHTA B, KORNBLUH M. Digitizing Speech Recordings for Archival Purposes[EB/OL]. [2009 - 01 - 04]. http://www. historicalvoices. org/papers/audio_digitization. Pdf.

[16] [EB/OL]. [2009 - 01 - 05]. http://www. historicalvoices. org/papers/OAISadaptation. rtf.

作者简介

钟远薪,武汉大学信息管理学院2006级硕士研究生。通讯地址:暨南大学图书馆技术部,510632。E - mail: yuanxinz @ gmail. com

生物信息数字图书馆，生命树项目评析

刘燕权/美国南康涅狄格州立大学
陈晨/德国亚琛工业大学

摘 要:生命树项目(Tree of Life Project, ToL)是一个试图囊括地球上各种物种的生物学信息并以树形结构表示物种进化关系的免费数字图书馆。作为美国国家科学数字图书馆(NSDL)项目的一部分,生命树项目面向生物学者和普通非专业用户提供了大量的资源。文章着重从资源组织、技术特征、服务特点等方面对分生命树项目做了概要评述,同时给出了评价与建议。

关键词:生物学;生物多样性信息;数字图书馆;美国国家科学数字图书馆(NSDL)

A Digital Library of Biodiversity Information —A Review of Tree of Life Project

Yan Quan Liu, Ph. D./Southern Connecticut State University, USA
Chen Chen/Media Informatics, RWTH Aachen, Aachen

Abstract: Tree of Life Project (ToL) is a non - profit digital library that contains biological information of all species on earth and presents their phylogeneticrelationships among the creatures with a tree structure. As a part of the National Science Digital Library (NSDL) program, ToL provides biologists and common casual users with great content. By reviewing the ToL, this paper provides an overview of the major development of the digital collection, including its resources organization, technologies employed, services provided, and suggestions for the improvements.

Keywords: Biology; Biodiversity information; Digital library; National Science Digital Library (NSDL)

1 项目概述

生命树项目(Tree of Life Web Project: A Digital Library of Biodiversity Information, ToL)是美国国家科学数字图书馆(NSDL)项目的一部分,是一个非营利性的开放式资源数字图书馆。ToL 旨在为专业的生物学家和教育工作者提供地球上现今存在以及已经灭绝的各种物种和族群的信息、图片、特征说明等资料,同时为用户绘构出明晰的生物进化关系脉络。Tol 的网址为 http://tolweb.org/,主界面如图 1 所示。

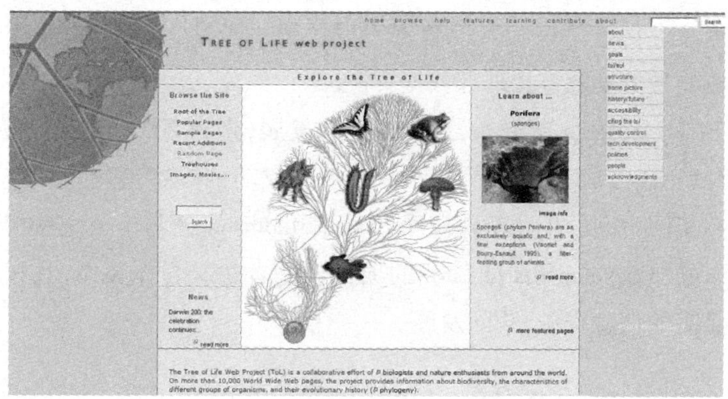

图 1 ToL 主页

ToL 项目始于 1995 年,创建者为亚利桑那大学(University of Arizona)的生物学家 David Maddison 和 Wayne Maddison,现在由亚利桑那大学实验室为其提供网络空间及技术支持。该项目获得美国国家科学基金会(NSF)的两项资助,分别始于 2000 年和 2004 年,共计 1 173 769 美元。从 2005 年开始,NSF 为 ToL 提供另一项高达 1 527 042 美元的奖项,并一直持续到 2009 年 9 月 30 日。所有的资金将全部用于项目建设及开发,致力于更深入的挖掘生物信息,进一步完善 ToL 数据库,并为非专业用户提供更便捷的服务。

ToL 现已包含 10 000 多个网页并持续增长中,生物种类大约一百九十万。馆藏资源来自全球 20 多个国家超过 350 个生物学家的提供,除此之外一些非专业用户也可为 ToL 提供评论及多媒体信息。ToL 项目的目的在于为专业生物研究工作者、教育者及 K－16 学生提供丰富准确的生物信息资源,根据用户需求动态建立网页,并以分支－节点的树形结构建立生物进化关系网络。其主要目标为:(1)由专家为地球上的所有物种,无论是现今存在的还是已经灭绝的,撰写生物学信息;(2)综合地球上的有机体,提供一个现代化的进化树形科学视图;(3)帮助用户学习和欣赏生物多样性和生命进化树;(4)与其他数据库以及分析工具共享信息,并按照动植物种类发展链接外部数据资源。

ToL 从 1995 年开始,经过几年的发展,直到 2002 年正式向公众开放,已经成为生命科学界一个极为成功的数字博物馆。作为具有相同目的的生物学资源库,David Maddison 已与不久之后将要发布的"Encyclopedia of Life"的项目创立者建立合作关系,互相提供必需的信息资源,共同发展。

2 数字资源及其组织

ToL 网站的核心结构是生物体之间的种类关系,按照生命进化的路线，按从低级到高级来分类物种。从地球上最原始的生物开始，衍生出各种基础类目，继而再细分成更高级的子类目，逐渐形成一张包含所有生物种类及其相互关系的等级结构图。有了这种简单明晰的结构图，用户可以很方便的浏览所需生物信息，并同时获得该物种在生命演化中的所处层次，一目了然，对非专业的用户帮助很大。

2.1 信息组织

ToL 网站中的每个页面代表了一种特殊的生物，页面之间按等级结构相连，从生命树的根出发向个别的分支移动，用户可以浏览整个生物界的遗传继承关系。

ToL 将所有网页用两种方式呈现：分支页面(Branch Page)和叶子页面(Leaf Page)。叶子页面代表生命等级树的终端节点，表明此种物种无法继续细分子类；分支页面则是指那些细化出特殊遗传血统子类的集合类目。在生命树结构中，根页面(Root Page)是个特殊的分支页面，它是地球上一切生命的起源，因此具有所有生命的共性特征以及生命物种主要分支之间的相互关系。

分支页面除了是叶子页面的父类之外，还具有一项叶子页面没有的数据资源：树状图(tree diagram)。树状图只存在于分支页面中，用以表示该物种衍生出的所有子类及其相互关系。树状图里的超链接可以连接到相应的子类页面，也可以根据箭头回到上一个分支页面。对于不能细分的子类(即叶子页面)，ToL 在树状图里用星号予以标识，见图 2。

2.2 资源范围及种类

ToL 致力于搜集地球上所有生物多样性信息，现今存在和已经灭绝的物种资料都会被收录到 ToL 的数据库中去。

ToL 是一个多媒体数字图书馆。除了存储有价值的文本资源外，各种格式的图像、音频和视频也在 ToL 的收录范围之内，包括

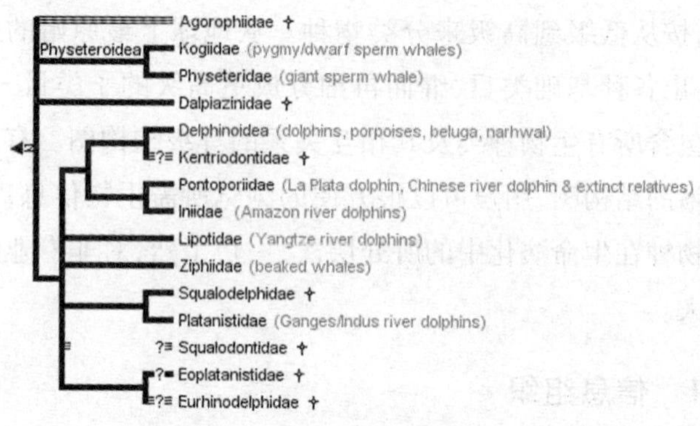

图2 树状图

PDF、DOC、JPEG、PNG、MP3、MOV、AVI、WAV 等。

多媒体文件在 ToL 的页面中被显示成四种类别的内容：科学核心内容（scientific core content）、文章（articles）、标注（notes）及树屋（treehouses）。其中科学核心内容来源于项目组的生物学专家，为特定的生物类目给出概括性描述。文章和标注来源于各领域的专家并被仔细评议过，具有更详细的物种特征和描述，是科学核心内容的扩展。树屋则包含了基于核心内容的游戏、故事、活动及课程计划等，是 ToL 专为教育工作者及 K－16 学生设置的板块。

2.3 数据来源及元数据

ToL 所搜集的数据来自全球各地超过 350 位生物学专家的贡献，更有数以万计的非专业用户向 ToL 提供相关的图片、视频、评论等。所有的资源在 ToL 项目组内都将经过严格的审查制度才得以公布，最大限度保证了资源的准确性和 ToL 的权威度。

对于不同的资源，ToL 的审查制度并不相同。分支页面和节点页面的编写，通常由项目负责人按照资历和能力挑选出在该学术领域中杰出的生物学家进行撰写。项目组中的专家经常合作，互相作为对方的助手提供帮助和建议。就整棵生命树而言，不同的作者被挑选出来负责不同的部分，大家互相协作互不干涉。

为了最广泛的搜集资源，非专业的用户也允许向 ToL 提供资源。这些资源经常包括评论及多媒体材料，需要经过 ToL 项目组中专家的审核才能公布在网站上。这种向公众开放的广纳资源的方式为 ToL 数据多样性和完善性提供了极为有利的帮助。

审核过的资料都储存在 ToL 的数据库中。大部分的资料都附有相应的来源信息字段，如标题、创建者、版权所有人、日期等。图片电影等多媒体信息还包含附加信息字段，如文件大小、格式等。2004 年开始，为了更好的与其他数字图书馆合作，ToL 考虑统一元数据标准以结合 GEM（Gateway to Educational Materials）编目工具。因此 ToL 开始创建符合 GEM 标准的元数据记录，包括目录、提供者、创建者、日期、描述、长度、格式、标识、语言、出版者等字段。除此以外，所有的图片都由 ALT 标签标注。ALT 标签提供对图片的文字描述，当用户将鼠标悬停于图片上时，相关的文字描述会显现出来。ALT 标签还可以用于关键词搜索，为图片查询提供了另一种途径。

3 技术特征

3.1 数据的采集、存储与输出

ToL 的贡献者（包括生物学家与普通用户）使用不同的途径上传资料。专业的生物学家通过“TreeGrow”将完成的分支/叶子页面的资料上传至数据库。TreeGrow 是基于 Java 的客户端程序，依靠 XML 和数据库进行交互。其他标注、图片、文献的贡献者则使用“ToL Web Tools”上传资料。ToL Web Tools 同样基于 Java 语言，是具有 HTML 用户界面的家用程序。

ToL 的数据全部存于 MySQL 数据库中。运行在 Linux 操作系统上的 Apache 服务器接收到用户的操作请求之后，会根据用户的需求动态建立网页。动态网页的建立依赖于两个不同的开放资源软件程序:Hibernate 和 Tapestry。Hibernate 使用对象-关系映射将 MySQL 数据库中的数据转化为对象,而 Tapestry 网络开发构架则是基于 Java 的程序,可以将数据库中的数据以网页的形式呈现。见图 3。

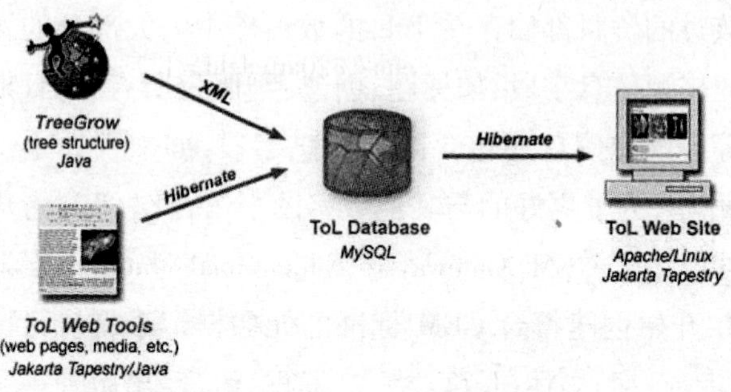

图 3　ToL 的数据输入、存储与输出

为了适应不同浏览器版本的用户,ToL 还可以输出不包含任何图片的纯文本界面,非常适合对访问速度有高要求的浏览器以及残疾人使用的浏览器版本。

3.2　数据共享

ToL 将资料储存在关系数据库中,因此其他的数字图书馆很容易通过 SQL 命令访问 ToL 的资源。无法通过关系数据库访问资源的数字图书馆可以建立一个基于 XML 的导入/输出模块。通过使用 SQL 和 XML,ToL 可以方便的与大部分生物或生物信息领域的数字图书馆交流信息,从而达到资源共享的目的。

4　服务特征

4.1　目标用户

ToL 建立之初只面向生物学领域的专家学者与研究工作者,后来逐渐转向大众人群。现在 ToL 的服务对象除了专业人士以外，还包括生物学相关的教育者、K－16 学生、非专业的随机用户以及儿童。

4.2 服务方式

ToL 是个功能健全的数字图书馆,可以为用户提供各种服务，以满足不同层次用户的需求。

(1)搜索功能

搜索是每个数字图书馆的必备功能之一。ToL 为用户提供两种检索方式:基本检索和高级检索。基本检索集成了 Google 的搜索引擎,用户在搜索框中输入相应的关键字,即可得到搜索结果列表。不过通常这种粗略的搜索方式返回的结果准确度并不十分令人满意,这时候用户可以考虑使用高级检索。

高级检索包含对三类资源的检索:族群检索、文本检索和图片检索。族群检索可以查找特定生物集合的分支页面和叶子页面;文本页面允许用户在文档主题、名称、作者或参考文献字段中进行搜索;图片检索不仅可以搜索图片,还可以搜索音频、电影等其他形式的多媒体文件。每种搜索界面下还有详细的搜索提示。

值得一提的是,ToL 的搜索功能不仅允许用户用物种学名作为关键词,甚至物种的俗名也可以用来搜索,十分便于非专业用户使用。

(2)浏览功能

针对目的性不强的用户,ToL 还为用户提供了几种不同的途径来浏览生命树,相应的链接全都列在页面右上方的“Browse”菜单中,也可以从主页上找到链接。

1)从生命树的根节点开始,深入浏览各个分支

2)浏览生命树中最热门的分支

3)浏览样例页面,这些页面均是 ToL 生命树中内容完善开发良好的优秀页面

4)浏览最近刚刚添加的页面

5)浏览随机页面

对于某个特定页面来说,用户可以从页面右上角的菜单中选择跳转到页面相应部分进行浏览。页面的完善程度由五种不同的状态表示,标于页面右上角。这五种状态分别为:

1)临时页面(Temporary Page)。此种页面通常只包含参考文献、链接、图片、树状图或子类列表,且所有资料并未经过专家审核。临时页面表明了物种在生物关系网中的位置,之后更多的资料会被慢慢添加进来。

2)建设中(Under Construction)。建设中的页面向公众开放,并允许作者慢慢增补其内容。这种页面同样也没经过专家审查。

3)已完成(Complete)。完整的页面表明已经通过 ToL 的编辑审查。编辑是具有博士学位的生物学者,根据内容不同审查的标准也不同。

4) ToL 评议(ToL - Reviewed)。完整的页面如果通过 ToL 的编辑和项目负责人的双重审查,就可标为"ToL 评议"。ToL 评议只能由项目组内部人员完成,由于身份明确,ToL 评议并不具有匿名隐蔽性。

5)同行评议(Peer - Reviewed)。同行评议是科学评估中经常使用的手段之一。ToL 的同行评议页面向公众开放,由外界专家通过匿名方式对页面作出考察和审核。通常评议者由总编辑在特定领域中挑选,一旦页面被评议者否定,页面内容将从 ToL 网站中全部移除,项目负责人会重新挑选作者负责该页面的编撰工作。

(3)帮助功能

ToL 的帮助功能十分强大。它提供各个方面的帮助信息,无论是对于普通用户还是专业学者,都有相应的条目提供帮助信息。帮助信息包括页面结构解释、站点地图、图片导读、常见问题、联系方式等。

(4)个性化

个性化设置是ToL的一大特色。如前文所述,ToL的页面均是动态建立。用户可以根据自己的需要设置选项,服务器根据设置来显示用户需要的部分。如"Glossary"功能,用户可以选择打开或关闭,以决定页面中的专业术语会不会高亮显示,并在鼠标悬停时显示术语解释。

(5)学习功能

目标人群从专业学者转向大众用户,ToL随之也将网站内容进行了调整。页面的专业术语减少,增加多媒体资源,并为教育者和学生建立"树屋"版块,提高学习的娱乐性和趣味性。拥有"树屋"版块的页面将在右上角用专门的图标标出。ToL还专为儿童用户编写了另一个版本的生命树简介和学习教程,并向他们提供歌曲、图片等直观性强的学习资源。

(6)其他

除了上述的功能,ToL还拥有论坛、下载、链接等其他服务方式,为全球的专业学者及普通用户提供了一个自由交流的平台,帮助他们的工作与专业学习。

5 评价与建议

ToL是一个以用户为中心的数字图书馆。在满足用户需求方面,ToL做得相当出色。ToL的优点可以概括为以下几点:

(1)结构化。ToL将生命物种按照进化关系串联,并用生命树的方式将其表示出来,具有鲜明的特征,清晰明了,直观易懂。

(2)易用性。ToL针对非专业用户将网站做了调整,并为他们提供了很多网络服务。普通用户,即使不是专业人士,也能轻松的使用数字图书馆满足自己的需求,很少碰到障碍。

(3)个性化。ToL动态建立网页,允许用户根据自己的需要对输出页面作出设置,给予了用户很大程度的自由。

(4)质量控制。ToL 建立了严格的审核制度和同行评议制度,在一定程度上保证了发布资源的准确性与权威性,使 ToL 的数据资源拥有很高的质量。

(5)共享性。ToL 与其他生物学数字图书馆建立起合作关系,共享数据资源,为 ToL 的数据搜集提供了一条捷径,减轻了项目组的负担。

(6)资源多样性。除了文本资源,ToL 还存储图片、音乐、电影等多媒体资源。

(7)界面一致性。无论页面如何变换,ToL 的菜单工具栏始终显示在页面右上角,这种设计上的一致性对于用户的浏览十分有帮助。

显而易见,ToL 在生物学数字图书馆里佼佼领先,但是 ToL 也存在一些问题,在某种程度上限定了它的发展。

(1)搜索引擎在使用物种学名进行搜索时,明显比使用俗名搜索准确很多。这是由于 ToL 的资源量过于庞大,很多物种俗名来不及添加造成的。

(2)对于非专业用户,使用时会存在一些不便。页面的知识点比较分散,且对于普通用户而言含有太多的专业词汇,造成理解上的困难。

(3)完善度不够。在某些分支页面中,没有指向子类的链接。这同样是由于 ToL 数据太过庞杂造成的失误。

尽管如此,ToL 的项目开发组是一支优秀的团队。他们不停的在以用户为出发点,改善 ToL 现有的问题,并提出新的服务和功能。随着数据库资源的扩充,相信 ToL 会愈发趋向完善,更好的为公众和专业人士服务。

参考文献

[1]　Tree of Life web Project, Tree of Life Home[EB/OL]. http://tolweb.org/tree/phylogeny.htm.

[2] Tree of Life web Project, Tree of Life coordination[EB/OL]. http://www.tolweb.org/tree/home.pages/coordination.html.

[3] Tree of Life web Project, Tree of Life funding[EB/OL]. http://www.tolweb.org/tree/home.pages/funding.html.

[4] Tree of Life web Project, Tree of Life future[EB/OL]. [2009-07-01]. http://www.tolweb.org/tree/home.pages/future.html.

[5] Tree of Life web Project, Tree of Life goals[EB/OL]. [2009-07-01]. http://www.tolweb.org/tree/home.pages/goals.html.

[6] Tree of Life web Project, Tree of Life description[EB/OL]. [2009-07-01]. http://www.tolweb.org/tree/home.pages/nsfproject.html.

[7] Tree of Life web Project, Tree of Life Technical Implementation[EB/OL]. [2009-07-01]. http://www.tolweb.org/tree/home.pages/techiedetails.html.

[8] Tree of Life web Project, Tree of Life Technical Information Archetecture [EB/OL]. [2009-07-01]. http://www.tolweb.org/tree/home.pages/infodesign.html.

[9] Tree of Life web Project, Tree of Life/Encyclopedia of Life[EB/OL]. [2009-07-01]. http://www.tolweb.org/tree/home.pages/toleol.html.

[10] Tree of Life web Project, Tree of Life History[EB/OL]. [2009-07-01]. http://www.tolweb.org/tree/home.pages/history.html.

[11] Treeof Life web Project, Odontoceti[EB/OL]. [2009-07-01]. http://tolweb.org/Odontoceti/16025.

[12] National Science Foundation, Award#0078294 - The Tree of Life Project [EB/OL]. [2009-07-01]. http://www.nsf.gov/awardsearch/showAward.do? AwardNumber=0078294.

[13] National Science Foundation, Award#0333715 - The Tree of Life Project [EB/OL]. [2009-07-01]. http://www.nsf.gov/awardsearch/showAward.do? AwardNumber=0333715.

[14] National Science Foundation, Award#0531768 - AtoL: COLLABORATIVE RESEARCH[EB/OL]. [2009-07-01] http://www.nsf.gov/awardsearch/showAward.do? AwardNumber=0531768.

[15] PHILIPKOOSKI, K. The Difference Between a Tree of Life and an Ency-

clopedia of Life = Money. Wired Blog Network. May 2007[EB/OL].[2009 - 07 - 01]. http://blog. wired. com/wiredscience/2007/05/the_difference_. html.

[16] TANGLEY L. How many species exist? [J/OL] National Wildlife, 1999, 37(1).[2009 - 07 - 01]. http://www. nwf. org/nationalwildlife/article. cfm?%20articleId = 177&issueId = 21 .

作者简介

陈晨,德国亚琛工业大学媒体信息学系07级硕士生。通讯地址:Hirschberger Str. 60, Zimmer 42316, 53119 Bonn, Germany。E - mail: rosemarycc@gmail. com

“科学奥德赛”——一个囊括20世纪科学重大发现的数字图书馆

刘燕权/美国南康涅狄格州立大学

陈晨/德国亚琛工业大学

摘　要:科学奥德赛(A Science Odyssey)是一个囊括20世纪科学发展成就的免费数字图书馆。作为美国国家科学基金(NSF)资助的数字图书馆项目之一,ASO面向青少年和科学教育工作者,为用户提供了五彩缤纷的百年重大科技新发现。文章着重从资源组织、技术特征、界面设计、服务特点等方面对ASO做了概要评述,同时给出了笔者的评价与建议。

关键词:科学发展;数字图书馆;美国国家科学基金会(NSF);科普教育;科学奥德赛

“A Science Odyssey”—A Digital Library of Key S&T Events and Discoveries

Yan Quan Liu, Ph. D./Southern Connecticut State University, USA

Chen Chen/Media Informatics, RWTH Aachen

Abstract: “A Science Odyssey” (ASO) is a non-profit digital library that contains science achievements in the 20th century. Highlighting the most spectacular discoveries in science and technology the ASO, hosted by Public Broadcasting Service (PBS), is specially designed for middle and high school students, as well as science educators. By reviewing the digital library, this paper provides an overview of the major development on its digital collection and organization, technologies employed, interface design and services provided. Authors' suggestions and comments are also given.

Keywords: Science development; Digital library; National Science Foundation (NSF); Science education; A Science Odyssey

1　项目概述

科学奥德赛(A Science Odyssey, ASO)是美国国家科学基金会(NSF)资助的多媒体数字图书馆之一。该网站着眼于20世纪以来近百年内的科学探索和成就,囊括了各学科领域的科学发展信息,以多媒体形式呈现给用户并为科学教育者提供教学资源。ASO主要面向初高中学生,免费向公众开放,网址为http://www.pbs.org/wgbh/aso/,主页如图1所示。

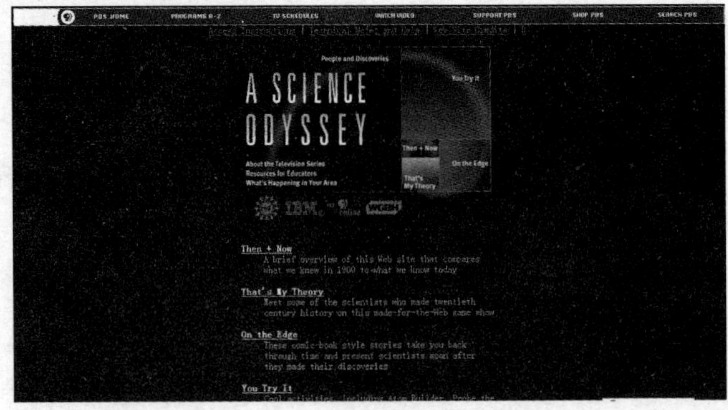

图1　ASO主页

ASO是PBS拍摄的同名电视剧“科学奥德赛:百年探索”的网

络衍生,由 WGBH 于 1997 年创建,并获得 IBM、PBS 等公司的资助与支持。网站拥有一支 30 人的建设团队,除了网页技术人员之外,另有专家团队对 ASO 的内容和教学资源更新提供专业建议,其中不乏各学科领域的杰出学者。网站的多媒体资源,包括图片、文本与 shockwave 等交互式插件,来源于几十个团体和个人的贡献。贡献者在网站贡献名录中均有记录。

ASO 的资源涉及了自然科学的各个领域:医学、物理学、行为学、生命学科与技术学科。馆藏资源主要分为五大类,按照与用户的交互方式不同分别为:

(1)"Then + Now",该条目下列举了各科学学科在一百年内的发展概况,并给出该学科领域内的今昔对比。用户可通过时间轴来定位特定的年份,获得在指定时间该学科发展的详细情形。

(2)"That's My Theory",通过问答等一系列游戏手段,测试用户对 20 世纪各个科学家的了解程度,包括其生平及成就,并在游戏后附有详细的文字介绍。

(3)"On the Edge",以连环画的形式,用图片生动地讲述科学发现的故事。

(4)"You Try It",使用 Shockwave 插件与用户互动,通过鼠标和屏幕模拟科学现象和探索活动,使用户加深对科学的理解。

(5)"People and Discoveries",人物数据库,囊括了 20 世纪超过 120 位科学家的生平事迹及重大发现和科学事件。

除此五大类资源,ASO 另外提供了"About the Television Series"、"Resources for Educators"、"What's Happening in Your Area"三类条目,为同名科普电视剧及科学教育工作者提供相关信息。ASO 信息量全面,多媒体资源丰富,交互手段新颖,是不可多得的教育资源网站,对中学生科学普及工作起着至关重要的作用。

2　数字资源及其组织

ASO旨在向青少年提供科学发展知识和科学家生平、科学重大发现等常识性介绍。由于资源格式的多样性及来源的广泛性，ASO对馆藏信息进行了详尽的学科主题分类，并使用分级目录依用户需求来提供资源。

2.1　资源范围及种类

ASO着重于科学领域，资源收藏范围涵盖了常见的自然科学主题，如医药学与保健、物理学与天文学、人类行为学、地球与生命科学，以及科学技术领域。

ASO不仅向用户提供详细的文字描述，同时还收录图片、视频、交互游戏等多媒体文件，同时使用多种类型的多媒体资源对主题进行说明，并在资料中包含大量的超链接指向互联网中的相关资源，尽最大可能为用户提供完善、准确的科学信息。

2.2　数据来源及元数据

ASO的数据来源于团体组织与个人的贡献。除了以个人名义向ASO提供图片、文字等信息的艺术家和摄影师外，美国与欧洲的许多档案馆也为ASO提供了数据支持，如美国各地的相关社团组织，以及各大高校院系的档案馆。这些大大小小的档案机构为ASO的建立作出了不可磨灭的贡献，当然同时ASO也是重要的信息交流平台，将散落的资源整合后提供给用户，为众多小型的非知名机构提供了一个良好的信息传播渠道。

除了普通的文本信息外，ASO最大限度地使用了图片对主题进行说明补充，使用户得到更加直观的概念。大部分的图片都被压缩为JPEG格式存储，并附有详细的全文本标签(all - text tags)。当用户在浏览器中停止加载图片时，全文本标签才会显现，替代缺少的图片使页面内容依旧保持完整,易于用户理解。同时图片旁通常也会出现“D”字样的超链接,这些链接指向关于图片内容的文字描述。

网站中包含的交互式活动如“原子反应堆”、“大脑探索”之类的项目,则都是依托于 Shockwave 插件基础之上的,用户必须安装插件才可以使用这些服务。基于 Shockwave 插件的人机交互活动是 ASO 有别于其他文本型科普数字图书馆的最大特色之一。

2.3 信息组织

ASO 将馆藏信息分级组织以简化浏览。页面信息级别分为三种:主页、一级页面、二级页面。主页是一张包含 12 种选择的图像地图,在其下方有明确的文字描述。一级页面有八个,包括“Then + Now”,“You Try It”,“On the Edge”等,均在本文的第一部分作过详细介绍。一级页面中列举出一系列操作选项,点击其中的任意一个操作将链接至一个二级页面。在一级页面的底部有站点导航链接,如“帮助”,“搜索”,“主页”等。二级页面只针对一个特定的主题范畴,向用户呈现相关的信息、游戏和互动式活动。在用户的选择下,二级页面可以屏蔽掉所有的多媒体资源,而只包含文本类型的信息。对于低网速低流量或使用无线移动设备登录的用户来说,该种浏览方式可以更加便捷地获取自己想要的资源。同样在页面底部用户可以找到站点导航链接来帮助他们浏览。

3 技术特征

3.1 数据的采集、存储及输出

ASO 的数据来自世界各地的组织及个人,并由网站建设专家组就其内容价值给出是否收藏的意见和建议,在必要的时候由专人负责对网页相关内容作出更新和修改。自 1997 年建站以来,

ASO 的数据库在逐步完善。到目前为止,ASO 数据库中已收集了20 世纪以来超过 120 位科学家的个人生平信息和科学重大发现,力争在20 世纪的自然科学范畴领域达到具有百科全书式的信息收藏量。

使用无线移动设备上网的用户通常对访问速度有很高的要求。ASO 考虑到这种情况,特地为其设计了纯文本界面。总体来说,虽然 ASO 是以多媒体为特征的数字图书馆,但馆中的任何一种多媒体资源,包括图片、交互游戏,都附有相应的文字描述。所有的图片都使用全文本标签,基于 Shockwave 插件的多媒体活动也有其各自的文字说明版本。用户可以选择在关闭多媒体文件加载的情况下继续浏览网页,不会因为信息缺失而导致任何理解上的困难。

对于不同的浏览器版本,ASO 允许用户对颜色进行自主调整。为防止以黑色为底色的 ASO 主页打印效果不佳,主页底部的网站导航链接还特别提供了可供打印的高对比度主页界面。此外,ASO 也为盲人设计了特殊的访问机制,方便残障人士登录 ASO 进行学习研究。

3.2　界面设计

ASO 致力于为所有用户最大限度地简化浏览过程,因此将所有资源分级归纳至三类信息页面。在主页面中,特殊的动态 Java 脚本翻滚效果会显现在页面上方的图像中。这种动态的链接突出方式很容易吸引青少年的注意力,激发他们对知识挖掘的积极性。题头下方是八个一级页面的链接和文字说明,最底部分布着网站导航链接。整个界面色彩对比强烈,条理清晰,网站结构一目了然。

ASO 以提供多媒体信息为主要目的,同时辅以完善的文本说明。除了常见的图片、视频等多媒体文件外,交互式活动是 ASO 最为突出的特色之一。交互式活动允许用户用鼠标和屏幕来模拟基本的科学原理探索和实验,极大地提高了网站和用户的互动程度,真正做到寓教于乐。基于 Java 脚本语言的 Shockwave 插件响应速度也很令人满意,交互式游戏活动使 ASO 大大有别于其他同类型文本数字图书馆。

4 服务特征

4.1 目标用户

ASO 主要针对初高中学生,为他们提供一百年内的科学发展概况信息。同时 ASO 也为科学教育工作者提供教学建议和资源,帮助他们将 ASO 网站与现实课堂相结合,达到满意的教学效果。

4.2 服务方式

作为数字图书馆,ASO 为用户提供一系列常规服务:

(1)搜索功能

ASO 的搜索入口并不明显,位于页面底端的站点导航链接中,很难被用户发现。而处于主页顶端的搜索功能并不是 ASO 的专用搜索引擎,而是搜索整个 PBS 站点的工具。就这一点来说,搜索引擎在页面中的位置具有极大的误导性。

即使用户正确地找到了 ASO 的搜索入口,也很难得到满意的结果,因为 ASO 的搜索引擎只提供基本搜索,而无任何高级搜索功能。若用户需要从细节上寻找资源,ASO 的搜索功能将显得力不从心。从这点上来看,ASO 似乎是个更适合浏览访问,而不适合从搜索特定主题入手的数字资源库。

(2)下载功能

为了使没有网络连接或者网速很慢的用户依旧可以毫无困难地使用 ASO,WGBH 为广大用户提供了“ASO 特征包”下载服务。此“ASO 特征包”包含了 ASO 在线网站的大部分特征功能,尤其是交互式活动。这些特征功能的脱机使用在很大程度上扩大了 ASO 的使用范围和用户群,为扩大 ASO 在青少年和科学教育者中的影响起到了一定的作用。

(3)打印功能

由于 ASO 的某些页面使用深色背景和浅色文字,非常不利于黑白打印,故而 ASO 建设团队在正常的页面外又提供了另一个可打印版 ASO。打印版 ASO 全部采用白底黑字的设计风格,虽然没有正常页面的醒目效果,却非常适合有打印需求的用户,是 ASO 网站的又一大设计亮点。

(4)页面简化功能

在 ASO 的一级和二级页面中,用户有权根据自己的需要停止加载多媒体文件,即将页面切换成“非表格”版本。此版本的页面将不显示任何多媒体文件,而只直接加载文本信息。这种个性化设置对于对访问速度有高要求的用户是十分重要的。

(5)交互式服务

模拟科学探索过程的交互式服务无疑是 ASO 最大的特色。交互式活动以游戏的形式加深用户对科学知识的理解,但这种服务要求用户必须先在浏览器中加载 Shockwave 插件。交互式活动一改以往数字图书馆单向输出资源的模式,加大了用户与网站之间的互动,在面向儿童的科学教育网站中是一种极大的创新。

除上述功能之外,ASO 还设计了类似“帮助”或“常见问题”之类的技术性支持服务,但“帮助”功能过于简单,无法真正对用户有所帮助。

5 评价与建议

由于 ASO 几乎囊括了 20 世纪以来自然科学发展的所有信息并以多种形式呈现给用户,在青少年科普教育网站中占有举足轻重的地位。总体来说,ASO 具有以下优点:

(1)网站结构清晰,易于使用;

(2)设计风格适合用户群,容易吸引用户的注意;

(3)资料输出方式多样,除了最基本的文字描述,还有连环画、视频多媒体等途径来普及知识;

(4)基于 Shockwave 插件的交互式活动使用户和网站之间具有极高的互动性,便于用户加深理解,更准确方便地使用站点资源。

虽然 ASO 几乎不存在重大失误,但尚有一些需要改进的地方:

(1)资源深度不够,对搜集来的资源几乎不加任何分析,使 ASO 只能作为普及科学发展史的概括性总结网站;

(2)资源更新太慢,ASO 的建设团队只对网站内容做必要的更新和修改,某些页面自 1997 年以来就一直没有改变过,这对资源的正确传播极其不利,甚至容易误导青少年;

(3)没有用户交流平台(论坛、聊天室等),用户之间无法在 ASO 上进行有效的交流和互动,孤立了用户之间的联系;

(4)Shockwave 插件对某些无条件安装的用户是一种很大的负担。

综上所述,ASO 是一个致力于向青少年普及 20 世纪科学发展史的多媒体网站。ASO 通过十多年的努力,已经领先于很多同类型的数字图书馆而佼佼领先。随着建设团队对其的不断改善,相信 ASO 会被越来越多的用户重视和采用。

参考文献

[1] A Science Odyssey[EB/OL]. [2009 - 09 - 01]. http://www.pbs.org/wgbh/aso/.

[2] A Science Odyssey: Access Instructions[EB/OL]. [2009 - 09 - 01]. http://www.pbs.org/wgbh/aso/access.html.

[3] A Science Odyssey: Technical Notes and Help[EB/OL]. [2009 - 09 - 01]. http://www.pbs.org/wgbh/aso/help.html.

[4] A Science Odyssey: Credits[EB/OL]. [2009 - 09 - 01]. http://www.pbs.org/wgbh/aso/credits.html.

[5] A Science Odyssey: Image Descriptions[EB/OL]. [2009 - 09 - 01]. http://www.pbs.org/wgbh/aso/descriptions.html.

[6] A Science Odyssey: Then + Now Menu[EB/OL]. [2009 - 09 - 01]. http://www.pbs.org/wgbh/aso/thenandnow/.

[7] A Science Odyssey: Then + Now Menu: Non - tabled Version[EB/OL]. [2009 - 09 - 01]. http://www.pbs.org/wgbh/aso/thenandnow/indext.html.

[8] A Science Odyssey: Then + Now Menu: Physics and Astronomy[EB/OL]. [2009 - 09 - 01]. http://www.pbs.org/wgbh/aso/thenandnow/physastro.html.

[9] A Science Odyssey: You Try It Menu[EB/OL]. [2009 - 09 - 01]. http://www.pbs.org/wgbh/aso/tryit/.

[10] A Science Odyssey: Resources: Menu[EB/OL]. [2009 - 09 - 01]. http://www.pbs.org/wgbh/aso/resources/.

[11] A Science Odyssey: Search[EB/OL]. [2009 - 09 - 01]. http://www.pbs.org/wgbh/aso/search.html.

[12] Helping Your Child Learn Science[EB/OL]. [2009 - 09 - 01].

[13] http://www.ed.gov/parents/academic/help/science/part_pg10.html.

作者简介

陈晨,德国亚琛工业大学媒体信息学系07级硕士生。通讯地址:Hirschberger Str. 60, Zimmer 42316, 53119 Bonn, Germany。E - mail: rosemarycc@gmail.com

互联网公共图书馆——美国互联网公共图书馆项目评析

刘燕权/美国南康涅狄格州立大学

李乾/中央财经大学

池煜/北京邮电大学

摘　要:因特网公共图书馆(Internet Public Library, IPL)是第一个通过互联网为各类社区民众提供免费服务的公共图书馆。该数字图书馆提供在线咨询服务,同时供给互联网用户超过20000种书籍、期刊、报纸等数字化资源。读者可通过作者、标题和相关主题项对这些资源进行搜索。因特网公共图书馆的目标是"将最有效的图书馆员服务和管理工作在互联网上得以实现"。文章对该数字图书馆的建设、意义及现状进行了综合性述评,这其中包括项目概述、数字化收集、资源组织、界面设计、技术特点以及服务特征。文章最后给出了作者的意见和建议。

关键词:数字图书馆;公共图书馆;网络资源

The IPL: A Public Library for the Internet Community

Yan Quan Liu, Ph. D./Southern Connecticut State University, USA

Li Qian/Center University of Finance and Economics

Chi Yu/Beijing University of Posts and Telecommunications

Abstract: As the first public library for the Internet community, the Internet Public Library (IPL) provides an extensive array of online library services including online references, a collection of over 20 000 books, periodicals, and newspapers searchable by title, author and subject, all free to internet users. The IPL attempts to "discover and promote the most effective roles and contributions of librarians to the Internet and vice versa." This article provides an overview of the digital library's major development, including collection digitization, resources organization, interface design, technological features, and service components. Author's comments and suggestion for improvements are also given.

Keywords: Digital library; Public library; Web resources

1 概述

互联网公共图书馆(Internet Public Library, IPL)是由美国密歇根大学信息管理学院的教师及该校的图书馆员们于1995年开发的基于Web技术的数字图书馆。其网址为http://www.ipl.org。其后德雷塞尔大学、佛罗里达州立大学等加盟,与密歇根大学组成大学联盟共同开发和维护该数字图书馆,赞助单位包括Intel和Sun公司。10多年来,该馆已发展到近45 000个链接,并且分别在阿根廷和日本建立了镜像站点。自1999年始,互联网公共图书馆项目即已发展成为了一个"主要以虚拟服务为特征"的数字化图书馆。在今天访问者会发现,互联网公共图书馆仍然在持续地增长发展着。该图书馆把藏书资源免费提供给因特网用户,并提供包括在线搜索等一系列网上图书馆业务服务。其首页如图1所示。书馆工作人员学习、参考和研究的信息资源等。IPL同时还提供网上咨询服务,由图书管理员和分布在世界各地的志愿者和研究人员提供在线咨询服务,它的参考中心RC(Reference Center)是第一家网上咨询机构,截止到作者发稿,参考回答的问题已有85 160

条。IPL 的服务目标于 2001 年 4 月通过，全文如下：

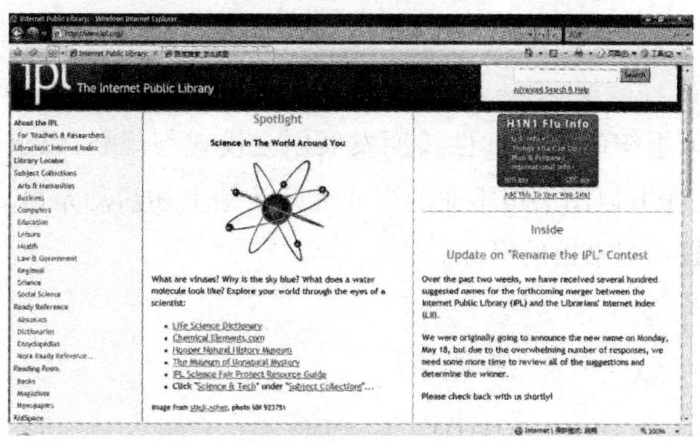

图 1　IPL 主页

互联网公共图书馆（IPL）是设立在密歇根大学信息学院的一种具有公共服务性质并且结合学习和教学为一体的组织，其活动包括如下方面：

服务

在线提供图书馆的各种服务。其中包括：图书查找、图书评价、图书选择、资源组织、信息资源描述和建立，并通过共同合作方式给用户提供直接在线帮助。

教学

用边学边工作的办法，在当今日益增长的数字环境中为专业人员和学生的信息技术与服务培训进行工作。

建设

通过因特网加强网站的技术架构，为图书馆服务提供最佳方法与技术，这其中包括数字化参考咨询服务和收集管理服务。

学习

致力于图书馆研究，改善图书馆服务，强化数字图书馆和图书馆事业建设知识体系。

分享

促进图书馆服务。与专业团体分享共有资源。参与创建和修订相关标准。传播技术与实践。建立组织合作关系，在相应活动中发挥领导作用。

发展

为该组织的可持续性长期发展创立模式与规划，以求不断发展壮大。IPL以图书馆事业的职业准则实施上述活动条目，达到共建专业数字图书馆的目标。

2 数字资源组织

互联网公共图书馆是一个组织良好的共享数字图书馆，各类藏书中包括书籍、期刊、报纸等超过20 000种，这些都可以通过书名、作者和主题搜索得到相应的结果。此外，通过超过40 000个网站目录结构为基础的参考区，用户可以进行问答服务。所有这一切是由工作人员直接在后台部署操作的，他们开发软件系统，并进行网站维护。加盟大学信息管理学院的学生和志愿者则从事其他工作，如书刊数字化。

2.1 资源分类

IPL按照传统图书馆的工作方式与风格精心筛选异常分散的有价值的Internet资源，利用图书馆专业人员的技能与方法，用杜威分类法分类、编目和组织所收藏的Internet资源。IPL首先将收藏的资源分为参考资料、期刊、杂志、报纸、图书、Web检索工具、图书馆情报科学专题资料、青少年读物和资料展示等。为方便用户或读者，它进一步将收藏的资源分入参考阅览中心和一般阅览室，从而使读者可从不同的入口进行检索、浏览和阅读。此外，IPL还按年龄段（老年、成年、青年、少年儿童）、性别（男、女）和种族与文化（如亚洲、非洲、美国）来分类组织一些杂志、期刊等资源，以方便不同年龄、性别或种族与文化背景的读者快捷方便地获取他们感兴趣的信息。

2.2 资源类型

IPL 的大部分资源来自网站链接,通过对数以万计的网站分类,可以方便用户有选择地进行查找。除此之外,IPL 的资源类型还包括图片、文档、视频等格式。

2.3 元数据

IPL 的元数据包括标题、作者、编辑者(顾问、编辑等)、出版社、出版日期、主题、标识符、语言、描述、覆盖面、类型、格式、来源、关系等。

3 服务特点

IPL 为广大范围内的用户提供具有针对性的服务,来满足不同用户的不同需要。

3.1 目标用户

(1)普通用户。普通用户可按照所感兴趣的主题或关键词进行查找,或者向图书馆员进行提问;

(2)图书馆学情报科学专业人员。为图情学专业人员提供涉及图情工作各个方面及发展的有关文献信息资源,以为其学习研究工作提供支持;

(3)教师和学生。IPL 为在线教学、讨论提供平台交流环境。

3.2 服务方式

IPL 提供多种有特色的服务,包括资源检索、在线咨询、学习社区、虚拟实验室等。

(1)资源检索

IPL 资源检索分为两个部分,索引查询和关键字查询(图 2)。

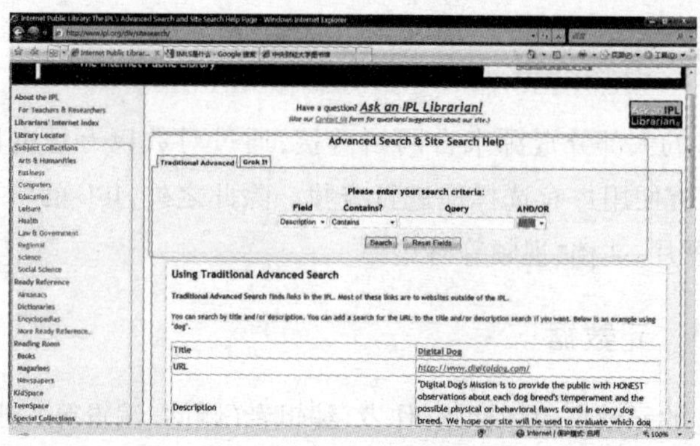

图2 资源检索

1)索引查询。用户可以根据学科主题(包括艺术与人文科学、商业与经济、计算机与因特网、教育、娱乐与闲暇、健康与医学、法律、政府与政治学、科学与技术、社会科学)、参考资料(字典、百科全书等)、阅览室(报纸、杂志、期刊等)、青少年空间等类别查询。

2)关键字查询。用户可以通过输入搜索条件和关键字来查询内容,输入的条件包括①学科领域(Field):题目(Title)或者描述(description);②资源内容(Contains):含有或者未含有;③关键字(Query);④关系:与(AND)/或(OR)。

(2)网络咨询

IPL提供在线咨询服务,通过点击"Ask an IPL Librarian",输入自己的有关信息和问题后,就有IPL的管理员或者来自世界各地的读者和专业人员给予解答;用户同时还可以通过"FAQs"来得到一些常见问题的答案;专业人员可以通过"Pathfinders"获得一些特定课题的信息,这属于一种高层次的专题信息咨询服务。

(3)学习社区

因特网公共图书馆学习社区(The Internet Public Library Learning Community)由美国博物馆和图书馆服务协会(Institute of Museum and Library Services, IMLS)赞助建立,旨在为学生、教师、志愿者、读者提供一个交流、学习、讨论的平台,设立的主题包括社区、博客、维基(wiki)、视频、图像、我的 IPL 空间等。

(4)虚拟实验室

IPL 实验室(IPL Labs)旨在为 IPL 联盟的成员提供一个可以协作开发数字图书馆相关新技术的平台,包括讨论数字图书馆的系统架构、工具、界面设计等。目前的项目包括 IPL 结构设计、元数据制作工具、元模式设计等方面。

4 技术特征

4.1 数据的收集和储藏

在图书馆员指导下,志愿者和加盟大学信息管理学院的学生通过一致协商的方式来决定某种网络资源是否被收集,这样在有限的时间和资源里,虽然网络资源质量参差不齐,新资源不断涌出,但信息仍然可以及时不断地添加到站点上来。众所周知,所有的链接都是免费的。每年,在密歇根等大学信息管理学院工作的学生,对网站进行维护,为网站添加新的链接,丰富该馆信息资源。被选中的链接会先接受审查,检查是否与收藏标准相符,通过后才能收藏。

IPL 收集了成千上万的链接,这些链接的大部分以 URL 的形式储存在 Hypatia 数据库中(它使用 SQL 语言)。研究人员或加盟大学的学生若希望上传数据或链接到 IPL 的话,只需按照 Hypatia 数据库的使用方法进行操作即可。

Hypatia 也可以自己搜索网页。它属于一种智能搜索软件。这是一些由自动选择和抓取万维网和 FTP 站点的程序生成的产品,它们能自动抽取书目信息和内容检索点。CORA、Hypatia 和 UC-STRI(“联合计算机技术报告索引”)都属于这类产品。数字图书馆主要通过这类软件产品(而不是人工)在网上抓取文献全文(而不仅仅是标题和地址),系统在由这些文献资源形成的数据库中生成书目信息和索引。

一些链接比如“文学批评收集”和“美国土著作者收集”并不存于 Hypatia 数据库内。这些收集是用 tab 字符将“平面”的文本文件的数据字段分开然后动态生成的，而这些“. tab”文件目是由两个 FileMaker 专业数据库（进入受限）生成的。这两个收集的链接不在 Hypatia 或通过上面所述的 FileMaker 专业数据库中，而是存在于 IPL 的文件服务器上，这种服务器再次进入是受限的。要改变这些链接和元数据就必须手动编辑文件组件中的 HTML 文件，所以这些链接输入数据库后往往不再更改。

4.2 开发语言和技术架构

（1）开发语言

1）可扩展超文本置标语言（eXtensible HyperText Markup Language, XHTML），是一种置标语言，表现方式与超文本置标语言（HTML）类似，不过语法上更加严格。从继承关系上讲，HTML 是一种基于标准通用置标语言（SGML）的应用，是一种非常灵活的置标语言，而 XHTML 则基于可扩展置标语言（XML），XML 是 SGML 的一个子集。XHTML 1.0 在 2000 年 1 月 26 日成为 W3C 的推荐标准。

2）Cascading Style Sheets（层叠样式表/串样式列表），简写为 CSS，由 W3C 定义和维护的标准，一种用来为结构化文档（如 HTML 文档或 XML 应用）添加样式（字体、间距和颜色等）的计算机语言。目前最新版本是 CSS 2.1，为 W3C 的候选推荐标准。下一版本 CSS 3 仍然在开发过程中。

3）JavaScript，是一种广泛用于客户端 Web 开发的脚本语言，常用来给 HTML 网页添加动态功能，比如响应用户的各种操作。它最初由网景公司的 Brendan Eich 设计，是一种动态、弱类型、基于原型的语言，内置支持类。以它为基础，制定了 ECMAScript 标准。

4）Perl，是一个高层次的编程语言，最初的设计者为拉里・沃尔(Larry Wall),它的过程、档案、文字处理设施使之特别适合快速原型开发、系统实用程序、软件工具、系统管理任务、数据库访问、图形化编程、网络和万维网编程等任务。

5)Mason,是一个基于 Perl 的功能强大的网站开发和交付引擎。使用 Mason 可以在 HTML 嵌入 Perl 代码并且用一些共享的、可重复使用的组件创建页面。

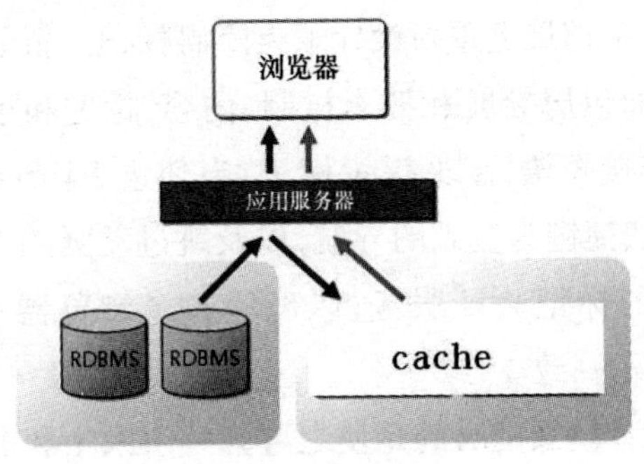

图 3　技术架构

(2)技术架构

客户端在浏览器地址栏输入域名后,最前端的代理服务器将首先被访问,如果是静态文本型文件,则服务器直接返回。一部分特定的 URL 代理到后端服务器,服务器根据 URL 地址检查是否有缓存的内容,有则返回给前端服务器,否则再访问后端的服务器应用,获取内容并缓存以备下次访问。

IPL 的 HTML 代码满足万维网联盟(W3C)的 XHTML 1.0 过渡标准和 CSS 1.0 标准。IPL 非常依靠 Perl 语言的一种形式 Mason 语言,IPL 从本质上来说就是利用 Mason 语言形成的 HTML 页面集合。Mason 也被用来将数据库中的数据插入到 IPL 的主题集合页面中。IPL 一些内部的软件也是用 Perl 和 Mason 语言写的,这样可以允许不同的用户同时通过网页浏览器去修改 Hypatia 数据库。这个数据库的 Web 界面也称为 Hypatia。

大部分 IPL 自己的网页是动态生成的。用 Mason 和 Perl 编程语言写的计算机程序(或脚本)会把各种组装件 HTML 代码组合成一个完整的网页。对于 IPL 的许多网页,Mason 和 Perl 脚本也会向外部网站插入链接,并且会加上从 Hypatia 数据库提取的标题、摘要、元数据以及关系。

4.3 界面设计

该数字图书馆最近重新设计了无障碍标记。新的 CSS 标记内容包括:页首面包屑导航和搜索机制,内容、标题和子标题等含有不同意义的连接短语,ALT 提示标记,当禁止 JavaScript 脚本时的提示标签,以快捷键为基础的导航,以及跳过动画的链接等待。网站使用 W3C 的标记验证服务,以确保各个浏览器在 XHTML 和 CSS 编码上显示一致。

此重新设计网页的目的是使之可为残疾人士和老年人的网络浏览器和操作系统提供帮助。该网站有一个整洁、统一的布局(KidSpace 和 TeenSpace 有自己的设计),只需少数几个步骤便可以进入网站的任何部分,大部分资源只需从主页点击两次就可以进入,这说明该网站对每项资源把握准确。

4.4 搜索结果和相关性排序

搜索结果会根据集合的相关性进行排序,并显示结果前三名的链接(根据相关性,搜索结果显示为一个、两个或无)。要查看所有的结果类别及其说明,用户必须点击“查看所有”的链接。即使这是先进的搜索功能,用户也必须到页面的下一级去阅读搜索结果的说明。搜索框保留着最新的检索条件,但不保留搜索历史,这有利于保护那些在公共或共享计算机访问数字图书馆顾客的隐私。该搜索引擎目前没有在因特网公共图书馆网站内搜索所有文字的功能,检索的范围仅为标题、摘要和关键词。它目前只能搜索 8 种相关性,即:主题、杂志、报纸、KidSpace、TeenSpace、协会、网站地图和相关资源。搜索功能目前不包括书籍内容、相关问答、展览、文学批评、美国土著作者、博客等,也不包含对 KidSpace 或 TeenSpace 两个分支网站的搜索。不纠正拼写错误的字词,而返回没有搜索结果的页面。

5 管理模式

5.1 人员管理

因特网公共图书馆的管理层有 4 个人,他们分别来自德雷塞尔大学和佛罗里达州立大学。另外还有一些全职的工作人员,他们负责日常的维护,提供各种网站的客户服务,每隔一段时间就会有一些加盟大学的研究生来这里兼职工作,他们负责将新的网络资源录入数据库。

5.2 版权政策

在主页的页面显示,1995 - 2008 年所有的版权属于密歇根大学。2009 年,版权属于德雷塞尔大学。

5.3 合作伙伴

在因特网公共图书馆的页面下方,列出了该数字图书馆的合作伙伴,这其中包括管理合作机构、伙伴机构和参与机构三个级别。下面是三种级别的解释。

(1)管理合作机构:

包括维持该数字图书馆的项目列表和评级批准,计划该项目的经营预算,决定各个项目的相关费用,并合理分配现有资源,达到完成项目的目标。管理合作机构每年将购买至少 10% 的股份。

(2)伙伴机构:

包括参加该数字图书馆的相关活动,为项目的研究、教学、服务政策进行相关的推荐,所有合作伙伴将被应邀出席每年 2 次的合作伙伴讨论会议，伙伴机构将购买一个以上的股份（超过 5000 美元），但不超过 10%，并通过每一股获得宝贵的表决权力。

（3）参与机构：

参与机构要能够对各自所有的项目进行规划，参加该数字图书馆的活动，在适当情况下，促进数字图书馆的建设和发展，按照相关协议进行教学和服务，所有合作伙伴都将被应邀出席每年举行两次的加盟合作会议。

6 评价与建议

IPL 是一个非常有价值的数字图书馆。它是第一个面向公众的网上公共图书馆，不但打破了传统图书馆的区域限制，而且内容丰富、范围广泛、组织结构合理，以满足来自世界各地不同用户在教育和娱乐上的兴趣与需求。

IPL 是最早通过互联网提供在线参考咨询的机构之一。其参考咨询服务通过 Internet 突破了时空的局限，服务对象不限于某一地区或某一单位的人，而是遍及全球；服务时间不限于某一特定时间段，而是随时都可以。参考咨询馆员与用户之间的关系突破了传统模式。从传统模式看，参考咨询员与用户之间主要是一对一的关系，是同一时空的关系。而 IPL's RC（咨询中心）则是一对多、多对多的关系，是不同时空的关系。

IPL 也是一个为在校图书馆学情报学研究生提供信息咨询的实验室。它不仅为各类教师、学生、志愿者提供交流和学习的平台，它的虚拟实验室更为图书馆情报专业人员提供了一个良好的虚拟实验环境，使得跨时空的协同研发成为可能。

IPL 是一个有着教育意义和文化蕴藏价值的互联网资源中心，为各个不同年龄段的用户提供服务和帮助。在这样一个越来越依赖互联网的时代，人们可以在上面发表自己对各种信息的需求。正如其获得一长串的奖项那样，这是一个不可或缺的世界资源的资料库。

当然有一种批评是关于搜索功能的,它引导用户通过类别点击相应的链接,但并不表明该链接的位置在该类别的下面。虽然这一信息有助于用户确定他们搜索的链接的相关性,并为用户提供哪些人也在寻找相关信息,但这无法让用户使用类别搜索,也无法说明链接是如何被分配到不同的类别下面的。此外,IPL 的数据库 Hypatia 按关键字自动抓取网页的设计可能会导致数据库内的一些网页与主题不相关。在重新设计的搜索模式中加入此功能会改善这种情况。

同时建议在做好面向所有年龄层次用户服务的工作中,把重点放在 KidSpace 和 TeenSpace 这两个面向青少年儿童的图书馆网站上面。

总之,IPL 网站是一个非常有价值的公共书刊信息传播工具,拥有潜力为教育者、研究者、K－12(美国的中小学教育模式,从小学一年级 Kindergarten 到高三 Grade－12)学生、大学生、数据提供者和志愿者提供最完善的数字图书馆服务。

参考文献

[1] IPL. University of Michigan School of Information [EB/OL]. [2006－07－10]. http://www. ipl. org.

[2] HOLZBERG C. Cyberlibraries: digital collections of electronic books, journals, and reference works (Web Sightings) [J]. Technology and Learning, 2005,25(7):46.

[3] ODER N. Internet pl faces money crunch [J]. Library Journal,2003,128(7).

[4] SourceForge. Open Source Technology Group [EB/OL]. [2006－07－10].

[5] http://sourceforge. net/projects/hypatia/.

[6] QUINT B. Internet public library sponsored by Bell and Howell information and learning [J]. Information Today, 1999,16(8).

[7] TENOPIR C. Farewell to metaphors [J]. Library Journal, 2003,128(4).

[8] W3C [EB/OL]. [2006-07-10]. http://www.w3.org/QA/Library/.

[9] BELL L, PETERS T. Digital library services for all [J]. American Libraries, 2005,36(8): 46-9.

[10] 方曙,杨志萍. INTERNET公共图书馆[J]. 情报科学,1998,16(6).

[11] 赵媛,王远军. 网上第一家参考咨询机构——因特网公共图书馆参考中心[J]. 图书馆建设,2000(3).

社会探险家:美国人口统计制图数字图书馆

刘燕权/美国南康涅狄格州立大学

马凌云/上海师范大学图书馆

王群/北京师范大学信息管理系

摘　要:作为美国国家科学基金(NSF)资助的数字图书馆项目之一,社会探险家是一个涵盖美国1790年至今的人口普查数据、拥有上万张主题地图和数百份报告的交互式制图数字图书馆。文章对该数字图书馆的建设、意义及现状进行了综合性评价,包括项目概述、资源组织、技术特征、服务特征以及作者的评估与建议。

关键词:人口统计;人口普查;社会探险家;数字图书馆;美国国家科学基金会(NSF)

Social Explorer: A Cartographic Digital Library

Yan Quan Liu, Ph. D./Southern Connecticut State University, USA

Ma Lingyun/Shanghai Normal University Library

Wang Qun/Department of Information Management,

Beijing Normal University

Abstract: Social Explorer is a premier U. S. demographics digital library providing an Internet connection access to the American census data from 1790 to present. It features over 15 000 interactive data maps and reports, is a collection of interactive demographic maps that can be viewed, queried and manipulated. The article provides an extended review on the construction and status of the digital library, including project overview, resources organization, technological features, user services, as well ascomments and suggestion made by authors.

Keywords: Demography; Census; Social Explorer; Digital library; National Science Foundation (NSF)

1 概述

社会探险家(Social Explorer)是美国一个关于人口统计的制图数字图书馆。它由美国国家科学基金会(NSF)的SMETE数字图书馆资助,自2002年9月1日起,到2007年3月31日为止,受助金额为389 027美元。该项目英文名称为Collaborative Research: A Digital Library Collection for Visual Exploring United States Demographic and Social Change,其目的是提供"基于网络的可以描绘和探索美国自建国以来变化与发展的馆藏资料"。这个项目由纽约城市大学、皇后学院和加州大学洛杉矶分校共同完成。项目负责人是安德鲁·贝佛里奇(Andrew A. Beveridge)教授,他是皇后学院的社会学教授,致力于人口统计学的数字化研究,是利用地理信息系统(GIS)技术整合人口统计资料的专家。社会探险家包含1790年至2000年之间的美国人口普查数据以及对未来十年的预测参考,通过直观的交互式的电子地图和数据报告的形式,为用户提供多种地理层面的人口统计信息。它是目前世界上资料最翔实、形式最有趣的人口统计网站,也是最繁忙的美国人口统计地图网站。网址为http://www.socialexplorer.com,如图1所示。

社会探险家的赞助者有《纽约时报》(The New York Times)、美

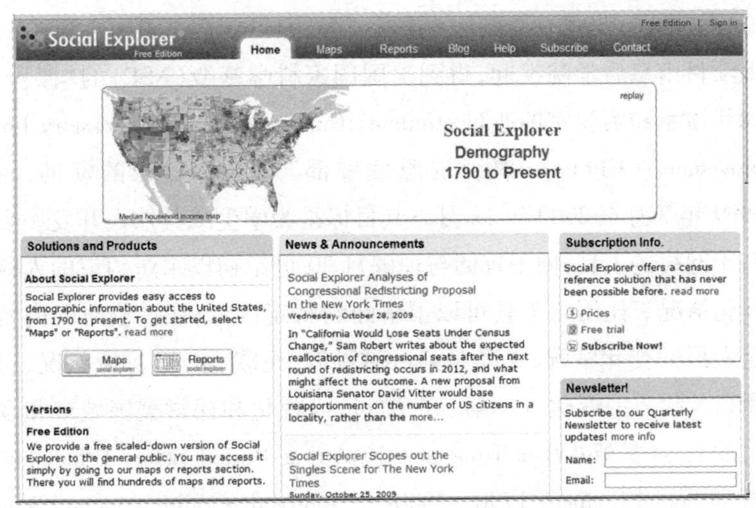

图 1　社会探险家的主页

国国家科学基金会(National Science Foundation)、资助纽约市立大学的福特基金会、纽约市立大学软件与信息学院、纽约市立大学的计算机与信息服务、皇后大学社会学系等。其中《纽约时报》与国家科学基金会是主要的赞助者。

(1)《纽约时报》。创刊于 1851 年的《纽约时报》在新闻报道方面将自己看作是一份"报纸纪录",它的报道可靠性非常高。自 1993 年,该报是社会探险家数据的来源之一,它的一些记者在人口普查协作项目中与社会探险家有着长期的合作。此外贝佛里奇教授经常在《纽约时报》上发表文章,并不断致力于获得其资助。虽然我们无法知道《纽约时报》具体提供了多少资助,也无法了解其资助的形式是捐赠还是投资,但鉴于社会探险家是一个独立网站,所以有一种推测是,《纽约时报》可能拥有其一定的份额。

(2)美国国家科学基金。NSF 是社会探险家得以研制与开发的主要投资方,由其本科教育部门负责,主要通过一系列项目的形式提供资金方面的资助。自 1999 年开始相关的项目有三个:第一个项目,映射与探索纽约市变化(Mapping and Exploring NewYork

City Change, 1905 - 2000: A Set of Interactive Web Based Tools)。该项目由皇后学院发起,得到美国国家科学基金(NSF)的"课程、课目体系和实验室的改进(Course, Curriculum, and Laboratory Improvement/CCLI)——教育资源发展部"78 960 美元的资助,自1999 年 7 月至 2000 年 12 月。其目标是为学生或其他人开发一套基于网络的工具,便于查阅与理解自 20 世纪初以来纽约市的人口变化情况。使用此工具可以了解纽约特定区域,在一段时间内特定人群的变化情况,尤其是某区域种族、民族、家族、家庭状况、房屋以及收入的变化等。第二个项目,可视化和探索美国城市和乡村的社会变革(Visualizing and Exploring United States Urban and Rural Social Change, 1790 - 2000——Interactive Multimedia and Web Based Tools)。该项目同样由皇后学院发起,由皇后学院和加州大学洛杉矶分校共同完成,也得到了 NSF 的 CCLI 教育资源发展部213 000 美元资助,自 2001 年 5 月至 2004 年 4 月。它在前一个项目开发的"基于网络的可视化和有效地图软件工具"的基础上分析洛杉矶的变化与发展,目的是使学生能够查阅和理解这两个大都市(洛杉矶与纽约)的人口变化情况。第三个是数字图书馆项目,就是将前面提到的可视化探索美国人口与社会变化的数字化资源组成一个图书馆(A Digital Library Collection for Visual Exploring United States Demographic and Social Change)。与前两个项目相比,它的用户范围更广,数据覆盖面也更大,历史时间跨度更长。它为学生、图书馆、媒体以及其他感兴趣的读者人群提供直观形象的1790 年至 2000 年的美国人口普查信息情况。

社会探险家首次把人口统计的各项数据放在一个网站上,并且允许用户根据自己的选择创建新的数字地图。对于不同年龄组的学生和研究人员来说,社会探险家是一个非常宝贵的资源库,它是一个视觉媒介,用直观易解的方式向用户展示人口调查数据,它不仅是有效的研究工具,也是让学生学习了解地理信息系统的工具。作为一个新事物,社会对社会探险家数字图书馆的好评表明它在社会学领域产生了重要影响。

2 数字资源及其组织

社会探险家的“馆藏资源”来源于美国人口普查局(The Census Bureau)公布的所有数据。从1790年第一次人口普查开始,美国每十年推出一个全面的人口统计报告。为满足不同的研究需求,人口普查局提供的数据是基于不同地理层面的,比如国家、国会地区、州等人们熟知的层面,也包括普查地段(census tracts)、街区组(block groups)等人们不怎么了解的层面(图2所示),数据的内容也很广泛,包括年龄、性别、种族、教育、收入、职业、房产等等。社会探险家将这些数据变得可视化,运用交互式的主题地图,通过颜色的不同深浅度呈现符合用户查询条件的某类人群的疏密程度。作为一个商业机构,社会探险家提供两个版本的产品,即免费的公众版与收费的捐赠版。目前他们的网站提供了1790－2000年的人口普查数据,其中1940－2000年的普通数据是免费的,而其他则是收费的。收费信息更加丰富、完整、全面,信息量大约五倍于免费信息。

社会探险家为用户提供两种形式的可用资源:地图和报告。公众版地图包括交互式人口普查地图(Interactive Demography Maps)和时间系列地图(Time Series Maps)。前者包括1940－2000年的人口普查地图和1980－2000年的宗教地图。后者包含了1910－2000年的纽约种族地图,1940－2000洛杉矶种族地图和皇后学院的纽约邻里地图(neighborhood map)。报告包含了人口普查局的历史的与现代的数据,这一工具允许用户在已经有了明确感兴趣的数据时,绕过地图工具而直接生成报告。其中只有2000年的报告是全部免费使用的,1940－1990年的报告是有限使用,1870－1930年的报告需要收费。这些报告未经过编目,只是以年代为序罗列出来,因此只能浏览式查找,没有提供搜索功能。1980年以

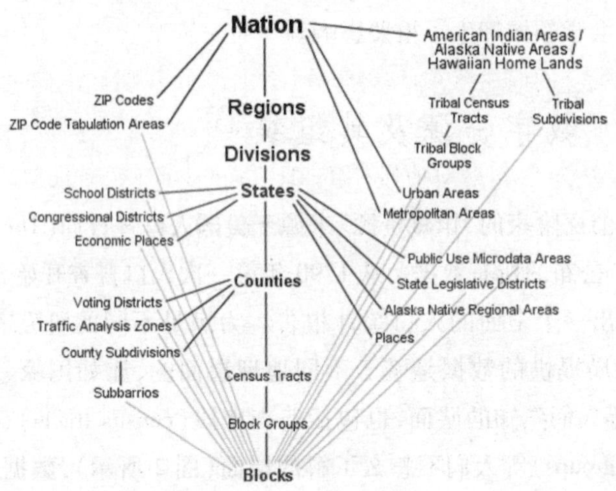

图2　人口普查中不同层次之间的关系

前的报告仅有对历史文献扫描的 PDF 格式，目前已有计划要将这些信息全部数字化，成为机读格式，比如 XML 格式，但是这个计划尚未提上日程。1980 年以后的报告既有 PDF 格式的，也可以链接到人口普查局网站查看机读格式的数据。以现有的地图与报告为基础，社会探险家可以根据用户对人口统计一些因素的限定与选择，动态生成符合用户需求的个性化的地图或者报告。

在资源组织方面，国家历史地理信息系统（The National Historical Geographic Information System，NHGIS）是社会探险家的主要合作伙伴。它的数据组织方法影响着社会探险家的资源组织方法。人口普查数据虽然来源于一个机构，但是由于年代久远，很多数据被分散保存。覆盖 1790 - 2000 年美国人口普查摘要数据大约有 670GB，它们分散在几十个档案馆中，这些数据以相互不兼容的格式被保存在磁盘、CD - ROM 或纸张等多种载体上。NHGIS 使用了其中可机读的那一部分数据，把它们转化成同一种格式，采用 DDI 标准（Data Documentation Initiative Standard），社会探险家即依据这种元数据标准组织描述所藏资源。

DDI 是一个通过国际合作的、为描述社会科学数据的技术文档而建立的元数据标准。按照社会科学研究资源的共性,DDI 把对每个资源集合的描述分成 5 个部分,每个部分分别从不同的角度描述资源对象。DDI 的最顶层元素是 CodeBook,该元素有四个属性:ID(文档中每个元素对应唯一的 ID)、xml:lang(语种属性,建议采用 ISO 的语言代码),Source(来源属性)和 Version(DDI 的版本)。在顶层元素 CodeBook 下有 5 个部分:(1)文档描述(Document Description);(2)研究描述(Study Description);(3)数据文件描述(File Description);(4)变量描述(Variable Description);(5)其他相关信息(Other Material)。

DDI 概念模型的设计目标有以下几个:(1)在特定生产和技术环境下,从数据集的创建过程中获取信息,并且在数据进出特定环境时对其能进行转换;(2)该模型下的子模块能够记录数据和数据生成过程中产生的信息,包含结构信息以及数据的发现、提取和操作过程中必要的关联信息;(3)必须在各种技术环境下都能通用;(4)为特殊的数据类型和存储提供特殊的模块,以便一致地使用 DDI 中的所有元素;(5)独立地使用各个模块。DDI3.0 概念模型如图 3 所示。

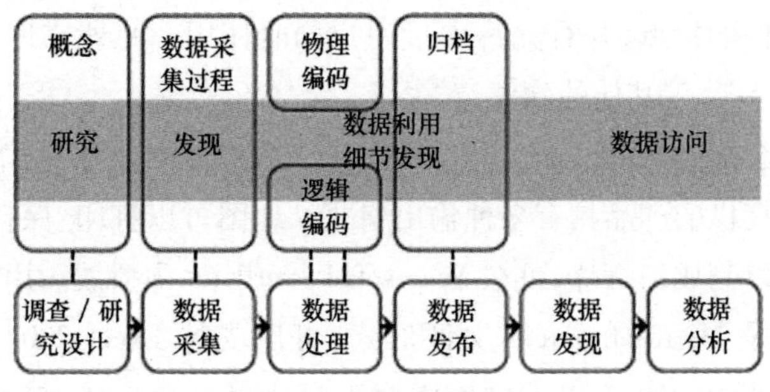

图 3　DDI3.0 的概念模型(草案)

3 技术特征

3.1 数据采集、存储和输出

社会探险家的数据采集得益于 The Great American History Machine 和 NHGIS 等项目。前者是一个历史文献数字化的项目,提供数字化方面的支持。后者是社会探险家的重要合作伙伴,NHGIS 使用的是行业标准、开源技术,包括 Java、Tomcat、Apache、MYSQL、LINUX 操作系统,因此社会探险家也采用了这些技术。

有关社会探险家的数据如何整合,交互式地图如何处理,人口普查信息如何描述等方面的资料很难获取,只能从其网站及其他行业文献中略知一二。给人口普查数据绘制地图的技术不是现成的,社会探险家选择 GeoMicro 公司提供的 AltaMap 软件作为平台来绘制主题地图,配以它自己的 MapServer 软件在其网站上提供所有的地图产品。AltaMap 是基于互联网的 GIS 软件,是由美国海军、通用电气和 MapQuest 共同创造的交互式地图软件,它具有线性可测量性的特点,并且允许大量用户同时使用。此外它还使用了 ArcGIS、SAS 等其他的软件。

社会探险家的网站运用 ASPX 文件格式提供信息,与 XML 兼容。它提供的产品具有多种输出格式。地图可以打印、保存,多个图片可以制成幻灯片,可在 Microsoft PowerPoint 中播放。用户生成的报告是 Microsoft Excel 文件形式,可以支持 Excel 2007、2003、2000 等版本(1997 以前的版本每页只能显示 255 列 65535 行)。报告可以下载,包含两种格式:CSV 格式与 PDF 格式。CSV 全称是 Comma Separated Values,这是种高度便携式格式,可以使用多种软件打开阅读,包括许多统计软件包、数据库、电子表格和 GIS 程序。也可以直接用 Excel 打开,或者导入 Access 中打开。PDF 格式的报告比较多,其中 1990 至 2000 年的统计数据还可以链接到人口普查局的网站,查看详细内容。

3.2 硬件和软件要求

任何与因特网连接并支持网络浏览器的计算机都应可以访问社会探险家的网站。官方支持的浏览器包括 Microsoft IE5.0 以上版本、Netscape 6.2 以上版本、Mozilla1.4 以上版本、Firefox 0.8 以上版本、Safari1.2.1 以上版本。使用语音动画帮助功能,需要安装6.0 以上版本的 Adobe Flash 软件,用户必须打开 JavaScript 和 cookies,确保弹出阻止器失效,以便生成弹出窗口。

3.3 界面设计

社会探险家的主页纵向分为三个部分,分别是解决方案与产品、新闻与公告、捐赠信息,其主要的产品"地图"、"报告"则放置于左侧醒目的位置。比较有特色的是其地图界面,简洁清晰。用户选择 2000 年的普查地段后,默认的界面是用不同颜色表示人口密度的整幅美国地图,如图 4 所示。

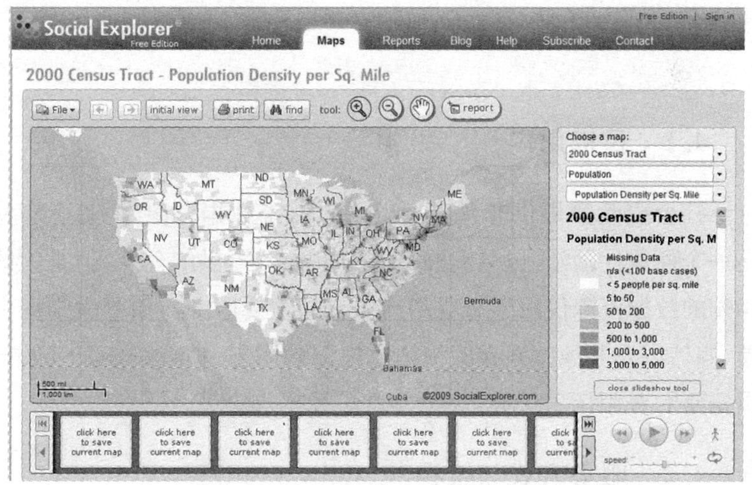

图 4 社会探险家地图功能页面

地图的上端是包含文件、后退、前进、初始视图、打印、查找、放大、缩小、浏览以及生成报告等工具按钮,下端是生成及播放幻灯片的工具,右侧是可供选择的人口普查的年代、各种项目(包括年龄、收入、教育以及结果显示方式)的下拉式菜单。该地图可以由用户选择放大或缩小,也可以利用查找工具直接定位某一城市或者街道,并用虚拟图钉标志出来。根据用户选择的年代、区域以及有关人口的因素,可以生成地图与报告或者制成幻灯片输出。

报告界面主要利用下拉式菜单,供用户选择地理层面的类型,选择地区,选择数据库,选择数据类型等,然后生成报告。

社会探险家提供完美的在线帮助信息,包括概况、地图与报告工具、理解人口普查三个部分。它的帮助信息非常清晰详尽,利用图示一步一步解释使用方法,并且提供配以解说的 flash 动画来演示地图与报告的使用方法。此外所有帮助信息还提供可以下载的 PDF 格式的文件。帮助页面的下端有"常见问题"的链接,这为用户提供有关支持浏览和系统需求的信息。

4 服务特征

4.1 目标用户

社会探险家提供非常重要的人口普查数据资源,但是它毕竟是一个商业性网站,虽然它的一些服务免费提供给公众,但是大约 80% 的数据资源仅限于付费用户。它的主要服务对象是大学图书馆、媒体以及其他感兴趣的机构。根据访问服务器数量的不同,会员每年的费用从 300 美元到 2 000 美元不等。

4.2 服务方式与维持

站点服务的亮点是交互式的地图工具,它允许用户根据自己的选择来创建人口统计地图,也允许用户从国家到单独街道等不同层面来查看数据特点。地图包含地区信息检索功能,使用户可以找到某个具体地点,其幻灯片功能为用户创建数张地图来展现某区域几十年来人口变化的趋势。缺点是没有搜索引擎,用户或会员必须逐个搜寻文本,由于人口调查文件非常庞大,所以查找起来很不方便;没有实时帮助,如果用户遇到的问题超出帮助信息的范畴,只能通过电子邮件来寻求并等待答复。

在项目创建期结束后,社会探险家目前由明尼苏达州大学的人口中心保证支持继续运作,计划是十年,确保其数据库长期可获取。该中心联络了政治与社会研究学院制定长期保存与运作的目标。由于可持续的发展需要获得稳定的经费保证,该数字图书馆的前途尚不稳定,未来仍需获得必要的资金保障。

4.3 版权管理

社会探险家严格遵守美国版权法律规定,对其资源拥有所有的版权。它的资源包含免费与收费两个部分,它允许用户使用、展示、发行、复制其提供的所有免费数据,包括文本、图形、幻灯片及其他资料,但必须注明来源以及符合使用惯例。收费部分的资源只对付费用户或者捐赠者开放,利用这部分资源必须严格遵守使用条款及细则,只能在授权用户之间或者在学术和教育方面的讲座、研讨会或者类似的活动上使用,并且只能采用显示和打印的方式。无论是单独地还是并入其他材料,社会探险家的数据都不得用于其他公开的数据库或网站中,也不得以电子的或其他方式提供给无授权的个人或机构使用。

所有资源的免责使用包括以下几种情况:(1)学术活动,包括文章、书籍和其他学术刊物;(2)课堂教学和相关课堂活动;(3)学生的功课;(4)作为非商业的学术或者教育方面的公开展示,比如教育、文化、学术性研讨会、讲座、会议、展览、工作组或者类似的非营利性专业活动;(5)研究或论文,包括论文的复制品、图书馆的收藏等。所有这些使用都必须注明出处,并符合惯例。

5 评价和建议

社会探险家采用交互式地图形式为用户提供简便的方法利用人口普查数据,这些本来分散在各个机构、具有不同格式、由不同软硬件支持的人口普查数据被整合到一个网站中,这本身就是一个创举。社会探险家是一个有价值的社会学项目,随着其包含的普查记录越来越丰富,它有可能成为研究美国历史的一个不可或缺的工具。但是它也有一些需要改进的地方:(1)地图的显示:用颜色深浅来表示人口的密度,符合逻辑,很容易理解,但是在小点的处理上有缺陷。比如红色的小点代表一个小的族群,但是在显示一块区域时,那些小点可能会显得很多,造成一种该族群人数很多的假象,因此有必要再完善这些小点的表示。(2)数据的精确性:存在一些明显的数据错误需要修正。(3)搜索引擎:若能够对数据全面的编目,提供搜索引擎服务,将为社会探险家增色不少。(4)长期运营计划以及资金支持:缺乏未来计划以及固定资金支持,可能阻碍社会探险家信息的更新以及数据的长期存取。

参考文献

[1] FALUDI J. World changing: social explorer [EB/OL]. [2008 -9 -15]. http://www.worldchanging.com/archives/002564.html.

[2] GeoMicro, Inc. [EB/OL]. [2008 -9 -15]. http://geomicro.com/gis/.

[3] LeGATES R. Teaching spatially integrated research methods [EB/OL]. [2008 -9 -22]. http://gis.esri.com/library/userconf/proc05/papers/pap1009.pdf.

[4] Welcome to NHGIS. National Historical Geographic Information System [EB/OL]. [2008 -9 -22]. http://www.nhgis.org/.

[5] NSF. Collaborative research: a digital library collection for visually exploring united states demographic and social change [EB/OL]. [2008 -9 -22]. http://www.nsf.gov/awardsearch/showAward.do? AwardNumber =0226279.

[6] Social explorer [EB/OL]. [2008 - 9 - 06]. http://socialexplorer.com/pub/home/home.aspx.

[7] Directions Magazine Press Release: Social Explorer Releases Interactive Maps and Reports 1940 - 2000 [EB/OL]. [2008 - 9 - 28]. http://www.directionsmag.com/press.releases/? duty = Show&id = 15581&trv = 1.

[8] Data Documentation Initiative [EB/OL]. [2008 - 10 - 05]. http://www.icpsr.umich.edu/DDI/index.html.

[9] 杨波,胡立耘. 用于社会科学信息组织的元数据标准——DDI[J]. 现代图书情报技术,2005(8).

作者简介

马凌云,上海师范大学图书馆,馆员。通讯地址:上海桂林路100号 200234

土质技术、岩石和水资源图书馆——面向多用户的高质量互动学习平台

刘燕权/美国南康涅狄格州立大学

杨楠/北京师范大学

摘　要: 土质技术、岩石工程和水资源图书馆(Geotechnical, Rock and Water Resource Library, GROW)是美国 NSF NSDL 的子项目,是美国国家土木工程资源图书馆建设的第一阶段,该数字图书馆具有资源检索、基础研究、科普教育等多种功能。文章从资源组织、技术特征、服务特征、评价和建议等方面对土质技术、岩石工程和水资源图书馆做了概要的评述。

关键词: GROW;土木工程;数字图书馆;美国国家科学基金会(NSF);美国国家科学数字图书馆(NSDL);K-12 教育资源

Geotechnical, Rock and Water Resource Library—An Interactive Platform with High Quality Resources and Diverse Users

Yan Quan Liu, Ph. D./Southern Connecticut State University, USA

Yang Nan/Beijing Normal University, Beijing

Abstract: As a part of the National Science, Mathematics, Engineering and Technology Education Digital Library (NSDL), Geotechnical, Rock and Water Resource Library (GROW) is the phase one of the National Civil Engineering Educational Resources Library. The digital library's mission is "to encourage and promote interest, exploration, and learning in Civil Engineering." It provides a number of resource services to a wide range of users from K-12 to continuing education professionals. This paper provides an overview of the major development on its resource organization, technologies employed, and services provided. Author's assessment of this digital library is also given.

Keywords: GROW; Civil Engineering; Digital library; National Science Foundation (NSF); National Science Digital Library (NSDL); K-12 educational resources

1 概述

土质技术、岩石和水资源图书馆(Geotechnical, Rock and Water Resource Library, GROW)是美国国家科学、数学、工程和技术教育数字图书馆计划(NSDL)下的子项目之一,是国家土木工程资源图书馆(National Civil Engineering Resource library)的第一阶段,受美国国家科学基金会(NSF)资助,由亚利桑那大学负责建设(首页见图1)。项目于2001年秋季启动,NSF为其提供了约900 000美元的资助。[1] GROW的目标是激发和提高人们对土木工程的兴趣、探索和学习。为了真正打造一个富于互动性、拥有高质量教育资源、满足不同用户需求的数字图书馆,亚利桑那大学调动了学校采矿工程专业、农业及生物系统工程专业、图书馆、工程科学图书馆、图书情报学专业、计算机及信息技术中心等诸多教学教辅部门来参与项目的建设,使GROW成为一个跨专业合作的大型项目。

GROW作为土木工程领域的教育资源图书馆,主要收藏以下三个重要子领域的资源,即岩土工程学、岩石工程和水资源。这些

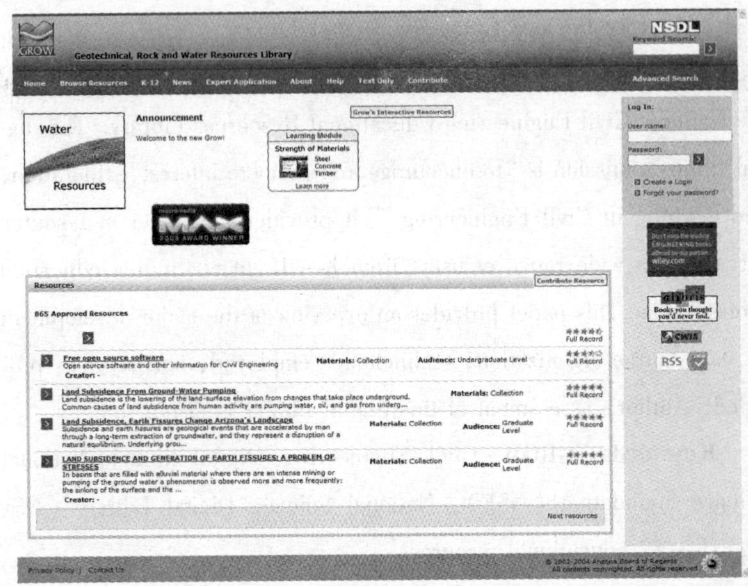

图1　GROW网站首页

资源来自于互联网、用户推荐以及GROW项目合作伙伴研发的内容。此外,GROW项目不但开发团体涉及部门很多,其受众群体也很广泛,包括从基础教育、高等教育、专业人士到研究人员的一个完整教育层次结构。为了尽可能满足如此广大群体的教育需求,项目组设定了五个具体目标:交叉学科、终身学习、全天候存取、互动式学习以及支持性学习流程。[2]在这种交互式的环境中,用户可以按照自己的速度来学习和利用资源,促成了GROW五个目标的统一。

GROW项目除了接受国家科学基金资助外,还得到Macromedia公司、John Wiley & Son出版社、南密西西比大学、科罗拉多大学博尔德分校、国际知名建筑研究机构“高层建筑和城市住宅协会”(The Council on Tall Buildings and Urban Habitat)以及美国岩石力学协会(American Rock Mechanics Association)等很多合作伙伴的支持。凭借着出色的表现,GROW项目获得了不少荣誉,包括爱墨瑞德酷站设计奖、Tenlinks 公司十大站点之一(2003 年)、亚利桑那大学多媒体节之最棒教学模块、蝉联两届(2003、2004 年)"国际网站名人及设计师协会"(The International Association of Web Masters and Designers)的金奖获得者以及 Macromedia Max 奖(2003 年)。[1]

2 数字资源及其组织

2.1 资源组织

GROW 收藏的资源主要集中在交互性、多媒体和"故事书型"的教育资源,重点是希望用户主动积极地学习,为用户提供良好的学习体验,而不只是信息碎片。这些资源构成了一个从基础教育到专业水平的一个完整的学习对象层次。[3]资源从学科子领域的角度分为土质技术、岩石工程和水资源;从类型的角度可分为文本、图片、音频和视频以及带有交互性的动画等;从来源的角度可分为互联网、用户推荐和 GROW 开发;从评审的角度可分为已评级和未评级。

此外还可以通过对土质技术、岩石工程和水领域三个领域对资源进行更细的划分,[4]以便对 GROW 资源有更好的了解(如表 1,表 2,表 3)。

表 1 土质技术虚拟实验室的资源分类

主题	要点
虚拟土质技术实验室	含水量、粒度、指标试验、沉积、直剪、三轴、单剪、三轴试验、空心圆柱体、留剪

表2　岩石工程的资源分类

主题	要点
预备知识	数学、静力学、地理、材料力学、统计学、计算机科学
岩石工程基础	完整岩石、不连续性、岩体、原地应力、诱导应力
虚拟实验室	单轴、三轴、点荷载、直剪、巴西式试验、横波和纵波
设计与建模	斜率、基础、地下、计算机模型
虚拟野外考察	岩体特征、监控追踪
研究	耦合过程、成像技术、建模、挖掘、溢出、断口、核废弃物

表3　水资源的资源分类

主题	要点
水资源	容量、重量、密度、表面张力、水成分、水质、压强、温度、折射率、浮力、黏性、毛细作用、流速、物态、流水、扩散

2.2　站点主要区域

在主页以及其他各个页面上，GROW 提供了7个主要区域：

(1) Browse Resources：按照土质技术、岩石工程和水资源三大领域的分类浏览页面。

(2) K-12：这是为小学、初高中等基础教育用户提供的信息资源，在每个资源旁边会附有 Materials 标签、Audience 标签以及是否评级的标志，让用户对资源类型、用户群体以及资源质量一目了然。

(3) Expert Application：这是土木工程专业人员评论资源的页面。想要注册成为“专家”用户需要填写注册普通用户以外的信息，诸如职位、研究所/公司、所在部门、最高学历、擅长领域等。如果是教师，需要填写所任教的年级；如果是工程师，需要填写具体领域等。

(4)News:为用户提供土木工程领域前沿技术、工程进展等新闻资源。

(5)About:对GROW项目的介绍,包括目标、资源、合作伙伴、论文和报告及联系方式等。

(6)Help:帮助页面共分为八大方面,即注册登录、资源、评级、评论、论坛、用户代理、页面布局改善、推荐。

(7)Text Only:这是为带宽较窄的用户提供的纯文本方式浏览入口,而且相对于正常网页字体更大些,方便老年人浏览资源。

2.3 元数据

元数据是GROW资源保持高质高效的一个核心要素,GROW在采用都柏林核心元数据格式外,还使用了IEEE(电气与电子工程师协会)的学习对象元数据(Learning Object Metadata,简称LOM)系统作为资源的附加描述符用于标注资源的互动类型、互动水平、学习时间和用户群体等。详细的元数据内容见表4。[5]

表4 GROW元数据

元数据类型	内容
都柏林核心元数据	题名、创建者、主题、描述、出版者、其他责任者、日期、类型、格式、标识符(URL/Alternate URL)、来源、语种、关联、覆盖范围、权限
IEEE学习对象元数据	成本、互动类型、互动水平、学习时间、用户群体(小学、初中、高中、本科、研究生等)

此外,GROW还是最早从NSDL进行元数据收割的一批项目之一,[6] GROW使用NSDL推荐的元数据、都柏林核心元数据以及由都柏林教育工作组(DC Education Working Group)推荐的IEEE元数据。这些标准的元数据保证了GROW与NSDL的兼容性和互操作性,GROW使用受控词表来制作高质量的元数据信息,项目小组依据GROW本身及用户的特点来评估多个叙词表、分类法和受控

词表,最终选择美国土木工程协会的主题词表作为都柏林核心元数据的主题词,并采用 OAI 协议将自己的元数据信息上传给 NSDL。

3　技术特征

3.1　数据采集、存储和输出

由于 GROW 中的资源除了 GROW 项目小组开发的以外,还有互联网和用户推荐的资源,所以 GROW 不仅是个“图书馆”,还可以被看作是土木工程领域的“门户网站”。通过链接不少相关站点,以及建立合作关系的机构,GROW 以较小的代价囊括了大量的信息资源。当然,尽管信息资源来源丰富,但为了保证 GROW 资源的质量,其筛选资源的标准可谓十分苛刻。

GROW 资源的选择标准主要有八大项,分别是技术准确性、相关性、教学效果、可用性、文档性、促进学习、资源持续性及版权问题。根据这些标准,GROW 项目小组的专家采用同行评审制从大量信息中最终确定了哪些资源可以成为 GROW 资源(详细过程见图 2)。当然,为了方便用户使用,GROW 还为每个资源提供两种格式的全文本形式。这些资源虽然已出现在 GROW 的页面上,但在资源的最右侧会标有“Not rated”的标志,表示还没有经过用户评级。一般用户都喜欢使用评级较高的资源,这就类似于到淘宝网店买东西会查看卖主信用度等情况。正是经过 GROW 的把关和努力,才能将高质量的资源最终呈现给用户。

3.2　系统架构

为了能实现存储、维护、存取、识别以及使用资源等目标,GROW 的系统架构分为三层:存储层、逻辑层和门户层。最下面的存储层采用 MySQL 数据库,存放学习资源如文本、Flash 动画、音

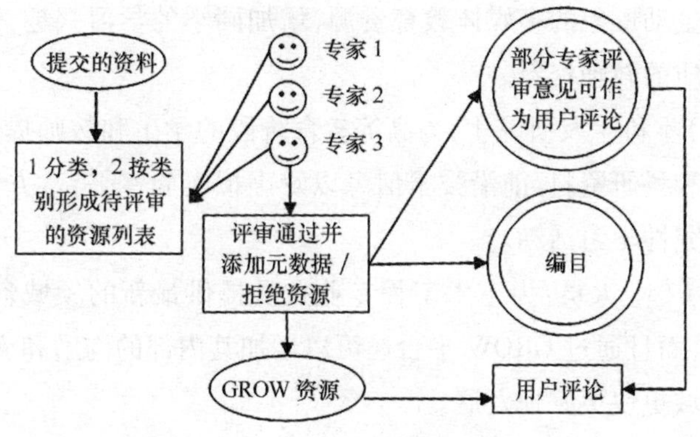

图2 GROW资源形成过程[7]

频、视频、图片等以及这些资源的元数据信息，使用SQL和OAI协议可对数据库中的元数据进行检索。中间的逻辑层统筹网站一切活动的逻辑操作，包括实现检索、返回结果、将元数据写入数据库及与NSDL的元数据收割等；最上面的门户层提供个性化存取方式方便用户检索相关内容和工具。[4]

系统三层结构凭借一系列开放标准被很好地整合起来。这些开放标准包括XML、XSL、都柏林核心元数据和OAI协议，GROW因此可以更便捷地与其他教育系统实现内容上的互操作。此外，GROW系统打算在合适的时候开放源代码，期望更多的组织能实施它，使用它，根据自身需要进行本地化来不断改进这个系统。[6]

4 服务特征

4.1 目标用户

GROW资源质量高、内容丰富，可以说就像是一个在线课堂，但同时又不拘泥于特定类型的用户。GROW的用户群体很广泛，包括以下几类：

(1)小学、初中、高中学生、教师：为基础教育阶段的学生和教师提供生动形象的多媒体教育资源,增加同学的学习兴趣,为老师提供优质的教辅资料。

(2)本科生及研究生:为高等教育阶段的学生和教师提供丰富的教学和科研资料、前沿技术信息以及虚拟实验室平台,方便用户开展探究性学习活动。

(3)专业人员:为土木工程专业人员提供最新的领域资讯、研究成果,而且通过 GROW 平台还可以增加其内部的沟通和交流,促进本领域更快更好地发展。

(4)工程师:为在职工程师以及正在接受继续教育的工程师提供丰富的理论知识和实践资料,为其在实际工作中提供有力的信息支持。

(5)终身学习者:GROW 打造的互动式学习环境让终身学习者自身设定学习速度,而且为了提高用户对知识的自我发现和理解,系统允许用户将前面学习过的内容带入到新的学习单元来使用,进而促进用户对知识的掌握以及对新知识的探索。

4.2 服务方式

(1)资源检索:GROW 的检索分为基本检索和高级检索两种方式。进行基本检索只需在主页右上角的文本框中填上关键词进行搜索即可。高级检索的设置较多,首先可在题目、描述、URL、关键词、分类、版权等方面来限定检索领域,不过遗憾的是只有四个条件,而且条件之间固定使用"AND"连接。不过还有一系列的可选限定条件,帮助用户细化和明确需求。这些限定条件包括格式、互动类型、互动水平、学习时间、成本、资源类型、语言和用户群体等。有了这些限定条件作补充,更加方便用户根据自身情况查找资源。

(2)RSS 订阅:提供 RSS 订阅服务,即用户可以设定好检索项,选择每日、每周或每月的定时检索,GROW 将符合要求的新资源根据您的设置定期推送到您的注册账户。

(3)资源推荐:当注册用户对图书馆资源进行 3 -5 次的评级

后,后台会根据用户评级的资源内容以及用户偏好,选择相关的其他资源显示在用户登录后的页面上。而且随着用户评级过的资源越来越多,推荐服务所推荐的准确性也会越高。

4.3 特色服务——虚拟实验室

实验室是工程技术教育非常重要的组成部分,随着计算机及网络技术的发达,虚拟实验室已经作为实验室的补充应用在日常教学活动中。而且虚拟实验室较之于传统的实体实验室,其最大的优势就是“任何时间、任何地点的在线学习”。GROW 作为土木工程领域的教育平台,其提供的虚拟实验室也为用户带来了优质的资源和良好的学习体验。

GROW 提供的是土质技术的虚拟实验室,主要面向土木工程专业的本科生和研究生。虚拟实验室能够进行一些在实体实验室受各种因素(诸如成本、复杂度)制约无法进行的实验,例如单剪实验等。这为学生们对所学内容的掌握和探索提供了很好的学习环境。

笔者截取的图 3 为虚拟实验室提供的虚拟固结实验中准备样本的画面,在每个虚拟实验的上方都有一系列的选项,便于用户顺利进行实验。主要包括实验概述,即实验任务的描述、相关概念的解释,以及实验变量的介绍等;预测验:根据所给内容,让实验者回答问题;准备样本,即对实验所需的样本进行必要的加工;实验装置,即让用户认识画面上列出的实验装置;装备单元则是将实验样本按照说明和指示箭头放入指定的装置内并封装好;装备实验仪器是将样本放置在制定的仪器上并对仪器进行相应的操作(例如加砝码等);运行实验是虚拟实验室的装置开始运行。在此之后,还需要对一些实验系数进行计算并应用到实验中,最后根据实验结果填写实验报告等。

GROW 的虚拟实验室不仅实现了实体实验室的功能,还能开展受实体实验室限制的其他实验。实验中每一步的详细指导方便学生操作实验,增强学生自己"动手"实验的积极性,是土木工程专业学生学习知识和科学研究的好帮手。

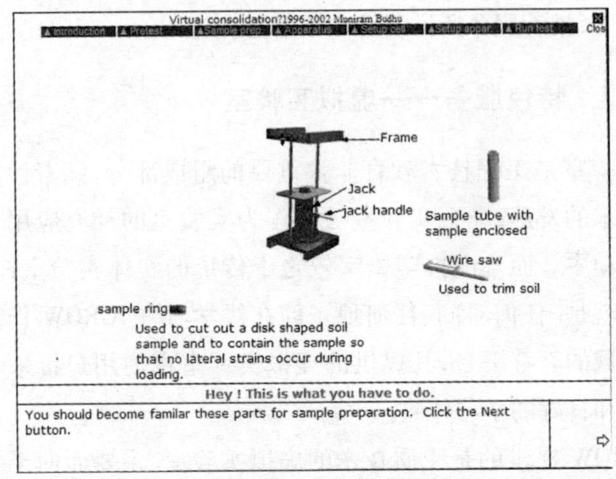

图 3　固结实验准备样本[8]

5　评价及建议

GROW 为用户提供高质量的学习资源、互动式学习平台以及先进的虚拟实验室,真正做到了让用户在任何地点、任何时间利用 GROW 数字资源进行发现、探索、创造和互动等一系列学习活动。不过 GROW 也有需要改进的地方。首先,GROW 首页布局需要调整。例如首页上半部分内容较少,显得空旷,下半部分内容以列表显示,相对集中,形成"头轻身重"的布局;"Interactive resources"入口比资源入口都小很多,不成比例;以及 GROW 获得过很多大奖,却只在首页上显示一个奖项,其他奖项则在"about"页面等。其次,GROW 项目的资源需要更新。例如,新闻及前沿技术报道等一系列 GROW 提供的教学资源更新都只停留在 2007 年 3 月份。

作为目前网络上为数不多的旨在促进自我发现和终身学习的土木工程资源图书馆,GROW 让我们看到了希望:在信息爆炸信息过载的今天，有一部分人正在积极地为大家整理和创造高质量的信息资源，有一部分人正在为改善用户学习体验而不断努力。城市管理以及社会生活让我们离不开土木工程，想要了解土木工程领域的知识，我们更离不开 GROW！

参考文献

[1] Geotechnical, Rock and Water Resource Library. About[EB/OL]. [2009-08-20]. http://www.grow.arizona.edu/SPT—About.php.

[2] LODATO J. GROW: A National Civil Engineering Education Resource Library[C]. MAX: The 2003 Macromedia Conference, Salt Lake City, UT, 2003.

[3] BUDHU M. GROW: A Digital Library for Geotechnical Resources and a New Learning Environment for Education[C]. GeoCongress 2006: Geotechnical Engineering in the Information Technology Age, Atlanta, GA, 2006.

[4] KEMENY J, BUDHU M, DEMPSEY R, OXNAM M, RASSMUSEN B. A Digital Library For Civil Engineering With An Emphasis On Learning Units[C]. Proceedings of the International Conference on Engineering Education, ICEE 2002, Manchester, U.K, 2002.

[5] BUDHU M, COLEMAN A. The Design and Evaluation of Interactivities in a Digital Library[J]. D-Lib Magazine, 2002, 11(8).

[6] HAN Y. GROW: Building a High-quality Civil Engineering Learning Object Repository and Portal[EB/OL]. [2009-08-21]. http://www.ariadne.ac.uk/issue49/yanhan/.

[7] BUDHU M. Creating and Operating a Digital Library for Information and Learning: the GROW Project[C]. ICDL 2004 International Conference on Digital Libraries, NewDelhi.

[8] Geotechnical, Rock and Water Resource Library. A Virtual Consolidation Concept Test[EB/OL]. [2009-08-23]. http://grow.arizona.edu/Grow—GrowResources.php? ResourceId=133.

作者简介

杨楠,北京师范大学管理学院信息管理系硕士研究生。通讯地址:北京师范大学管理学院信息管理硕士生3号信箱。E-mail:yangnan.bnu@gmail.com

“故事天地”:儿童数字图书馆评析

刘燕权/美国南康涅狄格州立大学

王素芳/浙江大学公共管理学院信息资源管理系

摘　要:被美国图书馆协会授予面向儿童的优秀网站“故事天地”儿童数字图书馆,由美国北卡州夏洛特和梅克伦堡县公共图书馆创建,集多媒体动画故事、交互性活动、儿童手工活动和阅读书目等教育性、娱乐性和参与性项目为一体。这是一个将传统儿童图书馆服务和互联网交互性本质相结合的服务站点创新尝试。文章对该数字图书馆的背景、设计理念、资源组织、服务提供、技术特征、特点和局限等方面进行了评述。

关键词:故事天地;儿童数字图书馆;学前图书馆;K－12 教育资源

Story Place: Children’s Digital Library

Yan Quan Liu, Ph. D./Southern Connecticut State University, USA

Wang Sufang, Ph. D./Zhijiang University, Hangzhou, China

Abstract: Awarded as a “Great Web Site for Kids” by American Library Association, Story Place was created by the Public Library of

Charlotte Mecklenburg County in conjunction with Smart – Start North Carolina. Comprising multimedia stories, interactive activities, handcrafts and reading materials with a number of educational, entertaining and participatory programs for children of preschool through grade two and their care providers, the library provides children with "the virtual experience of going to the library and participating in the same types of activities the library offers". This paper provides an overview of its background, design philosophy, resources organization, technologies employed and services provided. Author's assessment of this children digital library is also given.

Keywords: Story place; Children library; Preschool library, Digital libraries; K – 12 educational resources

"故事天地"数字图书馆(Story Place : the Children's Digital Library)是美国北卡州夏洛特和梅克伦堡县公共图书馆(Public library of Charlotte and Meckleburg County, PLCMC)创建和维护的一个儿童数字图书馆,网址为:http://www. storyplace. org/storyplace. asp?,网站英文主页见下图1。这是一个将传统的儿童图书馆服务和互联网相结合的创新尝试案例。该数字图书馆主要包括学前图书馆(pre – school library)和小学图书馆(Elemental – school library)两部分,提供动画式故事、交互性活动、儿童手工项目以及阅读推荐书目等内容,旨在促进早期阅读者的阅读技能和对学习的热爱,有英文和西班牙文两种语言版本。本文通过亲自使用、测试该数字图书馆网站内容,并依据有关儿童数字图书馆、儿童信息浏览和查询等方面的研究成果,对该数字图书馆项目概况(建设背景、设计理念、实施方式),数字资源建设和组织,用户服务,技术特征,维护和评价等方面给予评述。

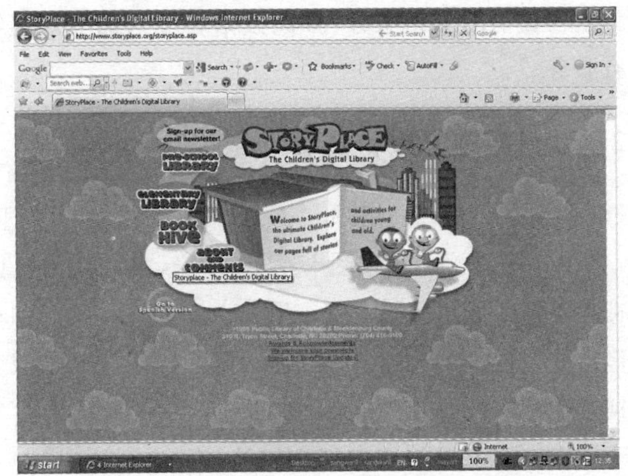

图1 故事天地数字图书馆英文主页

(http://www.storyplace.org/storyplace.asp)

1. 项目概述

1.1 项目背景和设计理念

多年来,在夏洛特和梅克伦堡县公共图书馆(Public library of Charlotte and Meckleburg County, PLCMC)及其分馆,许多儿童及其父母都很喜欢参加图书馆所举办的讲故事活动(Storytime),借阅图书并参与到其他相关的教育性、娱乐性和互动性项目中。考虑到这一点,为延伸到更多用户,该馆设想开发"故事天地"这一交互性网站,使用户可以在线聆听故事、玩游戏、进行手工活动、唱歌以及找到喜欢阅读的图书,从而"为儿童提供一种到图书馆去,并参与到类似于实体图书馆提供活动中的虚拟经历"[1]。

该数字图书馆的建设理念即,尝试在互联网和儿童图书馆之间建立创新性桥梁,开拓一种新的图书馆互联网站点模式——服务站点,强调网站的独立身份和特定人群需求(如儿童等),主要关注为用户远程提供图书馆服务(如阅读指导等),而非增强实体图书馆已有服务。

1.2 项目实施方式和外部经费来源

"故事天地"数字图书馆项目采用了团队开发和管理方式。1999年,图书馆成立了由儿童图书馆员、专家(specialists)、网络服务部负责人等组成的团队。项目小组认识到如果将绘图和动画制作等外包出去,将会大大增加开发成本,因而决定在网络服务部雇用一名视觉艺术家(graphic artist)和Flash动画制作者。内容创建者(儿童图书馆员)和网络服务部之间是一种内部的"客户-供应商(client-vendor)"关系。项目小组每月定期会面,评论儿童图书馆员所创建的故事和活动。评价标准包括网络适应性(web adaptability)、语言和吸引力。若被认可,内容创建者以故事脚本(storyboard)形式草拟框架,提供给视觉艺术家制作Flash动画。这种项目实施方式有助于在内容专家(图书馆员)和网络服务部之间建立一种内在联系,同时也使视觉艺术家不必制作每个故事脚本及其动画,从而每个人都能集中关注自己最擅长的工作。[1]

2000年春,"故事天地"的首要组成部分"学前图书馆"(Pre-School Library)完成并向公众开放。[2]其中大多数故事和活动的Flash动画都是由图书馆网络服务部完成。

此外,学前图书馆的创建还得到了"北卡启智"项目(Smart Start-North Carolina)的支持。"启智"项目是"北卡州一个由公共和私人共同投资的早期儿童创始项目,旨在确保儿童能够健康、顺利地走进学校,获得成功",它通过地方非营利组织"地方伙伴"管理,为全州100个县的早期教育提供经费[3]。夏洛特和梅克伦堡县公共图书馆和"北卡启智"共同从事了"讲故事时间到了!"项目("Storytimes to Go!" program)。来自"启智"项目的经费资助使得图书馆可以将"学前图书馆"中6个主题外包给伯明翰的一个网络开发公司。由于图书馆之前已经制作了大部分主题,具有一定的经验,因而很容易就能将一个新主题的内容(包括故事,活动,故事脚本,以及音频文件等)打包给外部公司。从外部网站开发者来看,这是最理想的操作方式,既缩短了最初开发时间,也减少了对内容误解的可能,能够把握项目大概。这一做法“在缩短数字图书馆预期开发工期、降低预期成本方面有所帮助”[1]。

1.3 项目影响

从2000年春天开放至今,“故事天地”数字图书馆已经得到了美国图书馆协会(ALA)等多个机构的赞誉,表彰其在儿童读物领域所做的努力。其被 ALA 授予面向儿童的优秀网站,被 PBS Teacher Source 选择为面向教师的推荐资源,被 Lightspan's Study Web 以最好的教育资源网站之一为由选为特色站点,被今日美国(USA Today)教育网站认为是最具教育价值的资源。此外,其还获得了 Bounus. com 的编辑剪裁奖,被教育界(Education World)评为面向学前到二年级儿童的 A 级优秀站点,并被 World Village 高度评价,认为其提供了适合家庭观看和参与的高质量的内容资源。

2. 数字资源及其组织

2.1 站点内容架构

“故事天地”数字图书馆内容框架可以分为四个部分(见下表1):学前图书馆,小学图书馆,“图书冲浪”(BookHive),以及“关于和评论”(about and comment)。每个部分页面最后都有三个图标供链接到学前图书馆、小学图书馆和 BookHive。学前图书馆和小学图书馆是该数字图书馆的主体部分,大致都包括如下内容:在线交互性故事;与故事相关的在线交互活动;带回家做的活动(基本上是手工剪纸活动);阅读推荐书目;亲子活动。“关于和评论”,是有关该网站的评价和信息通告部分,页面简短、简洁,内容包括该项目的历史、使命、经费来源、致谢以及一个电子邮件回复表单。此外,还有一个单独的获奖页面,列出该数字图书馆曾获得的各方赞誉。“图书冲浪”是故事天地的姊妹网站,链接到夏洛特和梅克伦堡县公共图书馆儿童网站,严格来说,其已不是该数字图书馆馆藏资源的组成部分。

表1 “故事天地”数字图书馆内容及其组织框架

主要区域及其内容		第一部分(层级)	第二部分	第三部分	第四部分	第五部分
主体部分	学前图书馆	在线多媒体故事(按主题分类)	在线游戏活动	带回家从事的活动	推荐书目	亲子活动
	小学图书馆	在线多媒体故事(按主题分类)	在线活动	带回家从事的活动	推荐书目	亲子活动
其他	关于和评论	关于该网站的一些说明,只有一级页面				
	Book Hive 网站	离开故事天地网站,链接到另外一个可检索公共图书馆儿童读物馆藏的网站				

2.1.1 学前图书馆

该数字图书馆的首页是最新故事主题(见下图2),左边“other themes”链接到过去建立的所有主题(见下图3)。主题(如颜色、车轮、形状、Teddy 熊等)符合学前儿童(大约2-4岁)的特点。每个主题之下都分别链接到在线故事讲述、在线交互游戏活动、手工活动、相关阅读推荐书目、亲子阅读文本五个页面。

2.1.2 小学图书馆

小学图书馆和学前图书馆结构基本类似,图书馆的首页是最新故事主题(见上图4),左边“other themes”链接到过去建立的所有主题(见图5)。主题主要针对年龄更大的、具有一定阅读能力的儿童(约4-12岁)。每个主题下链接有三类活动:在线故事(Topsy Turvey Tales),离线活动(Print-out Activity),以及一个推荐阅读书单。其中在线故事和离线活动与学前图书馆有所不同,孩子需

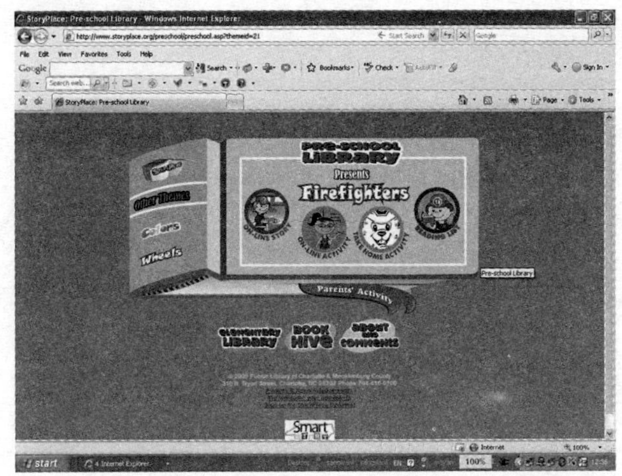

图2 学前图书馆首页主题及相关四方面活动

http://www.storyplace.org/preschool/preschool.asp? themeid=21

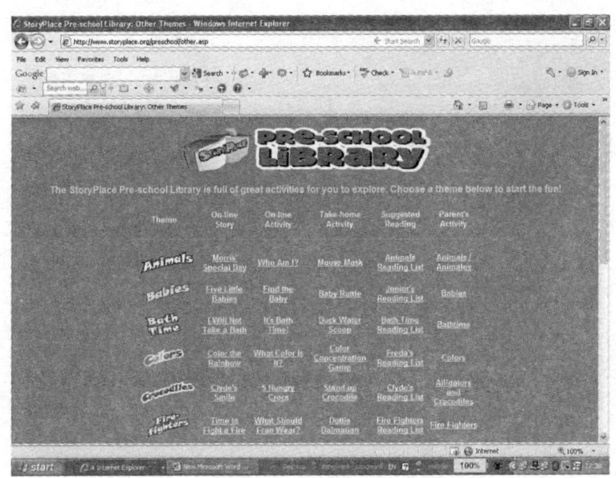

图3 学前图书馆的所有主题

http://www.storyplace.org/preschool/other.asp

要命名故事中的角色,之后还需要选择其中3个动物吉祥物,目的是鼓励孩子阅读文本。

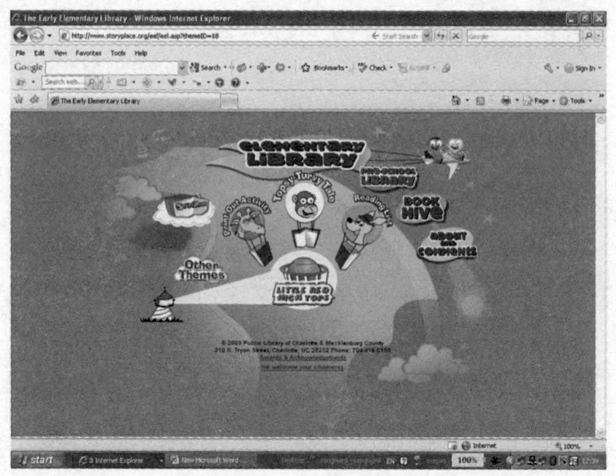

图4 小学图书馆首页主题及其包含的三类活动

http://www.storyplace.org/eel/eel.asp

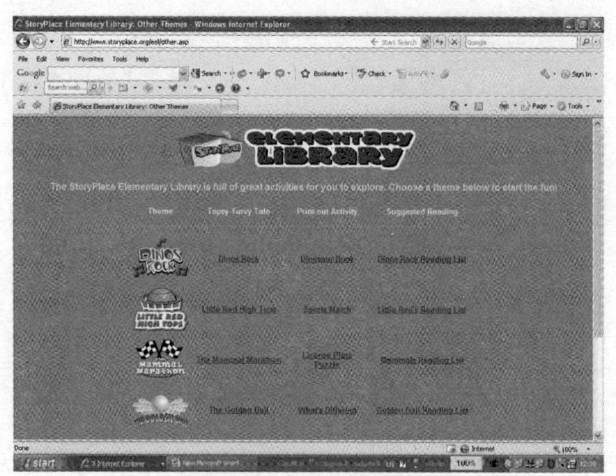

图5 小学图书馆中所有(其他)主题

http://www.storyplace.org/eel/other.asp

2.1.3 图书冲浪

“图书冲浪(Book Hive)”是独立于故事天地之外的一个网站(见下图6)，学前和小学图书馆都与其建立有链接。与故事天地不同的是,在这个网站上,儿童可以检索图书馆的目录,找到阅读推荐书目,或者听故事,但可以选择听的故事很少,并且大多来源于在版图书。该网站为用户提供了六种选择: Zinger Recommends是一个投票论坛,允许孩子为北卡儿童图书奖投票选出其最喜爱图书;Zinger Tales 是一个多媒体讲故事的选择,特点是有 4 个讲故事者,有许多故事可供选择聆听,故事利用 Flash5.0 以视听形式向用户展示;Find a Book 是一个数据库,为用户提供快速和高级检索等检索途径;The Latest Buzz 提供"故事天地"数字图书馆的最新消息;"有趣的活动"(Fun Activities)将用户带到诸如多彩的页面、哈里波特填字游戏等各种活动处;Zinger's Guide 提供一本特写图书的消息。

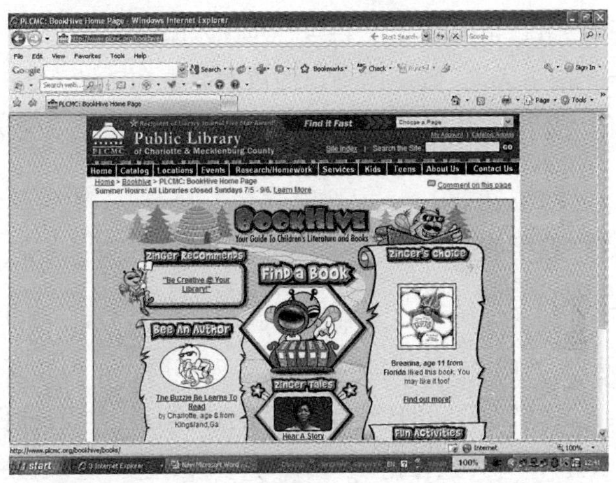

图 6 BookHive 网站(http://www.plcmc.org/bookhive/)

2.2 数字资源的范围和类型

"故事天地"数字图书馆网站上没有提供正式的"馆藏"政策说明,但是作为夏洛特和梅克伦堡县公共图书馆的一部分,该图书馆系统对其儿童读物资源选择标准有明确规定,即"选书重点放在儿童娱乐性图书和一般性信息需求方面,致力于补充和扩展学校教学大纲”。

浏览上述学前图书馆和小学图书馆可以发现,“故事天地”的数字资源符合上述标准,主要包括三部分:交互性故事(即由讲故事者以视听或多媒体形式讲述出来的故事)、教育性活动(手工活动、亲子阅读活动等)和儿童读物等。其中,交互性故事馆藏和教育性活动并非在版图书的数字化形式,而是由图书馆员原创的,不少直接改编自实体图书馆的“讲故事时间”项目中的故事,这些故事的挑选依据是其网络适应性,语言和吸引力。故事天地每月都会增加新的活动和主题。当用户打开图书馆网站页面的时候,新的主题会作为主要主题首先显现。这是该数字图书馆一个有意思的特点。此外,阅读推荐书目也是较有价值的资源,直接将用户指引到与这一主题相关的图书,供进一步深入阅读。

由于“故事天地”数字图书馆的馆藏故事和活动,大多为图书馆员自创,或者已经在公共领域使用,基本上不会为版权问题困扰。

2.3　数字资源组织

发展心理学家认为,儿童思考方式与成年人不同,提供给儿童使用的信息,其归类方式可能要与成年人不同。在为儿童创建图书馆时,尤其是针对年幼且没有读写能力的儿童,在设计时通常也不会考虑编目结构(元数据)。或许是考虑到这一点,该数字图书馆网站上没有像其他以图书检索为主的数字图书馆(如国际儿童数字图书馆)那样设置检索入口。浏览整个网站,笔者未见元数据设计方案,但可以发现其资源主要围绕用户、主题来组织和揭示。具体即,先按照儿童用户的年龄分为学前图书馆和小学图书馆两个主体部分,前者与适合学前儿童水平的资源建立链接,后者与适合小学水平的资源相链接。在这两个图书馆下,则按主题排列资源。这主要是因为传统的讲故事活动,讲故事者都是围绕一个主题展开,因而在线依然采取了这样的方式。主题按照儿童所喜欢的大类(如颜色、动物、车轮、形状、音乐、宠物等)按首字母顺序分行依次排列,所有主题都在一个页面上展开,而非按等级类排列,以适应年幼儿童使用心理和便于其直观检索。每个主题后分别排列故事讲述、在线游戏或活动、手工活动、阅读书目、亲子活动等内容。

3. 服务特点

3.1 目标用户

迄今为止,"故事天地"儿童数字图书馆是夏洛特和梅克伦堡县公共图书馆最受欢迎的、利用率最高的服务网站,平均每月网页浏览量达到65万次,其中外部访问95 000次。

其用户群体大致可分为三类:(1)学龄前到小学年龄段的儿童,这是其主要用户群体。(2)与儿童相关的人员,如父母或者照看者等家庭成员,小学教师,媒体专家等,对于这类用户而言,故事天主要被作为教育资源站点使用。(3)学习英语和西班牙语的成年人。因为站点是双语的,同时所有故事和活动都提供音频和文本文件,故事天地还被学习语言的成年人作为第二语言社区。每月的网络日志报告显示,使用最多的用户来自于某些致力于学习英语的韩国站点。来自用户的电子邮件和反馈也表明,其对于成年人扫盲项目(adult literacy program)是一个有价值的工具。[1]

3.2 讲故事和阅读指导服务

"故事天地"数字图书馆主要是为学龄前到小学低年级儿童提供在线讲故事,在线游戏活动,相关手工活动,推荐阅读书目资源,提供亲子阅读资料,指导阅读等服务。

3.3 浏览和检索

研究表明,儿童还很难进行等级式导航和使用关键词检索,儿童通常更喜欢类浏览,并且利用其进行检索也更容易成功;在类浏览方面,儿童更偏好即时菜单(simultaneous menus)而非等级类(category hierarchies)。关键词检索之所以是困难的,最基本的是因为儿童还不会熟练拼写或打字,而"等级类存在问题是因为儿童可能不会等级式思考,理解上位类方面存在困难,从而不能有效进行导航"[4]。"故事天地"数字图书馆采用主题组织资源,并且采用即时菜单列出所有主题的方式正好符合了儿童浏览和检索心理。网站上没有设置检索项提供故事及其活动的检索服务,这可能是因为故事馆藏有限,按主题揭示一目了然,没必要设置检索项。

此外,研究还表明,儿童偏好那些具有图标和点击(point - and - click)交互的界面,而不喜欢拖拉(drag - and - drop)的界面[5];"儿童更喜好大的、容易点击的图标,显著的和清晰可见的结果,以及内在的布尔逻辑检索"[4];目标越大,儿童做选择更快,否则速度下降;重要界面工具用图画式图标,以满足那些不会阅读的儿童需要,同时针对那些能够阅读的孩子配备描述性文本。[5]故事天地儿童数字图书馆充分考虑儿童上述偏好。其主页提供了六种选择(其中儿童可能使用到的三个选择即学前图书馆、小学图书馆和Bookhive 图标)、三个链接,并且恰当的布置在一个屏幕上,这样就消除了对滚动翻屏技能的要求。若儿童将鼠标拖动到某个选项或类别图标上,被选中的图标颜色变亮。

以学前图书馆为例,当儿童点击该图标后,就进入该数字图书馆的第一层页面,页面左边允许进行如下选择:返回故事天地主页,查看其他主题,可选择的两个主题;右边在页面中心展示了一个突出显示的主题,内容包括在线故事,在线活动,回家从事的活动,阅读推荐书目,以及亲子活动。页面下方则为通向小学图书馆、Book Hive 等的链接。若点击页面左边其他主题,则进入第二层页面,在一个页面上以表的形式列出所有可供选择的主题和活动。用户可以同时浏览所有选择,省了大量的导航。但是,在这个页面上没有图标,选项是单词,这意味着儿童必须具有一定阅读能力或有家长辅助。当点击获取一个故事或活动时,链接的颜色就从蓝色转变为紫色,从而用户能够知道什么时候完成了浏览列表中对某个项目的检索。点击故事之后,故事以动画和对话方式展开,一个对话完成后需要点击向下的箭头进入第二个对话,直到故事结束。在每页最底端,有图画式图标供用户返回主页。图标的位置以及每个页面底端同样的链接保证了连续或一致性,使得导航更容易。

3.4 其他服务

故事天地还为其用户提供新闻通讯,以使他们知晓数字图书馆最新提供的活动、功能和特点。

4. 技术特征

4.1 内容创建和揭示方面

由上,“故事天地”数字图书馆的资源和服务主要围绕在线故事讲述和活动展开,因而所用技术主要涉及动画和音频制作。在这方面其所用技术并不复杂。考虑到并非所有用户都能以最新的技术链接到互联网,创作者在制作动画时,着重关注了文件的大小和传递速率。相关人员首先将在线故事的元素在纸上绘制出来,然后将它们扫描进计算机,之后则利用 Adobe Freehand 软件对影像加工精细化,影像被转化为矢量图,并输出到 Flash 中转换为动画。尽管上述方法很耗时,但由于能够更灵活地操作单个元素,可以使图画更清晰、简洁并缩小文件大小。在音频工作上,开发团队没有使用专门的录音室,而是在图书馆内一个安静的角落,由图书馆的讲故事人员和其他员工,运用计算机的简单音频录制功能,采用质量较好的 Stedman 麦克风和声音采集软件 Soundforge 完成。

在资源展示方面,当用户访问网站时,为了能够随机展示主题,使用了一个数据库平台。数据库平台使得用户任何时候登陆站点时都能随机的播放一个主题,这是其最大优点之一。站点的活动性元素(如活动、故事和阅读书目的组织和提供)则利用 Active Server Pages 编程实现。除了应用这些技术展示互联网用户所看到的故事和活动外,还利用它让团队成员通过一个后端界面更新网站,为每个主题输入图书评论以及维护站点。[1]

4.2　软件和硬件要求

“故事天地”数字图书馆使用了一些多媒体技术来展示其故事和活动,这就对系统硬件和软件提出一定要求。在主页“关于和评论”部分陈述了其系统建议:首先,观看和欣赏数字图书馆中的多媒体动画式故事和活动需要 Flash5.0(或者更好版本)软件及其插件。活动文件是 PDF 格式,因而需要 Adobe Acrobat reader 阅读器。这两项技术都提供有免费软件下载(下载网址为:http://www.macromedia.com/shockwave/download/和 http://www.adobe.com/products/acrobat/readstep2.html)。故事和活动都可以打印。

其次,若想以最佳方式浏览数字图书馆,推荐如下硬件配置:处理器(奔腾 200 或更高配置),网速在 56K 或以上,适当的声卡,以及打印机环境配置等。拨号上网用户也能够同其他高速接入互联网的用户一样登陆该网站。

5. 项目维护和评估

“故事天地”儿童数字图书馆网站上没有列明正式的维护计划,但从笔者持续观察看,图书馆每月都持续不断地增加新的故事主题和活动。此外,故事天地也在不断扩大其用户范围,在英语和西班牙语用户之外,2002 年,图书馆“积极寻求经费将网站翻译为越南语,以满足当地社区中日益增长的该类人群的需求”。[1]数字图书馆的开发者夏洛特和梅克伦堡县公共图书馆所秉持的核心价值观之一——"通过持续创新来保持技术和服务的先进性与活跃性"将可能为其站点未来的升级提供一定程度的保证。

在评估方面,"故事天地"数字图书馆网站上专门设有"关于和评论"部分,为用户提供了一个有关评论和建议的电子邮件回应表单。这表明故事天地欢迎用户给予各种评论,这些评论可能被用来维护和改进该数字图书馆。但是,也有研究者表示,尝试联系PLMCM咨询台的员工以及在评论箱中张贴意见,都没有得到相应回答。[7]

6. 评论和建议

"故事天地"是一个针对学前和小学年龄儿童的,集娱乐性和教育性为一体的数字图书馆网站。该网站以在线讲故事活动为主,围绕其还提供了相关手工活动、亲子阅读活动和儿童阅读资料等项目和资源。其创新性地将互联网和公共图书馆服务活动整合到一起,对于公共图书馆建立独立服务网站具有启示意义。总的来看,该数字图书馆突出之处有二:

6.1 数字图书馆创建者、内容和目标用户方面

故事天地数字图书馆的创建者是公共图书馆,创建过程采用了团队管理方式,旨在开创一种传统图书馆服务和互联网相结合的创新尝试。项目建设充分利用了公共图书馆员工的智慧和儿童读物等资源优势。其中很多故事和活动是儿童图书馆员工原创的,其可能不如那些经典的高质量的文献对于成年人有吸引力,但是其设计和交互性能力对于其目标群体——年幼的孩子来说却是具有吸引力。项目建设利用自身网站服务部人员,同时外聘图画艺术人员,而非全部外包给网络公司来开发动画,也便于节省成本。

数字图书馆资源和内容主要关注了"讲故事"这一方面,而不

是面面俱到,同时注意将趣味性、娱乐性和教育性融合为一体,这样其目标群体就延伸到更年幼的儿童(如学前年龄到小学阶段)和其父母,这种定位和特色,可能使其与现有的以图书检索为主的儿童数字图书馆更鲜明地区别开来。

6.2 以儿童为中心进行设计

研究表明,针对儿童设计的数字图书馆必须充分考虑儿童的心理特征、知识偏好和接受能力、动作技能、与计算机设备交互的能力(即操作鼠标和打字的能力)、检索和浏览信息的能力,在界面设计上易采用色彩明亮活泼的图形化用户界面,并尽量减少用户输入。[4] 故事天地数字图书馆网站无论从形式还是内容建设方面都体现了以目标群体儿童为中心的理念和原则。在形式设计方面,比较充分地考虑了儿童用户检索模式和学习心理等特点,网站具有较好的用户友好性。在内容上,寓教于乐,符合儿童主要希望从数字图书馆中获得乐趣、娱乐[8] 的要求。

其入口处,为儿童提供两种选择——英语或西班牙语版本,反映出设计者考虑到用户的多种需求。网站界面颜色明亮、生动活泼,选择项较少且通过吸引眼球的图标,以一种灵活的图片场景的模式表述出来,这对于年幼的用户来说可能尤其重要。

故事以多媒体交互对话形式展开,这些活动都能在很短的时间内完成,适合于学龄前儿童较短的注意力集中期特点。动画(尽管非常简单)、交互性、友好可爱的字幕、辅助声音增加了对小孩子的吸引力。孩子可以选择适合自己性格和其他元素的故事,调动了儿童的积极性,使其动脑筋和想问题。对话、叙述形式也可以锻炼儿童听诵能力。

此外,在浏览导航和检索方面,可用性也较好。“可用性即意味着关注用户”[9]。对于这个网站来说,用户是儿童,它们的需求与成人存在很大差异。因而这里没有任何的检索特征或者复杂的选择(而这通常是大的数字图书馆必须具备的)。无论是在版面布置还是颜色方面,每层页面的设计都很相似,既有适合儿童特点的大的容易点击的图标,又通过主题展示,同时提供有让儿童找到返回主页面的路径,这使得其导航操作很容易[10]。

6.3 局限和改进

尽管有如上突出之处,故事天地数字图书馆仍有一些需要改进的空间:

(1)在用户可用性(导航、浏览、检索等)方面,该网站存在的一个缺陷即,这个网站所针对的目标儿童用户,大多都不能自己在数字图书馆中导航,需要成人帮助。例如,学前图书馆的主题选择是文字列表,意味着这些孩子必须能够阅读。其次,一些链接的标签不易为人理解,可能需要进一步改进。例如,“其他主题”,这个按钮是链接到其他故事以及相关活动和推荐书目的一个标签,当第一眼看到这个标签时,用户可能并不知道其代表什么意思。标签需要准确的表达其所反映的内容,或者需要在标签旁边附加一个小的说明[11]。“Book Hive”按钮标签也存在同样问题。再次,网站检索方面还欠缺一定的检索功能。尽管数字图书馆的目标用户是儿童,但从目前看,成年人用户(包括儿童父母、教师、学习语言者)已成为其不可忽视的利用者,这似乎对其搜索功能提出了一定要求。

(2)数字资源的质量和丰富性还有待提高。故事天地儿童数字图书馆多彩的图画和交互界面充满娱乐性和视觉吸引力,但是,故事大多比较简短、稍嫌乏味,如果与电视动画片、电脑冒险性游戏相比,对于年龄较大的如小学阶段的孩子可能吸引力不足。尽管其阅读推荐书目质量不错,但是,故事天地的小学图书馆可能需要提供更多具有挑战性的资源,提供更多在线可利用的图书。

(3)缺乏使命声明、馆藏发展政策、出版维护计划,尚不能有效回应用户的评论(基本上不回应)。

参考文献

[1] Blowers H. Reaching Kids Online. [EB/OL][2009 - 8 - 10]. http://www.libraryjournal.com/article/CA251669.html

[2] StoryPlace[EB/OL].[2009 - 8 - 10]. http://www.storyplace.org/about.asp#about

[3] Smart Start[EB/OL].[2009 - 8 - 10]. http://www.smartstart - nc.org/overview/main.htm

[4] Hutchinson, H. B., Bederson, B. B., & Druin, A. (2006) The Evolution of the International Children's Digital Library Searching and Browsing Interface. *In Proceedings of 5th International Conference for Interaction Design and Children* (*IDC* 2006), ACM Press, 105 - 112 [EB/OL].[2009 - 8 - 10]. http://hcil.cs.umd.edu/trs/2005 - 33/2005 - 33.htm

[5] Inken(2001),Hutchinson, H. B., Druin, A., Bederson, B. B., Reuter, K., Rose, A., Weeks, A. C. (2005) How do I find blue books about dogs? The errors and frustrations of young digital library users. In Proceedings of the 11th International Conference on Human - Computer Interaction (HCII 2005) (CD - ROM). Mahwah, NJ: Lawrence Erlbaum Associates [EB/OL]. [2009 - 8 - 9]. http://hcil.cs.umd.edu/trs/2005 - 27/2005 - 27.pdf

[6] PLCMC [EB/OL].[2009 - 8 - 10] http://www.plcmc.lib.nc.us/mission.htm

[7] 注:来自刘燕权老师《数字图书馆》课程上学生 Eva M. Roeder 的测试

[8] Theng, Y. L., Mohd Nasir, N., Thimbleby, H., Buchanan, G., Jones, M., Bainbridge, D., Cassidy, N.: Children as Design Partners and Testers for a Children's Digital Library. In Proceedings of the Fourth European Conference on Research and Advanced Technology for Digital Libraries. (2000) 249 - 258. Springer Verlag

[9] Kent, L. (2005). LUII: Library user interface issues[EB/OL]. [2005 - 6 - 29]. http://www.chchran.sbc.edu/luii.

[10] Chowdhury, G. G., & Chowdhury, S. (2003). Introduction to digital li-

braries. London: Facet Publishing.

[11] Tennant, R. (1999). User interface design: Some guiding principles. Library Journal, 124(17), 28.

作者简介

王素芳,女,浙江大学公共管理学院信息资源管理系讲师

美国数字地图图书馆——美国人寻根和族谱研究辅助平台

刘燕权/美国南康涅狄格州立大学

陈嘉勇/北京师范大学管理学院

摘　要:美国数字地图图书馆旨在为美国公众和族谱专家在线提供可读性强的、有帮助的、高质量的地图。文章从资源组织、技术特征、界面设计、服务特点等方面对美国数字地图图书馆作了概要的评述,并提出了评价和建议。

关键词:美国地图;数字图书馆;族谱研究

The United States Digital Map Library —A Platform for Americans Seeking Roots and Genealogical Research

Yan Quan Liu, Ph. D. /Southern Connecticut State University, USA

Chen Jiayong/Beijing Normal University, Beijing

Abstract: The United States Digital Map Library (USDML) is non – commercial and fully committed to free genealogy access for everyone, intending to make available to general public and genealogists useful, readable, high quality maps. By reviewing the USDML, this paper provides an overview of the major development of the digital collection, including its resources organization, technologies employed, interface design and services provided. The suggestions for the improvements are also presented.

Keywords: United States Map; Digital Library; Genealogical Research; USGenWeb project

1 项目概述

美国数字地图图书馆(United States Digital Map Library, USDML)[1]隶属于USGenWeb数字图书馆,是一个由USGenWeb资助的美国数字地图项目,于1999年4月在弗雷德·斯穆特(Fred Smoot)的发起和协调下启动,当前的总协调员是德布·海恩斯(Deb Haines)。USDML的建馆目标旨在提供有组织的、永久的网络空间,为美国公众和族谱专家在线提供有帮助的、可读性强的、高质量的地图,研究者们可以在这里找到基于学术研究的历史地图和最新地图。USDML的馆藏主要依靠志愿者的贡献,该项目及其所有的志愿者工作人员都致力于为公众提供免费、在线的获取服务,目前馆藏地图已被整理成为三大类,其中包括美国地图、州郡地图、印第安人土地割让美国条约地图。

USDML的网址是http://usgwarchives.org/maps/,网站首页如图1所示。在网站的主页上有USDML的创建者、现在的协调员、到各个州地图的链接、网站上地图如何使用以及简单的导航等信息。

USDML项目的主要赞助者有USGenWeb项目、USGenWeb数字图书馆和Ancestry公司,它们与USDML的成功有着密切的联系。

(1)USGenWeb项目

USGenWeb Project全称为美国族谱学网项目(United States Ge-

图 1　USDML 主页

nealogy Web Project），[2]它是一个非商业性的大型项目，由一群志愿者共同合作，致力于提供免费的族谱网站来为美国各州郡的族谱研究服务。它收集了大量美国人民的家谱信息和档案，同时还提供团体着手专门项目的机会。该项目的资源是按照行政区域来组织的，它提供到各州族谱网站的链接，进而链接到各郡。虽然资源组织的基本单位是郡，但是各州的网站也提供了很多重要的信息，包括家庭团聚公告板、显示各郡边界变化的地图等。USGen-Web 项目还赞助了许多美国国家级的重要特别项目。

（2）USGenWeb 数字图书馆

为了来支持 USGenWeb 项目，USGenWeb 数字图书馆（USGen-Web Digital Library）[3]于 1996 年 6 月开发，其目的是把公共领域记录的实际抄录副本呈现到网络上。USGenWeb 数字图书馆又名 USGenWeb 档案馆（USGenWeb Archives），它的馆藏文件每天都在增加，这项艰巨的任务需要志愿者们合作努力，这些志愿者拥有关于人口普查的记录、婚姻盟约、遗嘱或其他公众文档的电子化格式文件，或者有意愿转录这些信息并贡献出来。从 1997 年开始，USGenWeb 数字图书馆陆续启动了 10 个专门项目，如表 1 所示。USDML 项目是其中之一，并且只收藏地图，而 GenWeb 项目链接的很多州有时包括诸如婚姻、移民、普查图表等其他信息。

表 1 USGenWeb 数字图书馆的专业项目

项目名称	项目启动时间
人口普查项目(Census Project)	1997 年 2 月
退休金项目(Pension Project)	1999 年 2 月
美国数字地图项目(United States Digital Map Project)	1999 年 4 月
特殊收藏项目(Special Collections Project)	2000 年 1 月
讣告项目(Obituary Project)	2000 年 4 月
教会记录项目(Church Records Project)	2000 年 8 月
婚姻记录项目(Marriage Records Project)	2001 年 2 月
移民项目(Immigrations Project)	2005 年 1 月
法庭案件项目(Court Cases Project)	2005 年 5 月
新闻通讯项目(Newsletter Project)	不详

每当一个项目启动时，志愿者们自愿将原始记录转录成电子版贡献给互联网家谱社区(Internet Genealogical Community)，各州郡将发布到网络上的文件储存在相应服务器上，并且建立索引。USGenWeb 数字图书馆储存文件的服务器空间由古老的、最大的免费系谱网站 RootsWeb 提供，同时 RootsWeb 也得到了 Ancestry. com 商业运营家谱网站的支持。

(3) Ancestry 公司

Ancestry 公司[4]创立于 1983 年，总部设在美国犹他州，以出版族谱相关图书数据起家，畅销书《美国族谱指南》(A Guidebook of Genealogy)即为该公司出品。Ancestry 之后转而提供基于网络的家谱文件和工具服务，于 1996 年建立 Ancestry. com 网站，拥有 2 500 个以上数据库，族谱数据量号称超过 6 亿笔。其中 Ancestry World Tree 及 Social Security Death Index 数据库，可供寻根者做在线免费检索，目前已成为全美 500 大网站之一。

Ancestry. com 的数据资源包括：族谱书目（Genealogical Library Master Catalog）、人口普查索引（Census Index）、美国族谱传记索引（American Genealogical Biographical Index）、内战研究（Civil War Research Database）等多个数据库。其中，家族世系数据库（Ancestry World Tree）系以兼容性的族谱数据格式（Genealogy Data COM）建置，可方便族谱数据的交流互通，数据由网友自愿提供，藉此可分享寻根的乐趣。检索时，可从人名、姓氏、关键词 3 个字段进入，并有数据库、邻近字、地域、年份的选项功能。目前，Ancestry. com 以 www. Ancestry. com 为主站，另由 www. MyFamily. com、www. FamilyHistory. com 及 www. RootsWeb. com 等关系网站共同组成网站服务群，它们大致是以提供内容、工具或开设家族网页作为区分。[5] 2010 年 Ancestry 公司还启动了家谱网（Jiapu. com），它是最权威的华人家族信息网络，有 2 万部馆藏家谱可供查阅，能为华人提供最具亲和力的家族联系平台。

Ancestry 公司的根网（RootsWeb）[6] 是历史最久且最大的免费族谱网站，并且成为了一个业余研究人员的广大线上社群，它提供的网络空间使 USDML 项目的实施水到渠成。USDML 在根网上的网址是 http://www. rootsweb. ancestry. com/usgenweb/maps/。

2　数字资源及其组织

早期地图是制图师们依据勘探、测量方法绘制出来的，与当今卫星勘测的地图相比不是非常精确，但它们往往包含着许多有用的信息，比如有助于找到已经消失了的城镇，或不再使用的旧地标名称。不幸的是，早期地图是很难获得的，并且价格不菲。美国内战时期，南北双方都缺乏非常详尽的地图。在科技发达的今天，虽然美国民众可以依靠美国地质勘探局（US Geological Survey）来获得优质的地图，但是一些早期地图对于族谱专家寻找长期被遗忘的地方来说是非常有价值的，新旧地图有着各自独特的价值。[1]

美国数字地图图书馆收集了这些扫描的地图。当然并不是所有提供的地图都会被列入此项目。在美国数字地图图书馆主页上有关于美国地图的说明："并非所有的旧地图都是好地图。"由于测量工具和标准与欧洲不一致，大约 1850 年前的美国地图都是不准确的；在 1850 年以后，随着测量工具的改进，地图也变得更加准确。

2.1 资源范围及类型

在 USDML 的馆藏资源中，一部分地图是在 1923 年之前出版的，另一部分是由美国政府发布的，每张地图都附有关于出版时间和来源的信息。在 USDML 的网站上并没有关于地图版权的所有权或者转让权信息的说明，仅是提供地图服务。地图可以长期提供，而这种长期并不是专有。地图的拥有者可以保留地图的所有权，而且可以按照他们自己的意愿随意地使用这些地图。USDML 只是简单地为网络家谱研究者提供了一个有组织的、永久的平台。USDML 提供的地图以族谱研究和其他科研为目的，并且已经获得了贡献者的许可，不牵涉任何美国版权保护问题或其他限制。

由于馆藏的都是数字地图，资源类别简单，USDML 将其藏品归入了美国地图（United States Maps）、美国州郡地图（State and County Maps）、印第安人土地割让美国条约地图（Indian Land Cessions to the United States Treaty Maps）三个地图集中，其中州郡地图是其主要馆藏资源。美国地图集页面中收集了一些不同时期的零散的美国历史地图，美国地图代表着"国家利益"，其中有 7 个地图，都与美国整个大陆（1845 年至 1914 年）、西部扩张和土地调查制度有关；印第安人土地割让给美国条约的地图集提供了从美国正式建立到 1894 年之间由美国的印第安族或早期的殖民者制作的土地割让地图，它们的序号和割让条约相对应，目前一共有 67 幅，这些地图都来自 1899 年由查尔斯角劳斯莱斯编纂的美国印第安土地特许权；在美国州郡地图集的站点中，共 50 个州和 1 个纽约联邦地区，地图资源是按照行政区域来组织的，每个州的页面上，地图由州地图、郡地图、城市地图和杂项地图顺序构成，如图 2 所示。

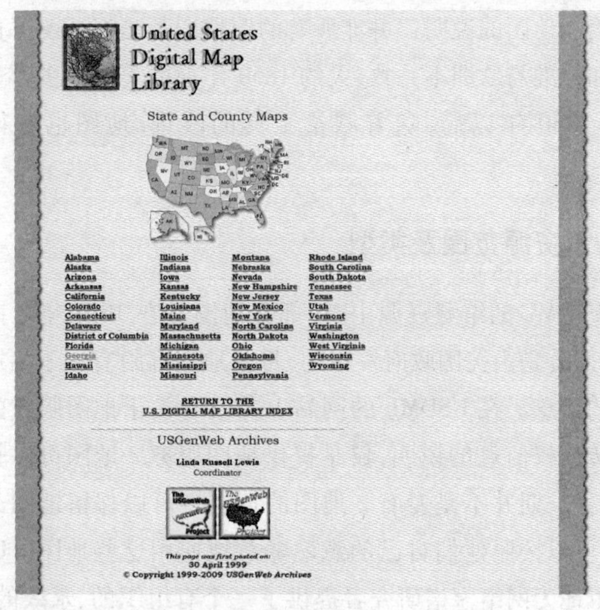

图 2　美国州郡地图集

值得注意的是，USDML 所藏的地图内容是十分丰富的，其中包括了交通地图、铁路地图、地形地图、海岸地图、行政地图、殖民地图等，由于 USDML 收藏的主要是历史地图，因此旅游地图是十分少的。

2.2　馆藏来源及元数据

USDML 的馆藏来源于致力于为公众提供免费族谱研究资料的志愿者的贡献，他们为 USDML 的建立做出了不可磨灭的贡献。他们愿意无条件地提供自己收藏的地图电子版,将其变为公共领域。公共领域(Public Domain)指的是不受版权保护的公有文化资产,这些资产包括文章、艺术品、音乐、科学、发明等等,是人类的一部分作品与一部分知识的总汇。所有公共领域的地图对公众都是免费的,USDML也不会给志愿者任何报酬。志愿者提交地图是永久性的,一旦贡献出来,地图将不能被收回。同时,USDML保留拒绝上传任何地图的权利。

除了以个人名义向USDML提供地图的志愿者外,美国的许多档案馆也为USDML提供了数据支持,如美国的国会图书馆(Library of Congress)和美国记忆数字图书馆(American Memory Digital Library)。同时USDML也是重要的信息交流平台,将散落的资源整合后提供给用户,为众多小型的非知名机构提供了一个良好的信息传播渠道。

USDML是由志愿者管理和维护的,并不是专业的网络开发人员,这一点在地图描述和数据提供方面很明显。地图描述一般用短小的句子来说明地图范围、标题、日期,通常还有文件大小以及全文本标签。当用户在浏览器中停止加载图片时,全文本标签才会显现,替代缺少的图片使页面内容依旧保持完整,易于用户理解。由于每个州都不相同,描述不同,所以描述地图也没有一个统一的方法。USDML缺乏元数据的描述,一般有很好说明的地图都是美国国会图书馆美国记忆收藏的地图,在其网站上有完整的元数据描述。

2.3 数据组织

USDML具有简单的组织和相对较小的特点,避免了由于不同的风格和设计,使得用户在浏览时会感到迷惑并迷失自己的问题。USDML非常实用,虽然网站不引人注目,但是许多地图本身却是非常有趣的。地图有时需要一段时间才能打开,这取决于文件的大小。一旦打开,鼠标点击将扩大每个地图,第二次鼠标点击恢复地图较小的版本。

USDML 将主要的馆藏资源分级组织以简化浏览。州郡地图集的页面资源级别分为 4 种:主页、州页面、郡页面、地图页。主页是一张美国地图,为每个州地图进行了链接。州页面有 51 个,包含 50 个州和 1 个纽约联邦地区,美国路易斯安那州的州页面如图 3 所示。州页面对该州的历史进行了简单的介绍,列出了该州收集到的历史地图以及链向郡页面的链接,点击其中郡名称将链接至一个郡页面。州页面的底部有协调员的信息以及站点导航链接。郡页面和州页面类似,只是范围深入至了一个县或郡,有历史介绍和链接到郡县地图的链接。在最终的地图页面中,用户可以浏览到州或郡的 JPG 地图,并进行下载。即使对于低网速的用户来说,该种浏览方式也可以很便捷地获取自己想要的资源。同样在页面底部用户可以找到站点导航链接来帮助他们浏览。

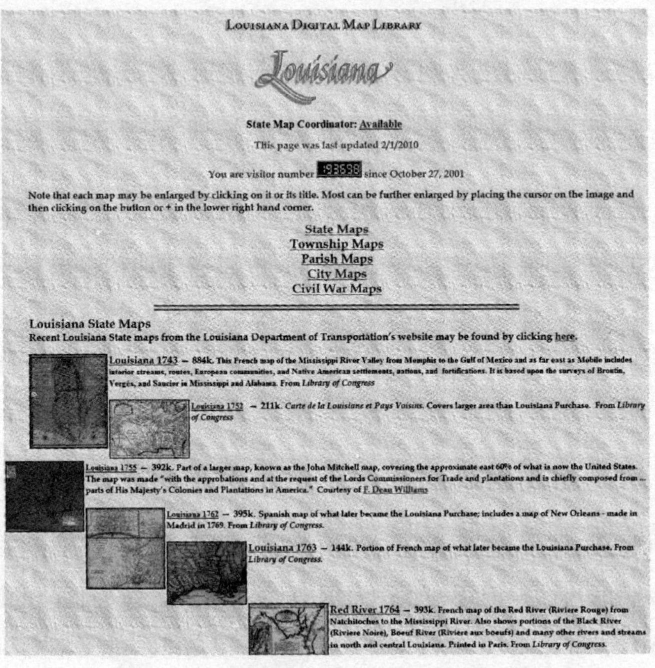

图 3　美国路易斯安那州的部分地图主页

3 技术特征

3.1 地图收集

美国数字地图图书馆的基本目标是把地图存档,为族谱专家提供可在线获取的有用的地图,而在地图收集阶段的主角是广大公众中的志愿者和州地图协调员(State Map Coordinator)。“如果有任何早期地图散落在家中,请考虑把地图扫描,通过电子邮件联系协调员,把地图收集到USDML中来”,这是协调员的口号,他们负责寻找能满足各州需要的地图,并鼓励公众贡献出来。

3.2 地图保存及加工

该馆开发人员关注的首要问题是确保地图的可读性,基于这一点,在地图收集之后,许多工作都集中在了大的地图的保存与加工阶段。在该阶段,协调员还将履行相当多的职责。地图是较为精致的一类图片,使地图压缩成JPG格式的不同方法是有着多种多样的细微差别的,因此协调员要毫不犹豫地在这一领域寻求帮助。使用错误的技术来保存从而毁坏一张完美的地图是非常容易的。

USDML所收藏的地图都严格遵循美国版权法,并且经过了严格的筛选,例如装饰品之类的地图是不能审核通过的。地图中任何明显错误、恶意、诽谤或涉及版权的痕迹都需要被抹去。地图文件的推荐格式是TIFF,上传后的地图将被转换压缩成高质量JPG或BMP格式,在满足视觉清晰的同时,保存成合适大小的文件。典型的文件大约都是500KB,但文件最大可达到1.5M。这些严格的限制条件是为了让用户不用等待太久的下载时间就能获取满意的大尺寸地图,并且地图效果要能对使用低质量的显示器或有视觉障碍的人们来说也是可读的。

3.3 地图索引

该项目需要协调员有效地组织每个收集到的地图,并为它们创造索引。为了方便用户下载地图,USDML 还提供 FTP 的方式让用户直接获取到服务器中的地图文件。USDML 将地图放置在以各州名称命名的地图文件夹中,然后使用简单的 HTML 语言为各州郡建立 HTML 静态页面,为收集到的地图进行描述,标记上志愿者姓名、贡献时间以及提交地图的协调员信息,并添加指向地图的超链接。

协调员还需要定期备份网站。该项目拥有电子邮件列表,协调员可以用它来讨论项目事务。当协调员上传了新地图后,需要告之电子邮件列表中的成员。

3.4 界面设计

USDML 网站的主页面简洁明了,条理清晰,网站结构一目了然。由于各州郡的网页和数据库是由不同的协调员进行设计、制作和维护的,所以各州郡的网站风格稍有差别。由于该馆的目的是为家谱学者提供有用的地图,所以界面设计目的是实用而不是美观。

同时,USDML 对网页作了一些规范,比如要求网页不能使用框架(frame)技术来制作,尽量让所有浏览器都能正常显示。为了让用户感觉页面友好,USDML 还要求不同协调员设计出来的网页需尽量保持类似的外观,尽量保持每个页面上都有 USDML 的 Logo。

USDML 设计者故意将图书馆主页设计成很容易地链接到网站上的所有内容,将州地图资源的分级归至 3 或 4 级页面之内,这样能使用户以最快捷的链接路径找到自己想要的资源。州郡地图集首页提供到各州地图站点的链接,进而链接到各郡。同时,为了更好地让用户往返于不同层级的页面之间,协调员在每个州地图网页底部都设计了链接回 USDML 的主页、该州的档案馆页、USGen-

Web 项目页和根网的链接。如果从某站点获得了一个公共领域的地图,则需要在地图链接旁添加礼节性的站点链接。

虽然为了尽量保持一致,但是还是有一些不尽如人意的地方。许多州的网页有一致的背景,有一些州也有自己设计的背景。一旦背景变化,用户很容易失去方向,每个州页面都有一个返回图书馆主页索引页的链接,但测试发现,有一些链接没有链接成功。网站没有统一的设计,没有显示信息来帮助用户知道他们在网站中的什么位置。

3.5 硬件和软件要求

在 USDML 的相应页面中,公众可以利用浏览器查看和下载任何一幅地图作为研究使用。由于图形文件比文本文件需要更多的存储空间,因此需要较长的下载时间。在办公时间或晚上,下载时间甚至更长。在链接到文件之前,工作人员对所有的文件都进行了下载测试。如果用户没有得到一个完整的文件,可以尝试重新加载或刷新浏览器。

4 服务特点

4.1 目标用户

USDML 主要针对族谱专家(Genealogist),为他们在线提供有用的、可读的、高质量的地图。同时 USDML 也为美国公众提供寻根的地图资源,帮助他们回顾美国殖民地和内战等时期的版图历史,踏上寻根之旅。公众作为志愿者贡献分享地图的同时,自己也是免费在线获取的受益者。笔者认为族谱专家在中国还没有对应的职业,比较对口的是民俗学者(Folkloristen)。

4.2 服务方式

作为数字图书馆,USDML 为用户提供常规的浏览与下载服务。

为了保证浏览和下载速度和地图效果,以及不受版权问题侵扰,协调员保证地图有合适的大小和较大的尺寸,确保地图没有受到版权保护,或者得到了书面许可。

USDML 没有提供搜索和其他交互式功能,这一点是它的不足之处,但是用户浏览网站找到地图是很有意思的一件事。由于馆藏资源的范围有限,又有很好的界定,加之有限的地图数量,浏览网站找地图的原始方法很有效,用户通过简单的描述性的链接就可以查看地图。

4.3 版权管理

USDML 提供的是公共领域的数据,即不受版权保护或版权已过期。USDML 不会故意地将受版权保护的或未经版权人许可的任何文件放到网络上。放置在 USDML 中的地图,都遵循了以下准则:

(1)于 1923 年之前原创出版的所有地图属于公共领域,任何人可以自由地使用它们。

(2)在 1923 年和 1950 年之间出版的地图,如果让它仍然受版权保护,版权所有者必须在 28 年过期之间更新版权。然而,由于确定该时期以及 1950 年至今的版权更新情况存在困难,提交者需要提供不受版权保证的证明。

美国版权法允许对受版权保护的文件进行正当使用,使用一小部分作研究属于正当使用的范围。如果用户需要使用受版权保护的地图,复制文件中的大部分则需要得到版权所有者的许可。将 USDML 中的地图用作商业用途是禁止的。

5 评价和建议

美国数字地图图书馆是一个还在持续进行的项目,并且由志愿者支持、协调和维护。它的馆藏资源是非常丰富的,散落在民间的地图被很好地保存下来,并且压缩成了合适的大小供族谱专家和公众免费获取。在协调员的组织下,各州郡地图被很有条理地组织和索引,地图的元数据信息完备,足以让用户满意,很好地实现了辅助族谱专家作研究和美国人寻根的宗旨。但是馆藏资源的丰富并不代表资源的完整,由于历史的原因,某些州郡地图资料不全,州地图协调员还处于空缺状态,美国的殖民历史无疑给美国数字地图图书馆带来了一丝历史负罪感。

其次,网站的检索等交互功能需要提高,目前网站只停留在静态浏览和下载的阶段。当然,由于资源格式的单一以及地图信息组织的出色,没有受过专业检索和浏览技巧培训的普通公众也可以在该馆中非常快速定位到自己的地图信息需求。但是如果美国数字地图图书馆能够在检索功能上有所努力,将会进一步提高这些收藏品的利用价值。

另外,该数字图书馆缺乏对地图使用方法的必要解释说明。虽然这对于擅长族谱研究的专家来说是不需要的,但是对于普通民众来说,印第安土地割让地图虽然吸引人,但是他们很可能不能完全理解。

最后,虽然运用的是非常简单的静态网页技术,但是美国数字地图图书馆号召公众贡献地图的理念以及由协调员收集整理组织地图的形式是非常值得中国借鉴的。美国历史与中国历史相比,中国历史地图显而易见有着更大的馆藏潜力,数字地图图书馆很值得在中国推广。

参考文献

[1] United States Digital Map Library [EB/OL]. [2010-04-20]. http://usgwarchives.org/maps/.

[2] USGenWeb Project [EB/OL]. [2010-04-20]. http://usgenweb.org/.

[3] USGenWeb Archives[EB/OL]. [2010-04-20]. http://usgwarchives.org/.

[4] Ancestry.com [EB/OL]. [2010-04-20]. http://ancestry.com/.

[5]　陈昭珍. 寻根:台湾族谱信息网的设计与建立[J]. 中国图书馆学会会报,2004(73):27-44.

[6]　Jiapu. com [EB/OL]. [2010-04-20]. http://jiapu. com/.

[7]　Rootsweb. cn[EB/OL]. [2010-04-20]. http://rootsweb. ancestry. com/.

作者简介

陈嘉勇,北京师范大学信息管理系,硕士研究生。通讯地址:北京市海淀区新街口外大街19号 100875

美国珀尔修斯数字图书馆
——探索古文明的窗口

刘燕权/美国南康涅狄格州立大学

高颖尹涛/北京师范大学管理学院

李丽凤/中央财经大学信息学院

摘　要:美国珀尔修斯数字图书馆(Perseus Digital Library, PDL)是一个以收藏古希腊罗马时期古典文献资料为主的人文科学研究型数字图书馆,旨在完善人类文明记录,包括语言资源、物质工艺品、历史空间等,让人文科学尽可能智能地被不同语言和文化环境的人们所接受。文章重点从资源组织、技术特征、界面设计、服务特点、评价和建议等方面对珀尔修斯数字图书馆做了评述。

关键词:希腊-罗马时期;珀尔修斯;数字图书馆;数字图书馆先导计划项目II;美国国家科学基金会(NSF);美国国家科学数字图书馆(NSDL)

Perseus Digital Library: A Path to Explore the Classics of Greco - Roman & Western Cultures

Yan Quan Liu, Ph. D. /Southern Connecticut State University, USA

Gao Ying, Yin Tao/Department of Management, Beijing Normal University

Li Lifeng/School of Information, Center University of Finance and Economics

Abstract: As a digital library for the humanities in the US DLI Phase 2, the Perseus Digital Library (PDL) hosted in Tufts University is a scalable, broad - based, interdisciplinary digital library for the humanities. PDL offers classical texts, images, maps, video objects, as well as tools for searching and manipulating the resources, aiming at engineering interactions through time, space and language. This paper provides an overview of PDL, including its organization of resources, technologiesemployed, and services provided. Comments and suggestions for the future improvements are also given.

Keywords: Digital Library; NSF; Humanity; Ancient Greek and Roman materials; Digital Library Initiative II; National Science Digital Library (NSDL)

1 概述

美国珀尔修斯数字图书馆(Perseus Digital Library, PDL)隶属于美国塔夫茨大学(Tufts University),是一个以收藏古希腊罗马时期古典文献资料为主的人文科学研究型数字图书馆。网址是 http://www. perseus. tufts. edu/hopper/(图 1 所示为 PDL 主页)。

PDL是一个非盈利性的机构，建馆的最高理想是收录各类人文思想资料及文献，包括文字文献、艺术品和反映历史时空的各种文献，并将所有资源开放，无论是任何语言或文化背景的人，都能直接在线免费获取其所有文献知识。[1] 1987年建馆伊始，PDL将资料收集的重点放在古希腊文明古典文献资料上，随着古希腊馆藏日渐丰富，PDL也不断地收集其他相关的人文学科资料，如古罗马文明、文艺复兴时期、近代早期英格兰文学、美国内战时期、伦敦的历史和地理等。经过二十多年的不断努力，现在PDL已成为一个以古希腊文明资料为主的服务型人文科学数字图书馆，并朝着它的最高理想迈进。

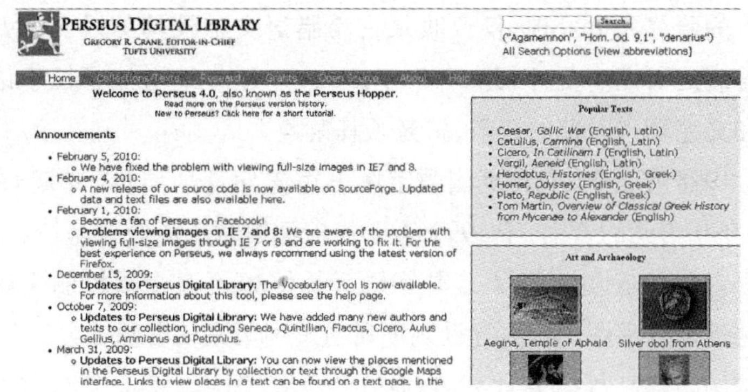

图1 PDL主页

Perseus项目始建于上世纪八十年代的哈佛大学，是由塔夫茨大学古典文学系的Gregory Crane教授（至今仍是PDL的主要负责人）发起并计划实行的。Crane教授当时还是哈佛大学古典文学系研究生，在学习和研究过程中，古典文献资料的查找、梳理和联系占据了大量的精力，因此，Crane教授决定创建一个方便古希腊文献研究学习的数字图书馆。

在得到了一些资助的情况下，1985年至1988年，Perseus进入了长达三年的筹备期，于1987年正式开始了古希腊馆藏的建设，并得到了Annenberg/CPB基金会的资金支持。Annenberg基金是私人家族基金，由 Walter Annenberg 建立，主要资助对象是非盈利性机构，基金致力于从通信媒介方面提升公众福祉。

之后，1992 年，耶鲁大学发行了 CD - ROM 光盘格式的 Perseus 1.0 版本，它采用了苹果公司的超媒体应用软件 Hypercard，这时的 Perseus 严格来说只能算作一个数字图书馆的雏形。1993 年 Perseus 移至塔夫茨大学并于 1995 年在网上发布运行；1996 年，再次发行 CDROM 光盘格式的 Perseus 2.0 版本；自此，PDL 逐渐稳定地发展起来。

在 PDL 的发展初期，Perseus 的目的是尽可能多地数字化古希腊语文献及其英译文本，并呈献给大众。在资料的收集过程中，PDL 的研究人员发现，仅仅收录古希腊语文献及其英译文本并不能够满足研究需要，因此 1997 年，Perseus 逐步地增加了拉丁语文本和文艺复兴时期的资料，扩充了其馆藏。

1998 年，PDL 获得美国数字图书馆先导计划项目（二期）的 2 800 000 美元的资助，于 1999 年正式扩延馆藏资源收录范围，从希腊语古典文献及其英译文本外延至其他相关人文领域的文献资源。美国数字图书馆先导计划项目由美国国家科学基金会（NSF）、美国国防部高等研究计划署（DARPA）及美国国家航空与宇航局（NASA）等共同启动，1998 年进入二期工程，主要侧重于以教育教学为中心、重在数字化图书馆的内容和对收藏实践的研究。[2] 至此，作为美国国家科学数字图书馆（NSDL，#9817484）项目之一，Perseus 的总体目

标转变为：创建一个以古希腊文明资料为主的服务型人文科学数字图书馆。

从此 PDL 进入一个快速发展、不断完善馆藏资源及其利用手段的阶段：

2000 年发布 Perseus 2.0（CD - ROM 光盘版）独立平台版本；同期将网站更新为 Perseus 3.0 版本；2005 年将网站更新为 Perseus 4.0 版本，期间经历了 1 年的过渡期，直到旧版本退出舞台；Perseus

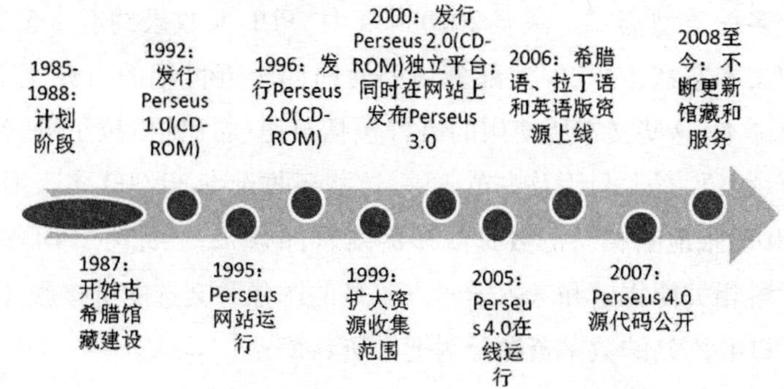

图 2　PDL 发展时间线[3]

4.0 也称 Perseus Hopper，整个网站基于 Java 语言架构，较之前基于 Perl 语言的版本，Hopper 的交互性更强，其源代码也在 2007 年发布，也更符合其资源开放与公众分享的目标；

2006 年，发布希腊语、拉丁语和英文文献资源。所有资源均基于文本编码倡议（TEI，Text Encoding Initiative）标准的 XML 格式，采用知识共享协议（Creative Commons）的方式共享并署名。

PDL 从 1985 年提交项目申请至今，已经走过 20 多年的历程，在许多个人和机构通过各种方式的不断支持下，它灵活适应新技术发展，持续更新和扩展馆藏资源，其自适应和发展能力，已使其成为人文研究中，特别是古希腊文明的研究中不可或缺的数字图书馆之一。

2　数字资源及其组织

2.1　资源范围及种类

经过二十多年的建设，PDL 的数字资源非常丰富，除古希腊、古罗马、美国 19 世纪时期和文艺复兴时期等不同时期、不同语种的古典研究文本文献资料外，还收录有艺术品、考古文献资料、词典等多种类型资料。截至 2010 年 4 月,PDL 共收录约有 1 517 万字的文本文献,[4] 其中大部分是公元前四至五世纪的古典文献原文及译本,这些文本所使用的语言包括英语、希腊语、拉丁语、阿拉伯语、德语、意大利语及古英语等;馆藏还收录有 30 000 多张图像、1 000 多张地图和一份数量众多的雕刻品目录;[5] 此外,PDL 还提供学科相关博物馆和考古学站点收藏的图像和文选的链接服务。

PDL 网站的数字资源分为七个资料库:

(1)古希腊—罗马资料:主要是研究古希腊和罗马时期的一次文献和二次文献,这个资料库是珀尔修斯的重点馆藏,也是 PDL 从建馆之初就开始建设的数字馆藏,共包括 159 种关于古希腊及罗马时期的古典文献及相关研究资料,几乎涵盖所有目前已知并遗存的古希腊和古罗马经典,其中很多书都有希腊语、拉丁语原本以及英语译本,如荷马史诗、柏拉图对话以及几大剧作家作品的古代注疏集等。在本库中,还包括一个子库——艺术品和考古文献资料,里面共收录 1 305 种古硬币,1909 个花瓶、2003 个雕塑、179 处遗址、140 块宝石和 424 个建筑物等的详细描述及图片等相关信息,如希腊神殿、希腊古迹等。其中每个目录入口都有文字描述此目录中物品概要信息,目录信息和关键词从标准资源中抽取,用于检索;

(2)阿拉伯语文献资料:包括英文版阿拉伯语字典、古兰经相关的四本著作和阿-英词典,总共约有 29 万字的阿拉伯语文本和 86 万字的英语文本;

(3)日耳曼语文献资料:主要包括研究日耳曼民族的相关资料。古诺尔斯语和古英语均属日耳曼语种,古诺尔斯语大部分尚存文学作品写于 12 世纪中叶的冰岛,PDL 中收录的古诺尔斯语文本主要是萨迦(saga),萨迦是一种史诗、传奇,有冰岛人的传奇故事和神话文学,也有与宗教相关的典籍等。这类文献总计约英语文本 45 万字、古诺耳斯语 48 万字和古英语 22 万字;

(4)美国 19 世纪时期的历史文献资料:包括美国内战等 19 世

纪时期的相关文献,共计近6000万字;

(5)文艺复兴时期资料:包括早期现代英国文学的一次文献和二次文献,有莎士比亚全集及研究文献、英国文艺复兴时期历史等,总计近700万字英语文本;

(6)理查蒙德时讯报资料:在这类中收录19世纪中叶(1860.11.1-1865.12.30)理查蒙德时讯报的文本资料,总计近2000万字;

(7)杜克纸莎草本文献资料库(the Duke Data Bank of Documentary Papyri, DDBDP):包括从分散在纸莎草、陶片和木片等上发现的所有希腊和拉丁文本的数字化资源,主要是有关埃及托勒密王朝和罗马时期的资源。

此外,PDL还以CD-ROM的方式出版发行其资料库,但都有期限限制,内容不能保持与网站同步。

2.2 资源组织

(1)一般组织形式

PDL馆藏资源根据资源主题分成的七个资料库,分列成行,简单浏览。资源页面分三级:馆藏资源主页、资源库页面和资源内容页面。馆藏资源主页列出七个文献资料库及其简要描述;资源库页面中由上至下依次列出库中收录的资源条目,条目用著者项和题名项标示;资源内容页面即资源项目的主要内容。

PDL不仅数字资源丰富,而且向用户提供从多种角度揭示文献的方法。如上文中所介绍的途径查找或浏览文献、二次文献、图片等时,PDL同时提供了这些文献集的时间分布、地区分布、语言分布等。这是对文献元数据的一种深度挖掘,实现容易,可对研究者查找相关资料提供便利条件。

(2)特殊组织形式

如果说在馆藏资源主页和资源库页面这两级页面中并不能看出PDL的馆藏有什么特色,用户查找资料只是简单地逐级进入,那么在第三级资源内容页面中 PDL 的馆藏特色则突出展现。用户可通过点开资源项目进入资源内容页面,页面上方有书本和章节的条形位置示意图,用蓝色标示出当前页面所属项目以及章节;同时在章节内容的左边栏以树状列表形式显示资源所属资料库级、资源大纲,用户可根据需要点击相应章节进行浏览。

除此之外,PDL 还采用知识管理的方式来组织馆藏文本资源,如在希腊语著作中,通过页面右方的工具链接,方便地对应英译本中的章节段落;还有,在文中选中任意希腊语或拉丁语单词可以进行检索,查看相关词典、注释、参照条目、单词分析以及统计所选单词在著作中出现的次数和位置等。这些知识管理方式的加入让 PDL 的馆藏资源更好地被揭示,为研究工作提供更多便利,也成为 PDL 区别于其他数字图书馆的特点之一。

2.3　资源免费获取

PDL 支持开源内容,是“开放内容联盟”的贡献者之一,其馆藏数字资源对公众开放,所有数据均可在线访问获取,所有文本资料和数据资源都可从 Perseus 4.0 以 XML 形式免费下载(但一些内容受到知识产权许可协议的限制)。同时,PDL 一直与耶鲁大学出版社合作发行珀尔修斯希腊文献资源(光盘版),用户也可购买光盘使用资源。除了馆藏资源,PDL 网站还将其源代码发布至 SourceForge 对所有人开放,并供自由下载。

3　技术特征

3.1　数据采集、存储和输出

PDL 最初发布的 CD - ROM 光盘版只允许在 Mac 机上使用,之后,随着 CD - ROM 光盘版独立平台的发布及互联网的应用,用户服务范围大大扩大。只要拥有一台联网的计算机,即可方便地访问 PDL,不仅可以免费获取其资源,还能进行互操作。

早期的 PDL 在数字化时使用标准通用标记语言(Standard Generalized Markup Language,SGML)来标识文献,而在当时,苹果公司的 HyperCard 系统不能处理 SGML 标识,直到几年后由于机读系统发展,PDL 的努力开始得到丰厚的回报。随后,在元数据出现之前,PDL 项目组就已开始尝试使用专门的元数据架构来标引一些资源项目,最初他们使用面向对象的手段来管理多媒体数据,以一个花瓶为例,尽管它有多个缩略图,但是主要款目信息只有一个,其中包含以下信息:收藏、概述、器皿、形状、区域、日期、年代、描述、关键词等。

现在,PDL 遵从 OAI 协议标准(Open Archives Initiative Protocol for Metadata Harvesting),采用统一的都柏林核心元数据架构。元数据结构为:内容(Context),种类(Type),概述(Summary),日期(Date),尺寸(Dimensions),地区(Region),时期(Period)。Anne Mahoney 指出,数字图书馆大多使用 SGML 或 XML 标识,符合文本编码倡议(TEI)的文档定义类型(DTD)。[5]使用这些标识的数字图书馆都遵照 Stoa 公约,标识需要标识的特征,使用相应的属性值同时在文档头文件中写入相关元数据。

2006 年起,PDL 进入"第四代"文本资源的整合,这些文本资源不仅整合了转录文本和原始页面的图像,还包括其他一些工具接口(如语态和语法分析、人物和地点的索引、特定词语的特定意义查询等)。[6]以下是 PDL 第四代资源在 2008 - 2009 年间的一些整合:

(1)将希腊语和拉丁文原始资源转成可扩展的基于 TEI 标准的 XML 格式记录。

(2)根据 FRBR(Functional Requirements for Bibliographic Records)模型规范,采用 XML MODS 和 MADS 格式著录数据,描述不同版本、译文、注释、索引和其他实体数据等。

(3)在规范文本服务协议(Canonical Text Services,CTS)下,

PDL 的元数据支持通过书、章节、诗节或其他惯用学术引用为入口。这种元数据方便用户从原文引文处直接生成动态链接,跳转到相应的原文数字图像页面或 XML 格式记录。

3.2　技术架构

PDL 网站自 1995 年正式在线发布后,经历了两个阶段的发展。网站早期版本用 Perl 语言编写创建,但随着时间的推移,图书馆馆藏越来越丰富,Perl 编码逐渐显露出它的弊端,这使得 PDL 越来越臃肿,对源码的修改变得不太容易,也不利于源码的开放和共享。在 2000 年,Perseus 团队决定新建一个数字图书馆管理系统,希望能够实现互操作性、结构化和开源的功能。同时在 2002 年,Perseus 将馆藏转移至塔夫茨的 FEDORA 存储库中,而 FEDORA 对其中的数据系统也有一定的要求,因此,Perseus 开始了新系统的开发与设计。现在 PDL 的数字图书馆管理系统,即 Perseus4.0,也称 Perseus Hopper,是基于 Java 技术、使用开源软件 J2EE 编写的系统,网站更精简、运行更顺畅,同时也更具有互操作性,与时代的发展要求更切合。另外,PDL 是按 Firefox 的页面格式开发的,支持各种操作系统和浏览器平台。

3.3　界面设计

网站的系统界面设计对于用户的学习起到重要作用。它是与用户进行交互的平台,直接影响用户利用图书馆资源的主动性、有效性和用户对图书馆的评价。

PDL 网站界面简洁大方,黑白灰的主色调切合了古老而悠久的馆藏资源,功能划分十分明显。主页上包括了主要的网站功能,如全文检索(位于页面右上角)、清晰的导航栏、热门资源、特色资源等。部分导航栏下还增设二级导航栏,进行服务的二级细分。其中,选择"Collections/Texts"中的七种资源的某一类后,右上角快速检索工具的检索范围自动缩减到该类文献集中,便于人们准确获取所需文献。在页面的右边也有关于该类文献的各种语言的单词统计量,以便于了解该类资源的收藏情况。主页左半面上方显示更新以及招聘的信息,帮助用户了解图书馆的工程建设情况,让用户即时了解图书馆收集整理的新资料。左半面下方是关于珀尔修斯数字图书馆简短的介绍,包括图书馆的性质、创建机构和支持机构。

4 服务特征

4.1 目标用户

PDL 为广大范围的用户开放其所有古典文献资源,其目标用户总体上包括三类:

(1)研究希腊罗马语言学、哲学、历史、原始文化和宗教学习等相关学科的学者;

(2)研究古典文学及人文相关领域的学生;

(3)对古典文献感兴趣的一般大众。

4.2 服务方式

PDL 的核心服务在于通过其资源的检索和辅助工具的配合,提供给用户一个方便易用的检索和研究平台。此外,PDL 的资源的开放性也是它的服务的重要特色之一。

(1)检索系统

检索系统作为研究辅助工具,在 PDL 提供的服务中是一大亮点,在研究其收录的古希腊—罗马文献过程中提供了极大方便。由于希腊语、拉丁语等语言的复杂性,单词词态变化多,在对这些语言的古典文献资源文本的学习和研究过程中,非常需要有一套方便易用的工具来将其联系、利用起来。在早期,Perseus 使用的文本分析工具主要是 Morpheus 工具,通过建立单词索引来分析文本。[6] Perseus 的旧版本中也使用了 Perseus Atlas 数据库,在检索某个地点名词时,Atlas 可以返回给用户所有含有该地点的文献原文链接,并提供标示该地点的地图链接,方便学习研究中将地图和文本两者比对。现的 PDL 用谷歌地图软件来进一步精确地实现这一功能。

目前,Perseus 4.0 的主要系统工具包括:

1)语言工具。包括单词分析工具、词汇工具、多种语言查询工具和字典工具。由于希腊语和拉丁语单词对于大部分用户来说字母输入不方便,PDL 在其网页右边栏设有单词分析工具(见图 3 所示),用户可根据所列出的希腊字母(或拉丁字母)与英语字母的简单对应表,随时输入查询;同时由于单词的复杂性,查询结果可帮助用户分析同一词的多种词形和不同含义。在处理非英语文本中,PDL 还运用词汇工具,统计所在页面文章中各个单词的词频供用户研究参考。此外,英语—阿拉伯语、英语—希腊语、英语—拉丁语查询工具和字典工具也是与语言相关的研究辅助工具。

2)检索工具。分为关键词或短语检索工具和专有名词(包括人名、地名和日期)检索工具。关键词检索是最常用的检索方式;专有名词检索上文有提及,如当用户检索一个地名,以 Athens 为例,通过专名检索列出 Athens 的词频一览表和含有 Athens 一词的所有文献。

3)Art & Artifacts 浏览器是用来检索图像资料库的工具。用户可按类型浏览艺术品和古器物,通过浏览器中不同的菜单,选择相应选项缩小检索范围。如用户选择了"建筑"(building),将会出现"architect, type, period, or region."的选项;除上述方式,用户也可通过检索页面从所有的艺术品和古器物中直接检索出所需结果。

(2)交互式服务

交互式服务在 PDL 中应用广泛,用户在使用过程中需要进一步了解信息时,交互式服务通过点击相应单词链接的方式,呈现给用户扩展的相关交互信息。更为可贵的是,这些交互式服务都可

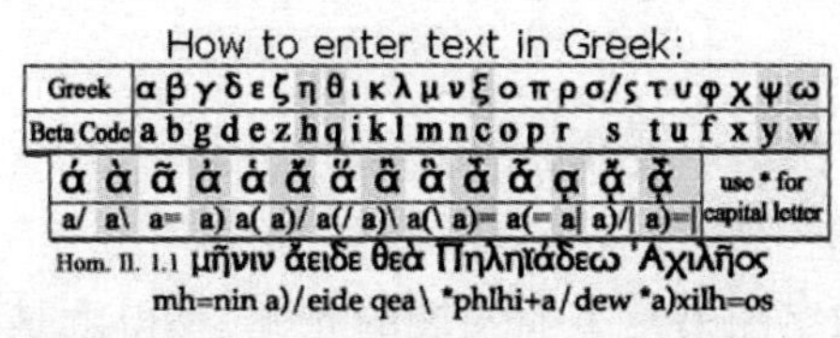

图3　单词分析工具

控用户可以按个人喜好定制相关服务。

1)交互式检索工具。以上小节中的单词分析工具为例,在阅读文本时,用户可点击单词,链接至新窗口,结果会显示该单词的格式,若该词格式具有争议性,用户能通过投票选出他们所认为正确的格式项。

2)用户个性化设置。PDL 提供用户偏好设置工具,可根据自身的喜好,设置检索结果显示方式、默认显示语言、定制文本的链接格式等。这些个性化设置以 Cookie 的形式保存在电脑中。

3)交互式文本。PDL 中的数字资源文本都用工具自动标引,与馆藏中所有引用文本双向参照,用超文本链接方式提供交互式访问,方便读者联系研究相关参照引文。

(3)帮助与说明服务

PDL 网站通过“帮助信息中心”页面给用户提供帮助与说明服务,包括用户帮助、网站信息与联系方式、馆藏信息介绍三个部分。用户帮助主要是提供给用户利用 Perseus 的基本方法和途径,帮助用户快速熟悉 PDL 的馆藏资源及其工具,包括用户快速导航、版权申明、常见问题(FAQ)、文本使用帮助、词汇工具使用帮助、Perseus 历史档案等项目;另外,用户可在网站信息与联系方式查找网站相关及联系信息,亦可通过馆藏信息介绍得到对 PDL 主要馆藏的概览,这些帮助对于新用户无疑是一座与 PDL 建立良好联系的桥梁。

5 评价和建议

PDL是数字图书馆事业发展的先驱,算得上是老牌的数字图书馆之一。它在发展过程中不断创新、努力应用新技术、把握时机、紧跟时代的步伐,一直将数字资源的建设和揭示作为它的工作重点,这些都是我们应该学习和借鉴的地方:

(1)维护的及时性。在PDL的网站公告中,我们可以看到PDL团队更新和维护频率非常快,仅2010年2月就更新了3次信息,从图2中的大事记也可看出PDL一直不断地紧跟社会文化的发展。

(2)丰富的古希腊—罗马资源文献。作为PDL的特色馆藏,为研究古希腊、古罗马历史创造了良好的条件。现在,PDL的文献资源仍不断增长,并致力于收录所有古典人文学科资源,为读者开放更多更好的广泛资料。

(3)新技术的应用。PDL是超文本技术发展的先驱,随着时间的推移和新技术的出现,PDL果断地将网站替换为基为Java的操作平台,采用了主流字段标准,如XML和TEI,同时在资源揭示中也应用了GIS和数据挖掘,这些技术上的更新表明PDL为了能够向读者提供更广泛资料的目标不断挑战自我、努力进取。

(4)资源免费共享。从1995年网站在互联网上发布,PDL所有资源都免费开放,任何人都可访问其网站无偿获取,很好地体现了PDL的共享性原则。

(5)数字资源的揭示。PDL在数字资源的揭示上下了很大工夫,包括各种分布、GIS的应用、对著作中单词的分析等,表现出PDL对文献元数据内容的挖掘要比我国普遍深入得多,其中有些揭示方法技术上实现并不困难,也不需要增加许多工作量,但取得的效果却是有目共睹,值得我们学习借鉴。尽管PDL有很多优势,但仍有些不足之处值得我们思考:

(1)界面和导航。PDL的界面,严格来说,不能让我们很快地把其资源、功能弄清。其中 PDL 主页上大部分是声明相关内容，没有一个清晰的资源和工具集合的划分，未能很好地实现主页作为门户给用户进行导航的功能，显得似乎 PDL 创建者更加倾向于把 PDL 作为一个项目来展示。

(2)查询工具。字典查询工具是最常用的工具，应该放在更显著的位置，而不是必须通过点击页面右上角检索框下的"All Search Options"才能进入。在实际使用中，用户可能更希望能够便捷地访问所有检索工具，因此作者认为，PDL 可以考虑在导航栏上添加"Tools"一项，提供更明显的入口。

(3)页面的构建。由于 PDL 采用最简单的列举式显示资源，这种方式在文献资源数量较多时容易导致页面的载入速度过慢，显示不全甚至打不开。在浏览 Art &Archeology artifact 时，浏览器也会出现缩略图无法显示的问题。作者认为，在资源的显示上，PDL 可以以一种更好的方式来呈现。

(4)特殊用户群的资源获取服务。PDL 的优势在于它的易获取性，任何人可从互联网的终端方便地获取资源，这也是 PDL 的目标之一。然而，由于 PDL 的多语言性和工具的复杂性，对于某些特殊用户群体的需求可能会不能很好地满足，如某些有障碍的群体，[6]这一点也是比较难以解决的。

(5)光盘(CD－ROM)的滞后性。与另一个希腊文献数字图书馆——Thesaurus Linguae Graecae(以下简称 TLG)相比，TLG 由于专注于希腊语相关文献，在希腊语方面的研究资料相对丰富些；并且由于 PDL 为非盈利性机构、所有资源均可在线免费获取，因此光盘版的 Perseus 相对 TLG 和 PDL 网站版资源来说并不好用，光盘内容不能与最新资源保持同步。

相信珀尔修斯数字图书馆在不断扩大视野，完善自我中，会成为一个非常有价值的研究人文科学的窗口。

参考文献

[1] Perseus Digital Library－Research[EB/OL]. [2010－04－15]. http://

www. perseus. tufts. edu/hopper/research.

[2] DIGITAL LIBRARIES INITIATIVE - PHASE II[EB/OL]. [2010 - 04 - 17]. http://www. nsf. gov/pubs/1998/nsf9863/nsf9863. htm.

[3] Perseus version history[EB/OL]. [2010 - 04 - 17]. http://www. perseus. tufts. edu/hopper/help/versions. jsp.

[4] Perseus Digital Library - Collections&texts[EB/OL]. [2010 - 04 - 17]. http://www. perseus. tufts. edu/hopper/collections.

[5] RYDBERG - COX J A, CHAVEZ R F, SMITH D A, et al. Knowledge Management in the Perseus Digital Library[EB/OL]. [2010 - 04 - 17]. http://www. ariadne. ac. uk/issue25/rydberg - cox/.

[6] MARCHIONINI G. Evaluating Digital Libraries: A Longitudinal and Multi-faceted View[J]. Library Trends,2000,49(2):307.

[7] PREECE E, ZEPEDA C. The Perseus Digital Library: A Case Study[EB/OL]. [2010 - 04 - 17]. http://repositories. lib. utexas. edu/bitstream/handle/2152/6836/perseus_case_study. pdf? sequence = 5.

地球家园的生动记录:可视地球数字图书馆(Visible Earth)

刘燕权/美国南康涅狄格州立大学

江凌、杨皓东/北京师范大学信息管理系

张冠星/中央财经大学信息学院

摘　要:作为美国宇航局(NASA)资助的数字图书馆项目之一,“可视地球”(Visible Earth)数字图书馆旨在免费向公众提供有关地球科学的图像、动画以及其他的可视化信息。该馆面向学生、教育工作者、科学家、商业人士等,为用户提供了五彩缤纷的可视化地球资源。文章从资源组织、服务特征、技术特征等方面对VE做了概要评述,同时给出了笔者的评价与建议。

关键词:可视地球;图像资源;可视化信息;数字图书馆

Visible Earth—A Digital Library of Images and Animations of Our Home Planet

Yan Quan Liu, Ph. D./Southern Connecticut State University

Jiang Ling, Yang Haodong/Beijing Normal University

Zhang Guanxing/Central University of Information Management

Abstract: Visible Earth Digital Library (VEDL) intends to provide the public with free access to tons of satellite images, animation, and data visualizations about the Earth. Highlighting the most spectacular Visual Documents in earth science, VEDL, hosted by NASA, is specially designed for students, educators, scientists, businessmen and so on to study the Earth. This paper provides an overview of the major development of its digital collection and organization, service provided and technologies employed. Author's comments and suggestions are also given.

Keywords: Visible Earth; Image resource; Visualization information; Digital library

1　项目概述

“可视地球”(Visible Earth, VE)是美国宇航局(National Aeronautic and Space Administration, NASA)资助的数字图书馆,该数字图书馆旨在向公众提供有关地球科学的图像、动画以及其他的可视化信息。[1]出于开放获取的目的,VE 免费向公众开放,网址为 http://www. visibleearth. nasa. gov/,主页如图 1 所示。

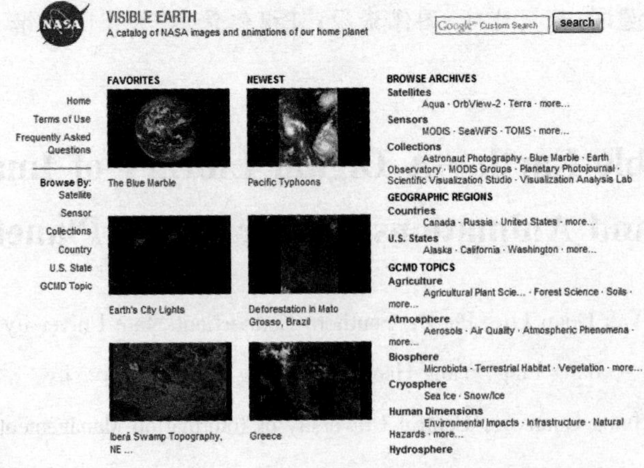

图 1　VE 主页

VE 诞生于 2000 年，它是 NASA 的地球观测系统（Earth Observing System，EOS）的一部分，是由 NASA 戈达航空中心（NASA's Goddard Space Flight Center）旗下的地球观测系统项目科学办公室、科学可视化工作室和可视化分析实验室三个部门合作建立的数字图书馆，其建立的初衷是为了解决科研人员和普通民众对航天图像的需求。其中，地球观测系统项目科学办公室主要负责管理和协调 EOS 的所有项目和任务，科学可视化工作室负责创建新型图像，同时它也是 VE 数据库中图片和可视化信息的重要来源，而可视化分析实验室则为科学分析创建图像和动画，三者都为 VE 的建立和发展作出了重大贡献。

NASA 戈达航空中心的网站上明确地指出了 VE 数字图书馆的使命："VE 的目标是提供一个持续更新的有关地球科学的可视化信息和图像的数据库，使其为感兴趣的公众提供免费使用，同时也可给新闻工作者、科学家以及教育工作者提供最大限度的帮助。"[2]

VE 数字图书馆用途如此之广，加上航天领域的吸引力，平均每月有高达 100 000 的访问量。比如，致力于森林大火项目研究的学生能轻松在该网站上搜索相关图片；大气学专家可以通过图像研究臭氧层；农民也能通过卫星图片来检查农作物的问题、定位洪涝位置等等。

VE 数字图书馆的图像和可视化信息主要来源于太空卫星和传感器，也包括如宇航员拍摄等其他渠道。为了方便用户查询和使用资料，VE 还提供了强大的数据库搜索服务；另外用户也可以选择不同的条目浏览，这些条目包括卫星、传感器、国家、美国各州、GCMD（Global Change Master Directory）主题等。VE 图像资源丰富，信息量全面，交互手段人性化，是不可多得的图像资源网站，用户可根据各自的兴趣和需要在该网站上获得心仪的、宝贵的信息和资源。

2 数字资源及其组织

2.1 资源范围及种类

VE 的资源主要来自 NASA 卫星和传感器拍摄的照片和动画，另外也接收来自其他图像资源站点的图像。它的收藏范围非常广泛，从地球上的各种资源（如地表结构、自然现象等）到人类活动的各种信息（如农业、交通、基础设施建设等），无所不包。如“蓝色大理石”（Blue Marble）系列图片是迄今为止最为详尽的地球“肖像”，[3] 我们所居住的蓝色星球上

每一寸土地都被摄入其中，这组照片是科学家用了数月时间拼接而成的，地球的陆地、海洋、冰川和云层都被摄入其中，展现了多姿多彩的画面，如图 2 所示。VE 的图像资源在不断更新中，目前已经包含 20 946 条记录和 102 521 张图片，总容量达 360. 6GB。

图 2 蓝色大理石

2.2 资源组织

VE 数字图书馆中的图像和动画资源主要通过两种方式组织起来：“最喜爱的图像”（Favorites）和“最新的图像”（Newest），这两栏位于网页的中央部位，在此基础上辅以网页左侧的简单导航和

右侧的详细导航浏览,如图 1 所示。Favorites 和 Newest 两栏分别列出五组最喜爱的图像和最新的图像。网页左侧的简单导航包括卫星图片(Satellite)、传感器图片(Sensor)、收藏(Collection)、国家(Country)、美国各州(U. S. State)和 GCMD 主题(GCMD Topic)。网页右侧的导航栏则将上述六条目分成了三大类,分别是"浏览档案"、"地理位置"和"GCMD 主题",其中"浏览档案"包括"卫星图片"、"传感器图片"、"收藏"三个类目,"地理位置"包括"国家"和"美国各州"两个类目,"GCMD 主题"则包括"农业"、"大气层"、"生物圈"、"水圈"、"地貌"等 13 个类目。而这些类目下面还有更加详细的子类目,方便用户按类索需,如"收藏"包括"宇航员相册"、"蓝色大理石"、"地球气象台"等,"国家"包括"加拿大"、"美国"、"俄罗斯"等,"农业"包含"农作物科学"、"森林科学"等,"生物圈"包含"微生物"、"植物"等。如果在首页无法找到自己需要的类目,还可以点击各个子类目后面的"更多"去寻找自己需要的图像和动画信息。在首页右上方,VE 还提供了强大的谷歌搜索功能,用户可以输入关键词等去搜索目标图像。在目录网页中,图像以缩略图的形式呈现,用户可以将图像按照"发布日期"、"可视化日期"或者"ID 号"升序或降序排列,方便其预览。[4] 而在每一张图片的下方都有简短的标题,点击图片或者标题便能获取该图片的详细信息。在图像详细信息页面的底部,用户可以找到其他图片导航链接来帮助他们浏览。

2.3 元数据方案

VE 的元数据采用的是都柏林核心(Dublin Core)方案,该方案是专门针对网络信息资源组织与存取需求而由图书馆、出版社和信息界提出来的解决方案之一。NASA 是这个方案最早发起使用者之一。都柏林核心元数据倡议(Dublin Core Metadata Initiative,简称 DCMI)致力于促进互操作元数据标准、传播和开发描述专门元数据词表以实现智能信息的发现,提供一个便利查找、共享和管理信息的简单标准。由于 DC 的 15 个标记元素简单易懂,既便于专业用户的扩展,又适合普通用户使用,加上它是由世界各国专家共同参与制定的,经过不断完善,已成为国际范围内通用的适用于资源发现的 Metadata 标准。VE 作为 NASA 的子网站,将 DC 方案应用在网站的建设上,提高了元数据的利用价值,也非常方便用户查询信息和理解信息。

VE 为每一张图片提供了一种结构性描述的元数据,包括传感器名称(Sensor)、可视化日期(Visualization Date)、MODIS 波段(MODIS Bands)、发布日期(Display Date)等。如图 2 所示,"蓝色大理石"的元数据包括 Sensor 和 Visualization Date,表明该图像由传感器 Terra/MODIS 拍摄,可视化日期是 2002 年 2 月 8 日。另外,VE 还提供了每张图像的尺寸和格式(TIFF 或者 JPEG),[5] 以及不同带宽的用户下载图像所需的时间[6],动画则以 MOV 的格式呈现给用户。

3 服务特征

3.1 目标用户

VE 除了为感兴趣的公众提供可视化信息和图像外,还为教育学家、科学家、商企人员、学生等提供宝贵的资源。VE 所提供的图片被广泛应用在教学、科研、气象、太空研究、GIS 系统等方面,著名的 Virtual Earth 项目、Google Earth 就大量采用该网站的资料。公众可以免费下载除 SeaWiFS、Quick Bird 和 IKONOS 提供的图片以外的图像资源,但在使用时需申明图片来源;若要下载上述三者提供的图片,需要向 Orbimage、Digital Globe Group 和 Space Imaging 组织申请使用许可。[7]

3.2 服务方式

作为数字图书馆,VE 为用户提供一系列常规服务:

(1)搜索服务

VE 网站使用了 Google 自定义搜索引擎(Google Custom Search)技术,搜索栏位于页面的右上方,明显醒目,用户可以对该网站所包含的图像进行元数据关键字搜索。Google 作为当前技术最好的搜索引擎,索引和搜索模块具有操作简单高效的特点,能够很好地满足用户的搜索需求。不足的是 VE 只提供基本搜索,无任何高级搜索功能,若用户需要通过多字段检索来寻找资源,VE 的搜索功能将显得力不从心。从这点上看,VE 是个更适合浏览访问的数字资源库。

(2)浏览服务

VE 支持用户以多种方式来查找内容,网站将所有的资源进行详细的分类,并提供了多种分类目录,包括通过地理位置查询(Geographic Regions)、卫星图片查询(Satellite)、传感器图片查询(Sensor),同时也能通过农业(Agricultural)、大气层(Atmosphere)、生物圈(Biosphere)等主题进行相关领域的浏览,这在本文的 2.2 节资源组织中已作过详细介绍。

(3)下载服务

VE 网站为每张图片提供了详细的描述信息,并且提供了不同分辨率的图片格式以便不同需求的用户使用,同时还列举了不同格式的图片在不同带宽环境中的下载时间。用户可以根据自己的需要和网络带宽选择合适的图片免费下载。

除上述功能外,VE 还设计了 FAQ 服务,但是问答库中的内容过于简单,也无实时更新,无法真正对用户有所帮助;[8] 另外,VE 还提供了“联系 VE”的服务,用户可以利用这个窗口向 VE 提出问题和建议。[9]

4 技术特征

4.1 技术构架

VE 网站采用 PHP 技术创建网站,使用开放源码软件 MySQL 作为数据库,遵循知识共享协议(Creative Commons License),该技术架构使得网站更易于维护和使用。在支持下载方面,2005 年后,所有图片都支持 HTTP 协议下载。但是当用户下载超大型图像(如"蓝色大理石"组图大小超过了 400M)时,将长时间占用服务器,这使得服务器的维护和更新都产生很大的问题,工作人员不得不强制停止用户下载。鉴于此,VE 提供了 Bit Torrent 的下载方式。BT 是一种分布式的点对点文件共享协议,它允许用户在不与主服务器相连接的情况下下载各自需要的资源。这种下载方式可避免用户在下载图片时长时间与服务器相连,减轻了服务器的压力,有效提高了网站的速度,同时也提高了用户获取资源的速度,减少了用户的等待时间。

在对软硬件的要求方面,由于 VE 网站提供了两种浏览方式,一种是针对普通用户的快速浏览方式,对这类用户,由于他们对图像分辨率要求不高,因此一般的硬件配置和图像浏览软件便能满足他们的要求;另一种方式是针对专门的 GIS 系统开发人员,VE 为他们提供的高清图一般都大于 10M,甚至上百兆,此类图片可以直接用在 GIS 系统之中,对于这类用户,至少需要 1.7G CPU、128M RAM、1.8GB 硬盘空间,软件方面要求安装 Photoshop 9.0。

4.2 界面设计

VE 界面采用白底蓝字的色调设计,呈现"太空"的主题,让人眼前一亮,给用户一种翱翔于茫茫太空的感觉,能调动用户对图片挖掘的积极性。主页面中,在中央最醒目的位置提供主题为"Favorites”和“Newest”的两组图片,这些图像是用户最喜欢或者最新拍摄的,能够充分激发用户的兴趣。同时,VE 在主页面的左右两侧分别辅以简单导航和详细分类导航,能充分满足用户的浏览需求。在点击每一个分类目录后,用户便进入以缩略图呈现该类图片的子网页。每张缩略图的下方有该图片的标题,点击标题便进入该图的详细介绍网页,除了对图片的详细描述外,VE 还为其提供不同分辨率格式,并附以元数据信息。在除主页面以外的子网页中,每个网页始终在上方提供 Google 的自定义搜索引擎,下方提供子类目链接,侧栏提供导航功能,这些都便于用户进一步寻找需要的资源。同时,每个网页下方提供的版权信息和 VE 的联系方式,都能给予用户必要的帮助。

5 评价与建议

VE 囊括了从自然现象到人类活动等众多领域的可视化信息和图像资源,用户包括学生、天文学家、气象学家、GIS 系统设计者、商业人士等等,其资源的丰富程度和用户的普及范围,都是很多数字图书馆所不能及的。可以说,VE 是人类地球资源的精华图库。总的来看,VE 具有以下优点:

(1)网站设计风格鲜明、结构清晰,易于用户使用;

(2)网站资源丰富,分类明确,链接清楚、易懂,用户范围广;

(3)绝大部分资源可以免费下载,充分体现知识共享的建网宗旨;

(4)提供 Google 自定义搜索,方便用户查询资源。

VE 尚有一些需要改进的地方:

(1)虽然 VE 对资源有明确的分类,但是类目数量和详细度方面的欠缺使其难以满足各类人群的要求。比如网站没有设立专门的类目供用户浏览有关天体的图像和动画,使得天体研究专家(如火星研究者)只能通过简单搜索来寻找所需的资源。

(2)资源更新慢,VE 建设团队对数据库的最近一次更新要追溯到 2008 年 2 月 25 日,这对资源的正确传播极其不利;FAQ 问答库中的问题也无更新,无法真正对用户有所帮助。

(3)VE 不提供高级搜索功能,当用户需要从细节入手进行多字段检索时,简单的 Google 自定义搜索引擎便显得力不从心。

(4)没有用户交流平台,如论坛、聊天室等,用户之间无法在 VE 上进行有效的交流和互动,阻碍了信息资源的共享。

综上所述,VE 是一个非常有价值的数字图书馆,能够为学生、教育工作者、科学家、商业家等用户提供最全面的免费的有关我们地球家园的可视化信息、图像及动画资源。VE 通过 10 年的努力,已经遥遥领先于很多同类型的数字图书馆。随着建设团队对其的不断更新和改善,相信 VE 会得到越来越多用户的青睐。

参考文献

[1] Visible Earth: Home [EB/OL]. [2010 - 09 - 17]. http://www.visibleearth.nasa.gov/.

[2] Visible Earth - a searchable directory of images, visualizations, and animations of the Earth. [EB/OL]. (2008 - 05 - 08) [2010 - 09 - 17]. http://gcmd.nasa.gov/records/Visible - Earth - 00.html.

[3] Visible Earth: The Blue Marble [EB/OL]. [2010 - 09 - 17]. http://www.visibleearth.nasa.gov/view_rec.php? id = 2429.

[4] Visible Earth: All Satellites [EB/OL]. [2010 - 09 - 17]. http://www.visibleearth.nasa.gov/view_set.php? satelliteID = 0.

[5] Visible Earth: Earth's City Lights [EB/OL]. [2010 - 09 - 17]. http://www.visibleearth.nasa.gov/view_rec.php? id = 1438.

[6] Visible Earth: Pacific Typhoons [EB/OL]. [2010 - 09 - 17]. http://www.visibleearth.nasa.gov/view_detail.php? id = 20946.

[7] Visible Earth: Terms of Use [EB/OL]. [2010 - 09 - 17]. http://www.visibleearth.nasa.gov/useterms.php.

[8] Visible Earth: Frequently Asked Questions [EB/OL]. [2010 - 09 - 17].

http://www.visibleearth.nasa.gov/faq.php.

[9] NASA Visible Earth: Contact Us [EB/OL]. [2010-09-17]. http://earthobservatory.nasa.gov/Contact/index_ve.php.

[10] Ward K A. NASA Unveils New Catalog of Earth Science Images [J]. The Earth Observer, 2000,12(4):20.

作者简介

江凌,北京师范大学信息管理系硕士研究生。通讯地址:北京师范大学管理学院信管系硕士3号信箱100875。E-mail: bnujiangling@163.com

杨皓东,北京师范大学信息管理系硕士研究生。通讯地址:北京师范大学管理学院信管系硕士3号信箱100875。E-mail: yanghd5263@163.com

张冠星,中央财经大学信息学院。

计算机科学教育咨询平台

刘燕权/美国南康涅狄格州立大学

江凌、杨皓东/北京师范大学信息管理系

摘　要:计算机科学教育咨询平台(CSERD)数字图书馆旨在帮助学生学习计算机科学并协助教师在课堂教学中对计算机科学技术的应用。作为美国国家科学基金会(NSF)资助的数字图书馆项目之一,该馆面向学生、教育工作者、科学家、工程师、数学家、终生学习者等,为用户免费提供计算机科学教育资料。文章从资源组织、技术特点、服务特征等方面对CSERD做了概要评述,同时给出了笔者的评价与建议。

关键词:计算机科学教育咨询平台;数字图书馆;计算机科学技术;国家科学数字图书馆(NSDL);美国国家科学基金会(NSF)

Computational Science Education Reference Desk

Yan Quan Liu, Ph. D./Southern Connecticut State University, USA

Jiang Ling, Yang Haodong/Department of Information Management, Beijing Normal University

Abstract: Computational Science Education Reference Desk (CSERD) Digital Library intends to help students learn more about computational science and help faculty and teachers to be able to better incorporate it into their classrooms. Funded by the National Science Foundation, the digital library provides educational resources to those interested in learning more about computational science and its uses and implications. This paper provides an overview of the major development of its digital collection and organization, technologies and service provided. Author's comments and suggestions are also given.

Keywords: Computational Science Education Reference Desk; Digital library; Computer science technology; National Science Foundation (NSF); National Science Digital Library (NSDL)

1 项目概述

计算机科学教育咨询平台(Computational Science Education Reference Desk, CSERD)[1]是美国国家科学基金会(National Science Foundation, NSF)资助的数字图书馆项目之一,[2]旨在帮助学生学习计算机科学并协助教师在课堂教学中对计算机科学技术的应用,网址为:http://www.shodor.org/cserd/,主页如图1所示。

从2004年4月至2010年9月30日,美国国家科学基金会(NSF)共资助CSERD项目3 029 863美元。CSERD是Shodor教育基金(Shodor Education Foundation)与美国国家科学数字图书馆(National Science Digital Librar, NSDL)合作设计的一个通路门户项目。Shodor教育基金是一个非盈利教育研究机构,致力于通过将计算机科学和通信技术融入到教育中,使数学、科学和工程教学得到改革和发展。该门户项目为用户量身定做,让用户充分利用NSDL的资源,并通过这些资源帮助用户使用计算机科学、工程技术和数学知识等进行教学活动。CSERD的网站上明确指出了CSERD的使命,包括如下三个方面:[3]

(1)从互联网上收集高质量的资料并组织成一个资料目录;

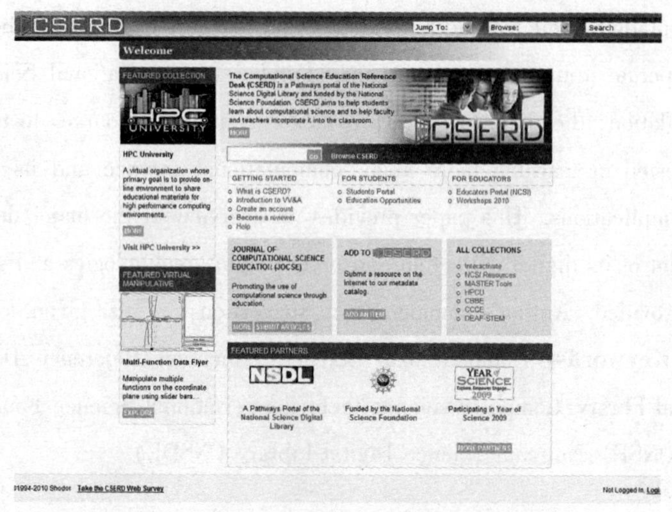

图1　CSERD 主页

(2)为普通用户和专家提供一个论坛来对目录中条目的真实性、合理性和适用性进行讨论和检验；

(3)为计算机科学在教育领域的应用提供一个独创的计算机科学资源库。

根据 CSERD 的定义，这里的计算机科学指在一个计算环境下(比如一台电脑、一个计算器、一个算盘、一个骰子或一副扑克牌)运用某种算法来解决实际的科学应用问题。这种应用、算法和计算架构的组合目的在于形成一个科学工具。[4]通过对这些高质量的计算机科学工具和模型进行收集、整理、标引和存储，CSERD 最终形成了一个计算机科学资源的仓库，帮助教育工作者更好地将计算机科学运用于教学工作中，并进一步鼓励用户使用计算机科学工具。

CSERD 不仅仅对计算机科学资料进行整理，还鼓励用户和各领域的专家对相关资料条目进行评论、添加元数据描述。为了实现这个目的，CSERD 为用户提供了 VV&A(Verification, Validation and Accreditation)工具，用户在对某项资料进行评论后，该评论要经过 CSERD 工作人员的审核,审核通过之后该条评论将会发表在 CSERD 网站上,从而丰富了该条目的原始元数据。如果评论未通过审核,则会进一步修改后再次进行审核。拥有如此丰富的计算机科学资源和人性化的搜索服务,CSERD 为用户提供了一个专业的教育咨询平台,用户可以在这里精确地找到相关的计算机科学工具并将其应用于教学当中。

2 数字资源及其组织

2.1 资源范围及种类

CSERD 长期存储计算机科学教育资料,并免费向公众开放。CSERD 的资源库主要包括以下几个类型:[5]

(1)模型:一系列科学软件。包含物理、数学、天文、生物等各个方面,如"太空船"模型、"钟摆运动"模型、"重力计算"模型等。

(2)活动:运用模型进行教学的课程和课程计划,每一个活动都包括一节课程、一个课程计划以及一系列的相关资料。这样的活动同样也包括物理、数学、天文、地球科学等多方面,如"太空船"课程、"钟摆运动"课程、"弹力球"课程等等。

(3)课程导览:专门传授某一专业问题的课程纲要。如"Java 程序设计"课程纲要、"并行程序设计协议"纲要等。

(4)课程:一门课程包括多个活动和模型,其时间跨度比一个单独的活动要长;它可能由一学年或一学期时长的课程、课程纲要或者简单的课程元素所组成。一般来说,一门课程包括"综述"、"介绍"、"背景"、"纲要"、"评论"等,如"氢原子的数值解决方案"课程。

(5)源代码库:包括一些可供下载的常用类和特殊函数以及相关的许可协议和文档,如 C + + 中的"Diffeq"类、"Complex"类;Java 中的"Mathlib"等。

(6)应用:实际的运用科学技术去解答的问题,包含了物理、数学、天文、生物等方面的实际问题,如“自然选择”、“牛顿定律”、“天文坐标体系”等。

(7)算法:计算机进行运算所依赖的逻辑过程,如“随机数生成算法”、“插入算法”等。

(8)计算架构:即实现算法的工具。大部分情况下,这样的工具是常用的电脑,另外也包括一些能完成数值运算、计算中间过程存储、可视化运算结果的工具。如“Java Applets”、“JavaScript”等。

2.2　资源组织

过去的几十年,科学家、教师和学生们提出了大量计算机科学模型来解决各个领域的问题,但是由于互联网上无限丰富的信息,想要通过一个标准搜索引擎精确地找到符合某一特殊领域的计算模型是一项很繁琐很困难的工作,而 CSERD 恰恰很好地解决了这个问题,它通过对计算机科学领域的资源进行精确的搜集和整理,为用户提供了一个平台,让用户的检索更具有针对性和目标性。

CSERD 将搜集到的资源按照以下条目进行分类:“学科”、“关键词”、“用户群”、“教育等级”和“资源类型”。用户可以按照这些条目分别进行检索,也可以根据网页引导进行多字段检索。其中“学科”指检索资源所属学科领域,如“数学”、“物理”、“化学”;“关键词”搜索能以最快的速度定位到特定资源,“用户群”根据目标用户将资源分类,例如学生和教师就会检索到不同的资源;“教育等级”包括小学、中学、大学等;“资源类型”则指资源体现的方式,如“软件”、“数据库”、“文本”、“服务”等。例如,在“学科”下搜索“生物”后,继续在“资源类型”条目下选择“软件”,则结果会显示生物领域软件类型的计算机科学资源,如图 2 所示。检索完成后,用户还可继续在当前检索结果中进行检索。检索结果会显示每条记录的简介,用户还可以点击超链接“评论和元数据”继续查看评论信息和元数据。

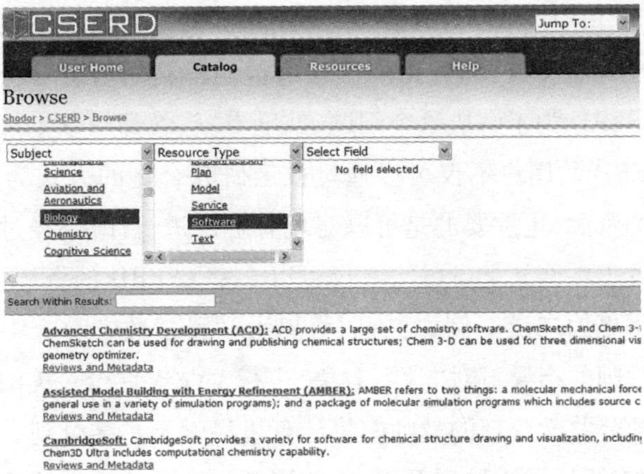

图2 多字段检索

2.3 元数据方案

CSERD 的元数据采用的是都柏林核心(Dublin Core)方案,该核心元数据集是专门针对网络信息资源组织与存取需求而由图书馆出版社和信息界提出来的一个跨领域的信息资源描述标准。CSERD 为每一个条目提供了结构化描述的元数据,包括题名(Title)、网址(URL)、创建者(Creator)、贡献者(Contributor)、出版商(Publisher)、描述(Description)、格式(Format)、语言(Language)、学科(Subject)、关键词(Keyword)、用户群(Audience)、教育等级(Education Level)和类型(Type)。

在此基础上,CSERD 还允许用户和各领域专家从三个方面对元数据进行丰富:真实性(Verification)、合理性(Validation)和适用性(Accreditation),简称 VV&A。这三个方面分别解决三个问题:[6]

(1)真实性:该资源是否和描述的一样?

(2)合理性:该资源的科学基础是否正确?

(3)适用性:该资源的适用用户群是哪些?

在缺乏质量控制的互联网环境下,很多资源的信任度都值得怀疑,计算机科学也是如此。一个计算机模型的真实性、逻辑性、理论基础都需要被检验,用户不知道他们得到的信息是否值得信赖,而CSERD为了解决这个问题,鼓励专家、教师和学生都参与进来。CSERD的用户不仅可以通过社区研究合作的方式为CSERD提交新的资源,更重要的是可以对现有资源进行评价,经过审核后便可以发表在网站上,这样,不仅可以丰富CSERD的资源,还可以使其使用更加广泛。例如,美国肯恩大学科技数学教育中心的学生们在教师的指导下对“学习对象”进行VV&A评价。美国北卡罗来纳大学公共教育部的教师们将计算机科学工具结合到自己的讲课中,并将该活动添加到CSERD的资源中。新的用户评价信息需要通过CSERD员工的审核才能发表在网站上进行共享,而没有通过审核的评价则需要进一步进行修改然后再次进行审核,过程如图3所示。

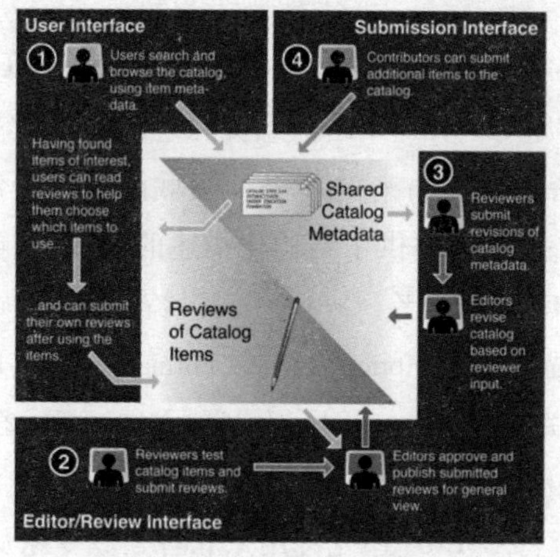

图3 用户提交评价信息过程

通过这种质量控制机制,CSERD有效地应答了VV&A这三个问题,提高了资源的可信度,同时也使得网站的元数据更加丰富,让用户可以比较放心地使用网站提供的资源。

3 技术特征

3.1 技术架构

为了实现VV&A评价机制,CSERD建立了一个透明的网页接口来连接网上资源,以及一个可检索元数据目录和一个基于互联网的评价工具。CSERD使用了两个开源软件来实现这个目标:一个内容管理系统Plone和一个元数据仓储系统CWIS(Collection Workflow Integration System)。[6]其中,Plone用来实现VV&A模块,而CWIS则作为CSERD的元数据仓库。CWIS可以很好地与CSERD兼容,因为它提供一个用户化的界面,还能生成可被NSDL兼容的OAI(Open Archive Initiative)文件。

VV&A模块实际上是一个评论存储空间,也是用于管理CSERD评论的工具。VV&A模块要求用户对不同等级的资源分别进行评价,因为建立和评价计算机科学模型的科学家们并不一定了解他们的模型是否符合政府的教育标准,而课堂上的教师们并不一定拥有足够的专业知识来评价每一个计算机科学模型,尤其是一些新兴的科学工具,所以每个等级的资源都可以选择使用自由模式或者向导模式来进行评论。

Plone和CWIS部署完毕后,接着就要在这两者之间建立一个通信渠道;每条资源在CSERD上都被赋予一个ID,以便在两个工具之间交流传递,其中Plone主要负责编辑和提交评论,CWIS负责浏览和检索评论。最后为这两个系统设计一个统一的用户界面,使整个系统保持一致性。其结构如图4所示。

3.2 界面设计

CSERD界面设计简洁大方,以蓝白色调为主,体现出专业气息。页面上CSERD的使命十分明显,有助于用户快速了解

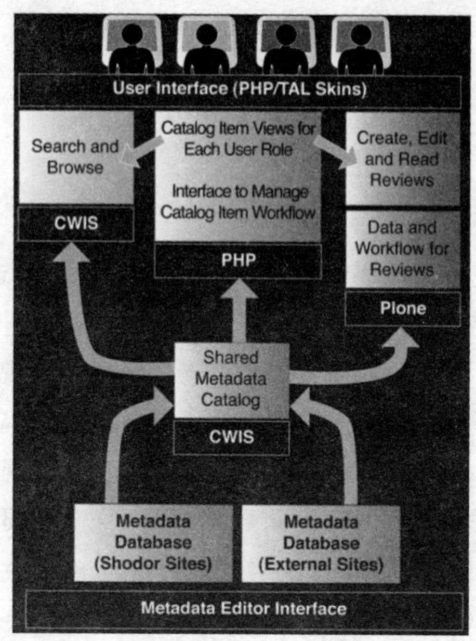

图4　CSERD 技术架构

CSERD。而与 CSERD 相关机构的 Logo 和链接也都直接放在主页上，方便用户了解整个项目，并提供了前往美国国家科学数字图书馆（NSDL）的通路。

CSERD 主页上直接将用户分为"学生"和"教师"两类，有助于不同用户群体快速定位适合自己的资源。不同于其他网站直接将"首页"、"资源"等条目放在导航栏上，CSERD 直接将"资源"、"用户首页"、"检索首页"和"帮助"以及按照条目检索的检索框置于页面右上角的下拉列表里，这样看起来简洁有序，方便操作。而检索页面的多层级检索更是大大简化了用户的操作，用户只需逐层在列表中选择自己所需字段值，便可快速检索出所需要的信息。

4 服务特征

4.1 目标用户

CSERD 主要服务于计算机相关学科的本科学生和教师，为这些用户群研究计算机科学和将计算机科学资源运用于教学工作当中提供服务，同时也为各类科学家、工程师、数学家、设计师、中学教师、学生、终生学习者，以及感兴趣的公众提供计算机科学资源服务。

4.2 服务方式

根据 Shodor 教育基金的董事 Robert M. Panoff 博士所讲，CSERD 的职责之一就是将研究和教育创新结合起来，并确保在数学和科学的课堂上可以运用计算机科学领域的最新发展成果。CSERD 还致力于提供高质量的资源，并通过这些资源向用户传授如何构建和评价计算机模型。作为数字图书馆，CSERD 为用户提供了以下服务：

(1)搜索服务

CSERD 网站为其用户提供了强大的搜索服务，用户不仅可以按照“学科”、“关键词”、“用户群”、“教育等级”和“资源类型”字段来进行搜索，CSERD 网站还自动引导用户将这几种字段结合进行多字段搜索。

CSERD 的搜索栏位于页面的右上角位置，明显醒目，用户可以进行多字段搜索，该功能在本文的“资源组织”一节中已经详细介绍。检索结果出来之后，用户点击检索结果链接，CSERD 便会将用户带到相关资源的来源页面，而不是继续停留在 CSERD 的页面。从这方面看来，CSERD 更像是学科专业化的搜索引擎。

(2)浏览服务

CSERD 提供了完整、灵活的浏览服务,主要包括目录(Catalog)浏览和资源(Resource)浏览两种浏览方式。其中最重要的是目录方式,用户可以通过浏览目录快速定位学术信息,因为这种方式利用多种元数据信息来分类资源。用户可通过以下字段进行浏览:“学科(Subject)”、“关键词(Keyword)”、“用户群(Audience)”、“教育等级(Education Level)”和“资源类型(Resource Type)”。

另外,CSERD 为用户提供每条资源记录的简单描述和元数据,用户选定目录后便可浏览相关条目的详细信息,进而决定是否需要继续浏览。

(3)评价服务

CSERD 允许用户提交新的资源,也可以对现有资源进行评价,但是新的用户评价信息需要通过 CSERD 工作人员的审核才可以在网站上发表出来,通过这种审核方式来控制资源的质量。而且用户参与到评价中来更可以调动用户的积极性,对 CSERD 的资源库进行完善,也更有利于 CSERD 服务的推广。

CSERD 提供的评价服务正努力吸引教师加入这个平台,以提高该平台的使用效果。教师可以使用 CSERD 提供的工作站点来对资源进行评价、审核和标记。一些工作站点还要求教师展示自己使用计算机工具进行教学的课程。

5　评价与建议

作为理论科学、实验科学和观察科学的完美结合,计算机科学在如今的信息时代正处于迅猛发展的阶段。为了帮助学生学习计算机科学并协助教师在课堂教学中对计算机科学技术的应用,CSERD 囊括了丰富的计算机科学教学资源,成为计算机科学资源中心。CSERD 为计算机科学在教学工作中的运用提供了一个出色的互补性的资源支持平台,其搜索功能强大,用户评价体系新颖,

是其他数字图书馆所不及的。总的来说,CSERD 具有以下优点:

(1)资源丰富且专业化,适合特定的用户群体;

(2)搜索功能便捷,提供多种检索字段,并自动引导用户进行多字段检索;

(3)界面设计风格简洁大方美观;

(4)用户参与的评价制度保证了资源的质量。

但 CSERD 尚存在一些需要改进的地方:

(1)CSERD 网站对自身的发展历史和背景没有提供详细介绍,只对 CSERD 的使命进行了简单的介绍,用户必须通过访问并前往美国国家科学数字图书馆(NSDL)等网站才能完全了解;

(2)主页面没有导航栏,也没有明显的分类结构,只是把"资源"、"目录"等类别放在页面右上角的下拉列表中,初次访问者很难注意到;另外也没有明显的用户登录框,只在页面右下角很小的一行字表明,用户很难注意到。

(3)资源量尚不够大,有些类目下甚至没有资源;

(4)CSERD 只提供检索和浏览的功能,用户进入检索结果页面后,点击结果连接将会直接进入相关资源的来源连接,像软件、文本类型的资源也没有提供相关的下载功能,这更像是一个专业化的搜索引擎;

(5)虽然 CSERD 提供用户评价功能,但是网站本身没有提供论坛、聊天室等工具,不利于用户之间的交流。由于计算机科学是一个比较专业化的领域,用户之间的交流更有利于高质量的评价信息的产生。

综上所述,CSERD 是一个非常有创意的免费为公众提供计算机科学资源的数字图书馆。它以学生、教育工作者、科学家、工程师、数学家和终生学习者为目标用户群体,为他们提供一个检索资源、提交资源和发表评论的平台,通过与专家和普通用户的共同努力,CSERD 的资源值得信赖,为计算机科学在教育领域的应用提供了一个良好的资源平台。

参考文献

[1] CSERD: Home [EB/OL]. [2010 - 11 - 20]. http://www.shodor.org/cserd/.

[2] New Pathway to the National Science Digital Library [EB/OL]. [2010 - 11 - 20]. http://www.infosci.cornell.edu/news/NSDL_Pathways.pdf.

[3] CSERD: What is CSERD? [EB/OL]. [2010 - 11 - 20]. http://shodor.org/refdesk/Help/whatiscserd.

[4] CSERD: What is Computational Science? [EB/OL]. [2010 - 11 - 20]. http://shodor.org/refdesk/Help/whatiscs.

[5] CSERD: Resources Home [EB/OL]. [2010 - 11 - 20]. http://shodor.org/refdesk/Resources/.

[6] TANASE D, JOINER D A, STUART - MOORE J. Computational Science EducationalReference Desk: A Digital Library for Students, Educators, and Scientists. [J/OL]. D - Lib Magazine, 2006, 12(9).

作者简介

江凌,北京师范大学信息管理系硕士研究生。E - mail: bnujiangling@163.com

杨皓东,北京师范大学信息管理系硕士研究生。E - mail: yanghd5263@163.com

洞悉地球环境的窗口:海洋与大气图像数字图书馆

刘燕权/美国南康涅狄格州立大学
魏晨/北京师范大学管理学院
李德鑫、邹星汉/哈尔滨工业大学国家示范性软件学院

摘　要:海洋与大气图像数字图书馆(NOAA Photo Library)向公众提供免费的图像搜索、浏览及下载服务,隶属于美国国家海洋和大气管理局。它的主要目的是为海洋与大气研究领域提供信息基础设施,方便科研和教育并促进两者之间的联合。其资源涵盖范围广泛,具有很高的科研及科普教育意义。文章对该图书馆的建设、意义及现状进行了综合性的述评,包括项目概述、资源组织、技术特征、界面设计、服务特征以及作者的评估与建议。

关键词:美国国家海洋和大气管理局;数字图书馆;海洋与大气;气象服务

A Window to Our Earth's Environment – NOAA Photo Library

Yan Quan Liu, Ph. D./Southern Connecticut State University, USA
Wei Chen/Department of Management, Beijing Normal University
Li Dexin, Zhou Xinghan/The National Pilot School of Software, Harbin Institute of Technology

Abstract: Hosted by the National Oceanic and Atmospheric Administration, the NOAA Photo Library provides free services-image searching, browsing and downloading to the general public. Its collection which spans centuries of time and much of the natural world is of great value in research work as well as science education; the library helps users gain a better understanding of the Earth's oceans and atmosphere through visual imagery. This paper drew a summary of NOAA Photo Library review from the perspectives of resource organization, technical features, interface design, and service characteristics. Suggestions and recommendations were also given.

Keywords: NOAA; Digital Library; Oceanic and Atmospheric; Weather Service

1 概述

美国国家海洋和大气管理局(National Oceanic and Atmospheric Administration, NOAA)是由联邦政府资助的政府组织,隶属于商务部。它有三项基本职能:监测当前的环境状况,如天气和洋流;颁布和执行与环境管理相关的法律法规;以及开展相应研究,增加民众对环境问题的认识。为了更好地履行职能,NOAA 拥有遍及全国的 30 家实体图书馆以及数字图书馆,其中心图书馆(NOAA Central Library)位于马里兰州。这些图书馆的馆藏资源包括了所有与 NOAA 的工作和研究有关的内容。

作为 NOAA 中心图书馆的一个分支,NOAA 图像数字图书馆(NOAA Photo Library)的建立旨在收集和展现 NOAA 的科学家、工程师以及政府管理人员在工作和研究中的各项发现,其职能与 NOAA 相呼应,帮助用户通过视觉图像更好地认识和了解海洋、大气,进而更好地管理环境。从某种意义上来说,这个向公众免费开放的数字图书馆保存的许多内容都是 NOAA 的科学遗产,而这些遗产在今天仍被美国物理和环境科学界的许多团体所共享。

暂无文献记载 NOAA 图像数字图书馆成立的具体时间,但成立于 1970 年的美国国家海洋和大气管理局(NOAA),以及在 1995 年上线的 NOAA 中心图书馆,让我们有理由推算今天用户所看到的 NOAA 图像数字图书馆应成立于 1995 年之后。NOAA 图像数字图书馆的经费来自于联邦政府对 NOAA 的预算拨款。2009 年 NOAA 的"资源中心和信息服务"(Data Centers &Information Services)收到经费 53 659 000 美元。[5] 2011 年联邦政府对 NOAA 的预算拨款将达 56 亿美元。[6]

迄今为止,已有超过 32 000 幅图像被数字化并存储在 NOAA 的在线图像数字图书馆,其数量仍在持续增长。这些图像大部分来自于 NOAA 的工作者及研究学者所拍摄的照片,其余部分则是来自于该馆馆藏,例如在照相技术出现之前用于记录场景的图画及木刻等。这些图像形式多样,内容涵盖广泛,空间上涵盖了整个地球陆地和空中的各种地理区域,时间上的历史跨度也很大。而目前图像总量这个数字仍在继续增长,NOAA 接受所有民众提供的此类图像。所有用户都可以在 NOAA 的图像世界中跨越海洋与大气、从太阳表面到最深的海沟,在穿越世纪的科学发现中徜徉。

2 数字资源及其组织

2.1 数字资源的内容

NOAA 图像数字图书馆的数字资源不仅在时间上跨越了几个世纪,也在空间上涵盖了整个自然界,从地心至太阳表面。由于 NOAA 的工作和研究是基于广泛的专业知识及广阔的地理区域,其图像资源包括了成千上万的大气图像、海岸及沿海图像,以及各种海洋生物的图像,从巨大的鲸鱼到最小的浮游生物。

NOAA 图像数字图书馆的数字资源按其主题的不同被划分成 22 个库(或称为相册),按字母顺序排列,从"国家海岸线"

(America's Coastlines)到"气象服务"(Weather Service)。其中许多相册还被进一步划分成更具体的子相册,方便用户深入。例如,"国家海岸线"相册就包括"东北海岸"、"海湾海岸"等子相册。每个相册里都有关于本相册主题的简要介绍,用户可以根据自己的需要,选择不同的方式查看图像。这些图像主要是照片,此外也有艺术创作、扫描文件、书籍封面、图表及其他图像。这些图像由许多来自不同领域和学科的摄像师所提供,其中既包括 NOAA 的工作人员也包括一般民众。

2.2　数字资源的描述及组织

数字资源的组织方面,每幅图像都用一个 8 位字符的编码来唯一标识它。这些图像是按三个图像层次进行分层组织的:(1)一个宽为 80 像素,垂直距离与原图像成相应正比的压缩图像,即缩略图;(2)一个宽为 700 像素,已嵌入网页相册页面并包含有标题信息的图像,即预览图;(3)原始的更高分辨率的数字图像,直接从数码相机获得或通过扫描与打印获得,即高清原图。扫描图像的分辨率通常要求为 1 800 ×1 200 像素,而从数码相机获得的图像则可能从老相机的 640 ×480 像素到新式相机拍出的 3 600 ×2 400 像素不等。

每幅图像都含有以上三种形式,分别对应于不同的显示需要及用户需求。缩略图用于显示相册的图像列表,所包含的信息最少,旨在全面展示相册,使用户尽可能地了解相册所包含的内容;预览图是在点击缩略图后显示的内容,是单幅图像包含信息最多的,这些信息即为描述数字资源的元数据,可用于检索,包括图像的标题、描述、编码、拍摄日期及地点、图像的创作者(摄像师或插画师)和图像分类;而高清原图则是针对有高级需求的用户,将拍摄的图像以最原始、最真实的面貌展现给用户。

NOAA 图像数字图书馆的主页由导航栏、资源向导和显示窗口三部分组成。导航栏的选项分别指向图书馆主页、关于我们、联系我们、帮助、版权信息、资源库、检索和链接。资源向导则包含了数字资源所有的22个相册,通过点击文本即可链接到相应的相册。显示窗口的信息主要有三部分:NOAA图像数字图书馆的简介;部分摄像师的联系方式;以及“每日图片”。“每日图片”是从当日的众多图像中精选出的图片,或给人以美的享受、或给人以视觉的震撼、抑或是激发人们探索世界的欲望。

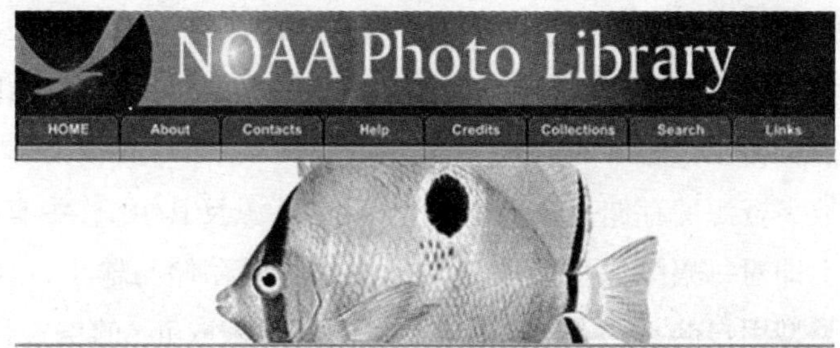

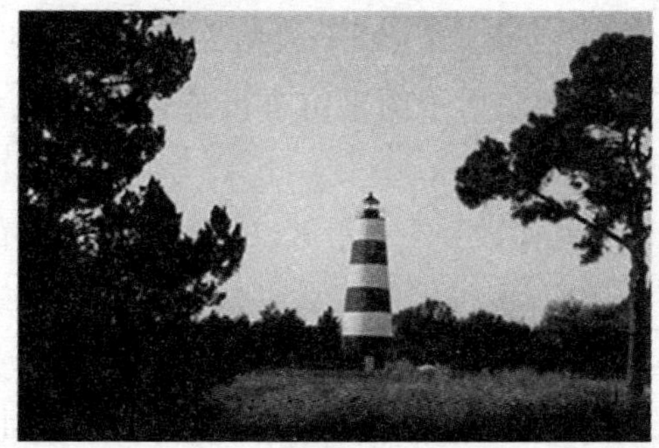

图1　NOAA图像数字图书馆首页

3 技术特征

3.1 数字资源的采集、存储和输出

自1974年数码成像技术产生以来,摄像师们可以直接向NOAA提交高质量的电子化的数字图像。而在数码成像技术产生之前的那些珍贵图像资料,则通过数字扫描等方法将图像数字化,并尽可能保留图像原本的面貌。

数字资源的存储及输出在上文"数字资源及其组织"中有相关介绍。即对每幅图像都采取三种形式的分层存储与输出,以满足不同类型用户的不同需求。并且所有图像都采取jpg的格式存储,这种存储格式可以以最小的存储空间提供最高的分辨率,可以在很大程度上提高网页加载的速度,减少用户的等待时间,也可以减轻后台服务器的运行负荷,一举两得。

3.2 技术架构

NOAA图像数字图书馆的整体架构如图2所示。一方面,NOAA允许用户搜索、浏览和下载相关的图像信息,另一方面,NOAA还对其下设的实体子图书馆进行统一的管理,包括馆藏、卡片目录、文献数据库等。

NOAA图像数字图书馆可以被看做是一个存储数据以供查找的数字仓储库,也可以被看做是辅助科研的高效工具。它通过图像以及其他形式的电子数据架设了一座桥梁,实现了科学研究与文献索取的关联,不仅可以辅助和支持科学家进行研究,也可以激发出新的科学发现。

3.3 界面设计

NOAA图像数字图书馆的界面简洁大方,选择了代表海洋的蓝

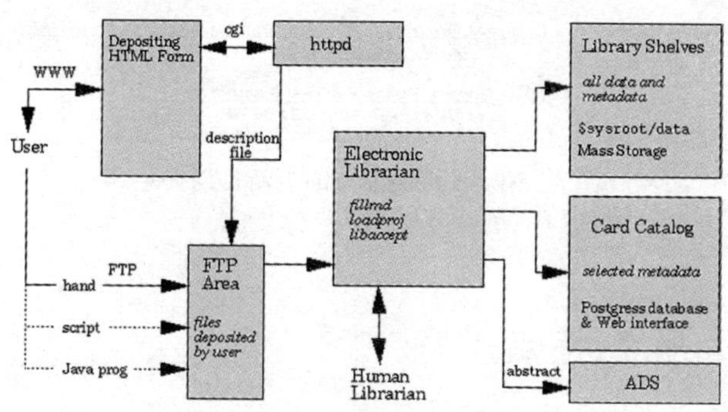

图 2　NOAA 图像数字图书馆整体架构

色与代表陆地的土色作为主色调(见图 1)。主页导航栏下方的图片会不定时变换,在刷新页面时也会变换,使得用户能保持新鲜感。除搜索功能需要连接到 USA. gov 以外,其余功能全部能在网站内部得到实现。

主页侧重于向用户展示网站内容,详细列出了数字资源所有的 22 个相册,用户可直接点击链接到相应的相册进行浏览。网站的导航十分清晰,与该图书馆有关的一切功能都被平铺在导航栏中,包括各相册的入口、搜索工具、帮助和介绍等,用户在任何一个页面都可以通过导航栏上的选项卡轻松转换到需要的内容,快速定位自己的兴趣点。帮助说明也很详尽,包含如何了解相册内容、如何选择相册、如何在相册中以不同方式浏览图像,以及如何检索图像,内容清楚直观,基本不再需要额外的提示。链接页面提供了其他 NOAA 的图像站点,以及分布在美国各州的分站点,为感兴趣的用户提供了更广阔的了解空间。

此外,NOAA 图像数字图书馆还充分考虑到不同用户对于数字资源时效性的需求,每个页面下方都有最近更新日期的提示(last updated),标明该页面的内容是何时更新的,使用户及时掌握自己所获得资源的时间性(见图 3)。

Publication of the National Oceanic & Atmospheric Administration (NOAA), NOAA Central Library

NOAA Privacy Policy | NOAA Disclaimer
Last Updated: April 12, 2010

图3 NOAA页面下方的更新日期提示

4 服务特点

4.1 目标用户

作为NOAA中心图书馆的一个分支,NOAA图像数字图书馆为广大范围的用户提供科学与技术方面合法的海洋和大气图像资源。NOAA的目标用户大体上可分为三类:

(1)专业用户。这类用户主要包括NOAA的员工以及其他从事海洋与大气研究工作的科学家、工程师,他们使用NOAA的图像资源辅助工作和预测等。

(2)教育用户。这类用户主要包括学校的教师及学生。他们利用NOAA的图像资源辅助讲授和学习,以促进科学教育的普及与发展。

(3)普通用户。这类用户主要包括一般民众以及对海洋大气等感兴趣的地理爱好者,他们纯粹是出于爱好或者其他目的而浏览NOAA图像数字图书馆。

4.2 服务方式

NOAA图像数字图书馆所提供的主要服务是对其所保存的数字图像进行浏览和搜索。

目前NOAA只提供两种方式对图像进行浏览:按相册浏览和按目录浏览。选择按相册浏览时,图像按其主题的不同被分入不同的相册。例如,在"NOAA卫星图库"中,图像被划分入"卫星系统"、"航天器"、"火箭及发射器"、"卫星图"等相册。根据主题涉及范围的大小,一些相册被划分为更小更细的子相册。进入相册会看到许许多多的小缩略图,一旦被选中,这些小缩略图便会链接到包含有图像信息的大图(此处为前面提到的预览图)。如果没有特殊说明,这些图像都是公开作品,不受版权等限制,可随意使用和传播;选择按目录浏览时,位于该相册下的所有图像(包括子相册)会以列表的形式出现供用户浏览和选择,其中每幅图像都对应一个小缩略图、图像的描述以及拍摄地点。点击缩略图同样会链接到包含有图像信息的预览图。相比于第一种方式,按目录浏览能在不清楚图像主题的情况下更快地遍览相册中的所有图像。

图4　NOAA 中提供的按相册浏览的界面

除此之外,NOAA 还向用户提供对图像的搜索功能,借助于 USA. gov 的搜索引擎对站内资源进行检索。USA. gov 的搜索引擎名为 USAsearch,是一个由联邦政府开发的用以检索整个联邦内的网站及个人网页的搜索引擎[7],因此搜索到的结果不一定是 NOAA 图像数字图书馆中的内容,同时仅使用关键词搜索将只返回文本形式的检索结果。为此搜索界面下方有如何检索馆内图像资源的

NOAA's America's Coastlines Collection
Catalog of Images

1		Late afternoon sun illuminates a red rock mesa with a dusting of snow.	Arizona, Sedona
2		Description not available.	California, Sequoia National Park
3		Description not available.	California, Sequoia National Park
4		Description not available.	California, Yosemite National Park
5		Montezuma's Castle cliff dwellings	Arizona, Camp Verde

图 5　NOAA 中提供的按目录浏览的界面

指示,用户按照指示进行检索后,将返回一组元数据与检索词相匹配的图像的缩略图,而这种匹配则是依据预览图所包含的图像信息进行的。

图 6　NOAA 中提供的图像搜索界面

4.3 版权管理

NOAA 所保存的数字图像与幻灯片大部分是处于公共领域的(public domain),即不受版权保护。因此从 NOAA 图像数字图书馆下载图像是不需要任何费用的。NOAA 鼓励将图像用作教育用途,因为建立 NOAA 图像数字图书馆的主要目的就是帮助民众更好地认识和了解环境,进而为后代更好地管理环境。目前 NOAA 所保存的有版权限制的图像,都在其所包含的图像信息中进行了说明。版权所有者为 NOAA,使用这些图像时须加以标明。对于署名摄像师的图像,在使用时也须对摄像师或其所属机构进行标明。

5 评价和建议

NOAA 图像数字图书馆的用户界面设计良好,导航清晰,视觉上能直观地表达信息,也很容易使用。在自身数字资源的组织方面,NOAA 图像数字图书馆根据图像的不同主题将其归入不同的相册,并提供按相册及按目录两种浏览方式,以及对图像的检索功能。作为一个对公众开放的免费资源,任何地区的用户都可以访问其网页,浏览或下载自己感兴趣的图像,并且绝大部分的图像是不受版权保护的,用户可以随意地使用这些图像来为个体服务。

但是在对图像进行浏览时,无论是在介绍相册的页面,还是相册里的图像页面,都没有一个譬如"返回页首"的按钮。而且在浏览预览图及高清原图时,用户只能不断通过浏览器的"后退"功能返回到之前的页面,再选择下一幅图像,十分不便。相应的改善方法则可以通过添加"上一张"和"下一张"按钮,允许用户方便直接地在图像间进行切换。在每个相册中不提供"搜索"功能,只能在整个图书馆中进行搜索,而且所使用的搜索引擎是针对关键词检索并非图像检索,不是十分人性化。

其他可以改进的均比较琐碎:(1)提供热门图像及相册的

"HOT"标识;(2)提供按时间顺序进行浏览的功能;(3)更强大的图像检索功能等。目前,除了图像数字图书馆,NOAA 还将图像上传至互联网的其他站点,如 Flickr(参见 http://www.flickr.com/photos/oceanexplorergov/, NOAA Ocean Explorer's Photostream, 2010)。但这些图像与官方的图像数字图书馆没有实现链接,也无法通过搜索引擎 USA.gov 检索到,在一定程度上造成了资源的浪费。

NOAA 图像数字图书馆创建至今只有十余年,笔者诚望该馆不断地发展和完善,以期更好地为各类用户服务,并为环境的可持续发展作出贡献。

参考文献

[1] National Oceanic and Atmospheric Administration [EB/OL]. [2011-02-01]. http://www.noaa.gov/.

[2] NOAA Photo Library [EB/OL]. [2011-02-01]. http://www.photolib.noaa.gov/.

[3] NOAA Central Library [EB/OL]. [2011-02-01]. http://www.lib.noaa.gov/.

[4] Science and technology: NOAA Photo Library [EB/OL]. [2011-02-01]. http://www.emeraldinsight.com/journals.htm? articleid=1496591&show=html.

[5] NOAA FY 2009 budget blue book: Chapter 3: Operations, research and, facilities [R/OL]. [2011-02-01]. http://www.corporateservices.noaa.gov/~nbo/FY09_Rollout_Materials/Chapter_3_Operations_Research_and_Facilities.pdf.

[6] President Proposes Key Investments in NOAA 2011 Budget [EB/OL]. [2011-02-01]. http://www.noaa.gov/budget/.

[7] About USA.gov [EB/OL]. [2011-02-01]. http://www.usa.gov/About.shtml.

楔形文字数字图书馆——展现西亚两河流域文明的数字化宫殿

刘燕权/美国南康涅狄格州立大学

王妍/北京师范大学管理学院

摘　要:作为数字图书馆先导计划项目 II 之一的楔形文字数字图书馆倡议(The Cuneiform Digital Library Initiative, CDLI)是由洛杉矶加州大学和德国马克斯·普朗克历史科学研究所于 1998 年共同发起并得到美国国家科学基金会资助的重要数字图书馆项目,力图将世界范围内的楔形文字藏品集合起来,建立一个集中的平台供用户免费查询研究使用。文章对该数字图书馆的建设、意义及现状进行了综合性的述评,包括项目概述、资源组织、技术特征、服务特征以及作者的评估与建议。

关键词:楔形文字;数字图书馆;CDLI;美国国家科学基金会(NSF);数字图书馆先导计划项目 II;美国国家科学数字图书馆(NSDL)

The Cuneiform Digital Library—A Digital Palace of Mesopotamia Culture

Yan Quan Liu, Ph. D./Southern Connecticut State University, USA

Wang Yan/Dept. of Management, Beijing Normal University

Abstract: As one of DLI2 (Digital Libraries Initiative Phase II)

projects and sponsored by the US NSF, the Cuneiform Digital Library Initiative is the product of an international team - work effort from historians on Mesopotamian culture, archaeologists and museum curators, aiming to make cuneiform tablets available freely via the internet. The project was initiated in 1998 by the University of California at Los Angeles and Max Planck Institute for the History of Science in Berlin. The article provides an extended review on the project's backgrounds, site construction, resources organization, technological features and services provided. Authors' comments and suggestions are also given for future improvements of the projects.

Keywords: Cuneiform; Digital library; CDLI; NSF; Digital Libraries Initiative Phase II; National Science Digital Library (NSDL)

1 概述

楔形文字数字图书馆倡议(The Cuneiform Digital Library Initiative, CDLI)项目,是由全世界历史学家组成的团队通力合作的一项成果。这些历史学家包括研究美索不达米亚文化(Mesopotamia culture)的考古学家、博物馆馆长。他们力图将现存的楔形文字实物数字化、专门化、系统化,让人们可以通过网络获取其相关资料。专家们将这些存在于史前约3300年到2000年美索不达米亚的文字残片制作元数据,拍摄电子照片以及将其音译。该计划创始于1998年,目前已经有超过22.5万个楔形文字残片经过了系统数据编目,占现存总数的45%。这项复杂而系统的工作目前仍在持续进行。

1.1 楔形文字概述

楔形文字是西亚两河流域特有的,其书写材料、书写工具和书写技巧也在世界上独一无二。这项伟大的文字界的发明由生活在公元前4000到公元前3000年的美索不达米亚南部居民创造,他们为了记录行政上、经济上的重大变革,将一些类似于楔形的符号刻在粘土板上,称之为楔形文字。大约在公元前3100年之前苏美尔人就开始使用这种文字,是迄今为止被发现的最古老的文字之一,也是两河流域最主要的文化成就。书写有楔形文字的泥版保存与保密也别具特色,经过晒干和烘烤的泥板坚固耐用,可以长久保存。

图1 楔形文字残片

通过近两百年对美索不达米亚的考古发掘,以及语言学家对大量泥版文献的成功译读,人们终于知道楔形文字是已知的世界最古老的文字之一。它是由古代苏美尔人发明,阿卡德人加以继承和改造的一种独特的文字体系。巴比伦和亚述人也先后继承了这份宝贵的文化遗产,并把它传播到西亚其他地方。

1.2 楔形文字数字图书馆倡议项目

楔形文字数字图书馆倡议(CDLI)项目创始于1998年,其上级研究所洛杉矶加州大学和马克斯·普朗克历史科学研究所提供了

1998－2000年的启动资金。2000年,CDLI又收到了来自美国国家科学基金会的65万美元的3年拨款,作为数字图书馆与国家人文基金会的合作开展倡议的一部分。2003－2006年期间,该项目得到另一笔来自美国人文学基金会和博物馆与图书馆服务研究所的额外资助资金,用以资助其继续运行维护。

美国国家科学基金会奖摘要(编号0000629)将该数字图书馆的目标表述为:"该图书馆致力于为广大学者提供楔形文字的数字文档,同时不断发展相应开发工具和技术。该项目力图将世界范围内的楔形文字藏品集合起来,建立一个集中的平台供用户查询使用。"在有关该项目的文章《高等教育纪事》中,研究者指出,博物馆都应该为保护馆内藏品作出努力,"这个项目将与博物馆以及相关机构合作,允许研究人员在学术上合理使用项目中的资源,即楔形文字数字资源"。

2 数字资源及组织

2.1 合作组织

楔形文字数字图书馆倡议(CDLI)的馆藏建设是由加州大学历史科学研究所罗伯特K. 英格伦教授主持,众多机构和学校参与了其楔形文字原件的元数据、图像和音译编纂等工作,包括柏林的沃德塞特斯彻博物馆(VAM),圣彼得堡的赫米蒂奇博物馆,巴黎的天主教研究所(ICP),加州大学伯克利分校的赫斯特博物馆,以及美国宾夕法尼亚大学博物馆。与该项目有合作关系的工作人员大约有34人,他们大多是大学研究者和博物馆工作人员,具体职务包括项目合作人、网站合作伙伴、员工以及计算机和编程人员。关于该项目的工作人员和合作组织的资料,可以在网站上查询到非常详细的信息:http://cdli.ucla.edu/staff.html。

这些古文明研究的原始资料广泛分布在欧洲、中东、俄罗斯和美国的博物馆收藏中。楔形文字数字图书馆倡议的核心目标是建立一个包含楔形文字藏品泥板编目元数据、数码照片和电子译音的数据库,从而服务于全球的学者。

2.2 收藏品范围

楔形文字数字图书馆倡议(CDLI)项目的核心任务是将美索不达米亚最早1000年,即公元前3300年至公元前2000年的楔形文字的形式和内容通过互联网向公众传播,力图提供一个面向世界各地50万件楔形文字残片的集中通道。该项目的前期工作集中在已有初步研究的楔形文字,因为公元前4000年到公元前3000年在苏美尔、阿卡迪恩以及其他地方发现的部分楔形文字仍属于未解语言,工作开展难度很大。将那些已解读的内容放在优先加工的地位是为了便于学者作进一步研究。除此以外,另外一些存在于博物馆中还没有进入学术界研究的楔形文字残片也会优先考虑数字化公开,特别是柏林的沃德塞特斯彻博物馆(VAM),其拥有大约3200件世界上最好的早期楔形文字收藏品。

2.3 界面设计与馆藏组织

楔形文字数字图书馆倡议(CDLI)所包含的信息资源在其网页上组织得简单明了。该主页被分为六个部分:(1)资料检索,(2)资料下载,(3)面向该数字图书馆所涉及资源的博物馆的链接,(4)面向该数字图书馆正在增加的楔形文字资源所属博物馆的链接,(5)有关CDLI的信息,以及(6)相关教育和文化资源。网站主页右侧提供了一个附加菜单,包含了上述六个主要功能模块在内的相关其他文档和资源的链接。

每一条楔形文字残片记录包含了元数据、原件的电子照片以及音译资料,有的还包含机器可读的由楔形文字原件转录的文本文字信息。元数据字段包括楔形文字残片的所属博物馆信息、博物馆编号、来源、类型、所属年代以及尺寸。尽管其元数据信息并

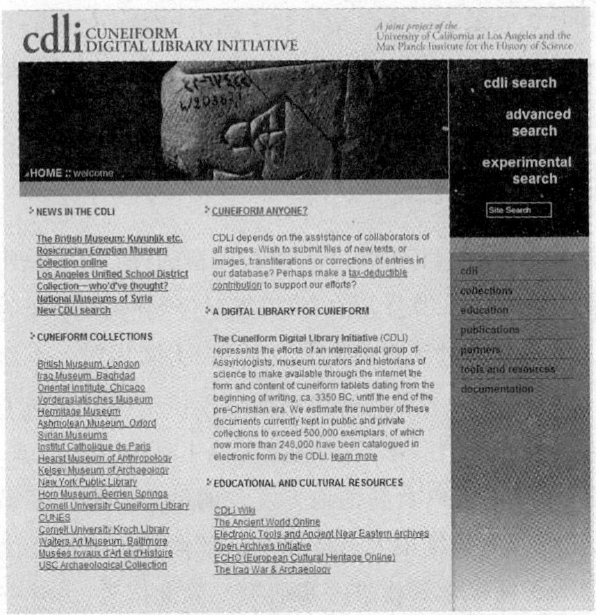

图2　楔形文字数字图书馆倡议(CDLI)数字图书馆主页

不是十分详尽,但是其高清晰度的图像和高质量音译资料足以作为研究者的第一手资料。每个记录还列出了每件楔形文字藏品的收藏信息,研究者可以据此追溯其原本所在位置等其他更详细的资料。

3　技术特征与资源利用

3.1　技术特征

楔形文字数字图书馆倡议(CDLI)项目所涉及的元数据都保存在 File Maker Pro 中,这是一个由洛杉矶和柏林项目编辑人员控制管理的大型远程访问数据库文件,它可以作为 CDLI 的一项网络服务器功能。该数字图书馆内的每一项记录呈现为 ASCII 和 XML 格式。直接从楔形文字泥板收集到的图像文件存储为压缩的 tif 文

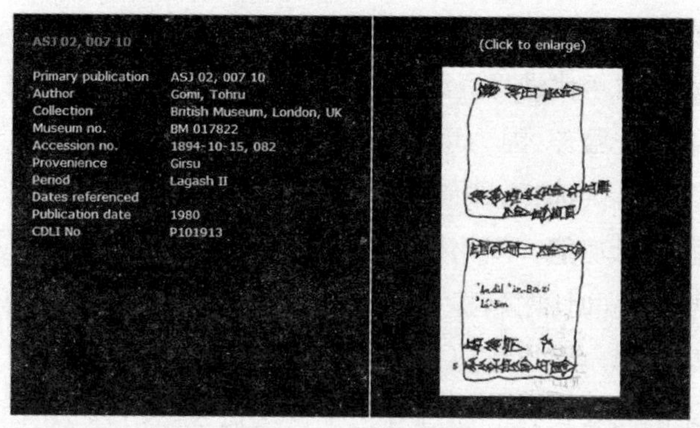

图3　CDLI 数字图书馆资源条目

件,楔形文字文本矢量图形,可存储为 Adobe 的压缩页面描述语言格式。处理楔形文字原件运用到了平台式扫描仪、Adobe Photoshop 和 UMAX 的机器扫描等仪器工具。CDLI 使用的数据格式,包括可扩展标记语言(XML)的文字描述,与电脑辅助原件拷贝的基于矢量的图像规格,将确保与正在进行的数字图书馆项目的高度一致性。

3.2　资源浏览

网站提供了多种方式供用户选择查阅楔形文字信息。用户可以通过目录选择条目。示例条目可以浏览 http://www.cdli.ucla.edu/DL/VAM/UR3/HTML1/P135572.HTM。楔形文字原件图像可以放大,图片质量很高,通过彩色扫描,从而提供了非常鲜明清晰的图像。每一个楔形文字扫描图片都显示了前面、侧面以及旋转的图像。在屏幕的底部有一个图形,链接到相应楔形文字的电子信息,包括文字识别、来源、年代以及尺寸。另一个示例可以浏览 http://www.cdli.ucla.edu/DL/VAM/UR3/HTML1/P135573.HTM。

3.3　资源检索

楔形文字数字图书馆倡议(CDLI)网站提供的搜索引擎能够通

过元数据字段、出版信息、出版日期、博物馆编号、出土编号、来源、类型以及所属年代进行资源检索。该数字图书馆很显然是为该领域的专业人士服务,因为用户不能通过下拉列表或者其他方式看到哪些字段可供选择,即该搜索引擎并没有在其他搜索引擎中常见的字段提示功能。当访问到特定楔形文字记录时,可供参阅的信息会更多,同时,网站提供了三种显示模式,页面的记录显示数量也可以选择。用户可以选择记录显示为一个缩略图,它提供了特定记录的简要概述。通过每一个记录链接,便可以查看该记录的全部信息。

4 服务特征

4.1 目标用户

关心楔形文字数字图书馆倡议(CDLI)项目的专家不仅有亚述学研究人员、语言学家、历史学家,还有人类学家、政治学家和经济学家。他们不仅仅关心楔形文字学本身,对跨学科内容也十分感兴趣。该项目的目标用户群众多,从语言学等领域专家、符号学家,到历史学家、人文学家,他们都希望能得到更多研究中必需的第一手材料。在此之前,学者们大多通过查阅在期刊出版的文章照片或者参观博物馆,查看到原始的楔形文字原件十分不方便。

4.2 服务功能

(1)元数据下载。楔形文字数字图书馆倡议(CDLI)提供了一项特殊的服务功能,任何用户能够下载所有记录的元数据文件。该数字图书馆还提供特定时期元数据以及文本文件、音译文件的压缩包下载。这些珍贵的数据资源有助于相关学者进行深入的研究,同时,CDLI 鼓励各方学者参与到项目中来,有助于世界范围楔形文字资源的融合与利用。

(2)CDLI 维基百科。CDLI 利用网站平台建立了 CDLI 维基百科,其内容延伸到了楔形文字学的各个方面。例如,第三和第四世纪美索不达米亚的历史;美索不达米亚考古学;巴比伦科学与宗教;楔形文字工具和资源的综合研究等等。CDLI 还提供了研究期刊的在线阅读功能,很多相关主题研究论文呈现在其中,包括早期语言研究、楔形文字书写、古文书、行政历史、数学、计量学以及现代楔形文字编辑技术等。

(3)在线 CDLI 杂志。2001 年 10 月,来自世界各地的亚述学家在洛杉矶召开了一次会议,讨论楔形文字图书馆项目的技术问题。这些与会者建议建立一个关于楔形文字的在线杂志,名为《楔形文字数字图书馆杂志》,将其作为数字图书馆网站上的一部分。众多国际合作组织已为这个项目的进一步发展提供了支持,在进一步的操作与优化之后,该在线杂志已正式列入网站内容。

5 评价建议与未来发展

楔形文字数字图书馆倡议(CDLI)网站整体设计良好,易于浏览及维护。资源条目元数据清楚完备。CDLI 工作人员为确保用户可以在网上或本地更方便的使用,作出了不懈的努力。最重要的是,楔形文字资源图像和音译文本做得非常详尽,采集到的原件的所有细节可作为学者研究的第一手资料。使用萨拉切维奇的数字图书馆评价标准,CDLI 项目数字图书馆符合了“馆藏的独特性”,即图书馆的馆藏应具有特定的目的和范围,藏品须真实权威并且有多方面的可用性。从信息资源的角度来评价,CDLI 项目数字图书馆性能优良,可以提供高准确度的检索。从传统的用户界面标准角度评价,该网站设计良好,有明确而可靠的导航功能和人性化的交互界面,查阅楔形文字数字图书馆内的资源是免费的,没有任何限制。

为了现有的 CDLI 网站有更高层次的发展,CDLI 和加州大学

洛杉矶分校图书馆为 CDLI 2.0 设立了以下目标:

(1)提高 CDLI 的用户界面,以方便捐助者、教师、学生以及独立研究者使用。

(2)升级加州大学洛杉矶分校数字图书馆计划的数字图书馆内容系统元数据和 CDLI 的数据库内容和文件系统。

(3)确保通过采用元数据标准存入 CDLI 加利福尼亚数字图书馆数字资源长期保存库的主图像和元数据长期的价值。

(4)扩大收集更多的材料,包括楔形文字残片的抄录、译音以及图片的使用和翻译。

在 CDLI 2.0 计划中,我们看到了该数字图书馆的进一步发展方向。CDLI 网站的主要语言是英语,能够满足大多数人的需求,然而对于一个国际范围的项目,可能还会存在一些局限性。在 CDLI 和加州大学洛杉矶分校图书馆发布的 CDLI 2.0 建设目标中仍然没有看到有关增加语言选择的内容,笔者认为这将是值得探讨的一个问题。

参考文献

[1] ENGLUND R. Access to Dead Language Resources: The Contribution of the CDLI [C]//A Digital Library of the Middle East conference: 2006.

[2] CHOWDHURY G G, CHOWDHURY S. Introduction to Digital Libraries [J]. London: Facet Publishing, 2003.

[3] MCLEMEE S. Project Aims to Make Cuneiform Collections Available to ResearchersWorldwide [J]. The Chronicle of Higher Education, 2001(9).

[4] SARACEVIC T. Digital Library Evolution: Toward Evolution of Concepts [J]. Library Trends, 49(2):350 - 69.

[5] Welcome to CDLI. Cuneiform Digital Library Initiative [OL]. [2010 - 09 - 20]. http://cdli.ucla.edu/.

[6] Working files of the CDLI. Cuneiform Digital Library Initiative [OL]. [2010 - 09 - 20]. http://cdli.ucla.edu/downloads.html.

[7] A Digital Library for Cuneiform. Cuneiform Digital Library Initiative [OL].

[2010 - 09 - 20]. http://cdli. ucla. edu/about_cdli. html.

[8] CDLI Wiki. Cuneiform Digital Library Initiative [OL]. [2010 - 09 - 20] http://cdli. ucla. edu:16080/wiki/index. php/Main_Page.

[9] Cuneiform Digital Library Journal. Cuneiform Digital Library Initiative [OL]. [2010 - 09 - 20]. http://cdli. ucla. edu/pubs/cdlj. html.

[10] Cuneiform Digital Library Bulletin. Cuneiform Digital Library Initiative [OL]. [2010 - 09 - 20]. http://cdli. ucla. edu/pubs/cdlb. html.

[11] Search for Cuneiform Documents. Cuneiform Digital Library Initiative [OL]. [2010 - 09 - 20]. http://cdli. ucla. edu/catalogue - search. html.

[12] Digital Library Initiative Phase 2. Cuneiform Digital Library Initiative [OL]. [2010 - 09 - 20]. http://www. dli2. nsf. gov/projects. html.

作者简介

王妍，北京师范大学管理学院情报学 2009 级硕士研究生。E - Mail: bnuwangyan@126. com

走进麻省理工大学的DSpace
——数字空间图书馆

刘燕权/美国南康涅狄格州立大学

高博/哈尔滨工业大学国家示范性软件学院

罗艺/中央财经大学信息学院

摘　要:DSpace（Digital Space,数字空间）系统由美国麻省理工学院图书馆(MIT Library)和美国惠普公司实验室(Hewlett Packard Labs)共同组建,收录了麻省理工学院教学科研人员和研究生提交的会议论文、学位论文、研究与学术报告、工作论文等,可按院系、题名、作者等方式进行浏览,也可以对任意字段、作者、题名、关键词、文摘、标识符等进行检索,并可在线看到全文。文章对美国麻省理工学院数字空间图书馆(MIT DSpace Library)的成立背景、具体建设及现状进行了综合性的评述,包括项目背景、资源组织、服务特点和技术特征,同时给出了作者的评价与建议。

关键词:数字空间;数字图书馆;麻省理工学院图书馆;惠普公司实验室;开源软件

DSpace @ MIT

Yan Quan Liu, Ph. D./Southern Connecticut State University, USA

Gao Bo/The National Pilot School of Software, Harbin Institute of Technology

Luo Yi/School of Information, Center University of Finance and Economics

Abstract: Dspace@ MIT is an institutional digital repository created to collect, organize, preserve and distribute the digitally born intellectual work product of faculty and researchers at the Massachusetts Institute of Technology. As open source software used by the organization with minimal additional resources, DSpace@ MIT is also an expression of MIT's culture of openness and the institution's mission to share its research and educational products quickly and widely. This article provides an overview of the project's background, site construction, resources organization, technological features and services provided. Authors' comments and suggestions are also given.

Keywords: Digital library; Dspace; MIT Library; HP Labs; Open Source

1 项目背景与项目概述

1.1 应对信息多元化需求与信息供应链改变

随着科学技术的新发展,信息的增长表现在几个方面:信息数量呈指数级的增长,其中数字资源每年以 50% - 100% 的速度增长;信息载体不断增多,尤其以网络为载体的信息;信息格式层出不穷,大体上可以分为文本型、数字型、图片型、多媒体等。随着越来越多的信息资源的出现,如何创建一个稳定的环境来长期保存和获得这些信息成为了一个重要问题。

传统的信息供应链模式是:作者→出版机构→图书馆→读者。随着计算机技术,特别是网络通讯技术的发展,传统的信息供应链模式已经完全被打破。作者可以把稿件发给出版机构,由出版机构将其出版发行;另一方面,作者也可以把稿件或相关资料发到网络上,在网络上进行传播。读者可以绕过图书馆从网络上通过信息服务门户或搜索引擎工具找到所需要的信息。信息供应与信息服务呈现多元化,信息获取也呈现多途径的方式。

传统图书馆职能也因此而改变，现在与未来数字图书馆的功能之一，是要对以分布式网络和计算环境为技术支持和应用基础，对海量的不同类型的信息资源进行制作、组织、存储、发布和检索，以实现读者之间、读者和图书馆专业人员之间的多维和实时沟通。在新的运行环境中，信息活动将从原来的单向转入多向，读者可以自己实现信息的提交、交换和利用。数字图书馆为此将推行新的服务机制和模式。大学数字图书馆可为校园提供整体服务，成为校园资源中心。

新的信息供应链使新的信息活动中的利益博弈产生新的变化。以学术期刊定购为例，各图书馆目前面对两个事实：

一方面，由于学术期刊的出版订费不断上涨，大学图书馆不得不删订期刊的种数或减少图书的购置。根据美国研究图书馆学会（Association of Research Libraries, ARL）的调查，从1986年到2002年，美国的研究图书馆期刊经费增加了227%，但是订购的期刊种数却只增加9%，而购买图书的种数则下降5%。图书馆供研究使用的资源相对减少，其结果连带影响研究及教学的质量。

另一方面，学者辛勤努力的研究成果发表时，出版社往往向学者按页索费（page charge），当学者需要参考利用期刊时，图书馆却需要再付经费订阅。图书馆需要发展和支持通过开放获取（Open Access）模型发表作品的机制，并向学者、社会提供这种机制。

1.2 开源信息系统开发

针对信息用户在获取信息时总希望能得到"一站式服务"的新特点，即用户希望通过一个检索平台或门户，以最少的操作得到所需要的全部有用信息，不同的研究机构、组织提出了相应的解决方案并开发了不同的应用系统。例如：Eprints（由英国南安普敦大学University of Southampton 开发）；Fedora（由 Univ. of Virginia and Cornell 开发）；GreenStone（由 Univ. of Waikato, Witten & Bainbridge 开发）。其中，MIT 和 HP 联合开发的 DSpace 系统以其高度的灵活性、可用性、可自定义性和开放源代码，受到高校（包括英国剑桥大学、加拿大多伦多大学和美国康奈尔大学、哥伦比亚大学等）和研究机构的青睐和推崇。

Dspace@ MIT是一个数字化的知识库，用于保存来自MIT各种形式的学术资源。在创建Dspace之前，MIT的图书馆没有一个保存数字资源的系统。许多教职员工的数字化研究成果都分散在个人网站、个人的电脑和各系的服务器上，这就出现了关于保存和安全的问题。2003年3月休利特－帕卡德公司出资180万美元和MIT合作来开发数字化信息系统，并于2002年9月发布Dspace。

2002年11月4日，MDL采用该系统提供实时服务，为该校学者、教学科研人员和研究生提供了MIT教学科研人员和研究生提交的论文、会议论文、预印本、学位论文、研究与学术报告、工作论文和演示稿全文等宝贵资源。各类数字资料的长期有效管理是资源整合的基础性问题，文档管理系统虽然早已存在，但多数为商业化的组织专有，高校和科研机构往往不得不依赖于供应商。DSpace则提供了运行机构数字资源库所需的基本功能，并且为数据的长期保存及访问提供了发展基础。

MDL吸收了相关领域很多早期的研究和开发成果，比如吸收了Kahn和Wilensky的分布式数字对象服务框架，以及Armsetal在数字图书馆体系结构方面所取得的成果。MDL吸收的另一个重要成果是美国空间数据系统咨询委员会提出的开放档案信息系统（OAIS）参考模型。MDL与南安普顿大学开发的EPrints系统有许多类似的特性，其用户界面吸取了EPrints用户界面设计和使用所积累的经验，特别是借鉴了EPrints的互操作性。MDL目前可以通过元数据采掘OAI协议（OAI－PMH）部分实现互操作，以提供跨资源库的访问服务，方便用户检索资料。

Dspace代表了MIT的一种开放的和学术的文化，它的使命是能够迅速和广泛地分享它的研究和教育成果。目前已有936所院校在Dspace上注册。

Dspace@ MIT 收集数字化研究报告、数据、图像、音频/视觉影像，数据库和其他来自 MIT 教职员工和研究人员的其他形式的数字化学术成果。它也收集教育资料、教师创建的学习资料，如课堂讲稿、考试样题、课程日历、复杂的模拟和可视化、多媒体演示以及演讲录影带。档案包含超过 1 200 余篇学术方面的文章和论文、会议论文 25 000 余篇。MIT 估计到 2009 年最终用户的下载将达到 740 万篇，平均每天 20 000 篇的下载量。见图 1 DSpace@ MIT 主页。

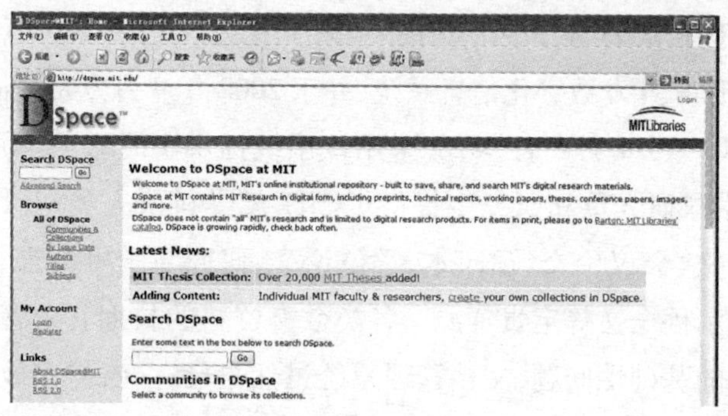

图 1　DSpace@ MIT 主页

2　资源组织与技术特征

MDL 作为一个集中的 MIT 数字图书资源服务来进行运营。MIT 中不同的群（community），如 MIT 实验室、MIT 研究中心、MIT 研究院系在系统内拥有独立的区域，见图 2。MIT 教学科研人员和研究生能够直接通过 Web 用户界面存放内容，系统尽可能地简化了存放过程。同时系统还提供了批量条目导入程序（batch item importer）作为另一个选择，用于大批量地载入内容。每个 MIT 教学科研人员和研究生都可以指定专门的人员作为"看门人"，他们将在提交内容被收入到主资料档案库前对其进行审查和编辑，随后 MDL 系统将索引与数字条目一起提交上来的元数据，根据由 MIT 教学科研人员和研究生确定的访问权限使其能够被访问。

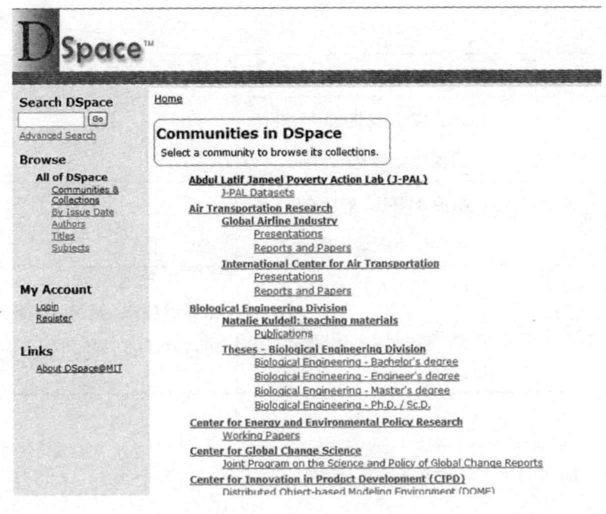

图 2　MDL 服务群

2.1　数据模型

DSpace 系统的组织结构基于 MDL 对馆藏数据的组织方式。每个 DSpace 图书馆站点都被划分为群(community),这些群可以代表 MIT 的实验室、研究中心或系;群中包含了集(collection),它们是一个相关内容组合;每个集又由条目(item)组成,它们是档案库中的基本存档单元;条目可以进一步被细分为比特流包,通常是普通的计算机文件;关联比较紧密的比特流被组织成包,如组成一个 HTML 文档的 HTML 文件和图片,表 1 是 DSpace 图书馆中的类型对象及实例举例。

表 1　MDL 类型对象及实例举例

对象类型	实例举例	备注
群(community)	MIT 计算机科学实验室; MIT 海洋学研究中心	
集(collection)	MIT LCS 技术报告; MIT ORC 统计数据集	

续表

对象类型	实例举例	备注
条目(item)	MIT 技术报告;MIT 讲座的视频记录等	单个记录
包(bundle)	组成 HTML 文档的一组 HTML 和图像比特流	
比特流(bitstream)	单个的 HTML 文件;单个图像文件;一个源代码文件	比特流格式,如 Microsoft Word6.0 版;JPEG 编码的图像格式

数据模型中一个条目可以属于一个或多个集,一个集也可以位于超过一个的群中,每个条目都拥有限定的元数据记录,其他的元数据可以作为连续的比特流储存在条目中。同时每一个比特流都与一种比特流格式相关联,因为保存服务是 DSpace 图书馆服务的一个重要方面,所以捕获用户提交的文件的具体格式非常重要。在 DSpace 图书馆中,比特流格式是指代特定文件格式的唯一并且一致的方式,比特流格式中不可缺少的一个部分是对该种格式的资料如何进行编译的含蓄或者明确的定义。比如编译采用静态图像压缩的 JPEG 标准进行编码的比特流,在标准 ISO/IEC10918 - 1 中有非常明确的定义;而编译 Microsoft Word 2000 格式的比特流,只通过参考 Microsoft Word2000 应用进行了含蓄的定义。每个比特流格式都附带有一个支持等级,表示 DSpace 图书馆在未来以何种格式保存内容。DSpace 图书馆为比特流格式分配确定了三种可能的支持等级:

(1)支持的格式,如果格式能够被识别,DSpace 就采用各种合适的技术组合,使这种格式的比特流用于数据库中。

(2)已知的格式,如果格式已存在,DSpace 既保证比特流保持原状,并允许将其恢复;同时尝试获得足够的信息来将该格式升级到“支持”的等级。

(3)不支持的格式,如果格式不能被识别,DSpace 会使比特流保持原状,并允许将其恢复。

2.2 元数据

DSpace 图书馆的存档内容有三种类型的元数据:说明性、管理性和结构性元数据。

(1)说明性元数据:每个条目都有一个限定的元数据记录。DSpace 图书馆以及与开放源代码共同交付的缺省配置采用的是 DSpace 图书馆应用文档元素和限定词(qualifier)集的派生,有其他要求的 DSpace 图书馆可以轻松地对其进行修改,因为 DSpace 图书馆保留了元素和限定词的注册(registry)。

(2)管理性元数据:包括保存元数据、来源和授权政策数据。该类元数据大部分都保存在 DSpace 图书馆的关联数据库管理系统(DBMS)语句集(schema)中。

(3)结构性元数据:包括关于如何为最终用户显示条目,或条目中比特流的信息,及条目各组成部分之间的关系。例如,一个包含多个 TIFF 图片的论文,每个图片都描述论文的一页。结构元数据则说明每个图片是论文一页的事实,以及 TIFF 图片/页面的顺序。见图 3。

Home ⇒ Abdul Latif Jameel Poverty Action Lab (J-PAL) ⇒ J-PAL Datasets

Women as Policy Makers: Evidence from a Randomized Policy Experiment in India

Show full item record

Citable URI: http://hdl.handle.net/1721.1/39126

Title:	Women as Policy Makers: Evidence from a Randomized Policy Experiment in India
Author:	Raghabednra Chattopadhyay; Esther Duflo
Issue Date:	2007-10-05
Abstract:	This data set uses political reservations for women in India to study the impact of women's leadership on policy decisions. Using a dataset councils in West Bengal and Rajasthan, we compare the type of public goods provided in reserved and unreserved village?s councils. Data provided by GP Pradhans, local villagers, and the 1991 Indian Census
URI:	http://hdl.handle.net/1721.1/39126
Other Identifiers:	hdl:1902.1/USBFNOMLAT
Keywords:	gender, decentralization, affirmative action, political economy, gender, decentralization, affirmative action, political economy

Files in this item

Files	Size	Forr
study.xml	1.877Mb	text/xml
womenpolicymakers_census_dta.tab	1.936Mb	text/plain
womenpolicymakers_census.dta	1.348Mb	application/x-stata
womenpolicymakers_parta_dta.tab	52.66Kb	text/plain
womenpolicymakers_parta.dta	68.59Kb	application/x-stata

图 3 结构性元数据

3　服务特征

MDL 收录该校教学科研人员和研究生提交的论文、会议论文、预印本、学位论文、研究与技术报告、工作论文和演示稿全文等,随时更新。读者可按院系机构、题名、作者和提交时间进行浏览,也可以对任意字段、作者、题名、关键词、文摘、标识符等进行检索,可在线看到全文,资源丰富且搜索非常方便。

3.1　服务用户

(1)电子用户(e - people):DSpace 图书馆的用户可能是教师、学生,也可能只是一些计算机系统,因此 DSpace 图书馆把用户称作"E 人"。

(2)工作流(workflow):DSpace 图书馆的运作方式、数字图书材料和资源在被接收之前必须经过事先设定的流转审核的步骤。

(3)信息订阅(subscription):用户可以向 DSpace 图书馆发送订阅请求,以便在新材料到来时收到带有内容提要的 E - mail 提示。见图 4 数据资源提交说明。

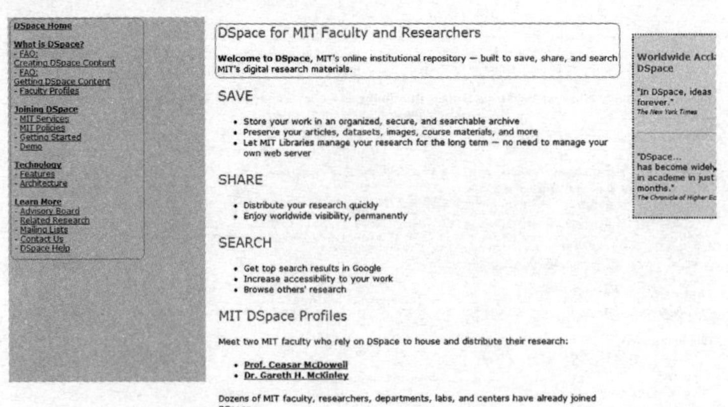

图 4　MDL 数据资源提交说明

3.2 服务方式

MDL 支持最终用户以多种方式来查找内容,包括通过外部参考书目,如句柄(Handle),检索一个或多个关键词,通过标题、日期和作者索引浏览等。

检索是 MDL 查找(discovery)的重要组成部分。用户对 Web 搜索引擎的期望是非常高的,因此 MDL 的目标是提供尽可能多的搜索特性。MDL 的索引和搜索模块具有非常简单操作方法,支持索引新内容、重新生成索引以及在整个库(corpus)、群或集中进行搜索。

MDL 查找的另一个重要机制是浏览。通过这一进程,用户可以查看一个具体的索引,比如标题索引,以及与之相关的导航信息,用于搜索感兴趣的条目。可以浏览的索引包括条目标题、条目发布日期和作者。另外浏览的内容还可以只限定于指定的集或群中的条目。见图 5MDL 搜索界面。

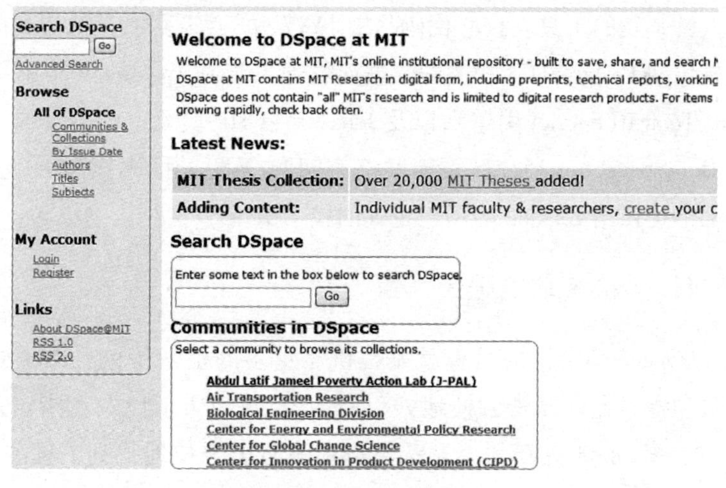

图 5　MDL 搜索界面

4　技术特性

4.1　开源软件平台

DSpace 是一个开放源代码的软件平台，是 HP 公司和 MIT 图书馆经过两年的合作开发研制出来的。开发小组与 MIT 图书馆工作人员以及最初采用该平台的教学人员紧密合作，开发出了“广度优先”(breadth－first)的系统，提供了数字资源库服务所需的各个基本特性。除了作为一种实时服务，DSpace 也成为数字资源库功能扩展的平台，特别是用于解决数据长期保存的问题。

Dspace 利用最小的额外资源达到学校之间的互通性。这一趋势使得运用主动的开放归档协议来获取元数据。作为 OAI 的一部分，Dspace 的都柏林核心元数据的格式都是可用来兼容的协议。Dspace 运行在 UNIX 平台上，运用其他开源的中间件和 Dspace 开发人员开发的工具。核心代码是用 JAVA 语言编写的，其他用到的工具包括 PostgreSOL(相关的数据库管理系统)，Apache(Web 服务器)，Tomcat(Servlet 引擎)，以及 Jena(来自 HP 实验室的工具包)。而 DuraSpace. org 和社区可能联络有问题，MIT 的图书馆和 HP 公司都不提供给 Dspace 的用户正式的技术支持。

4.2　检索功能强大

DSpace 图书馆的目标就是提供尽量多的检索特色。MDL 的索引和检索允许非常方便地索引新内容、重建索引以及在指定范围内检索，最新更新的文章都可以在主页上方便地找到。见图 6 高级检索界面。

4.3　界面简洁友好

MDL 的用户界面都是基于 Web 的，并且包含一系列的界面：

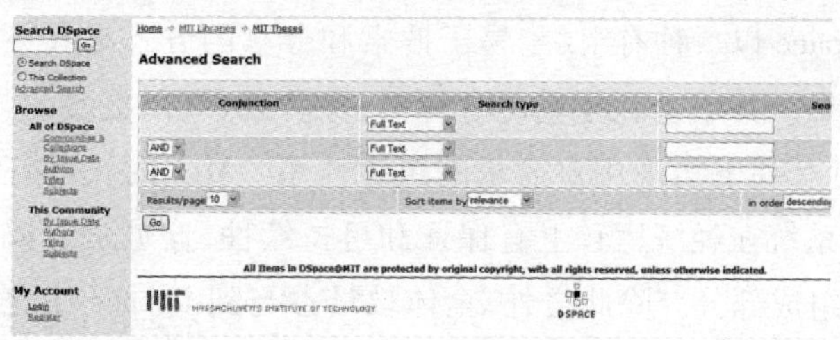

图6　高级检索界面

用户提交界面、搜索界面、系统管理界面以及提交审核的各种界面。利用 Java 虚拟机和 Java 服务器技术，MDL 允许用户通过浏览器访问系统，这使 MDL 的使用和管理都十分方便。

5　评价和建议——MDL 的优点与不足

DSpace 系统目前正在全球许多研究机构中应用，作为应对各种不同文献数字化存取的平台工具，如机构知识库（Institutional Repositories，IRs）、学习对象库（Learning Object Repositories，LORs）、电子化主题（eThemes）、电子化记录管理（Electronic Records Management，ERM）、数字化保存（Digital Preservation）、出版（Publishing）等等。

DSpace@MIT 最强大的特性之一是简单的最终用户界面。主页清晰整洁，搜索功能很容易发现和使用。MDL 具有允许一次登录访问 MIT 各类分布式信息资源的功能，实现信息资源的可共享性，并可基于自然语言的语义检索对资源进行整合，同时提供学科的个性化服务，基于知识挖掘、过滤、推荐等提供最小化的知识子集等特点。另外，MDL 允许数字图书文献在因特网上被免费获取，允许任何用户阅读、下载、复制、传递、打印、搜索和超链接，允许用户在使用时不受财力、法律或技术限制，只需在存取文献时保持完整性，版权归作者所有即可，从而成为众多学者、研究员的资源宝地。

Dspace以一种有组织、易于搜索和分享的方式来收集和归档学术成果。其成功在于其是开源的、免费的、可以更改的、使用方便的、且有利于实现用户需求的组织体系。MIT的长远打算是使Dspace系统在经济运转上有保证和可持续性，这也是它取得成功的重要组成部分。除此之外，全体教员参与到Dspace中也推进了学术期刊改变它的现状，如当前的版权协议不允许在网上发布文章的副本，而这些文献即可在适应它们的地方发表，比如DSpace@MIT归档。而且DSpace@MIT开发者的理想是不仅创造一个MIT的档案，同时也是一个开源的数字图书馆档案软件，可以轻松下载，被全世界的大学所使用。这种资源的共享和学校之间的联合会给未来的学术界带来前所未有的影响。

当然MDL也存在不足之处，通过对DSpace图书馆搭建原理的研究，可以发现当要对MDL系统扩展功能进行比较复杂的修改时，需要修改系统的核心组件，这给图书馆系统的数据库结构和兼容方面带来影响，还有可能导致图书数字资源的丢失或形成乱码。另外是没有可用的在线帮助助理，而这对于初级和高级的用户来说并不是非常重要的。用户在数字化图书馆的范围内可以利用一定的可用空间来工作和合作是其另一个特色，可以帮助使用者与研究项目更好地结合。其全英文操作界面并不适合所有人，能提供多国语言版就再好不过了。

参考文献

[1] ATWOOD S. MIT's Superarchive: A digital repository will revolutionize the way research is shared and preserved [J/OL]. Technology Review, 2010 (1). [2010 - 09 - 16]. http://www. technologyreview. com/business/13015/page1/.

[2] BAUDOIN P, BARNSCHOFSKY M. Implementing an Institutional Repository: The DSpace Experience at MIT [J]. Science & Technology Libraries, 2004, 24(1/2): 31 - 45.

[3] DSpace@ MIT. What is DSpace@ MIT? [OL]. [2010 - 09 - 16]. http://

libraries. mit. edu/dspace - mit/about/definition. html.

[4] DSpace@ MIT. Home [OL]. [2010 - 09 - 18]. http://dspace. mit. edu/.

[5] DSpace. org. DSpace registry [OL]. [2010 - 09 - 16]. http://www. dspace. org/index. php? option = com _ formdashboard&orderby = InstNameASC&page = 19&Itemid = 151.

[6] DURANCEAU E. The "Wealth of Networks" and Institutional Repositories: MIT, DSpace, and the Future of the Scholarly Commons [J]. Library Trends, 2008,57(2):244 - 61.

[7] MIT Faculty Open Access to Their Scholarly Articles [J]. Advanced Technology Libraries,2009, 38(5):2.

[8] SMITH M, BARTON M, BASS M, et al. DSpace: an open source dynamic digital repository [J]. D - Lib Magazine,2003,9(1).

艾姆斯图像数字图书馆：带你寻找太空的奥秘

刘燕权/美国南康涅狄格州立大学

杨皓、东江凌/北京师范大学信息管理系

迟凯、赵锐/哈尔滨工业大学国家示范性软件学院

摘　要：艾姆斯(Ames)图像数字图书馆旨在记录并提供美国航天局(NASA)艾姆斯研究中心在众多开发项目和活动中所拍摄的照片和图像。作为NASA资助的数字图书馆项目之一，该馆面向学生、教育工作者、科学家等广大用户，使其成为他们学习研究有关宇航影像的信息资源中心。文章从资源组织、服务特征、界面设计等方面对AILS作了概要评述，同时给出了笔者的评价与建议。

关键词：艾姆斯研究中心；图像资源；数字图书馆；美国航空航天局

Ames Imaging Library System—A Source of NASA's Images & Photos

Yan Quan Liu, Ph. D./Southern Connecticut State University, USA

Yang Hao, Dong Jiangling/Department of Management, Beijing Normal University

Chi Kai, Zhao Rui/The National Pilot School of Software, Harbin Institute of Technology

Abstract: Ames Imaging Library System (AILS) is a living collection of still images that chronicles the projects and activities of the US NASA's Ames Research Center, intending to be a source for students, educators, scientists and interesting parties to learn/retrieve related image & photo objects. This paper provides an overview of the major development of its digital collection and organization, service provided and interface designed. Authors' comments and suggestions are also given.

Keywords: Ames Research Center; Image resource; Digital library; NASA

1 项目概述

艾姆斯图像数字图书馆(Ames Imaging Library System, AILS)是由美国航空航天局(National Aeronautic and Space Administration, NASA)资助的数字图书馆,它存储了 NASA 的艾姆斯研究中心(Ames Research Center)在很多开发项目和活动中所拍摄的照片和图像,是艾姆斯研究中心一路走来的生动记录。AILS 的网址是 http://ails.arc.nasa.gov/,主页如图 1 所示。[1]

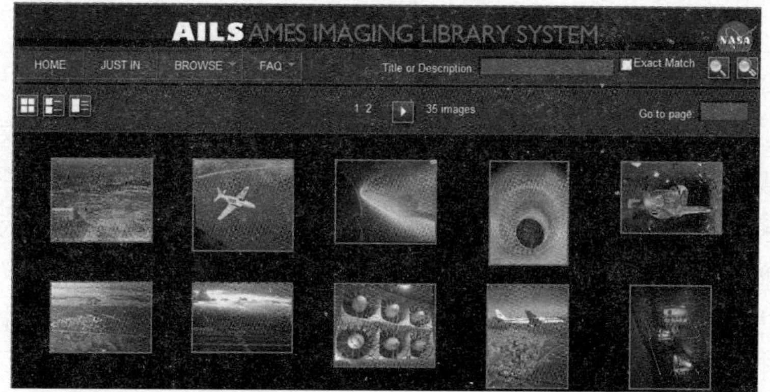

图 1 AILS 主页

艾姆斯研究中心是信息技术研发中的领先者，它的研究主要集中在超计算、互联网和智能系统方面，这些技术的发展使得NASA的很多任务成为可能；同时，该中心在纳米技术、基础太空生物、生物技术、航空和热能保护系统等领域的研究也处于世界领先地位。艾姆斯研究中心拥有资金超过30亿美元的设备、2 300名研究专家和每年6亿美元的预算，其影响力是巨大的，并且在几乎所有NASA的航空航天项目的研发中都起着举足轻重的作用。[2]

AILS正是为了记录艾姆斯的研发之路而成立的一个数字图书馆，其任务是为航天信息资料提供数字馆藏。它以图像的形式存储了从1939年创建至今70余年来艾姆斯中心研发过程的点滴精华。这些图像几乎覆盖了艾姆斯各个方向的研究项目，包括航空学、太空航空学、信息系统、生命科学和空间技术等。

除了提供大量的图像资源，AILS还提供了强大的数据库搜索服务，方便用户查询和使用资源；另外，随着历史项目的开放和正在进行中的项目的发展，AILS的图像库是不断更新的，这使得大众能够更好、更快、更加及时地了解艾姆斯的研究进程。

2 数字资源及种类

2.1 资源范围及种类

AILS的资源来自于艾姆斯研究中心的研究项目，因此，它的收藏范围非常广泛，正如前文所述，覆盖了航空学、太空航天学、信息系统、生命科学和空间技术等，记录了艾姆斯研发过程中的点点滴滴。如图2所示，该图记录了艾姆斯太空生物研究所第一次会议的场景。AILS的资源在不断更新中，目前，总共包含6 005张照片和图像。

2.2 资源组织

AILS中的资源主要通过两种方式组织起来，一是通过“最新资

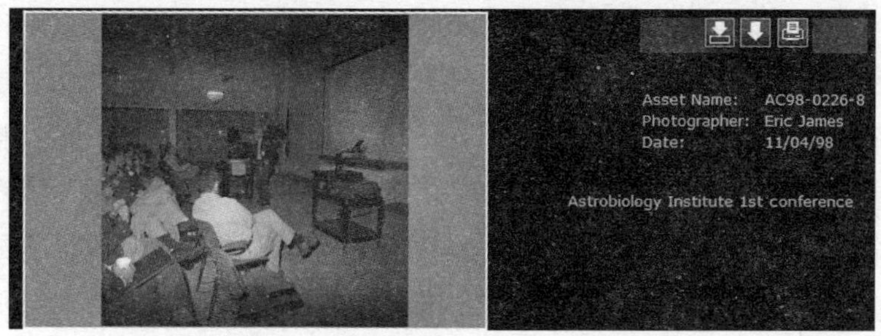

图2 埃姆斯太空生物研究所第一次会议

源(JUST IN)”的方式,二是通过“浏览(BROWSE)”的方式。这两种组织方式的按钮都位于网站主页上方的导航栏中,位置醒目,操作方便。顾名思义,“最新资源”是指 AILS 最近更新的图像和照片,用户点进去以后,可以发现一系列按照时间顺序排列的事件主题,如图3所示,点进每一个主题便会呈现关于每个主题的图像资源。[3]“浏览”又分为两种组织方式,一是“所有图像(All Images)”,二是“按主题分类(Subjects)”。“所有图像”呈现的是该数字图书馆中的全部照片;[4]“按主题分类”则是分类浏览,一共包括“航空航天学(Aerospace)”、“艾姆斯(Ames)”,“天文学(Astronomy)”、“太空生物学(Astrobiology)”、“地球(Earth)”、“月球(Moon)”和“科学(Science)”七大类,每一类都包含相关的丰富的图像资源。

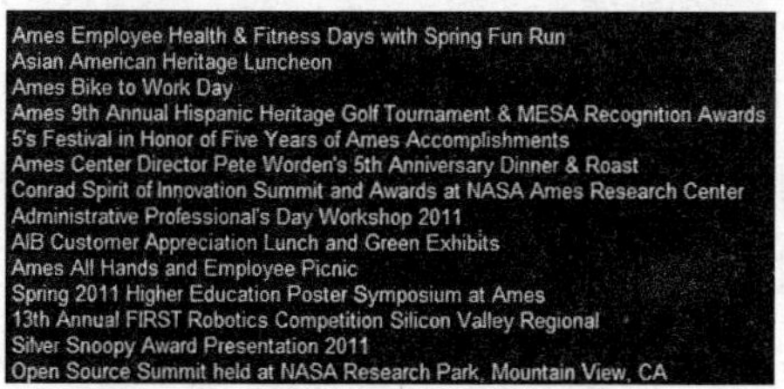

图3 最新资源

不管用户选择何种方式进行浏览,选定以后,都可以将呈现在眼前的图像资源按照三种方式进行显示:缩略图形式、列表形式和预览形式。每种方式有不同的特点,用户可以根据自己的兴趣和习惯任意选用。缩略图形式呈现给用户的是多张图像,每张图像尺寸较小,用户可以一眼览尽;列表形式每个页面显示的图像数量则较少,一般为三张到四张,每张图像后面有对其名称、拍摄者、拍摄日期和主题内容的详细描述,方便用户获得有关该图像更加详细的信息;预览形式则每个页面只包含一张图片,将图片以预览的效果呈现给用户,同时也包含对该图像的详细描述。不管选择哪种形式,当用户点击该图像时,又会出现若干与该图像相关的照片资源,如图4所示,也就是说,用户可以浏览一系列相同主题、相互联系的图像集合,设计非常人性化。

图4 相关图像

2.3 元数据方案

AILS的元数据采用的是都柏林核心(Dublin Core)方案,该方案是专门针对网络信息资源组织与存取需求而由图书馆、出版社和信息界提出来的解决方案之一。NASA是这个方案的最早发起和使用者之一。都柏林核心元数据倡议(Dublin Core Metadata Initiative,DCMI)致力于促进互操作元数据标准、传播和开发描述专门元数据词表以实现智能信息的发现,提供一个便利查找、共享和管理信息的简单标准。由于DC的15个标记元素简单易懂,既便于专业用户的扩展,又适合普通用户使用,加上它是由世界各国专家共同参与制定的,经过不断完善,已成为国际范围内通用的适用于资源发现的 Metadata 标准。AILS 作为 NASA 的资助网站,将 DC 方案应用在网站的建设上,提高了元数据的利用价值,也非常方便用户查询信息和理解信息。

AILS 为每一张图像提供了一种结构性描述的元数据,包括“资源名称(Asset Name)”、“拍摄者(Photographer)”、“拍摄日期(Date)”等,最后还提供了对图像资源的详细描述。如图 2 所示,该图片的名称是“AC98 - 02260 - 8”,拍摄者是“Eric James”,拍摄日期为“1998 年 11 月 4 日”,最后,对该图片主题的描述为“太空生物研究所第一次会议”。

3 服务特征

AILS 主要向感兴趣的公众,如学生、教育工作者、科学家等提供图像和照片资源,让公众最大限度地了解艾姆斯研究中心的研究进程。作为数字图书馆,AILS 为用户提供了一系列常规服务:

(1)浏览服务

用户可以根据自己的兴趣选择两种浏览方式中的任意一种进行浏览,一是浏览最新资源,二是浏览全部图像或者分类浏览图像,不管选择哪一种方式,都可以将眼前的图像资源按照缩略图、列表或者预览的形式进行呈现。这在本文的 2.2 节资源组织中已经作过详细介绍,这里不再赘述。

(2)搜索服务

AILS 为用户提供了两种检索模式,方便用户搜索自己感兴趣的资源。一是简单检索,浏览作者、标题、分类,以及出版日期。检索框位于页面的右上角,用户可以键入图像标题或者对图像的描述,并根据需要选择是否使用精确匹配,然后点击含有一个放大镜图标的搜索按钮,便可进行检索。

如果用户并不满足于简单检索,AILS 还提供了多字段匹配的高级检索功能,即可以按关键字进行搜索信息,包括作者、标题和主题。点击含有两个放大镜图标的搜索按钮，在页面正中便会出现检索画面，如图5所示。提供的多字段包括“图像名称”、“拍摄日期”、“图像描述”和“拍摄者”，其中每个字段还可以进行模糊匹配，如“图像名称”和“图像描述”字段，用户可以选择名称或描述中“含有”、“开始于”、“结束于”等等，“拍摄日期”字段则可以选择“大于”、“小于”、“等于”等等。用户可以根据需要选择布尔运算符对各个字段进行组合，大大提高了检索的效率。最后，还可以对检索的结果按照“图像名称”、“拍摄日期”、“图像描述”或者“拍摄者”进行排序。

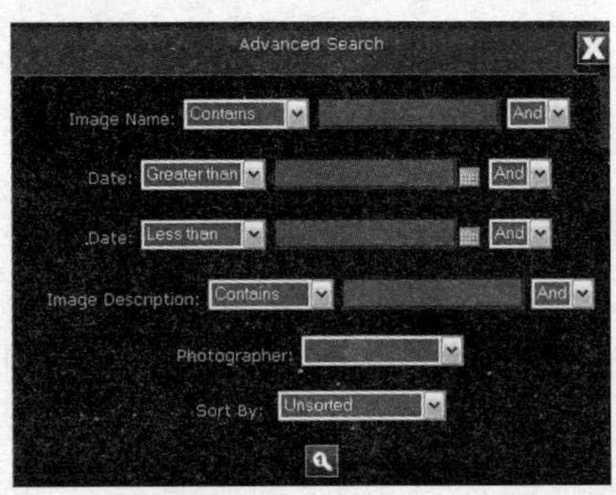

图5　高级检索页面

(3)收藏、下载和打印服务

在使用列表方式和预览方式对图像资源进行浏览时，如果遇到自己心仪的图片，用户可以使用AILS提供的收藏、下载和打印服务，将资源保存起来。对于收藏服务，AILS提供了一种叫“收藏夹(Collection Bin)”的功能，用户只需点击相应按钮，便可将感兴趣的资源临时存储起来，一共可以保存20张图片；对于下载和打印服务，用户也只需点击相应按钮便可实现。

(4)FAQ服务

AILS为用户提供了简单的“常见问题回答”的服务，该服务中一共包含三个问题，一是“使用NASA图片的准则是什么”，回答了使用该数字图书馆中的图像资源时需要遵循的一些协议;二是“如何获得最新图片”,介绍了查看最新资源的方法;三是“NASA 还有哪些图像数字图书馆是对外开放的”,介绍了除 AILS 以外的数字图书馆。

(5)网站反馈服务

为了与用户进行互动,吸纳用户对网站的意见和建议,AILS 还提供了反馈服务。点击页面下方的“网站反馈”,用户便可以通过邮件发表自己对该数字图书馆的看法和观点,还可以直接联系 NASA 的官员和该数字图书馆的管理员,他们的联系方式也位于网页下方。

4 技术特点及界面设计

AILS 网站实施的是多个单独的数据库。每个集合都必须实现适当的和必要的元数据字段。网站架构主要支持镜像文本。Mozilla Firefox 和 IE 是该馆最佳浏览器。

AILS 采用黑底白字的界面设计,直观简单,易于使用。黑底中还闪烁着点点繁星,呈现出“太空”的主题,给用户一种翱翔于茫茫太空的感觉,能够充分激发用户的热情和兴趣,调动用户对图像资源进行挖掘的积极性。

网页显示有三种风格,分别是图标视图、列表视图、具体信息视图。图标视图只显示图片,没有具体对每一个图片进行文字描述。列表视图对每一张图片都有名称、时间、备注等描述信息。具体信息视图可以让访问者能够清晰地浏览图片,并且能够查看具体的时间和作者。

导航栏位于页面上方,简单方便,一目了然,用户可以根据兴趣选择“最新资源”、“浏览全部图片”或者“分类浏览”,不同的浏览方式可以满足不同用户的需求。导航栏中还提供简单的 FAQ,回答了几个常见的问题。页面右上方,AILS 提供了简单检索和高级检索两种搜索方式,检索框的设计人性化,交互性强,为用户寻找特定的资源提供了方便。获得目标图像以后,用户可以选择缩略图、列表或者预览的形式进行浏览,三种方式的选择按钮位于导航栏下方,清晰自然。不同的形式对图像资源的陈列方式不同,这在本文的2.2节资源组织中已详细介绍。后两种方式还为用户提供了收藏、下载和打印图片的功能按钮,这些按钮以蓝底白标的形式紧邻图片,一目了然,操作方便。同时,每个页面的下方提供的图像资源使用准则、网站反馈、友情网站链接等,都能给予用户必要的帮助。

5　评价与建议

AILS存储了NASA的艾姆斯研究中心在众多开发项目和活动中拍摄的照片和图像,不仅为艾姆斯自身提供了一个回顾过去、展望未来的强大图片数据库,也为广大用户了解和熟悉艾姆斯提供一个非常友好的平台。可以说,AILS是艾姆斯研究中心的点滴记录,具有很大的纪念意义和实用价值。总的来说,AILS具有以下优点:

(1)网站界面设计风格简约大方,结构清晰明了,浏览方式多样,方便用户使用。

(2)网站资源丰富,搜集了自1939年至今艾姆斯研究中心研发过程的图像资源,而且导航清楚易懂,分类明确,适合广大用户。

(3)网站为用户提供了浏览、检索、收藏、下载和打印等服务功能,其中,检索包括简单检索和高级检索两种方式,满足不同用户的不同需求。

(4)提供了网站反馈的功能,可以及时与用户进行沟通和交流,获取用户的意见和建议。但AILS尚有一些需要改进的地方,如:

(1)AILS数字图书馆对自身的发展历史没有提供详细介绍,

使用户难以了解其背景;

(2)网站资源更新速度较慢,“最新资源”中的很多条目下面并没有图片;

(3)分类浏览中的类别过于简单,没有形成体系,应该在类目数量和类别详细度上进行扩充,使其更好地满足用户的浏览需求;

(4)FAQ 问答库中的问题数量太少,只有三个,且长期没有更新,相反,用户的问题是日益更新的,这使得 AILS 的 FAQ 很难满足用户的需求;

(5)没有用户交流平台,如论坛、聊天室、推荐系统等,用户之间无法在 AILS 上进行有效的交流和互动,阻碍了信息资源的共享。

综上所述,AILS 是一个很有价值的数字图书馆,它不仅记录了艾姆斯研究中心的研发历程,还为广大用户提供了一个了解艾姆斯的良好平台;同时,AILS 资源丰富,适用于学生、教育工作者、科学家等各类人群,为他们提供了一个获取有关艾姆斯研发项目的图像资源的强大数据库。随着建设团队的不断更新和改善以及广大用户的有效反馈,相信 AILS 将会越来越有影响力,并得到越来越多的用户青睐。

参考文献

[1] Ames Imaging Library System (AILS) [EB/OL]. [2011-06-07]. http://ails. arc. nasa. gov/.

[2] NASA—Ames Research Center Overview [EB/OL]. [2011-06-07]. http://www. nasa. gov/centers/ames/about/overview. html.

[3] JUST IN: Ames Imaging Library System [EB/OL]. [2011-06-07]. http://ails. arc. nasa. gov/ails/? st = 1&so = cdate&v = thumbs&o = 0&h = 1&page = 1&jimenu = YES.

[4] All Images: Ames Imaging Library System [EB/OL]. [2011-06-07]. http://ails. arc. nasa. govails? v = thumbs&st = 1&so = unsorted&page = 1&r = 0&qs = .

作者简介

杨皓东，北京师范大学信息管理系硕士研究生。E - mail：yanghd5263@163.com

江凌，北京师范大学信息管理系硕士研究生。E - mail：bnu-jiangling@163.com

世界数字图书馆——多语种世界历史文化知识宝库

刘燕权/美国南康涅狄格州立大学

冯召辉、陈嘉勇/北京师范大学管理学院

摘　要:世界数字图书馆(WDL)旨在以多语种形式在互联网上免费提供源于世界各地不同国家历史文化的重要原始资料,以供用户学习和研究。文章从资源组织、技术特征、服务特点等方面对世界数字图书馆作了概要的评述,并提出了WDL未来发展的评价和建议。

关键词:世界;历史;文化;多语种;数字图书馆;世界数字图书馆

World Digital Library: Multilingual Treasure of World History and Culture

Yan Quan Liu, Ph. D./Southern Connecticut State University, USA

Feng Zhaohui, Chen Jiayong/School of Management, Beijing Normal University

Abstract: Intending to create an "environment" in which a "digital content on a global scale" becomes a reality, the World Digital Library (WDL) makes available primary source documents from around the world to users through various search means, to let users "discover, study, and enjoy cultural treasures from around the world on one site, in a variety of ways." This paper provides an overview of the major development of its digital collection, as well as its resources organization, technologies employed and services provided. Suggestions and comments for the improvements in the future are also presented.

Keywords: World; History; Culture; Multilanguage; Digital Library; World Digital Library

1 项目概述

世界数字图书馆(World Digital Library, WDL)[1]是一个存取多语种世界历史文化知识的数字化宝库。该馆由美国国会图书馆在众多参与国家的合作机构的共同协作下,由联合国教科文组织支持,借助于一些公司和私人基金会财力支持开发而成。WDL 在互联网上以多语种形式免费提供源于世界各地历史文化的重要原始资料,其愿景是促进国际文化间的相互理解,增加互联网上历史文化内容的数量和种类,为教育工作者、学者和普通民众提供知识资源服务,以加强合作机构的能力建设,缩小国家内部和国家之间的数码技术鸿沟。

WDL 的网址是 http://www.wdl.org/,中文版网站首页如图 1 所示。网站首页是一幅世界地图,将馆藏资源按照地理区域和时间轴分布,随着时间轴范围的变动,地图上各地理区域的馆藏条目数相应发生变化。首页头部有 WDL 的检索入口和导航链接,首页底部有关于 WDL 的网站信息以及 Twitter 的链接。

1.1 项目大事记

美国国会图书馆馆长詹姆斯・H・比林顿于 2005 年 6 月在一次讲话中向美国教科文组织全国委员会建议设立 WDL,基本思想

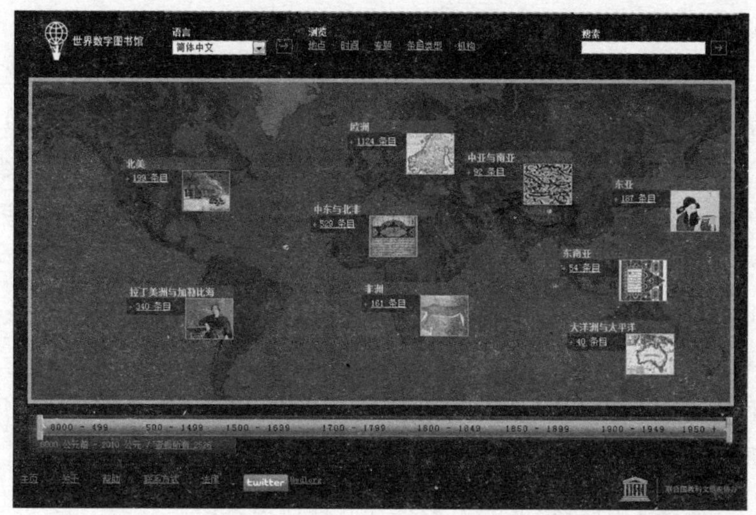

图 1 WDL 主页

是建立一个以互联网为基础的易于收集和访问世界各国历史文化财富和成就的数据库，从而促进世界各地文化间地理解和交流。[2]教科文组织欢迎能为实现教科文组织的战略目标有帮助的想法，其战略目标包括促进知识社会，发展中国家的能力建设，以及促进文化多样性的门户网站。教科文组织总干事 Koichiro Matsuura 指定 Abdul Waheed Khan 博士领导教科文组织的通信和信息的董事会，并与美国国会图书馆合作开发建设此项目。

2006 年 12 月，联合国教科文组织和美国国会图书馆召开了一次专家会议，研讨该项目的意义和可行性。来自世界各地的成员为此组成了专家组共同认定了此项目的需求背景及其相关挑战，该项目需要克服这些挑战才能取得成功。专家组成员指出，相当一部分国家文化内容的数字化程度很低，特别是发展中国家，无法通过现代数字化技术手段展示他们的历史文化宝藏。而现有一般网站的搜索和显示功能有限，在对多语种查阅信息功能的综合开发方面欠佳。许多由文化机构开发维护的网站往往由于技术资金等方面的困难很难使用，为此对用户、特别是年轻用户缺乏吸引力。

在此次专家会议促成下，项目准则制订，工作组建立，内容选择准则和相关标准亦随之推出。会议决定由美国国会图书馆、联合国教科文组织和五个合作机构（即亚历山大图书馆、巴西国家图书馆、埃及国家图书馆和档案馆、俄罗斯国立图书馆和俄罗斯国家图书馆）进行开发并提供将用于 WDL 原型的网站内容，并定于 2007 年 10 月在联合国教科文组织大会上正式宣布网站建设启动。其设计原型所需内容通过协商进程征求而来，涉及联合国教科文组织、国际图书馆协会和机构联合会，以及 40 多个国家的个人和机构。

成功推出样板后，WDL 的设计和操作由美国国会图书馆和其他五个图书馆具体落实建立一个公开的、可供自由访问的 WDL 版本，以期于 2009 年 4 月由联合国教科文组织正式推出，内容涵盖联合国教科文组织的每一会员国。

表 1　WDL 大事记

时间	事记
2005 年 6 月	国会图书馆馆员詹姆斯 H 林顿向联合国教科文组织提议建立 WDL。
2006 年 12 月	联合国教科文组织和美国国会图书馆共同主办了一次由世界各地相关人士参加的专家会议。在专家会议上专家们决定建立工作组，以制定标准和内容选择准则。
2007 年 10 月	美国国会图书馆及其五个合作机构在联合国教科文组织大会推出未来 WDL 的样板。
2009 年 4 月	WDL 面向国际公众推出，内容涵盖联合国教科文组织的每一会员国。

1.2　机构设置

（1）数字化中心

多年来，美国国会图书馆在巴西、埃及、伊拉克和俄罗斯的合作机构建立了数字转换中心,以生产高质量的数字图像。有关WDL的大量内容在这些中心都已进行生产。会在此基础上,很多合作机构或潜在合作团体主动提出为WDL提供内容,WDL为此建立了完备的数字化程序,并配有专门工作人员和设备运作数字化工作,以期有效促进一些发展中国家进行数字转换的进程。

WDL支持联合国教科文组织在发展中国家进行数字化能力建设的计划,并计划与联合国教科文组织及这些国家的合作机构和外部基金合作在世界各地建立数字转换中心。这些中心不仅要为WDL提供内容,还要同时为其他国家和国际项目生产内容。

(2)WDL工作组

设立于2006年12月的专家会议之后的WDL工作组包括内容选择工作组和一个技术架构工作组,这些工作组主要由合作机构的代表们构成。国际图书馆协会和机构联合会(IFLA)与美国国会图书馆共同主办的一个工作组为数字图书馆提供包括WDL在内的开发指南。

(3)合作机构

WDL的合作机构主要为将所收藏文化内容捐赠给WDL的图书馆、档案馆和其他机构。合作机构还包括公共机构、基金和私人公司,他们以技术共享、召集、共同主办工作组会议或提供财政支持等方式对项目提供帮助。

WDL感谢其财政捐款人的支持,尤其是联合国教科文组织、向网站贡献内容的合作机构、国际图书馆协会和机构联合会(IFLA)、LingoTek、苹果公司、OCLC、WDL工作组成员以及WDL工作组和专家会议的参与者。

2 数字资源及其组织

WDL让世界各地的读者可以在同一个网站上以各种不同的方式发现、学习和欣赏世界各地的文化珍宝,其内容包括呈现世界各国历史文化的资源。这些资源包含各国重要文史原始资料及相关元数据的数字版本，例如书籍、印刷品、手稿、地图、乐谱、录音、电影、照片和建筑图纸，以及其他格式的有重要意义的资料。[3]这些数字化内容符合WDL标准，其中包括内容选择标准、音像质量标准及相关元数据标准。

存储在WDL的馆藏条目可以很容易地按地理、时间、专题、条目类型与机构进行浏览，也可以以几种语言进行广泛搜索。特别的功能包括互动式地理聚类、时间轴、影像浏览和诠释能力。对条目的说明和对馆长的采访提供了更为详尽的信息。

导航工具和内容说明以多种语言文字提供。WDL还提供以许多其他语种编撰的书籍、手稿、地图、照片和其他初级原料（均以本族语编撰）。

2.1 资源范围及种类

WDL工作组为内容选择制定了宽泛的选择准则。此外，WDL合作机构致力于收纳联合国教科文组织各个成员国的具有重大文化意义的重要内容。这些内容源自不同地区和时代，具有不同的形式和语言。WDL主要集中在收集重要的原始资料，包括手稿、地图、珍贵书籍、录音、电影、印刷品、照片、建筑图纸及其他各类型，WDL将这些文化象征藏品数字化之后，命名为图书、期刊、原稿、地图、影片、报纸、版画与照片、录音制品等7大条目类型。WDL的一个内容目标是与联合国教科文组织的世界记忆名录紧密协作，使大众收看这些藏品的数字版。

目前，馆藏内容来自非洲、亚洲、欧洲、北美和南美的图书馆及其他文化机构。[4]2009年4月WDL公开上线时，网上提供的内容来自19个国家的26个机构，包括世界上广泛使用阿拉伯语、汉语、英语、法语、葡萄牙语、俄语和西班牙语的国家的主要文化机构（主要是国家图书馆）。目前WDL合作机构的名单可在WDL合作机构页面上找到。

WDL 的条目主要由音频和视频播放器、图书页面、图片查看器等 3 种方式查看。每个 WDL 条目均可下载。可供下载的文件在条目详细页面中有下载链接。下载链接还位于图书页面以及图片查看器上。WDL 上的书籍也提供 PDF 格式。

2.2 元数据

美国国会图书馆和其他 WDL 合作机构建立了 WDL 元数据(或书目信息)、数字化和文件传输标准,WDL 工作组也作出了贡献。每一项馆藏条目都被一套统一的元数据所描述,涉及其他需求中的地域、时间和专题报道。统一的元数据使网站令人有兴趣去探究,为揭示项目之间的联系提供了基础。元数据还可以被外部的搜索引擎抓取到。

WDL 最令人印象深刻的特点是对每一项的描述,它回答了"这一项是什么和它为什么意义重大?"的问题。由馆长和其他专家共同撰写的这些内容为用户提供了至关重要的参考信息,这些是为激发学生和广大公众对了解所有国家文化遗产的好奇心而设计的。

更值得一提的是,WDL 的导航和馆藏数据都被翻译成 7 种语言,这是 WDL 及其元数据的出彩之处。WDL 正在考虑用维基百科的模式来吸引志愿者帮忙选评并说明原始资源,翻译元数据。

WDL 能接收 MARC、MODS、Dublin Core 格式的元数据记录,WDL 工作组将会把这些记录映射成表 2 中的字段。[5]

2.3 语言组织

语言菜单位于 WDL 页面的顶端。该网站语言包括阿拉伯文、英文、西班牙文、法文、葡萄牙文、俄文与中文。网站将根据用户的浏览器设置尝试为用户提供最适合的语言。用户可通过语言菜单切换至其他语言。

阿拉伯语、汉语、英语、法语、俄语和西班牙语为联合国的官方用语。葡萄牙语是世界主要语言之一。世界最大的使用葡萄牙语的国家巴西及它的各种机构都广泛使用,并且在 WDL 的早期发展时期发挥了重要的作用。其他语言也正在考虑,但目前 WDL 有更紧迫的事项,包括增加所有国家所有语言内容的数量和多样性,以及在发展中国家建立电子存储。

表 2　元数据字段

Element Name	元素名称	描述
Title	标题	资源名称
Description	描述	资源内容的摘要,描述其重要性以及历史价值的特征
Creator	创建者	与创造资源相关的实体
Publisher	出版商	对使资源可用负责任的实体
Place of publication	出版地	出版地
Date Created	创建日期	资源创建的日期或一段时期
Language	语言	资源的本国语言
Place	地点	资源所处的地理位置
Time	时间	资源所处的时间或时期
Topic	主题	杜威十进分类法,为资源提供一个三位杜威数
Type of Item	类型	书籍、印刷品、手稿、地图、乐谱、录音、电影、照片和建筑图纸等
Additional Subjects	额外的主题	来自受控词表(如 LCSH)或其它描述资源的词汇
Notes	备注	资源的附加信息
Physical Description	物理描述	物理描述(如页数、尺寸)
Collection Title	系列标题	如果藏品属于某个系列或集,给出系列标题
Institution	机构	贡献资源的机构
Related Web Site	相关网站	资源在网上存在的 URL 地址

WDL 不翻译内容。原始资料,如书籍、地图、手稿等等,都保持原文。WDL 翻译元数据,即有关每件资料的介绍,以便读者可用 7 种语言搜索和浏览。WDL 工作组曾考虑了各种翻译的方法,包括

电脑辅助、机器翻译、网络志愿者翻译，或这些方式的组合。WDL致力于提供高水平的翻译，并将继续努力改善翻译的过程。为了准备最初的网站开放，WDL工作组采用了一个集中性的翻译记忆工具。

2.4　资源组织

WDL图书馆编目专业人员使用杜威十进分类法作主题分类，该体系通过OCLC提供了七种语言的界面。杜威十进分类法正在进行修正与国际化，以便提高它对多种国家和文化内容进行分类的能力。WDL尽量利用它的合作机构所提供的现有目录记录，并作必要的补充以保证有足够的浏览。

WDL中的数字文化资源主要通过地理、时间、专题、条目类型与机构等多种分类方式组织起来。主页包含一幅世界地图与一个时间轴，利用了地理和时间信息可视化地将馆藏内容按地图上的地理区域组织布局。每个区域都与一组国家有关，每个区域都包括与该区域所在国家有关的文化条目。在世界地图中，用户可以点击WDL在各地理区域中推荐的条目图片查看详细内容，也可以点击该区域名称下的条目数，查看该地区的所有条目。

时间轴控制地图上显示的条目，每个条目都与基于该条目主题的年份或年份范围有关。用户可以左右拖动时间轴横条，创建一个自定义时间段。地图上显示的条目均在用户所选的时间段内。时间轴下面的年份范围与条目数说明了所选的起始年份以及该时间段的条目数。点击该数字即可查看所选时间段内的所有条目。

WDL按地理、时间、主题、条目类型与机构浏览的入口链接出现在WDL页面的顶端。

每个浏览页面功能相同。内容显示在每个浏览选项的类别中。例如，按“条目类型”浏览页面列出了WDL按格式分类的条目：图书、期刊、原稿、地图、影片、报纸、版画与照片、录音制品。

用户可使用各行任何一边的箭头查看该类型的更多条目，也可选择查看一个条目或选择查看该类型下的所有条目。

搜索框出现在 WDL 页面顶端。网站可用阿拉伯文、英文、西班牙文、法文、葡萄牙文、俄文与中文搜索。搜索功能与选择的语言一致，例如，如果用户位于网站的西班牙语版本内，则用户的搜索查询将仅在网站的西班牙语版本内搜索。除了在搜索框内输入搜索之外，用户还可以用其他更多的方式进入搜索结果页面。

搜索结果页面提供了诸多改进与扩展最初结果的选项。用户可在“缩小结果”版面缩小搜索结果范围。当用户从这个版面选择一个术语时，它将出现在搜索结果栏中。如果用户想删除某项术语以扩大用户的搜索范围，可以单击页面上方该术语旁边的 X。

在条目的详细页面中，用户可以学习和研究各 WDL 条目。该条目详细页面中的任何关键词可将用户连接至与该关键词有标记的其他条目。所选条目还配有馆长视频，这个视频是由专家讲解的，内容是介绍某一 WDL 条目或条目集。

图 2　WDL 首页查看某时间段的文化条目世界总览，
并详细查看“升平署脸谱”条目

图3 按“条目类型”查看

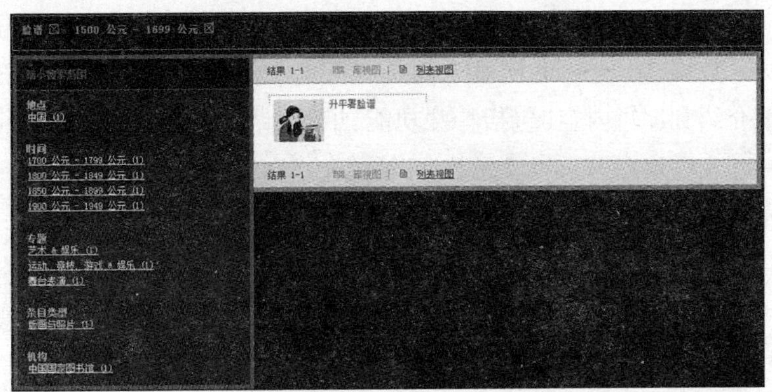

图4 搜索结果页面

3 技术特征

WDL 网站托管在美国国会图书馆,专门由 WDL 工作组维护该网站。随着数字图书馆技术的发展,WDL 工作组用领域前沿的工具和技术进行开发,使目录编写和多语种网站开发水平得到了提高。新技术得以继续发展,通过改进工作流程,减少消耗在内容选择和网站有效性上的时间。

WDL代表着数字图书馆项目的重点从数量到质量的转变,数量仍然是一项优先任务,但绝不能牺牲项目开始阶段所制定的质量标准。WDL在数字图书馆技术、元数据、多语言、协作网络等方面取得了突破,而每一突破都代表着大量时间和精力的投入。

3.1　数据采集和加工

WDL的计算机应用程序是其重要的技术组成部分,用于采集、编目、翻译、存储、检索和浏览,并在Web前端显示参与单位提供的数字文献资源,以吸引非传统用户和鼓励对原始来源的探索的方式来介绍WDL内容。值得一提的是WDL工作组还开发了一个支持元数据需求的新编目应用程序。

WDL的技术组成部分还包括由参与单位提供的数字资源及相关元数据、用于WDL网站上的所有衍生文件、数字资源相关的馆藏介绍和编辑内容(包括特殊功能、年代划分、介绍馆藏的视频短片和主题地图等),以及元数据、馆藏介绍和编辑内容的翻译。

3.2　多语言

WDL使用了一个集中的翻译记忆工具,它避免了翻译人员重复翻译同样的单词或短语。

元数据、导航及支持内容(例如:馆长视频)被翻译成7种语言:阿拉伯文、中文、英文、法文、葡萄牙文、俄文和西班牙文。此功能延长了网站的开发,也使维护更为复杂,但它使WDL真正成为世界性数字图书馆的目标更为接近。

3.3　协作网络

WDL强调项目所有方面的开放性:内容获取、技术转让的能力建设、合作机构、利益相关者及用户的参与。技术网络和程序网络被视为是对WDL的可持续发展和增长至关重要的因素。

可持续性的增长建立在一个生产、提交、编目和内容翻译的全球性网络的基础上。联合国教科文组织和美国国会图书馆已发出呼吁邀请世界各国参加,并正在制定一个多边契约。该契约包括为 WDL 提供一个管理结构,负责合作机构的年会,开发一个财政持久性的模式,制定与知识产权有关的政策,决定主机和镜像站的地点和维护,及其他有关问题。

3.4 软硬件要求

WDL 面临的挑战是在不危害网站质量(功能、查询和用户体验)的情况下,同时开发能涵括及处理海量内容的工具和程序。WDL 需要大量持续性的筹资建立延续数字化中心,设立和处理数字内容,以使 WDL 成为一个生产和服务网络。

为了充分利用 WDL 的特征,用户被推荐使用已启用 Javascript 的浏览器。如用户偏爱使用未启用 Javascript 的浏览器浏览本网站,最好从"所有国家列表"开始浏览。WDL 工作组力争符合 W3C《网站内容可访问性指南 WCAG 2.0》的要求。如用户在使用本网站时遇到任何困难,WDL 工作组非常欢迎反馈。

4 服务特点

4.1 目标用户

WDL 的目标用户是全世界人民,任何对世界感兴趣的人都可以免费使用。教育工作者、学者和普通民众可以用不同方式利用它,找个人感兴趣的藏品。每一个加入 WDL 的合作机构将授权 WDL 在世界范围内免除版权税、以非独享的方式存储及显示其所提交的数字资源及相关元数据。

4.2 服务方式

作为公众免费数字图书馆,WDL 为用户提供常规的浏览、检索与下载服务。WDL 提供了强大的多语言、检索和其他交互式功能，这是它的出彩之处。

4.3　合作方式

WDL 是一个合作项目，包括美国国会图书馆、联合国教科文组织，和遍布世界各地的合作机构。WDL 合作机构为该馆提供馆藏内容，并参与提供评选、编目、语言和专业技术知识等服务。这个项目也得到非图书馆和文化部门的支持。在财政捐款者和致谢页面上，读者可看到有关捐款来源的资料。WDL 正致力于与其他技术公司和私人基金会建立新的合作关系，以促进这一项目的持续发展。

任何图书馆、博物馆、档案馆或其他文化机构，都可加入进来。凡是有感兴趣的历史和文化内容亦可输进。WDL 工作组欢迎新的合作机构参加工作，鉴定可能列入的重要收藏品，调查现有项目和存储能力，共同发展 WDL 的计划。

4.4　版权管理

关于免责、版权和收藏方面，美国国会图书馆和镜像站点托管的 WDL 提供链接，使用户所查询的内容可直接连到提供该内容的合作机构组织的网站。每一个合作机构对其提供给网站上的内容负责。如果用户对这些网站的内容或政策有任何问题，需与合作机构直接联系。当发布或以其他方式分发 WDL 合作机构收藏的资料，该机构人员必须满足其国内和国际版权法或其他使用限制。

为了体验网站用户使用该馆情况，给用户提供更好的服务，WDL 以不可辨认的方式采集及记存来访个人身份的数据。这类数据可让 WDL 用来分析研究如何改进网站的设计和功能。采用一个第三者持续性网络跟踪器来收集有关 WDL 网站如何被使用的数据，对这类数据的使用，WDL 宣称没有任何商业营销的目的。

如果用户链接到 WDL 网站，WDL 会要求用户提交的链接方式不可产生营销印象,即 WDL 明示或默示认可用户网站不可提供任何商品或商品性服务,如有此类可能或倾向,该链接须清楚地表明用户正离开一个网站和访问另一个网站。

5 评价和建议

WDL 是一个正在持续发展进行的项目,欢迎广大合作伙伴和用户参与。它的馆藏资源正逐渐丰富扩增,以期实现使世界各地的读者可以在同一个网站上以各种不同的方式探索、学习和欣赏世界各国的文化与历史资源。WDL 需要拥有重大文化意义并令人感兴趣的收藏品,为此更多合作单位的参与不仅使其数字化存储能力得到增强,同时可扩大 WDL 网站并使其馆藏内容更加多样化。

目前 WDL 网站的资源就世界范围讲还不够齐全,馆藏建设需要有更多的参与机构和人员,才能使其真正成为世界数字图书馆。中国内地的国家图书馆、海峡对岸台湾的"中央图书馆"以及其他地方图书馆应积极参与到 WDL 中来,向世界分享中华民族千百年来传承下来的历史文化瑰宝。同时 WDL 需要出台更多的办法和手段吸引全世界的用户,尤其是尚未加入的国家图书馆系统,特别是第三世界,要向发展中国家传播和宣传 WDL 的理念,吸引更多的合作机构。在中国,目前除了图书情报相关领域的数字图书馆研究人员之外,知晓 WDL 的普通用户恐怕很少。

WDL 网站提供的服务大多是传统和经典的历史文化文献资料,专业和艺术价值很大,但对于普通用户需求及其日常作用貌似很小,目前它只能作为一个满足小群体研究人员的资料性网站,还难以吸引或被广大用户经常使用。但是它的潜在价值难以估量,或可称为世界文化知识资源收藏服务中心。例如如果 WDL 网站除了用已有的方式组织资源之外,还可结合民众的旅游等需求,用一些更加独特的专题把不同国家的传统文化资料和当地的旅游结合起来,吸引更多的用户,那么 WDL 的潜在价值就会更大程度地发挥出来。

参考文献

[1] World Digital Library [EB/OL]. [2011 - 09 - 01]. http://www.wdl. org/.

[2] World Digital Library [J]. Reference Reviews,2010, 24(6):6.

[3] The UN's World Digital Library [EB/OL]. [2011 - 09 - 17]. http://www. time. com/time/world/article/0,8599,1892916,00. html.

[4] Free - access World Digital Library set to launch [EB/OL]. [2011 - 09 - 22]. http://www. guardian. co. uk/books/2009/apr/08/free - world - digital - library.

[5] World Digital Library Project Site [EB/OL]. [2011 - 09 - 09]. http://project. wdl. org/.

作者简介

冯召辉,北京师范大学管理学院信息管理系硕士研究生。E - mail: bnufengzhaohui@ 126. com

陈嘉勇,北京师范大学管理学院信息管理系硕士研究生。E - mail: jiayongchen@ foxmail. com

公众共享数字图书馆
——国际文献资源共享空间

刘燕权/美国南康涅狄格州立大学

田硕/北京师范大学管理学院

摘　要:公众共享数字图书馆(Digital Library of the Commons)是一个服务公众的资源共享国际文献库,作为印第安纳大学政治理论和政策分析研究室和印第安纳大学数字图书馆项目的一个合作工程,其主要任务是免费向公众提供有关共享资源、公共集中资源和公共财产方面的国际文献。文章从项目概述、资源组织、服务及技术特征等方面对该数字图书馆进行了综合性描述和介绍,同时给出了作者的评价和建议。

关键词:公共资源;数字图书馆;印第安纳大学数字图书馆项目(IU DLP);印第安纳大学政治理论和政策分析研究室(WPTPA)

The Digital Library of the Commons
—A Public - Service Space for Resources Sharing

Yan Quan Liu, Ph. D./Southern Connecticut State University, USA

Tian Shuo/Dept. of Management, Beijing Normal University

Abstract: Designed to be "a gateway to the international literature on the commons", the Digital Library of the Commons is a collaborative project of the Workshop in Political Theory and Policy Analysis and Indiana University Digital Library Program (DLP). The library provides free and open access to full – text articles, paper sand dissertations pertaining to the commons, common – pool resources and common property. It also provides space for sharing research on the concept and practical implications of the commons around the world, in physical and virtual communities. The article presents an extended review on the project's backgrounds, resources organization, technological features and services provided. Authors' comments and suggestions are also presented for future improvements of the project.

Keywords: Commons resources; Digital library; Indiana University Digital Library Program (IU DLP); Workshop in Political Theory and Policy Analysis(WPTPA)

1 概述

公众共享数字图书馆(Digital Library of the Commons, DLC)是一个国际公共资源文献共享空间,它提供免费和开放存取的全文文献、文章和论文,向用户提供有关共享资源、公共集中资源和公共财产方面的国际文献。它是印第安纳大学数字图书馆项目(IU DLP)和印第安纳大学政治理论和政策分析研究室(WPTPA)的一个合作工程,并得到了安德雷·W. 梅隆基金会和国际共享研究协会的慷慨资助。网站首页如图 1 所示。DLC 的网址为 http://dlc.dlib.indiana.edu/dlc。

1.1 公共资源概述

公共资源是指地球上存在的,不可能划定所有权或尚未划定所有权,因而任何人都可以利用的自然资源,它具有很强的非排他性。

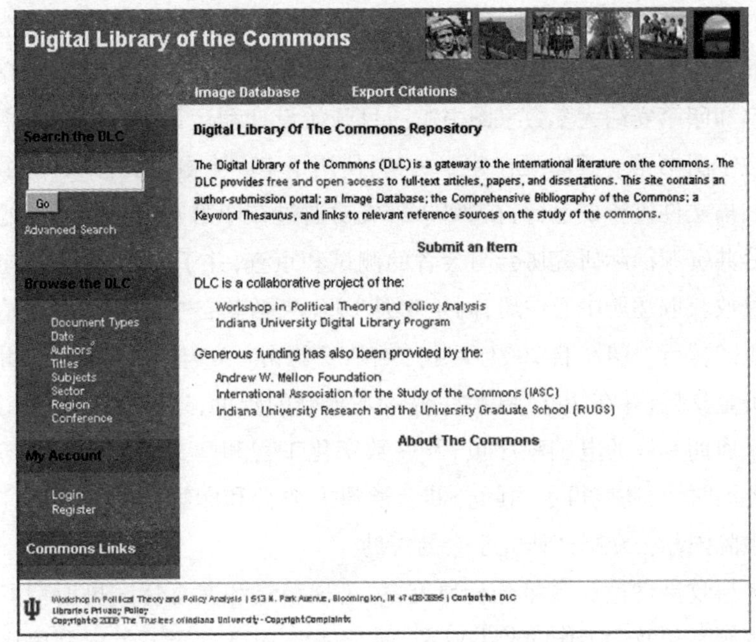

图 1　DLC 首页

其研究对象主要包括共享资源、公共集中资源、公共财产。共享资源是指在分享资源时每个利益相关者都有平等权利的总称，它包括有关公共知识、公共领域、开放科学、免费信息交换等主题的信息共享；公共集中（池塘）资源是指同时具有非排他性和竞争性的物品，是一种人们共同使用整个资源系统但分别享有资源单位的公共资源。目前大部分的公共集中资源大都是在渔业、森林、牧场系统、野生动物、水资源、灌溉系统、农业、土地拥有和使用、社会组织、理论（社会困境、博弈理论、实验经济学等）及全球性问题（气候变化、空气污染、跨界纠纷等）方面。新的和非传统的共享资源在增长，这主要集中在城市公共资源（公寓楼、停车空间、游乐场等）、网络、电磁频谱、基因数据、预算等方面；公共财产则是指国家和集体共有的财产。

1.2　DLC 的发展及其组织机构概述

构建 DLC 的想法最初是源于 1999 年国际公共资源研究协会

(IASC)公共资源虚拟图书馆"成为公共资源研究的国际文献空间"这一构想。同年秋天,印第安纳大学政治理论和政策分析研究室和印第安纳大学数字图书馆项目开始设计和运行这一公众共享数字图书馆。其原型在建立之初,使用了166个电子文件和40个扫描文件进行试运行,在2000年成功通过在印第安纳大学举办的公共资源国际研究协会与会者的测试和审查,并于2001年7月向开放获取注册中心注册,同年8月DLC包括其自主出版门户开始正式运行。DLC自2003年起开始从安德雷·W.梅隆基金会获得资金支持,并在2007再次获得该基金会的资助,这些资金主要用于雇佣专业的电脑程序员、开展数字化工程和购买更新技术。与此同时,它还获得了国际公共资源研究协会和印第安纳大学研究生院国际公众财产研究学会的资助。

政治理论和政策分析研究室,是埃莉诺和文森特·奥斯特罗姆研究和教学工作的产出成果,前身是自1973年就开始的利用比较制度和发展研究来理解多种环境下组织模式的学术研究小组,是印第安纳大学来自人类学、经济、地理、信息科学、政治科学、物理学、公共与环境学院等多学科科研人员联合而成的一个自主研究中心。该研究室的任务是增进组织机构变革、员工激励及有政策相关性应用行为的跨学科研究。它的资源组织结构呈伞状分布,囊括了广泛的研究兴趣,其中各个亚单位又是相互补充和联系的。研究室的研究人员认为他们的研究对发展中国家新任领导人在确定减少腐败和增强民主机构力量的方式方法上有所帮助。他们可以帮助组织机构决策如何更好地使用它们的资源,也有助于发展资金用在更好地提高人们生活水平方面。

印第安纳大学数字图书馆项目,是印第安纳大学图书馆、高校信息技术服务及来自图书馆信息技术学院和信息科学学院牵头的高校学师资团体共同合作的结果。它主要致力于为印第安纳大学或其他地方学校的师生创造、保存、传递和保护一系列高质量的网络资源。它为印第安纳大学图书馆员、教职员工和工作人员以及与印第安纳大学数字图书馆项目合作的外部组织和机构提供了多种多样的服务,如为授予写作、财政计划、版权研究、技术规划等提供项目规划帮助;为图片、音频和视频提供数字化服务;为文本的数字化和编码提供电子文档服务;为建立和映射元数据提供原数据服务等。在构建 DLC 方面,IUDLP 主要负责其资源数字化、界面设计、功能研究、元数据创建和制图及版权研究、资金和资助协作规划等。

国际共享研究协会成立于 1989 年,其前身名为国际共享资产研究协会,是一个非盈利组织,致力于认识和改进由发达和发展中国家社区建立的公共资源管理机构。该组织的研究目标是鼓励多学科、多领域、多种资源类型之间的知识交换、促进学术和实践经验的相互交流和转化、促进合理的机构设计。

2 数字资源及其组织

DLC 的资源主要包括了一个公共资源文本数据库和图片数据库,此外还包括有一个公共资源综合书目、主题词库和公共资源研究相关推荐站点链接。

2.1 公共资源文本数据库(Text Database)

公共资源文本数据库是 DLC 包含的最为主要的资源,包含的公共资源主题类型主要分为十五个部类,即农业、渔业、林业、一般和多元资源、全球公共资源、放牧、历史、信息和知识、土地使用权的使用、新公共资源、社会组织、理论、市政公共资源、水资源、灌溉和野生动物(每个部类包含的资源数如表 1)。这些资源以 6 种文档类型呈现:书、图书章节、会议论文、期刊论文、学术或研究论文以及工作文件。这些资源主要分布在 11 个地区:非洲、南极洲、北美洲、中美洲和加勒比海地区、东亚、欧洲、原苏联、中东和南亚、北美、亚太和澳大利亚及南美这些地区。该数据库包含有政治理论和政策分析研究室研究图书馆的广泛打印资料，使得 DLC 成为世界上包含了有关公共资源方面最为丰富的数字图书馆。这些资源的组织一般会以最初的清单形式列出，通过资源的标题可以连接到它简单的书目记录中，从简单的书目记录中，我们还可以获得它包含的描述性元数据和技术信息的复杂书目记录和全文。

表1　公共资源文本数据库每个部类包含的资源数

Sector	No. of Records
Agriculture	666
Fisheries	775
Forestry	1365
General & Multiple Resources	1088
Global Commons	316
Grazing	211
History	139
Information & Knowledge	397
Land Tenure & Use	658
New Commons	190
Social Organization	1968
Theory	647
Urban Commons	113
Water Resource & Irrigation	1538
Wildlife	259

2.2　图片数据库(Image Database)

DLC 图片数据库主要包括森林、渔业、城市街道、广场及畜牧业系统等公共资源方面的照片、地图和卫星图像。它由过去三十年里来自政治理论和政策分析研究室的研究人员拍摄的约 1 285 张照片和幻灯片组成。这些照片主要是来自实地考察、会议访问及公共池塘(集中)资源，如尼泊尔灌溉系统、非洲森林、国际共享资源协会会议及国际森林资源和机构项目的研究地点。2008 年该数据库所包含的文献总量已达 3 580 条，2009 年底达到 5 298 条。它是 DLC 的一个与文本数据库相独立的服务功能，也是唯一一个供公共资源方面学者研究的免费图片数据库。数据组织者对每张照片都按标题、拍摄日期、拍摄者、区域、行业、关键词、打印地点这些字段进行描述，用户既可以按照这些字段浏览图片，也可以直接通过检索词来查找图片。

2.3 公共资源综合目录(Comprehensive Bibliography of the Commons)和关键词词库(Keyword Thesaurus)

公共资源综合目录，即将公共资源文献分解成更有针对性的书目主题，它包括了数量巨大的有关公共资源方面文献的书目记录，以向用户提供按字段、题目、作者或著者检索数据库内文献，并提供了高级检索。它在 2008 年 7 月更新后包括了 57 885 条引文和 16 740 条摘要，而在 2010 年 10 月更新后，引文和摘要分别增长到 60 401 条和 25 263 条。检索出的条目也都包含有完整的书目记录，即引文、作者、时间、标题、来源图书馆、国家、关键词、部门、区域等字段。

关键词词库，即主题词库，是公共资源数据库中描述和组织文献时使用的首选关键词列表，它按书目、案例研究、城市(州、县)、比较分析、国家、大陆、经济、评估、历史、文献综述、计量、方法论、模型、性能、政策、研究、学习和教学、理论、话题等标准进行细分，并按 26 个英文字母将关键词一一排列。关键词词库有利于规范用户的检索词，提高检索效率。

2.4 公共资源研究相关推荐链接(Commons Related Links)

公共资源研究的相关推荐链接，主要包括关于公众共享数字图书馆的信息（DLC 的简单技术介绍和目前及过去的工作人员介绍）、公共资源的详解、主题词库、公共资源综合目录、主题目录、有关政治理论和政策分析研究室和印第安纳大学数字图书馆项目的相关信息及国际公共资源杂志和一些网上公共资源免费期刊和简讯。其中，国际公共资源杂志是专门研究公共资源的国际期刊，一年出版两期，主要内容包括公共资源的使用创新、微观公共资源、研究论文、书评等；网上免费公共资源期刊和简讯主要有《非洲研究季刊》、《环境监测进展和建模》、《非洲研究季刊》、《阿拉斯加渔业研究简报》、《旱地简讯》、《亚洲发展回顾》等。

3 服务方式

DLC 为实现其资源共享空间的价值，为广大用户提供了形式多样的服务。

3.1 目标用户

DLC 是一个创新的面向多用户的数字图书馆，因其需要相关学者的参与来扩充和发展，所以它具有明确的国际关注群体。其服务面向跨学科的世界性群体和组织，如政策制定者、科学家、经济学家、教育者及相关的从业人员。可以说任何对公共资源研究感兴趣的单位和个人（主要是学术机构和群体），都可以成为 DLC 的服务对象。

3.2 主要服务方式

DLC 提供的服务包括了初级和高级检索、目录浏览、学者提交门户、邮件提醒定制服务、引文服务等。此外还提供了一个主题目录和一个可供检索的公共资源综合目录，辅助用户检索数据库中的资源。

(1)资源检索

简单检索:DLC 的文本数据库提供有以标题、关键词和摘要为可检字段的简单检索。用户可以使用任意的单个标题、关键词或摘要进行检索,也可以使用表示它们之间关系的 And、Not 或 Or 来连接两个或多个字段进行检索,或者是使用检索框下拉菜单中提供的提示选项进行检索。对检索结果的显示,不但可以限定每页显示的条目数,还可以通过对提交时间、标题、相关性、出版时间的限定进行升序或降序排列。

高级检索:DLC 还提供有高级检索功能,通过限定一个或多个字段,如全文、作者、出版年份、标题、关键词、区域和部门、会议及上传时间,使用一个字段或者是使用 And、Not 或 Or 来连接两个或多个字段进行检索,检索结果也可以同简单检索一样,对其进行相应的组织和排序。

文本数据库提供的是全文检索,检索结果都可按相关性排序。图片数据库的检索与文本数据库的不同在于它拥有更为广泛的元数据字段可供检索,这些元数据包括关键字、国家、地区、部门、摄影师、标题、摘要和拍摄日期,在检索中还可以通过国家、地区、部门、摄影师、关键词来进一步缩小检索范围。

(2)目录浏览

DLC 还提供通过文献类型、日期、作者、标题、部门、区域、会议和主题进行目录浏览检索。在通过这些类别检索时,可以通过首字母进一步选择和限定所要查找的内容,在浏览类别的二级页面里,还分别有检索框,可进行进一步精确检索。如进行时间类别的目录浏览时,在时间类别的二级页面里,用户可以选择下拉菜单提供的选项来选择月份和年份以确定一个时间段或者是直接给出所要查询资料的年份,搜索的结果可以按上传时间或出版时间及标题进行升序或降序排列,并同时可以选择一次显示给出结果的数量。目录浏览方便了用户在无法确定检索词时实现其检索需求。

(3)关键词库和公共资源综合目录

为了规范用户的检索词,提高用户的查全率和查准率,DLC 还提供了关键词词库,这些关键词按国家、大陆、经济、评估、历史、性能、政策、研究、学习和教学、理论等标准进行标准细分,供用户按首字母顺序查询,由于这些关键词是 DLC 进行数据组织时提取的关键词列表,所以可以很好地规范用户对检索词的选择,减少用户检索的盲目性,提高了检索效率。公共资源综合目录,因其包括了数量巨大的有关公共资源方面文献的书目记录,可以为用户查找资源提供很好的参考和对照,使得用户可以容易地作出下一步的检索策略,即确定是否是想要查找的资源、是否需要进一步查找全文等。另外,它包含的公共资源范围大于 DLC 文本数据库的资源范围,所以从一定意义上说,它还是 DLC 资源一个很好的补充。

(4)输出引用服务(Export Citations)

DLC 在其首页还推出了输出引用服务,即允许用户在检出所需资源时,创建该资源的引用列表,这是通过点击目录记录列表的引用按钮来实现的。输出后,一个可下载的文本提供了列表项目的所有目录信息,包括文献类型、作者、期刊、卷数、页数、出版时间、链接地址、部类、区域、主题、摘要等供用户参考使用。

3.3 DLC 的特色服务——作者提交门户(Author - submission Portal)

作者提交门户是 DLC 服务的一大特色,即在使用邮箱注册后,用户可以直接登录到 DLC 的提交界面,按照其规定和操作流程(描述、上传、复审、许可、完成)可以提交任何形式存在的相关文献。在描述环节,DLC 按其数据组织的要求列出了上传文献状态(发表与否)、标题、作者、发表期刊、发表日期、卷数、主题、国家、区域、行业、语言、文献性质案例、理论等详细的描述要求,这有利于规范上传文献,节省入库和投入使用的时间。其中主题和区域的描述都有 DLC 提供的规范词库,方便用户选择使用,减少了作者上传的困难,同时也增加了数据库的规范性,方便用户检索。这种交互式的服务方式,强调了用户的参与性,调动了用户的积极性和主观能动性,也充分体现了 DLC 资源公众共享空间这一理念,从而使得 DLC 资源可以不断地得到丰富、扩充和可持续发展。

此外,DLC 还提供在一些类别下显示最新提交的资源列表服务和邮件提醒定制服务。邮件提醒定制服务即用户可以通过邮件注册,随时接收其感兴趣主题有新更新的提示,这可以使经常访问 DLC 的用户与 DLC 更新保持同步,不错过任何感兴趣资源的新动态。

4 技术特征

4.1 数据的采集、储藏和传递

DLC 自 2000 年起应用 IBM 内容管理器管理来自 WPTPA 的原始资源,后来在 2001 年升级到 EPrints,这大大提升了作者提交门户的性能。因为 EPrints 使得学者可以在世界各地提交和上传他们的著作。由于 DLC 所包含的资源多是来自实地研究,因而这就更突显了 EPrints 系统的价值。但是 EPrints 需要特殊的技术支持,需要人工导出和上传目录,并且它无法与 DLC 新的基础设施兼容,所以在 2009 年以后它由 DSpace 代替。

目前的 DLC 是在 DSpace 上运行的,这是一个应用于建设数字图书馆的免费、可完全定制的软件。它可以收集、存储、索引、保存和重新发布任何数字格式、层次结构的永久标识符研究数据,是一个专门的数字资产(Digital Assets)管理系统。它支持多种媒介,如文本、视频、图像和数据集,该软件可以下载,并流行于学术界。它遵循开放存取档案对于元数据收割 2.0 版的协议,提供了学术研究文献资料库互操作的框架。它对可持续发展有积极的远见,有广泛的支持群体,并配置了有关界面的外观以及索引和数据字段的设计,使得它成为 DLC 的最佳选择。

图片数据库在开始运行时,它底层的数据库和数据输入系统是基于库什曼项目的,它的检索和发现接口是一个研究生的设计。里面的图片是基于PHP格式,交付图像存储在本地目录,而主文件存储在HPSS(High Performance Storage System,一个高性能的存储系统)里。新的数据库是基于DLP(Digital Light Processing)系统和工具的,这是一项使用在投影仪和背投电视中的显像技术,它使用Fedora的数字数据库来管理元数据和图片。新的图片数据库使用照片编目工具来录入数据,具有MODS(Metadata Object Description Schema,元数据对象描述框架)的标准兼容性、灵活性和可配置性。

4.2 界面设计

DLC的界面设计为用户提供了简洁易用的导航界面:它把检索功能、浏览菜单、账号登陆和相关链接这些功能设在首页的左侧(其中检索栏在最上面),在首页的顶部设置图片数据库链接和导出引文功能链接,在界面的中央部分显示介绍该站点的主要内容。这种简洁而又突出重点的页面组织和安排使用户获取信息更加便利,并且使得该数字图书馆的主要服务都可以在首页获得,这就简化了浏览和检索资源的过程,这一界面的连贯布局也保持了用户的认知平衡性。

DLC界面设计的友好性使用户在首页就可很快地获得所需信息,这也是DLC高性能的一个表现。特别是当用户使用"时间"或"标题"进行浏览时,最新更新的相关资源列表可以很快展示出来,而这只需要从首页进行一次点击即可。使用文献类型、作者、主题、区域或部门及会议进行浏览,也只需从首页的一次链接就可以获得信息,这在某种程度上减少了有些导航所需的反复点击链接的过程,从而减少用户导航迷途,这也符合在与用户的互动中尽快使用户获得主要资源的要求,促进数字图书馆结构的扁平化发展。

4.3 软硬件支持

DLC站点可以使用Microsoft Internet Explorer、谷歌的Chrome

和 Mozilla Firefox 浏览器浏览，这些浏览器保障了站点的稳定性。经过检验，它基本没有断开连接的现象，只是有时会因为网络原因出现链接服务器超时的现象。

DLC 以 PDF 格式传递文档，它需要 Adobe Acrobat 阅读器来浏览阅读，可以在 Adobe 网站上下载。

5 评价和建议

DLC 是一个很有价值的数字图书馆项目。该项目很重要的一点是它集中了世界范围内有关公共资源研究方面过去和最新的研究资料和图片，并使得世界范围内的用户可以免费获取这些资源。其开放获取和自主提交这一特色服务，使得它收录的公共资源更加丰富多彩；其易用的开放获取软件和界面友好性设计不仅增加了用户的使用频率和长期性，还大大节省了该项目的成本，使它不会受制于资金限制；功能强大的简单检索、高级检索和目录浏览并附之于综合目录和规范词表，大大提高了用户的检索效率；此外，DLC 还十分注重网站管理，与时俱进地调整和变更系统支持软件，使得该资源共享空间的各项功能得到更好的发挥。

当然，DLC 也存在一些亟待改进和提高的方面。

它依赖资源提交者使用有关主题词和部类等条目来分类和组织资源，但所有的提交者不一定具有同等水平的关于主题词和叙词表条款的知识，或对上传资源的定位和分类不准确，所以上传的条目可能存在许多不恰当或不准确的描述。这就需要建立一套资源评估或审查标准体系，它一方面可以规范资源的组织形式，另一方面也保证了上传资源的质量，从而增强了 DLC 资源组织的准确性和权威性。除了简单介绍公共资源和数据库内容外，该站点没有任何其他的帮助和辅导项，这使得新用户在使用数据库资源时需要花费很多时间来熟悉和了解网站布局和功能。由于该项目是面向全球用户的，所以提供多语言资源会给其服务增色不少。另外,笔者认为DLC如果提供更多的互动服务(如提供参考咨询服务)会使这一资源公众共享空间更有价值,这样该数字图书馆将有可能变成一个公共资源方面专家学者相互交流的空间和平台。

参考文献

[1] FUHR N, TSAKONAS G, AALBERG T, et al. Evaluation of digital libraries [J]. International Journal on Digital Libraries, 2007, 8(1): 21-38.

[2] ISFANDYARI-MOGHADDAM A, BAYAT B. Digital libraries in the mirror of the literature: Issues and considerations [J]. The Electronic Library, 2008, 26(6):844-862.

[3] The Digital Library of the Commons [OL]. [2011-09-20]. http://dlc.dlib.indiana.edu/dlc/.

[4] Indiana University Digital Library Program. Indiana University Digital Library Program. (2011) [OL]. [2011-09-21]. http://www.dlib.indiana.edu/index.shtml.

[5] Workshop in Political Theory and Political Analysis. Annual Report 2009 [R/OL]. [2011-09-21]. http://www.indiana.edu/~workshop/publications/materials/Annual%20Report%202009.pdf.

[6] The New Digital Library of the Commons [OL]. [2011-09-21].

[7] Digital Library of the Commons. Digital Library of the Commons Image Collection [OL]. [2011-09-21]. http://dlc.dlib.indiana.edu/dlc-images/.

[8] Registry of Open Access Repositories. Record: Digital Library of the Commons [OL]. [2011-09-22]. http://roar.eprints.org/314/.

作者简介

田硕,北京师范大学管理学院图书馆学硕士研究生。E-mail: tianshuo2288@163.com

"SIMPLE Science"——基于图像的中小学简化科学教育的数字图书馆

刘燕权/美国南康涅狄格州立大学

王群/北京师范大学信息管理系

摘　要:SIMPLE Science 是一个通过利用图像处理及分析技术(IPA)辅助青少年学习的数字图书馆,通过提供图片信息、教学计划、课程活动使得图像处理和分析能够作为一种学习工具得以使用,同时也为教育工作者在教学过程中使用图像信息提供便利条件。文章对该项目的建设及现状进行了综合性的评析,包括项目概述、数字资源及组织、技术特征、服务特点等。

关键词:SIMPLE Science;图像处理技术;数字图书馆;美国国家科学数字图书馆(NSDL);美国国家科学基金会(NSF);中小学教育;科普

SIMPLE Science: Image – Based Learning Digital Library for K – 12 Education

Yan Quan Liu, Ph. D./Southern Connecticut State University, USA

Wang Qun/Beijing Normal University Department of Information Management

Abstract: SIMPLE Science is a digital library project aiming to "overcome barriers to mainstream use of image processing and analysis (IPA) in K-12 education". It attempts to make IPA accessible and easy to use, provide extensive and updateable archives of imaging data, and design a pedagogical structure that supports national education standards for middle school education. The article provides an extended review on the construction and status of the digital library, including project background, resources organization, technological structures, service features, as well as comments and suggestions made by the authors.

Keywords: SIMPLE Science; IPA, Digital library; National Science Digital Library (NSDL); National Science Foundation (NSF); K-12, Science education

1 项目概述

"SIMPLE"是"简化图像管理及处理学习环境"(Simplified Image Management and Processing Learning Environment for Science)的首字母缩写。SIMPLE Science是一个通过利用图像处理及分析技术(image processing and analysis,IPA)辅助青少年学习的数字图书馆项目,主要致力于使IPA在中小学教育中简易可行,使其成为一种易于使用并为主流教育和公众接受的学习工具,同时方便教育工作者对成像数据进行扩展和更新,并为他们提供一种通过图像数据进行教学的具有国家标准化的教育学构架。

SIMPLE Science使用的教育标准包括国家科学教育标准(National Science Education Standards,NSES)、数学教师全国理事会(National Council of Teachers of Mathematics,NCTM)以及国家教育技术标准(National Educational Technology Standards,NETS)。为方便查看,SIMPLE Science在每一课时前都列出该门课程应达到的相关标准。此外,SIMPLE Science工作人员在主页上也提供了其他标

准的链接,方便那些有特殊需求的教育人员(Science Approach,2010)。

SIMPLE Science 是美国国家科学基金会(National Science Foundation,NSF)资助的数字图书馆项目之一,也是美国国家科学数字图书馆(National Science Digital Library,NSDL)系列工程之一。NSF 于 2004 年 1 月 1 日授予图像处理教育中心(Center of Image Processing in Education,CIPE)一项 396 203 00 美元拨款用于此项目的建设,即为中小学教育开发基于图像的教育学习工具。此外,该项目也得到地理系统教育数字图书馆(Digital Library for Earth System Education, DLESE)的赞助。SIMPLE Science 致力于"消除在中小学教育中使用图像处理和分析(image processing and analysis, I PA)技术中的各项障碍"。项目初期定为两年(http://www.simplescience.org/)。根据地理系统教育数字图书馆(DLEESE)网站提出的项目工作范围,SIMPLE Science 的国家资助在 2006 年停止后,图像处理教育中心(CIPE)继续维护和更新网站,确保期资源的完整性、项目的科学准确性、教学方法的高效性、文件资料的整合性、用户使用的便捷性以及各类馆藏数字资源的稳健性。

2006 年,图像处理教育中心(CIPE)董事会通过一项决议,SIMPLE Science 作为国家项目定于 2007 年 9 月终止。同时董事会授权将其知识产权转交给科学方法公司(Science Approach,LLC)。科学方法公司继承 CIPE 的责任推进可视化技术在教育领域的使用,并通过 CIPE 继续免费提供 SIMPLE Science 数字图书馆中的课程。同样,作为 CIPE 的合作者,SIMPLE Science 网站上的所有课程也包含在 DLESE 数字图书馆的数据库中。

图像处理教育中心(CIPE)是一个建立于 1992 年的非盈利性组织,其目标是促进计算机辅助可视化应用于探究性学习中。CIPE 一直致力于促进"计算机辅助可视化作为应用于基于探究性学习的工具"(CIPE,2010)。为了支持这项任务,CIPE 开发了教学材料,并组织研讨会,即使用数字图像分析和地理信息系统技术作为平台应用于科学、数学和技术领域的教学。

SIMPLE Science 传承了 CIPE 的任务目标，为中小学教育及公共大众提供图像处理和分析的服务。正如美国国家科学教师协会所评价的那样，“该网站已成为一个将资源集合使用的工具，为从事初中、高中教育的工作者准备课程资料和讲授课业提供了良好的帮助，成为了一个为教师教学和课程发展所使用的资源整合地。同时它从学生学习的角度出发，为学生提供了动手实践的虚拟学习场所”。(SIMPLE，2010)。不过 SIMPLE Science 中提出的任何观点、意见、发现、结论等仅代表网站参与者个人观点。

项目主页见图 1。

SIMPLE Science 使得图像处理和分析变得更易使用，并通过提供图像数据、课程计划、相关活动以及其他工具使其成为一种学习工具，同时借此帮助老师们能够在教学的过程中自如地使用图像数据。项目提供的资源涵盖了包括生物科学、医药卫生、地球空间科学、数字素养以及社会科学在内的主题。

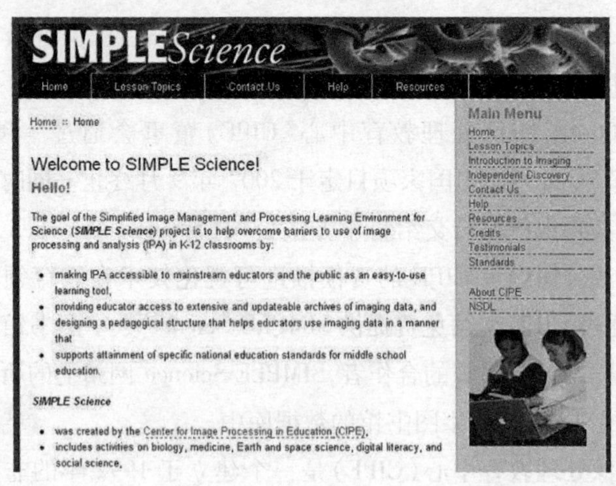

图 1 SIMPLE Science 项目主页

2 项目资源及其组织

SIMPLE Science 数字图书馆项目的意义在于为教师和学生提供更多关于成像科学方面的课外优质学习辅助资料的途径,同时多样化的资料格式满足了学习者的个性化需求。作为美国国家科学数字图书馆项目之一,SIMPLE Science 在生命科学、医药卫生、物理学、工程学、数字素养以及地球空间学方面丰富了国家科学数字图书馆 K-12 阶段的教学资源,以多媒体的方式吸引了大量的教育工作者和学习者,并激发了他们的教学和学习积极性。

SIMPLE Science 所有资源都以学生为本,为教育工作者服务,网页上无任何广告及商业链接。接受家庭教育或者在校外接受非正式教育的学习者也可以免费使用这些资源作为学习辅助材料。教师们可以通过 SIMPLE Science 提供的两个教学软件 Wiggins 和 McTighe(1998)开发丰富理解力培养与课程设计的教学模板,以及"深入探索"主题下的图片文档,以丰富完善自己的课程。同时网站具有在线设计课程功能,方便教师随时修改、不断完善课程内容。

2.1 资源范围及种类

SIMPLE Science 馆藏由六个课程主题组成:地球空间科学、生物、医药、数字素养、数学、社会科学。每一个主题都有一系列条目,所藏文件包括视频文档、PDF 文档、X 射线照片或者图像文档。SIMPLE Science 资源按学科分类,所涵括的学科以及该门类下的主要内容包括:

(1)地球与空间科学:初级的地球科学领域中的案例学习包括雪与冰、飓风、臭氧层空洞与地球大小。

(2)生物学:测量温度、物体运动、与动物互动等。

(3)医药学:无重力状态下对物体的影响、诊断肺部疾病等。

(4)数字素养:将旧照片翻新、计算机侦察技术等。

(5)数学:坡路比率、圆周率分割、测量昆虫体长等。

(6)社会科学:利用计算机分析法医图片、为残疾人测量坡路比率、测量运动物体等。

2.2　站点主要区域

在主页以及其他各个页面上,SIMPLE Science 提供了五个主要区域:

(1)图像介绍(Introduction to Imaging):这里提供一个关于成像科学的介绍,用户可以通过一个 15 分钟的视频演示来发现图像处理和分析技术(IPA)是如何应用不同的科学领域的,例如医药、航天以及艺术等;

(2)独立探索(Independent Discovery):包括四个按兴趣划分的类别:独立研究、课程建设、课程帮助以及图像图书馆。这一部分将图像思维和数字化分析融合在一起作为一个工具,帮助用户学习科学、技术、数学以及其他学科知识;

(3)课程主题(Lesson Topics):这一部分涵盖了地球科学、生物、医药、数字素养、数学和社会科学,开设内容丰富多彩,例如"行星轨道"、"运动中的动物"、"太空失重"、"圆周率分割"。课程中的用词都十分生动有趣。每部分结构都配以颜色醒目的图片、动画、声音以及与教学材料互动的链接;

(4)实证(Testimonials):记载了来自美国国家科学教师协会、俄勒冈州、亚利桑那州等不同区域、不同学校的教师代表对网站使用的评价;

(5)资源(Resources):为用户提供相关资源链接。目前网站所提供的链接有 SIMPLE Science 所从属的科学方法公司(ScienceApproach, http://www.scienceapproach.com/)以及图像处理教育中心(Center of Image Processing in Education, http://ww w.airedesign.com/CIPESite/)。同时,网站也提供了一些来自 NSDL 和 DLESE 的

网站和文档的链接。

2.3 数据来源及元数据

SIMPLE Science 资源主要来源于地理系统教育数字图书馆(DLESE)、国家科学数字图书馆(NSDL)以及图像处理教育中心(CIPE)。多媒体资料丰富多彩,包括视频、网络互动、照片、动画、图片、图示、音频等。同时 SIMPLE Science 也是重要的信息交流平台,将散落的资源整合后提供给用户。

根据 DLESE 网站给出的项目工作范围,"元数据记录都是手动输入的,而且在提交前都经过了再次检验"。也就是说,"由于 SIMPLE Science 数据库中的所有资源都是可以直接修改的,CIPE 的工作人员会不断检验以确保资源和元数据的准确性"。同样,虽然 CIPE 持有数字图书馆元数据的版权,但 DLESE 持有"调整、改变格式以及重新分配这些元数据以运行 DLESE 系统和服务"的权利(Science Approach, 2010)。

SIMPLE Science 的最大特点就在于图像处理和分析技术的应用,因此除了普通的文本信息外,网站最大限度地使用了图片对主题进行说明补充,使用户得到更加直观的概念。图片都以 JPEG 格式存储,并附有文本标签。当用户鼠标停留在图片上,标签即可显现,易于用户理解。

2.4 信息组织

SIMPLE Science 数字图书馆分为三层结构,以此来帮助学生通过利用图像处理和分析(IPA)进行基本的探索及在各个科学领域的利用。

第一层由一些展示图像研究的案例组成。学习教程在指导学生学习案例的过程中指导学生模仿成像科学家们进行研究,并解释成像科学领域中的一些基本概念。这一部分的副标题引导访问者"探索科学家们是如何将成像技术应用于各个领域的"(SIMPLE

Science)。

第二层提供了一些来自图像处理教育中心(CIPE)的活动,这些活动均基于科学指导的研究方法,为学生更好地学习而设计。

第三层是一个“独立探索链接”,它提供了独立的课程,同时为进一步的研究和探索提供相关图片信息。用户可以通过下载获取这一部分的资料,例如 SIMPLE 图像档案、科学实验报表格式以及能够深入研究图像处理领域的链接。SIMPLE Science 网站也提供可供用户下载的教学模板、课程辅助,这样教师们就可以在理解 Wiggins 和 McTighe 设计模板结构的基础上完善自己的课程。此外,针对教师,网站专门开设了一个用户通过登录即可体验的在线课程制作,该部分内容可以在课程建设者标题下找到。

3 技术特征

3.1 技术架构与支持工具

SIMPLE Science 使用 Java、WebImage 软件为课程提供相关的图片和教学互动工具,例如直方图、对比度调节、轴点以及推导数学方程式和探索科学概念的教学工具等。通过 SIMPLE Science 的在线教程——图像处理入门和分析,用户可以利用该数字图书馆的 IPA 技术和特定功能部件协调使用来定位课程,测量并调节图片的缩放比例,校正图片以达到规定量值,聚合图片至堆栈并调动图片,修改图片量值甚至重新“创造”图片,加强图片的亮度和对比度,使用剖面图说明单个像素点是如何改变并穿越整个图片的,描绘区域轮廓以进行进一步分析,对待分析的区域在给定范围内设定值等等,同时用户也可以使用化色表改变图像外观。

(1)WebImage 技术

SIMPLE Science 网站使用 WebImage,可被称为是一个基于网页版本的 Image,同时也是一个世界范围内广泛使用的图像处理程序。WebImage 是一个用来提高、优化和制图的网络图片处理程序，支持 GIF、JPEG 以及 PNG 格式，可以将图片转化成不同网络格式。

(2)软件和硬件要求

为使用 IPA 和 SIMPLE Science 数字图书馆中的技术，网站要求 Mac 用户在操作系统下安装 Safari2. x，在 Windows 操作系统下安装 IE7. x。同时在任何操作系统下，都必须安装 Java，否则 WebImage 无法运行。不过 IE 6. x 和火狐 1. 5x、2. x 也支持 WebImage，但是运行不如 IE 7. x 顺畅。

3.2 界面设计

SIMPLE Science 页面设计简洁、便利，独具匠心。

主页包含五个主要区域(课程主题、图像介绍、独立探索、资源、实证等)以及检索菜单在每页的顶部都会出现，方便用户浏览相应资源、进行页面跳转。

同时，值得一提的还有 SIMPLE Science 的浏览页面，它分为顶部、右侧两个版块。顶部列出五个主要部分(主页、课程主题、联系我们、帮助、资源集合)；右侧版块则以主菜单的形式在顶部版块的基础上细分了几个部分，包括科学成像介绍、独立探索、用户评价、使用标准等。这样，用户可以按照习惯选择偏重的浏览方式，非常便利。

4 服务特征

4.1 目标用户

SIMPLE Science 的服务群体十分明确，主要针对美国 K－12 即中小学生及教师服务，不过也面向大众人群，任何对图像处理及分析感兴趣的用户都可以在网站中找到相关资料。

4.2 服务方式

SIMPLE Science 是个功能比较健全的数字图书馆，可以为用户提供各种服务，以满足不同层次用户的需求。

(1)浏览功能

用户可以通过互动主题实现对站内资源的浏览，可以点击每页顶部的标题，或者侧面的主菜单，也可以通过 Back 或 Prev 浏览之前的页面。这里也有网页资源的超链接，例如21 世纪中学21 世纪中学生涯展、前瞻启动、数字图像科学伙伴等。

考虑到 K－12 学生特点，SIMPLE Science 配以图片丰富的浏览界面，还为用户提供了几种不同的途径来浏览资源，相应的链接全都列在页面左上角的“课程主题”(Lesson Topics)，同样的内容也可以在页面右侧的主菜单中进行选择。

1)点击“课程主题”中选择相应课程；

2)通过 Back 或 Prev 浏览之前的页面；

3)浏览“资源”(Resources)中提供的 SIMPLE Science 所从属的科学方法公司(Science Approach)和 CIPE 链接，用户可深入研究感兴趣的问题；

4)浏览随机页面；

5)对于某个特定页面来说，用户可以通过页面右侧的主菜单中选择跳转到其他资源页面进行浏览。

(2)帮助功能

SIMPLE Science 的帮助功能体现在“Help”页面中，它提供各个方面的帮助信息，无论是对于普通用户还是专业学者，都有相应的条目提供帮助信息。具体包括用户在浏览网站视频、图片时所需下载的程序帮助，软硬件支持。如需更详细的帮助信息，可以通过页面下方“Help Desk”前往 Science Approach 深入了解。SIMPLE Science 提供了一个基本的帮助页面讨论必需的程序和链接，必须下载 WebImage 使用服务，同时也通过网页提供安装所需程序的指导,这里还有一个指向科学方法网站咨询台的链接,用户可以通过科学方法帮助咨询台来使用检索框或网站的其他特色主题(SIMPLE, 2010)。

(3)个性化

个性化设置是 SIMPLE Science 的一大特色。其特色设计之处在于将各栏目置于右侧,同时也在网站上侧也予以相应的显示,内容居中,方便用户随时调整自己所在位置。课程主题中图片、内容相对显示。图文对应,一目了然,如图 2 所示。

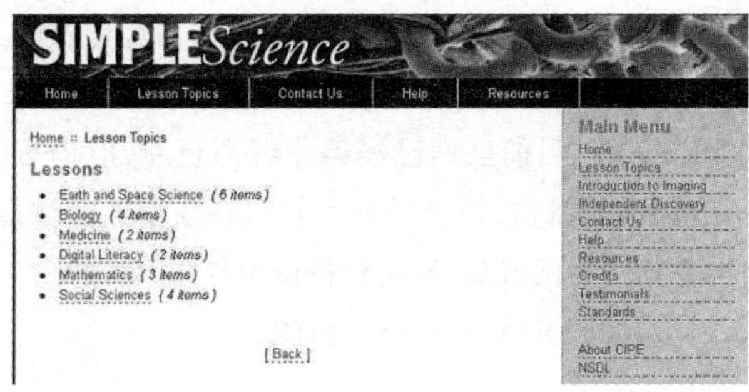

图 2 SIMPLE Science 课程主题

(4)学习功能

SIMPLE Science 通过图像处理和分析技能(IPA)帮助学生克服课堂学习中的障碍。初接触 IPA 的新用户要花费一些时间熟悉该技术,不过随着用户学习课程的进行,既学习到了相关的数学和科学知识,也得以熟悉 IPA 技术。在学习过程中,正确的答案得到了正强化,即使答错,用户也会得到一个鼓励性的回复。每门课程结束后都附有相关的外部资料链接,例如一篇关于摄影新闻报道可信度的文章,为新闻机构更改图片数位等。

(5)参考咨询功能

SIMPLE Science 目前并不提供参考咨询服务,但是建议想要对图像处理进行深入研究的用户购买 Discovering Image Processing 的最新修订版(DIP2),DIP2 包括更多课程,同时附有 PDF 格式的完整版用户指南,帮助教师以彩色或黑白形式打印课程和技能表单,并提供更广泛的课程支持和参考材料。

(6)其他

除了上述的功能,SIMPLE Science 还拥有下载模板、创建用户课程等其他服务方式,为全球的中小学教育者及普通用户提供了一个可供参考的资源集合,帮助他们的工作与专业学习。

为验证 SIMPLE Science 在教学中所起的作用,网站曾邀请来自不同地区的学校教师参与到网站的测试中来,其中很多教师给出了可行性的建议以及对于网站的评价,具体内容可在网站右侧"实证"(Testimonials)部分查阅。

SIMPLE Science 目前虽然已经停止资源更新,但仍有维护功能。网站内部的一些链接以及功能性栏目还需要通过注册页面,通过邮件联系该项目的成员,才能获得使用权限,普通用户无法直接使用。因此它的服务范围目前比较有限。

5　评价及建议

网站最值得称赞的是帮助咨询台。帮助咨询台可以通过界面顶端的"联系我们"进行使用,或者通过"My ticket"直接使用这一功能。在这里用户可以递交自己的问题或评论,用户通常可在五个工作日内得到回复。

通过对网站的试用,笔者认为 SIMPLE Science 在导航方式、搜索选项以及界面风格方面存在一些不足。SIMPLE Science 的主页信息丰富,但由于网站目标用户为 6-8 年级的学生,欢迎页面图片较少,色彩不够明亮。在导航方式的设置上,SIMPLE Science 为用户提供了两种选择,可以分别通过页面顶端的标签和屏幕右侧的主菜单选择所需课程,但其不足在于顶端标签和右侧的主菜单下属链接并不一致。作为数字图书馆,SIMPLE Science 最大的缺陷是缺少检索功能,使用户在查找其所藏六门课程科目内容方面感到不便。除主要课程之外,SIMPLE Science 的其他资源还包括指导视频、独立探索、课程辅导、图片资料、帮助链接、技术支持链接、一个指向科学方法公司(Science Approach)和 CIPE 网站的资源页面、推荐和感谢、用户评价以及一个 SIMPLE Science 所有课程使用的国家教育标准链接。所有这些内容都应该可以通过一个站内路径或索引或主菜单找到。

尽管存在这些缺陷,笔者认为 SIMPLE Science 数字图书馆提供的课程内容丰富,并具有娱乐性,将教学融于娱乐之中。数字图书馆的结构也符合 K-12 年级学生学习数学及科学的特点及需要,而且对公众免费开放,实现了开放资源数据库。

参考文献

[1] The SIMPLE Science [EB/OL]. [2010-05-05]. http://www.simple-science.org/component/option,com_frontpage/Itemid,38/.

[2] NSDL.org - About SIMPLE Science Resources - The National Science Digital Library [EB/OL]. [2010-05-05]. http://nsdl.org/search/?include_collection[]=2827371&verb=Search&s=10&n=10&item_num=6&identifier=http%3A%2F%2Fwww.simplescience.org%2F.

[3] Tutorial&Workshops [EB/OL]. [2010-05-05]. http://www.isi.edu/isd/icce98/tutorial.htm.

[4] Science Approach - CIPE [EB/OL]. [2010-05-05]. http://www.science-approach.com/index.php?option=com_content&task=section&id=14&Itemid=54.

[5] Science Approach - SIMPLE Science [EB/OL]. [2010-05-05]. http://www.science-approach.com/content/view/51/54/.

[6] WebImage [EB/OL]. [2010-05-05]. http://www.group42.com/webimage.htm.

作者简介

王群,北京师范大学信息管理系图情 09 硕士生。

研究地球系统科学的宝典
——地球探测工具书数字图书馆

刘燕权/美国南康涅狄格州立大学
张黎/北京师范大学管理学院北京
冯静/中央财经大学信息学院北京

摘　要：地球探测工具书(Earth Exploration Toolbook,EET)是致力于地球系统科学研究的数字图书馆。作为一部用于教学科研及地球系统科学工具、数据集和资源实例为一体的知识宝典,EET旨在循序渐进地引导用户利用它来从事各类有关地球科学的学习探索和研究。文章从资源组织、技术特征、服务特点等方面对地球探测工具书数字图书馆做了综合性评述,并给出了作者的评价与建议。

关键词：地球探测工具书;数字图书馆;美国国家科学基金会(NSF);美国国家科学数字图书馆;科学教育;科学教育资源

Earth Exploration Toolbook—A Digital Library of Earth Science Research

Yan Quan Liu, Ph. D./Southern Connecticut State University, USA
Zhang Li/Beijing Normal University Department of Information Management
Feng Jing/School of Information, Center University of Finance and Economics

Abstract: As one of NSF funded National Science Digital Library projects, the Earth Exploration Toolbook is a digital library that enables users to explore the Earth's systems through computer – based activities. Each activity as a chapter introduces one or more data sets and an analysis tool that enables users to explore some aspect of the Earth system, and ultimately, builds user's skills and confidence so they can use data to conduct their own investigations of the Earth system. This article provides an extended review on the construction and current situation of the digital library, including project review, resources organization, technological features, and service components。Author's comments and suggestions are also given.

Keywords: Science education; Digital library; Science education resources; National Science Foundation (NSF); National Science Digital Library (NSDL); Earth Exploration Toolbook

1 概述

地球探测工具书(Earth Exploration Toolbook,EET)是由一批科学家和教育学家发起组织的,用于研究地球系统科学活动的数字图书馆(网站网址为:http://serc. carleton. edu/eet/index. html)。EET 的创建灵感来源于 TREC 教育技术学习中心的资深科学家 Ledley 博士在 1998 年一次教授有关"厄尔尼诺现象对极地海洋的影响"课程时遇到的困惑。在上课时学生们缺少搜索有关数据的途径和方法,虽然 Ledley 最终找到了一些数据,但是学生们无法将这些特殊数据进行有效的整合利用。2001 年 Ledley 在参加数字图书馆地球系统教育年会上提出了这个问题,在专家们的一致赞同下决定建立地球探测工具书数字图书馆。EET 所有资料共分为 43 个章节,每一个章节都介绍了一个或者多个科学数字资料集和分析工具,以及研究经验和深入的资源知识,循序渐进地指导用户利用分析工具和存取数据,探索地球系统某些方面的实际问题。它创建的目的是方便用户使用资料，培养用户使用技能，使用户可以利用科学的数据集、数据访问、分析工具和广泛来自于各个科学教育团体的研究结果，对地球系统科学进行深层次的探索和研究。

EET是美国国家科学数字图书馆（NSDL）和地球系统教育数字图书馆（DLESE）的系统项目之一，其发展受到了美国国家科学基金会（NSF）的资金支持，至2007年4月共获NSF款项为755 898美元；同时也与各机构组织有密切合作，包括卡尔顿学院的科学教育资源中心（SERC）、TERC的地球和空间科学教育中心（CESSE）、新罕布什尔大学的复杂系统研究中心（CSRC），以及哥伦比亚大学的国际地球科学信息网络中心（CIESIN）。另外EET的建立与发展也离不开EET团队的合作，这个由地球系统科学方面的专家组成的具有高水平、高素质的团结协作的小组负责EET的材料收集、整理，章节内容的编写、指导等工作。[1] 2011年9月29日，EET获得了网上资源科学教育奖（Science Prize for Online Resources inEducation），以鼓励它为科学教育领域的创新改革和免费资源服务所作的贡献。[2]

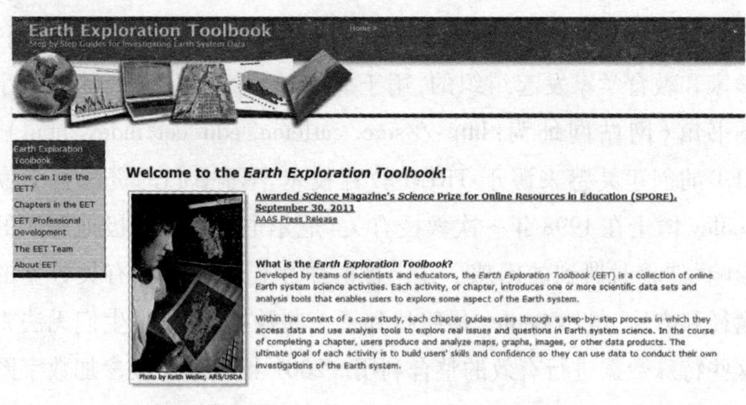

图1　地球探测工具书数字图书馆首页

2 数字资源及其组织

2.1 数字资源的内容

EET收集了有关地球系统科学研究的许多内容,包括网格和非网格化的数据和时间序列的地球科学数据集、遥感数据、地理信息系统工具和数据、图像处理软件、电子表格和电子表格模式、可视化工具(作图和绘图工具)、地球系统科学教育网站和CD、使用上述工具的教学和实践指南、使用上述工具的案例教学活动等。此外,为了方便用户学习,还列出了有关内容的其他资源链接,如在课堂上使用的数据、与教学有关的数据、模拟、模型等。资源的类型以文字为主,辅之以相应的图片、表格。

2.2 数字资源的组织

EET的资源组织形式丰富多样,主要有三种,即按照章节题目的首字母从A到W排列、根据所属内容的主题分类,以及按照使用工具的类型组织。[3]其中,第一种形式比较直观,将所有43章资源按照章节名的首字母排列,使读者能快速准确找到所需信息;第二种形式是根据内容涉及的主题进行分类的,共有大气学、生物圈、气候、地球的循环系统、地理地形、人文因素、水文、海洋、太阳系和天文学、固态地球、地表过程、时间/地球历史等十多个主题。每个主题都分不同的章节介绍,其中大气学和气候涉及的内容最多。还有一种形式是按照使用工具的类型组织,其类型主要包括电子表格、图像分析、在线绘图、在线地图/地理信息系统、桌面制图/地理信息系统、数据门户、建模数据等。

不仅各章节和各主题之间的资源组织清晰明了,每一章节的介绍也很有条理性,一般分为:(1)资源描述,对本章所讲内容进行简要的介绍;(2)教学笔记,为教师教学提供参考建议,包括举例说明、适用年级、学习目标、基本原理、背景信息、科学指标、地理标准、时间安排、其他资源等;(3)个案研究,通过对典型案例的分析研究,利用数据和分析工具探索地球系统科学中的重点问题和概念;(4)分步骤指导,将所述内容分步骤地、循序渐进地进行参考性的指导;(5)工具和数据,提供相关软件、技术等使用工具以及该内容所涉及的数据信息;(6)深层研究,提供使用工具的其他方法、更多的数据信息等深层次的拓展性研究等几个部分。所有内容都经过了该领域的科学家和教育家反复论证检查,以确保资料的准确性和资源的高质量。

3 技术特征

3.1 数字资源的采集、存储和输出

为了保证 EET 馆藏资料的质量,对于资料的上传和审查都非常严格,EET 网站上给出了联系人的邮箱地址,欢迎和鼓励广大教育工作者、科学家、数据供应商、工具开发商和其他学者提供新的研究思路和资料信息,并为新章节的创建提供建议和意见。作为卡尔顿学院科学教育资源中心(SERC)的一个门户网站,EET 也可以通过 DLESE 社区中心网站进入。EET 的工作人员将采集好的数字资源用符合 DLESE 元数据标准的 DLESE 编目方式创建记录,在 DLESE 收集系统(DCS)的帮助下,工作人员通过网页数据录入接口编写元数据。所有的数据资料再按照音序、主题、工具三种方式呈现在用户面前,方便用户使用。

3.2 技术特征

EET 使用 HTML 语言编写网页,网站中的每个章节和相关资源统一到 DLESE 中编目。通过 DLESE 提供的一系列系统工具方便了人们对信息的收集、处理和利用。例如,通过 DLESE 采集系统

(DCS)可支持创建元数据;DLESE 发现系统(DDS)的搜索功能给用户搜索章节和相关的使用资源带来了极大的便利;章节的检验过程可以用 DLESE 社区检验系统(DCRS)来实现。特别需要指出的是,DLESE 根据自身特点创建了其系统自有的地理空间描述元数据方案,该构架建设的目的是描述资源的地理特征。这种地理空间信息框架是分层的,这样的分层不仅确保了搜索精度,而且加快了返回搜索结果的速度。此外,抓取的信息也与其他标准构架(如都柏林核心、简单地理信息系统社区)的元数据信息相一致。

3.3 界面设计

主页面的布局简洁清晰、美观大方。主要包括了图标、导航、简介、相关链接、合作伙伴及其他信息。最上方是该图书馆的 Logo,介绍了图书馆的名称"Earth Exploration Toolbook"以及宗旨:指导用户逐步地探索地球系统科学。主页面还配以几幅地球系统科学研究有代表性的图片。左侧的导航系统,共分为"如何使用 EET"、"EET 的章节内容"、"EET 的专业发展"、"EET 团队"和"关于 EET"等几部分,方便用户了解图书馆的内容构架。

主页面的正中间是 EET 的简介,介绍了 EET 的主要服务内容、服务对象等相关信息,使初次进入该馆的用户能迅速了解它。在主页面的右侧还设置了可能与地球系统科学研究相关的其他资源的链接。另外,在页面的最下方列出了与 EET 的建设发展相关的机构图标,如 TERC、NSF、NSDL、DLESE。搜索界面通过搜索框和主题、工具目录的合理组合以及搜索结果附带的内容简介,方便用户检索利用资源。章节教学界面简单明了,每一步教学环节都提供了详尽的使用说明,必要时还提供可视化的图片说明,给用户带来很大的启发和指导。界面的设计主要采用白底黑字,既简单清晰,又一目了然。

4 服务特点

4.1 服务对象

地球探测工具书的服务对象主要是教师,特别是中、高等教育的教师,同时也包括教育工作者、学生、市民、决策者等。其目的是让用户利用它来帮助指导各类有关地球科学的学习和研究。[4]

(1)教师

1)可以从中学习访问、解释、分析地球科学数据的技术;

2)获得使用软件工具探讨数据的方法,以便在教学中帮助学生学习探索;

3)使学生通过因特网接近丰富的卫星图像、地理信息系统为基础的地图,以及可利用的表格数据;

4)符合国家和地方的科学教育体系的分析数据,设计实验的标准;

5)指定的学生个人或小组章节作业,并展示自己的实验结论。

(2)学生

1)学习使用软件工具以探讨和解释数据,使他们能够了解星球不断变化的情况;

2)学习分析卫星数据和为研究项目或者科学展览会创建图形的技术;

3)调查地球由于人为因素引起的变化;

4)分析全球变暖现象的数据。

(3)研究人员

1)了解数据分析工具和技术,学习使用它们进行实例研究的例子;

2)评估一个工具或数据集解答具体问题的合适性;

3)使用 EET 的章节作为开始使用一个新的工具或数据集的

指导。

(4)工具开发者和数据提供者

1)创建新的具有自己的数据或工具的章节;

2)提高教育工作者和学生的意识和使用数据的能力,最终促进公众对地球科学数据和工具需求的增加。

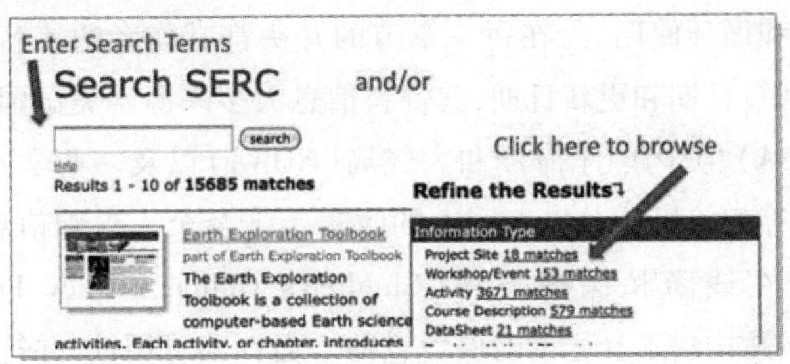

图2　搜索界面图

4.2　搜索功能

根据资源组织类型的不同,可以选择两种搜索方式,一种是在搜索框中直接输入关键词进行搜索,另一种是根据页面右侧按主题分类搜索(见图2)。按照主题分类搜索比较简单,但是有时候可能无法找到所需信息,这时需要借助于搜索系统进行搜索。当你输入一个术语并点击搜索后,会出现与之相应的一系列结果,这些结果也是按照上述三种资源类型呈现

的,这样就方便了用户进行二次检索,用户可以根据需要在二次检索时选择主题或者工具来进行,直到找到所需资料。另外,如果用户不知道如何搜索,可以点击搜索框左下角的“帮助”按钮,直接进入到“卡尔顿科学教育资源中心”搜索帮助的页面,图文并茂地指导用户怎样使用搜索系统,若有不懂的问题也可以留言咨询。[5]

4.3 版权管理

EET 的网站上对版权使用作了说明，说明中强调该网站在 NSF 的资助下由 TREC 建立发展。在保留署名的前提下，网站鼓励用户以学习研究、教育教学，及各类非盈利目的，对其馆藏资源进行宣传和循环使用。[6] 在每一章节的开头都有作者的署名、单位、邮箱、刊登日期和更新日期，其资料信息大多来源于美国国家航天局（NASA）、美国国家海洋和大气局（NOAA）以及一些学术组织、研究所等相关机构。EET 网上的收集不涉及个人识别信息，并符合儿童在线隐私保护条例（Children's Online Privacy Protection Act），网站构建工具尽量确保信息的全面性和可用性，并符合 Section 508 标准和 W3C 指导方针。此外，在 EET 的网站上还列出了 NSF 的声明，声明指出美国国家科学基金会（NSF）为网站提供资金支持，网站上所得出的任何意见、调查结果、结论或者推荐规范等都仅代表个人或者团体观点，不代表 NSF 的观点。[7]

5 评价与建议

地球探测工具书（EET）数字图书馆像一本地球系统科学研究的宝典，为用户提供了了解学习地球家园的珍贵资料，同时也收集了用于科研活动的数据、图片信息，是教师、科学家、学生的好帮手，其优点主要体现在具有针对性、易用性和结构条理性。因为 EET 是在科研学习中遇到诸多困难下应运而生的，所以在建立的过程中就是针对各种问题而设计的，能够最直接地帮助用户满足需求；界面简单清晰，搜索系统方便快捷，并且网站的建设符合无障碍化建设标准，使各类人群都很容易使用；在章节内容的介绍中，考虑到学习者的不同层次水平，采用了分布式教学方法，具有很强的条理性和逻辑性，同时介绍了许多实用的研究方法和工具，内容丰富全面，受到了用户的欢迎。但是，EET 在发展的过程中也

存在一些缺点和不足,主要表现在:

(1)缺少交流反馈平台。它只给注册 EET 研讨会和实地测试的人员提供交流反馈的机会,没有给普通用户提供充分反映交流的机会。除了留下负责人的邮箱之外,无其他的交流反馈渠道,用户在使用过程中如遇到问题或发现错误、不足之处时不能及时地进行交流反馈。

(2)教学手段比较单一。在章节教学中只是以文字为主,同时配合几张相关图片,考虑到地球系统科学研究中,有很多抽象的概念比较难理解,如果能加入音频、视频、动画等多媒体技术会更好。

(3)教学内容有待完善。网站中共总结出了 43 章有关地球系统科学研究的相关知识资料,比较丰富但还不够全面,有待进一步完善。建议更多的组织机构加入到 EET 团队建设中,在严格控制质量的前提下,补充 EET 的教学内容。

参考文献

[1] The Earth Exploration Toolbook Team [EB/OL]. [2011-11-29]. http://serc. carleton. edu/eet/team. html.

[2] The Earth Exploration Toolbook Wins SPORE Award [EB/OL]. [2011-11-29]. http://www. nsf. gov/discoveries/disc_summ. jsp? cntn_id=121877.

[3] Earth Exploration Toolbook Chapters [EB/OL]. [2011-11-30]. http://serc. carleton. edu/eet/chapters. html.

[4] How can I use the Earth Exploration Toolbook? [EB/OL]. [2011-11-30]. http://serc. carleton. edu/eet/how_can_I_use. html.

[5] General Search Guide [EB/OL]. [2011-11-30]. http://serc. carleton. edu/serc/search_help html.

[6] Terms of Use [EB/OL]. [2011-11-30]. http://serc. carleton. edu/eet/more. html.

[7] NSF Disclaimer [EB/OL]. [2011-12-01]. http://serc. carleton. edu/eet/more. html.

作者简介

张黎，北京师范大学信息管理系图情09硕士生。

冯静，中央财经大学信息学院08本科生。

香辛料药物数字图书馆
——从视觉、嗅觉认识生物医学

刘燕权/美国南康涅狄格州立大学
高颖/中国社会科学院哲学所

摘　要:香辛料药物资料展(Medicinal Spices Exhibit, MSE)是一个以收集展览香辛料相关资料为主的生物医学数字图书馆,作为网上展览库,该馆利用文字和图片为读者提供最早的香料历史纪录及资料,以支持医学和生物学的学习和研究。文章重点从资源组织、技术特征、界面设计、服务特点等方面对香辛料药物在线资料展作了评述。

关键词:数字图书馆;香辛料;药物;生物医学

Medicinal Spices Exhibit: Using Vision and Scent to Access Medicine and Biology

Yan Quan Liu, Ph. D. /Southern Connecticut State University, USA
Gao Ying/Institute of Philosophy, Chinese Academic of Social Science

Abstract: As an online exhibition library exploring the history of spices from their earliest uses to current research, Medicinal Spices Exhibit aims to utilize texts and images, "Spices – Exotic Flavors and Medicines" and have an online record for every book, journal, manuscript, artifact, print and portrait in the collection and where appropriate, to make selected content available on the Web to support the study of the history of medicine and biology. This article provides an extended review on the construction and current situation of the digital library, including project review, resources organization, technological features and service components. Authors' comments and suggestion are also given.

Keywords: Digital library; MSE; Biomedical; Medicine and life sciences; Spices

1　概述

香辛料药物资料展(Medicinal Spices Exhibit,以下简称为MSE),隶属于美国加州大学洛杉矶分校(UCLC),是路易斯·达林(Louise M. Darling)生物医学图书馆中的历史与特藏库之一。它是一个以收集并在线展览各种与生物医学相关的香辛料资源为主的,旨在为生物学史和医学研究提供文字及图片资源帮助的在线资料库,MSE 主页所图 1 所示。网址为 http://unitproj. library. ucla. edu/biomed/spice/index. cfm。

图 1　香辛料药物在线资料展(MSE)主页

UCLC 的各类历史与特藏库收集了各种与生物医学研究相关的资料,其馆藏目标是收藏所有有记录的图书、杂志、手稿、照片、图像等各类生物医学相关资料,并尽可能适时地将馆藏通过互联网面向所有用户在线展览。在这个办馆宗旨下,MSE 的主要任务是收集香辛料的资料,通过在线展览以文字、图片的形式展示并探索香辛料的历史,包括从香辛料最初被人类发现使用到对香辛料的最新研究成果的展示。

MSE 始建于 2002 年,由美国加州大学洛杉矶分校(UCLC)路易斯·达林(Louise M. Darling)生物医学图书馆创建,是图书馆的历史与特藏资源库项目的子项目,整个历史与特藏资源库项目的主要资金来源是致力于医学科学领域发展的芭芭拉 & 利昂·鲁滕伯格基金会(Barbara and Leon Rootenberg Endowment Fund)。MSE 项目由馆长 Irwin Ziment(加州大学洛杉矶分校临床医药名誉教授)负责,和馆内历史与特藏资源部、展览与数据库设计部以及展览与数据库维护部三个部门一起建设和维护展览资料库,其中,历史与特藏部人员 Katherine Donahue,从图书管理的角度负责图像和数字化;馆藏发展与数字化项目组 Richard Davidon 主要负责展览和数据库的日常维护。

作为 UCLA 生物医学图书馆的子资料库,MSE 提供了丰富的香辛料相关研究资源,以及香辛料作为药物及食品调味剂使用和发展演变的历史,不仅给医学、药剂学、整体理疗学、护理学、营养学等学科专业的学生人群提供了详实的研究资源,而且向对医药感兴趣、或是从烹饪角度对香辛料感兴趣的普通大众提供了不错的学习平台。[1]

2 数字资源及其组织

2.1 资源范围及种类

MSE 收集、展览的主要对象是香辛料,早在中古时期,香辛料已被用作食材,其中芳香类草药不仅用作调味品,还被用来制作香料和香水;此时,作为香辛料世界贸易中心的阿拉伯半岛,将香辛料从亚洲进口至希腊罗马等国,在这个时期香辛料还鲜少食用,而是作为调味品,这在古罗马是一种财富的象征。直到中世纪和文艺复兴时期,香辛料作为食材调味品才为大部分人们所认识,此时新大陆的发现也使各大陆通过海航联结成整体,促使欧洲列强为了控制香辛料产地资源,向外扩张,竞争香辛料著名产地,包括印度尼西亚、印度、巴西等地。

MSE 在线展示了包括香辛料的历史,以及它的种类和主要作用。香辛料的主要作用包括四个:

(1)制作香料和香水;

(2)用作催情物;

(3)用作药物;

(4)用作烹饪食材调味品。

网站主页的整个展览分为两部分:“香辛料知识”和“常见香辛料展览”。“香辛料知识”部分包括什么是香辛料、为什么香辛料很重要、香辛料产地、香料和香水、香辛料用作催情物、香辛料用作药物、烹饪调味品和香辛料历史时间表共 8 小节,其中每小节单独一个链接网页。“常见香辛料展览”包括 30 种常见香辛料的详细资料介绍,包括多香果、香子兰,甚至还包括一些在西方国家普遍不认为是香料的香辛料物质,如乳香、糖等。

2.2　资源组织形式

(1)一般组织形式

MSE 网页资源页面级别分为两层:展览主页面和资源页面。在展览主页面中,用户可直观地通过左侧栏中香辛料的名称,点击进入资源页面浏览详细介绍。以展览的形式分为“香辛料知识”和“常见香辛料展览”两部分,简单排列于主页左侧,“香辛料知识”的 8 个小节分列在左侧上方,“常见香辛料展览”按照字母排序依次列于“香辛料知识”下方。在各种常见香辛料条目的资源页面中，包括图片、名称、种属、科(族)、原产地、种植地、介绍、用途、医药属性以及历史观点十个资源属性。由于 MSE 以展出的形式开放，因此资源的组织形式较其他在线数据库简单、直观。

(2)特殊组织形式

当进入单个资源页面时，用户可看见一些并没有排列在左侧的链接，比如有一个页面是“Taste & Hoteness”，左侧导航栏并未显示，但是从某些常见香辛料资源页面中可以看见并链入。

2.3 资源获取

与商业数据库不同，本着免费公开展览的目的，MSE 所有展览内容都以免费在线浏览的形式放入互联网，其所藏资源对所有公众开放，所有数据均可在线访问获取，包括文本和图片。在网站的左侧上方，MSE 提供一个关键词检索框，检索返回关键词相关信息。

3 技术特征

3.1 数据采集、存储和输出

笔者曾向 MSE 的设计部和维护部门去信，以期了解 MSE 网站的背景和技术资料，收到相关管理人员 Katherine Donahue 女士和 Richard Davidon 先生回复关于 UCLA 生物医学图书馆的电子邮件。根据 Donahue 女士的邮件，香辛料在线展览所用数字图像使用最高分辨率为 300dpi，设备为尼康 990，其图像被保存为 Tiff 格式，并使用 Photoshop 图像处理软件对图片进行编辑和去噪等微处理，尽最大可能保证图片的清晰度和真实性。同时，UCLA 生物医学图书馆的数据库设计部门还对各种香辛料图片资源进行专业标识性描述，主要是通过现有的植物学书籍，对比在相应各类的香辛料图片上增加了植物的名称、种、属、科等描述性数据。

3.2 技术架构

从 Davidon 先生的回复中,我们可以知道,网站内容中的图像和数据主要组织形式是利用 Microsoft Access 数据库组织数据并进行存储;该网站的界面使用 ColdFusion 标记语言(CFML)进行创建,UCLA 生物医学图书馆可在需要的情况下,将所有在线展览资料库网站数据进行系统的整体迁移。但是,我们没有看到 UCLA 生物医学图书馆对其子展览资料库网站的统计资料,也没有看到网站有被实行评估的情况,因此,关于网站本身的统计数据,包括数据量、点击量等重要反馈数据他们并不能提供。

基于网站数据是借由 Microsoft Access 数据库组织并存储,用微软的 IE 浏览器能够正常使用,其他浏览器也能够基本正常使用,但是有可能是因为网络问题,笔者用其他浏览器,包括 Firefox、搜狗浏览器却不能正常打开图片资料。

4 服务特征

4.1 目标用户

MSE 面向互联网开放,向所有终端用户提供免费在线资料展览,其目标用户总体上分为两类:

(1)研究医学、药剂学、整体理疗学、护理学、营养学等学科专业的学生用户;

(2)对医药感兴趣、或是从烹饪角度对香辛料感兴趣的一般大众。

4.2 界面设计

网站的界面设计对于用户体验起关键性作用,直接影响用户浏览、利用资源的主动性、有效性和用户对网站的评价。MSE 网站留出一定空白能使用户感觉简单整洁,主色调为植物原色——绿色,功能简单,用户容易上手。

MSE 是一个在线展览数据库,可以算是一个简单的数字图书馆。数字图书馆的可用性是由其提供的各种各样的应用和多样性的用户群体服务来决定的。MSE 香辛料在线展览直观易用,且便于浏览和理解。在主页面上有大标题"香料(spices)",其下依次排列着四个香草和香料植物插图,插图下是小标题"异国风情和药物",位于最下面是一段简短介绍性文字,导引读者领略 MSE 香辛料展览。

主页左侧为一列导航栏,从上至下依次排列为:检索项工具、"香辛料知识"栏以及"常见香辛料展览"列表栏。其中"香辛料知识"栏目包括八个子小栏,"常见香辛料展览"包含共三十种常见香辛料,按照名称的字母排序索引,依次列于"香辛料知识"下方。所有项目均为超文本链接,所有图片以缩略图的形式展现,可点击图片并放大查看高清图像。在展览主页面中,用户可直观地通过左侧栏中香辛料的名称,点击进入资源页面浏览详细介绍。

4.3 服务方式

在检索和用户交互性方面,MSE 的优势乏善可陈。MSE 在页面左侧导航栏中配置了关键字搜索功能,如图 2 所示。当用户向搜索框中键入关键字,搜索引擎会列出资料库中的相应的匹配项目清单。笔者试着用关键字"香草"搜索,检索结果返回三个链接,分别是"香料的医疗用途"、"香料用作催情物"和"味道和辛辣",由此可见,MSE 仅提供基本原文搜索方式,在检索返回的结果中,关键字被搜索引擎标记为高亮,方便用户立即找到有关的资料,节省用户搜寻时间。

但是 MSE 检索栏并不支持复合式检索等高级检索,例如布尔检索;并且也没有采用其他检索方式,像索引、分类菜单等方式,检

图2 MSE 简单检索工具

索方式有限,用户如果是目的性检索,可能会碰到检索困难。与用户交互性不够,不能很好地利用超链接挖掘参考和引用功能。

5 评价和建议

MSE 作为香辛料在线资料展,其资源分享的形式新颖,以举办展览的形式向用户展示了香辛料主题的历史、知识和研究成果,很好地将生物医学普及至大众用户,对整个生物医学的研究起着积极推动的意义。再者,与其他同类商业网站相比,MSE 作为免费开放网站,所有网页均没有广告等分散用户注意力的链接,简单清晰。

但由于 UCLA 生物医学图书馆的在线展览项目始建于 2002 年,很多展览都以最基础的形式来展现,与其他同类网站相比,仍有一些地方可以改进:

(1)界面友好度不高。MSE 各级页面的空白和文字之间有很好的平衡,黑色文字在白色背景上也增强了网页的可读性,但是文本行的宽度,是最适合阅读宽度(约 4 英寸或 80 个字符长)的 2 倍,用户不易阅读,可适当增加字体大小,行间距减少到 4 英寸左右。

（2）导航不清晰。MSE 给用户提供的资源界面过于简单，只实现了基本的展览目的，并且，目前展示的香料页面是静态网页，如果能够提供幻灯片图片索引导航，相信更能够吸引大众用户的兴趣，也能方便研究型用户的使用；此外，网站目前没有提供回退功能。在每一页的顶部或底部增加“前进”和“回退”功能，能提高用户的界面友好度，并节省用户的时间。

（3）检索功能单一，缺乏交互性。MSE 目前只能通过位于主页左上角的简单检索框进行原文检索，并没有很好地利用在线展览的优势，即进行各相关资源的超链接，增加各种互动方式，能够让用户方便快速链接至下一个感兴趣的目标网页；如：可使用目录树帮助进一步阅读，在主页左方提供的时间表里，将每个时间段链接到单独的新网页，进一步展示香辛料的相关知识。

（4）兼容性不够。笔者试了多种浏览器，IE 显示正常，但像 Firefox、搜狗等浏览器不能正常打开香辛料资源介绍页面的图片文件，MSE 网站的兼容性问题有待加强。

参考文献

［1］ Medicinal Spices Exhibit［EB/OL］.［2011－10－15］. http://unitproj.library.ucla.edu/biomed/spice/index.cfm.

数学新境——MathDL 数学数字图书馆

刘燕权/美国南康涅狄格州立大学

刘晓东/北京师范大学管理学院

摘　要：作为国家科学教育数字图书馆(NSDL)通道项目之一，数学数字图书馆(MathDL)是由美国国家科学基金会(NSF)资助、美国数学协会(MAA)主办的，致力于提升大学数学教育水平的数字图书馆项目。MathDL集合了多种类型数学资源，通过建立集中平台为用户提供专业信息服务。文章针对该数字图书馆的背景、建设、现状及发展进行了综合评述，包括数字资源及组织、服务特点、技术特征及作者的评价与建议。

关键词：数学数字图书馆(MathDL)；美国数学协会(MAA)；美国国家科学教育数字图书馆(NSDL)；美国国家科学基金会(NSF)；数学资源；数字图书馆

New Way to Math—Math Digital Library

Yan Quan Liu, Ph. D./Southern Connecticut State University, USA

Liu Xiaodong/Beijing Normal University, Department of Management

Abstract: MathDL as one of the National Science Digital Library's

(NSDL) Pathway Projects is funded by Mathematical Association of America (MAA). MathDL provides different types of mathematical resources at the undergraduate level for the study and teaching on mathematics. This paper offers an overview of the MathDL's developments on its resources organization, service features, and technologies used. The authors' comments and suggestions are also provided.

Keywords: MathDL; Mathematical Association of America (MAA); National Science Digital Library (NSDL); National Science Foundation (NSF); Math resource; Digital libraries

1 项目概述

数学数字图书馆(MathDL)始建于 2000 年,最初作为 NSF - NSDL 的支持项目服务数学学科发展,2008 年 6 月 MathDL 改版后,成为集合数字资源主要为美国数学协会(The Mathematical Association of America, MAA)通道项目。MathDL 是国家科学技术工程和数学数字图书馆(National Science, Technology, Engineering and Mathematics Digital Library)的一个有机部分,它集合了丰富的数字资源为数学教育提供高质量服务,主要面向美国数学协会基础成员提供信息,并为所有致力于数学研究的人提供可供使用和探究的资源。

数学数字图书馆(MathDL)为用户提供论文发布平台、信息浏览平台及先进科研、教育资料学习平台;支持开发网上数学教学的改革及新的创见;推动优质学习资料的广泛使用;促进数学学科的专业发展。同时,协助 MAA 及相关项目完成在线服务,并加以宣传推广,从而确立 MAA 在国家顶级科学组织(包括国家科学数字图书馆 National Science Digital Library 和国家科学基金 National Science Foundation 支持的诸多组织等)中的重要地位。

数学数字图书馆(MathDL)免费为公众提供数学资源,同时不以盈利为目的,用户可在获取权限并支付一定费用的情况下下载有偿数字资源,以满足教育和科研需求。该馆要求下载内容需在保存的纸质或电子载体上含有原始文档标题页中的权限标识,在保留源地址的情况下允许使用摘要内容;不能以获利为目的对资料进行加工或传播,复制或再版也需 MAA 出版负责人特许,必要时支付一定费用。

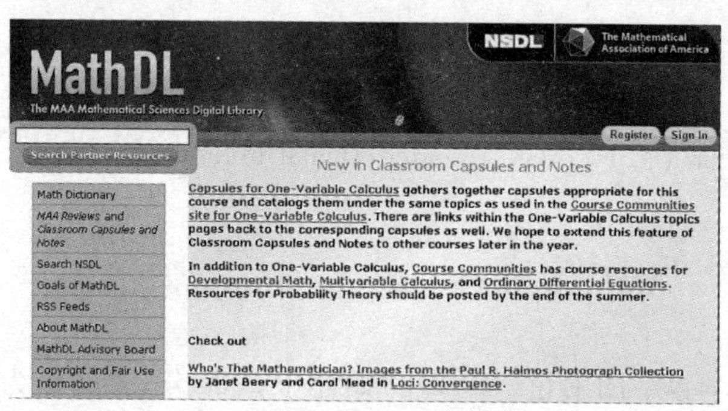

图 1　数学数字图书馆(MathDL)项目主页

2　数字资源及组织

2.1　合作组织

数学数字图书馆(MathDL)中的每一个页面都含有美国数学协会(MAA)、国家科学教育数字图书馆(NSDL)和国家科学基金(NSF)的标识及其链接,其发展也与这三个组织息息相关。数学数字图书馆(MathDL)是 MAA 和数学论坛(Math For um)的合作项目之一,MAA 负责内容监管、资源的购买和选择、政策及全局管理;数学论坛则负责监管用户界面,管理数学数字图书馆(MathDL)所有信息平台。数学数字图书馆(MathDL)是国家科学教育数字图书馆(NSDL)的"通道项目"之一,提供给用户"正确认知 NSDL 资源及服务的入口"。

美国数学协会(MAA)是包括老师、学生、教授、研究人员和各类数学爱好者在内的专业组织,其任务在于"促进数学科学,特别是大学数学教学水平的发展"。MAA将其核心兴趣定位为教育、调查、专业发展、公共政策和公众兴趣。数学数字图书馆(MathDL)馆藏资源的多样化证实了这些目标。NSDL(国家科学数字图书馆)是一个国家级的数字图书馆系统,致力于科学、技术、工程和数学的教授与学习。它由国家科学基金(NSF)资助,提供多个数字图书馆入口。作为NSDL的一部分,数学数字图书馆(MathDL)由来自国家科学基金(NSF)的本科教育分会资助。

除了MAA、NSDL和NSF,数学数字图书馆(MathDL)还有包括LOCI、数学资源(Math Resources Inc.)、数学论坛(The Math Forum),数学寰宇(Planet Math)及数学世界(Math World)等在内的17个合作伙伴,提供多样化多层次的数学资源,为用户提供多个信息入口,实现资源的广泛分享与有效利用。

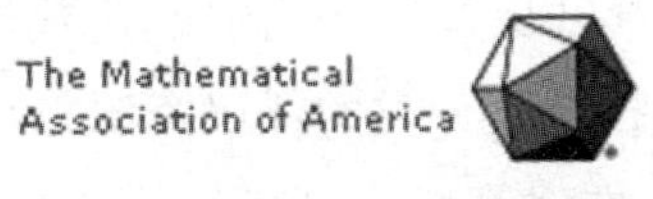

MathDL is a Pathway Project within the National Science Digital Library.

This project is funded in part by the National Science Foundation Grants DUE-0435198 and DUE-1043879.

图2　数学数字图书馆(MathDL)项目资助单位标识及其链接

2.2　资源内容与架构

数学数字图书馆(MathDL)网站设计合理,排版清晰,以蓝色和金色为主调,每页设有标识直接链接至数学数字图书馆(MathDL)

首页,简单明晰,层次清楚。图书馆主页左侧顶端为检索框,获取合作伙伴资源;纵列导航栏分别为数学词典、MAA 评论和课程设计和笔记、检索 NSDL 网站资源、MathDL 目标、RSS 订阅、关于 MathDL、MathDL 咨询委员会、版权和公平使用信息、隐私政策、合作伙伴和联系方式等 11 项内容,帮助用户直接快速使用数学数字图书馆的丰富资源和优质服务。主页面上部设有布告栏,公布更新及变动信息;同时增加 Check out 部分推荐 Loci 学术文章。主页中部的"数学新闻"版块和"数学历史上的今天"罗列即时信息并提供可点击链接;Loci、MAA 创作奖、课程社区等内容以简介形式呈现,并附加进入链接。主页下部发布数学数字图书馆新闻,包括论文更新、资源推荐等内容。

"Loci"是数学数字图书馆(MathDL)的在线出版物,是整合旧版数学及应用在线期刊(JOMA)、数字课堂资源(DCR)和集合(Convergence)之后的第四个出版物,具有核心地位;"MAA 写作奖"收集历年获奖文章以及作者传记内容,为数学教学提供辅助素材;"课程社区"收集按课程分类的评议资源,包括单变量微积分、多变量微积分和微分方程等相关内容;"数学交流平台"正在建设中,计划以麻省理工学院数学系资料为建设基础,构建用于教学和数学交流的资源宝库;"MAA 评论"是大型的书籍和书评数据库,包括 MAA 为本科生推荐的详细阅读书目。"课程设计与笔记"汇集了 112 年以来 MAA 印刷出版的最佳短期教学材料。这些栏目为各个层次的数学研究和学习人员提供了丰富资源和多类入口,其科学布局和合理设置极大地方便了用户的应用。

2.3　资源类型及主要内容

数学数字图书馆(MathDL)的有趣之处在于,它收录了包括文档、视频、音频和图形图像等类型在内的多样数学教与学"资源",以及相关动态信息。数学数字图书馆(MathDL)的馆藏主要源于在线资源,包括与数学教学有关的网络相关新闻、Loci 和 MAA 相关项目文章,其中最重要的为学术论文和发表的文章。

数学数字图书馆(MathDL)中使用的元数据包括标题、作者、作用和数学单元数据等内容。数字图书馆对数学学科的指导作用显而易见,数学历史的可回溯性也丰富了用户可获得的信息内容。

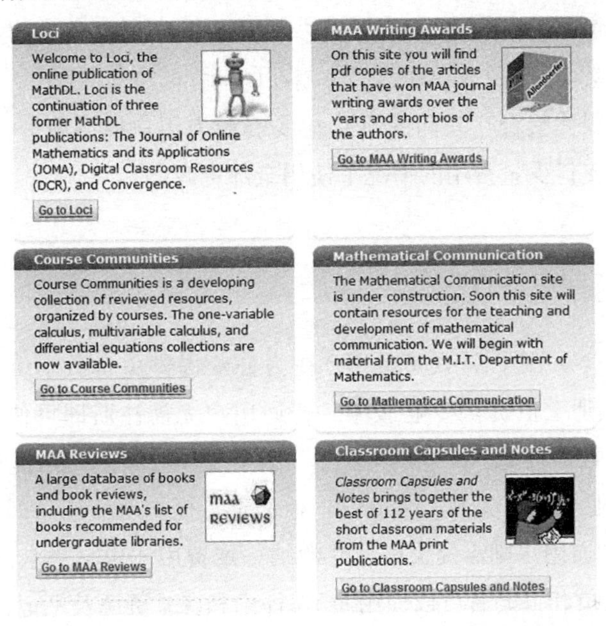

图3 数学数字图书馆(MathDL)资源组织页面

课程社区通过点击链接能将用户带入列表丰富的介绍主页,如单变量微积分课程提供譬如通用工具(像记录仪一样的软件)、小型应用程序集合、微积分历史、连续性与限制性、基础定理和函数近似值等分类资源,其中每一个分类都提供了资源列表、链接以及回顾。

数学字典是其馆藏建设的重点之一,主要包括“数学资源”和“数学透视”两部分内容。用户可以对其进行选择检索,还可实现二次检索。“数学资源”原名科林数学大字典,由 Jonathan Borwein 和 Ephraim Borowski 编制,涵盖数学词汇、定义和图像等多项内容,其5 500个左右的数学词汇包括注解和链接,几乎覆盖了大学数学课程中的所有词汇;“数学资源”的授权版本仅能实现检索,而商业版本则可供浏览和检索,还可通过 Maple 实现计算和绘图。“数学透视”则主要包括1 100 多个提供专业词汇和定义的数学词语。

在线书库是数学数字图书馆(MathDL)的一个新兴组成部分,它由 MAA 构建,主要包括基于文本的资源,其收藏现已拓展为“涵盖商业数学,微积分学和数学建模在内的在线交互资源”。它使用超链接媒体整合互联网的所有在线资源为用户提供服务,并允许用户在支付少量费用的情况下使用全部资源。

3　信息服务

数学数字图书馆(MathDL)在为公众提供免费数学资源的同时,对注册会员提供专业服务。普通用户无需注册即可使用数学词典(“数学资源”和“数学透视”)进行搜索,但使用功能受到限制。注册会员多为 MAA 的成员,他们直接提交所需信息即可成为会员,普通用户则需提交信息并缴纳一定费用才可享受全部服务。MAA 成员和订购者可以使用 MAA 评论和课堂资源及笔记,非会员只能浏览部分内容。

3.1　信息检索

(1)检索功能

检索功能通过3 个区域得以实现,分别为“检索合作伙伴”“检索数学数字图书馆”和“检索 NSDL”,三者针对不同的数据库进行信息搜索,提供高质量的信息内容。1)“检索数学数字图书馆(MathDL)”的功能较为完善,其高级检索提供系列详单和文档选项:主题列表分层设置;格式列表包括硬件(MAC 或者 PC)操作系统和数学软件;类型列表包括数据集,指导资源和参考资源等选项,并存在二级细分;同时包括作者、MSC2010 代码(美国数学协会使用的分类体系)、关键词和时间顺序等内容。2)主页左侧为“检索合作伙伴”功能区、数学数字图书馆(MathDL)内容及相关资源,比如数学世界和数学寰宇,都可以通过“检索合作伙伴”进行检索;“伙伴”检索功能仅在主页才能使用,且没有高级检索项,如点击“数学数字图书馆(MathDL)目标”链接进入下一层界面,弹出的检索框却是“检索数学数字图书馆(MathDL)”。3)“检索 NSDL”是指向国家科学数字图书馆的检索功能,直接将用户带出数学数字图书馆,进入 NSDL 数据库进行检索,故本文不作细致分析。

用户也可以在主页选择数学词典进行检索,检索页面进一步介绍“数学资源”或“数学一览”的主要内容,并指导用户进一步选择其中之一完成检索。检索结果将呈现与关键词相关的一系列相关定义,如检索 cosine 时则出现 arc - cosine 和 cosine 等,选择任一定义都会打开新界面。

(2)案例分析

以“abelian(阿贝耳微分)”作为关键词在数学数字图书馆(MathDL)中检索返回 16 个结果,开端为“Featured Search Results(特色搜索结果)”,继而是“All other results(其他结果)”。各结果都呈现所属资源名称、文章题名以及文章介绍摘要。在“合作伙伴”中搜索则得到 463 个结果,通过设置“按合伙人分类”的选项,可浏览供用户选择的合伙人名单。结果按所属资源名称汇总:MAA 创作奖(1),数学世界(103),数学寰宇(327)和数学论坛(32),帮助用户直观获取所需资源收藏情况。结果的呈现模式为命中关键词(链接至文献原文)、所属资源名称、类型、主题及部分内容。一般情况下,虽然“合作伙伴”返回的结果更多,且更倾向于结构化和实践性结果,但它未能完全涵盖数学数字图书馆(MathDL)资源。

在检索特定单个或两个词汇主题比如“vectors”和“planegraphics”时,关键词检索的效果最好。检索结果包括描述性和可视性选项,检索过程高效省时。数学数字图书馆(MathDL)的用户多为较科学或专业性的用户,因此用户界面对于这类用户来说是最适

Search

Keyword

cosine　Search

Search Within These Results

Select a dictionary

The MathResource
Inside Math

Definitions from *The MathResource*
From: MathResources

cosine　arc-cosine　cosine law

图4　数学数字图书馆(MathDL)的搜索窗口

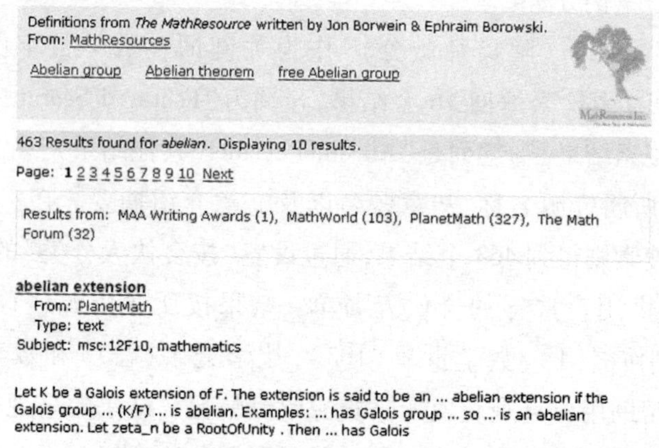

图5　数学数字图书馆(MathDL)关键词检索结果范例

合的。

3.2　信息浏览

数学数字图书馆(MathDL)内几乎所有资讯都可供用户检索与浏览。在获取特定资源过程中,可通过在“检索数学数字图书馆”

高级检索选项中浏览主题列表，包括工具、小型应用程序集合、背景资料、微积分历史、连续性和限制条件、理论问题、积分功能等内容。在数学数字图书馆(MathDL)主页，可以浏览按时间顺排的新闻档案。也可通过 MAA 在线浏览最近两年的 MAA 评论，检索完成后将返回一系列文章，均为针对单本数学书的

评论，这为教员选择教科书提供了极大便利。"数学历史"以段落形式展示与数学有关的即日新闻，通过"更多"选项，用户可实现全方位的信息浏览。"昔时今日"即在历史上的今日发生的与数学有关的重要事件，以时间为序排列，用户可以直接浏览，也可以选择特定日期进行查阅。

3.3 用户信息搜集

数学数字图书馆(MathDL)服务器自动搜集 MAA 用户的使用信息，以实现网页流量数据分析，并完成用户流量报告。搜集的信息包括 IP 地址、用户所在城市或州县、在网站停留时间、进入和离开网站的门户、涉足的网站及浏览器类型等内容。信息搜集的目的在于判断流量模式、平均浏览长度、特定区域的浏览者数量和其他用户流情况。数学数字图书馆(MathDL)也会搜集用户自愿提交到网站的个人信息，如姓名、邮编、邮箱、公司名称或地址、电话、教育背景和数学兴趣等。通过信息搜集进行用户研究与调查，以便为用户推送可能感兴趣的活动、产品、服务或其他新闻信息。

3.4 特色服务

"我的图书馆"是 MathDL 的特色内容之一。它允许读者管理资源，制作资源列表；增减能浏览个人材料的好友，并在个人图书馆空间开展或加入讨论；通过邮件邀请好友，建立个人交流社区等。注册时，用户除需要输入姓名、邮箱和邮政编码，设置用户名及密码之外，还需确认其大于 13 岁。在"我的论题"部分，用户可以"新建话题"并引发讨论，个人社区中的成员都可浏览此话题并

针对感兴趣内容予以回复。用户可以构建“我的社区”,通过输入好友邮箱地址发送邀请信,经对方确认后即可成为“可浏览个人分享”的好友。

RSS 订阅是数学数字图书馆(MathDL)提供的另一个特色服务。用户可通过两种方式实现订阅:其一为复制其感兴趣的页面的 URL,粘贴收藏到浏览器中。其二则为通过提交电子邮箱实现邮箱订阅。订阅内容包括“当日数学新闻”、“Loci 特色项目”和“昔时今日(历史上的今天)”等内容。这一功能有利于用户直接快捷实用数学数字图书馆资源,并及时关注更新信息,方便用户获取最新资源。

4 技术特征

4.1 浏览器

数学数字图书馆(MathDL)官网并未提供任何关于服务器的信息,但它作为 NSDL 一部分,是 14 戴尔 PE 服务器的有机组成部分。该网站也未推荐网页浏览器,但指出部分内容用 IE 浏览最佳,Netscape 用户在浏览标识和图像时可能会遇到不同程度的问题,它提供“兼容”模式并指导用户完成模式修改。

4.2 技术语言

数学数字图书馆(MathDL)基于 XHTML 语言完成设计,包括隐私政策在内的所有页面都是动态组织的,点击链接即指向一个特定参数表。数学数字图书馆(MathDL)中并没有关于技术结构的准确描述,但主页的源代码使用了 XML 和 JAVA 描述语言。除应用小程序等资源需要技术支撑以外,该数据库乎不使用类似 JAVA 或 FLASH 的特殊技术。

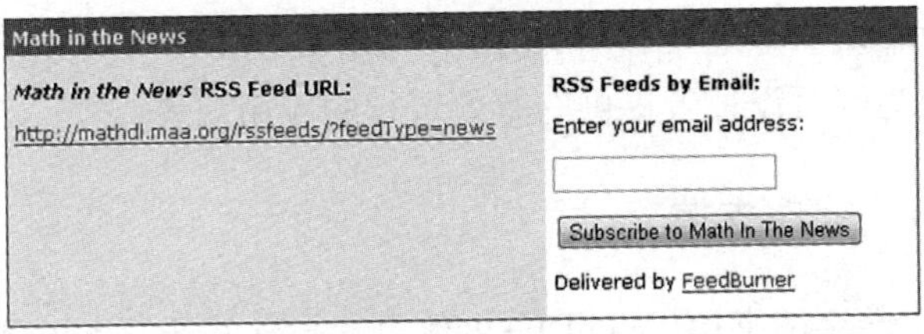

图 6　数学数字图书馆(MathDL)RSS 订阅窗口

4.3　接口技术

数学资源公司(Math Resource Inc.)负责数学数字图书馆(MathDL)的网页设计和内容管理,它是“与数学和科学教育界紧密相连的电脑软件产品”的供应商。其产品突破了平台限制,如“数学一览”可在 Windows、WindowsMobile、Mac、Linux 和 Nova5000 上运行。这些产品的等级不同,但都致力于探索从初级到高级的简易接口界面。

4.4　交互性

作为 NSDL 序列数图之一,该馆亦通过系列技术网络服务优化资源,强化其通道项目。它使用 NCore“为 NSDL 和其他组织提供数字图书馆基础设施构想的技术和标准”。NCore 是基于弗德雷开源资源库的软件,致力于为用户、开发者、信息管理者及决策者提供一个决策、组织、交流和描述资源的系统,此系统在图书馆资源和元数据之上构建了一个动态信息层,为所有 NSDL 项目提供凝聚力。

4.5　安全和供应商质量保证

NSDL“采用软件项目监督网络运营状况,辨别损失或接受非公开信息的行为。这些行为多由上传或删改未经授权的信息或拒绝服务器造成”。NSDL 提供的详细指导说明保证了软件质量,其内容包括对 XHTML、CSS 和元数据的使用，对多媒体内容的多项描述，以及为网页设计者提供的有效可行的应用列表。

4.6　软件支撑

数学数字图书馆（MathDL）也致力参与软件开发支撑网络会议和研习会。它利用多种软件结构，如 HTML、XML、JAVA 描述语言、JAVA 应用、数学描述语言、数学模型、数学辅助设计软件、MA PL E 代数系统驱动和 SPSS、JUMP IN、SAS、PDF、Reduce、Geometer Sketchpad、Cabri、Cinderela、Excel、Office、LateX 和 Lindo 等。数学数字图书馆（MathDL）的突出特色之一就是 JAVA 应用教程。用户需安装或者下载部分插件，如数学网页浏览器、动画播放器、冲击波播放器和阳光 JAVA 插件等，以便更有效、更顺畅地使用。

5　评价与未来发展

数学数字图书馆（MathDL）凭借其独特的优势受到数学研究者的推崇与青睐。其网站内容由"有悠久历史且能为目标用户提供专业服务的组织和机构"负责，这种资源服务实质上充当了参考馆员的作用。数学数字图书馆（MathDL）的内容每日更新，其基础结构也在 NSDL 系统下不断优化。该馆虽然服务会员，但同时有很多可供非会员使用的信息，为数学老师和学生提供了有价值的资源：数学词典能帮助学生定义词汇，MAA 评论能辅助老师为课堂选择文献。对会员来说，它提供了本领域前沿发展的丰富资源，具有重要影响力。数学数字图书馆（MathDL）是 NSDL 序列数图的典型代表，对于数字图书馆的建设是优质案例。

数学数字图书馆（MathDL）是一个强大的搜集大学水平和应用数学资源的数据库，从短条目到文章，再到图书和软件，其资源类型多种多样，满足用户多方需求。但丰富的资源和多样的形式不可避免地带来管理难度，其指导内容不足和人性化服务欠缺等是不可忽视的问题。

(1)内容管理难度大,死链不可避免。数学研究对数据精准性新颖性要求较强,而数学数字图书馆(MathDL)中主要内容都来自于外界资源,因此难以避免部分死链的存在,这是本馆发展的制约点之一。调研过程中,作者在"数学论坛"中发现两个死链,这种现象长期存在必将影响数字图书馆的信息更新和优化服务。

(2)检索介绍不足,缺乏用户指导。数学数字图书馆(MathDL)存在三个检索区域:分别为 MathDL 检索、Partners 检索和 NSDL 检索,但主页面中缺乏固定有效的链接指向某一特定的搜索界面,且无相关用户帮助内容解释检索工具、检索词汇或检索条件的应用情况,如布尔算符能够使用等问题。在网站内仅有"数学数字图书馆(MathDL)目标"、"数学数字图书馆(MathDL)咨询委员会"和"隐私政策"等版块提到部分相关内容。

(3)服务内容不够完善,人性化服务不足。数学数字图书馆(MathDL)的主页面中并未设置专业参考服务及用户帮助页面,缺少常见问题解答功能,仅有"关于 MathDL"提供参考信息。

数学数字图书馆(MathDL)致力于推动数学家的专业发展及学生的教育进步,它将科学整合的数学资源以更合理的排列组合呈现出来,用户不仅可以获取多种类多层次高质量高水平的数学知识,还可以通过多个门户自由选择信息内容。作为一个专业数字图书馆,其未来的发展会将逐步稳定,方向也将不断明确。其持续更新的期刊文献内容,丰富的在线学习资料,会成为数学专业学生和老师必不可少的信息和服务中心。

参考文献

[1] AMS. 2010 Mathematics subject classification. AmericanMathematical Society [EB/OL]. (2011) [2011 - 07 - 09]. http://www.ams.org/mathscinet/msc/msc2010.html.

[2] BILANIUK S. A Problem Course in Mathematical Logic: Version 1.6 [EB/

OL]. (2003) [2011 - 07 - 09]. Peterborough, Ontario: Trent University. http://mathforum. org/library/view/17220. html.

[3] CHOWDHURY G G, CHOWDHURY S. Introduction to digital libraries [M]. London: Facet Publishing, 2003.

[4] MAA. Mathematical Association of America. "About the MAA" [EB/OL]. (2011) [2011 - 07 - 08]. http://www. maa. org/subpage_5. html.

[5] MathDL. "About MathDL" [EB/OL]. (2011) [2011 - 07 - 08]. http://mathdl. maa. org/mathDL/? pa = content&sa = viewDocument&nodeId = 301.

[6] MathDL. "Copyright and Fair Use Information" [EB/OL]. (2011) [2011 - 07 - 08]. http://mathdl. maa. org/mathDL/? pa = content&sa = viewDocument&nodeId = 305.

[7] MathDL. "Goals of MathDL" [EB/OL]. (2011) [2011 - 07 - 08]. http://mathdl. maa. org/mathDL/? pa = content&sa = viewDocument&nodeId = 301.

[8] MathDL. "MathDL Partners" [EB/OL]. (2011) [2011 - 07 - 08]. http://mathdl. maa. org/mathDL/? pa = content&sa = viewDocument&nodeId = 2004.

[9] MathDL. "My Library" [EB/OL]. (2011) [2011 - 07 - 08]. http://mathdl. maa. org/mathDL/? pa = myLibrary&sa = displayMyLibrary.

[10] MathDL. "Register for the MathDL" [EB/OL]. (2011) [2011 - 07 - 08]. http://mathdl. maa. org/mathDL/? pa = user&sa = enterUserFrontEnd.

[11] NSDL. The National Science Digital Library. "About NSDL" [EB/OL]. [2011 - 07 - 08]. http://www. nsdl. org/about/.

[12] NSDL. The National Science Digital Library. "What are NSDL Pathways" [EB/OL]. [2011 - 07 - 08]. http://www. nsdl. org/about/? pager = pathways.

[13] About MathDL [EB/OL]. (2010) [2011 - 07 - 08]. http://mathdl. maa. org/mathDL/? pa = content&sa = viewDocument&nodeId = 301

[14] About MathResources - Proprietary development [EB/OL]. (2009) [2011 - 07 - 08]. http://www. mathresources. com/profile_proprietary. ht-

ml.

[15] Award abstract #0435198: The math gateway [EB/OL]. (2007) [2011 - 07 - 08]. http://nsf. gov/awardsearch/showAward. do? AwardNumber =0435198.

[16] Goals of MathDL [EB/OL]. (2010) [2011 - 07 - 08]. http://mathdl. maa. org/mathDL/? pa = content&sa = viewDocument&nodeId = 3157.

[17] The MathResource and Inside Math [EB/OL]. (2010) [2011 - 07 - 08]. http://mathdl. maa. org/mathDL/? pa = partner&sa = dictionary.

[18] MathResources, Inc. product comparison chart [EB/OL]. [2011 - 07 - 08]. http://www. mathresources. com/products/product_comparisons. html.

[19] NCore FAQ [EB/OL]. [2011 - 07 - 08]. http://ncore. nsdl. org/index. php? menu = faq.

[20] NSDL: NCore platform [EB/OL]. [2011 - 07 - 08]. http://ncore. nsdl. org/.

[21] NSDL terms of use [EB/OL]. [2011 - 07 - 08]. http://nsdl. org/help/? pager = termsofuse.

[22] NSDL web development and accessibility best practices [EB/OL]. [2011 - 07 - 08]. http://onramp. nsdl. org/eserv/onramp: 114/access_bestpractices. pdf.

作者简介

刘晓东,女,现就读于北京师范大学管理学院图书馆学专业。E - mail: bnugyliuxiaodong@126. com。

教育学的门户网站——起跑点与教育进行时数字图书馆

刘燕权/美国南康涅狄格州立大学

王群/中国农业大学图书馆

阮丹萍/中央财经大学

摘　要:起跑点(Starting Point: Teaching Entry Level Geoscience)和教育进行时(Pedagogy in Action)这两个数字图书馆都是由卡尔顿大学(Carleton College)的科学教育中心(SERC)开发的项目。它们作为SERC教育学图书馆的门户,旨在为地球科学教育工作者提供高质量的教学方法和相关的教学经验,同时通过鼓励教学者上传相关的教学案例,反映自己的教学方法和教学活动,并探索新的教学方法,为教育工作者提供教学方面的资源。这两个数字图书馆存在着紧密的联系。文章从该馆建设、馆藏组织、技术特征、界面设计、服务特点等方面分别对这两个数字图书馆进行了评述,并给出了作者的评价与建议。

关键词:教学教育资源;数字图书馆;内容管理系统(CMS);美国国家科学数字图书馆(NSDL);美国国家科学基金会(NSF)

Pedagogic Services for Digital Libraries —Portals for Educators

Yan Quan Liu, Ph. D./Southern Connecticut State University, USA
Wang Qun/China Agriculture University Library
Ruan Danping/Center University of Finance and Economics

Abstract: Both "Starting Point: Teaching Entry Level Geoscience" and "Pedagogy in Action" are digital library projects developed by the Science Education Resources Center (SERC) at Carleton College in the USA. As part of the National Science Digital Library (NSDL) sponsored by the National Science Foundation (NSF), the goal of these libraries is to encourage educators to reflect critically on their own teaching practices and to support them in exploring new pedagogies. Additionally, their partners use these portals to create customized pedagogic portals for their own websites. Each portal links together information about pedagogic methods with examples of their use. The article provides an overview of the libraries' construction, resources organization, user services and technology features. The authors' comments and suggestions are also included.

Keywords: Pedagogy education resources; Contend management system; Digital libraries; National Science Digital Library (NSDL); National Science Foundation (NSF)

1 概论

起跑点(Starting Point :Teaching Entry Level Geoscience)和教育

进行时(Pedagogy in Action)这两个数字图书馆都是由卡尔顿大学的科学教育中心(Science Education Resources Center,以下简称SERC)开发的项目,是SERC教育学图书馆(Pedagogic Service library)的门户网站。这两个数字图书馆存在着紧密的联系:起跑点数字图书馆于2002年开始开发,旨在为地球科学教学工作者提供高质量的教学方法和相关的教学经验。这个项目很成功,因此获得了美国国家科学基金会(NSF)提供的额外的资金支持,是美国国家科学数字图书馆(NSDL)项目组之一。SERC将这个项目模型运用到地球科学之外的学科领域,这就形成了现在的教育进行时数字图书馆。这两个数字图书馆拥有相同的运行模式,都是将教学方法和相对应的教学活动联系起来供教学工作者使用和分享。

从技术上说,起跑点数字图书馆是SERC教育学图书馆(Pedagogic Services Digital Library)馆藏的一个门户,是一个为讲授入门级本科地球科学课程的教学者和研究生以及各种类型的实验室工作人员提供支持的数字图书馆。建馆的目的是为教学者提供高质量的教学方法信息以及这些方法在教学中运用的案例,并为教学者提供分享、反馈和讨论的机会,使他们在设计和发表自己的课程时能在众多的教学方法和资料中做出最好的选择,以提高本科生教学质量。该数字图书馆被划分成不同的模块,每个模块详细阐述了具体的教学方法并提供相关的教学案例。这些模块可以通过浏览教学方法或是按照地球科学的主题来搜索例子集合而获得。该数字图书馆提供了包括教学资源、网站搜索、RSS订阅等在内的多种服务。网站于2003年7月22日正式上线,对公众开放。同时起跑点数字图书馆获得美国国家科学基金会(NSF)国家科学数字图书馆(NSDL)项目组的为期2年的资金支持,由教育和人类资源理事会的大学生教育部门负责管理,拨款编号为#0226243。网址为http://serc.carleton.edu/introgeo/index.html,如图1所示。教育进行时(Pedagogy in action)是一个专门为教育工作者提供服务的数字图书馆。它作为SERC的一个组成部分,其建馆目标旨在为教学者提供教学资源，以及鼓励教学者反映各自的教学方法并支持他们探索新的教学方法。它是在起跑点数字图书馆（StartingPoint）的成功模式下，融入了一个新的开发理念而形成的，那就是允许其他机构和数字图书馆合作者通过这个数字图书馆量身定制隶属于自己网站的教育门户网，每个门户网都可以将教育方法和相对应的案例联系在一起。为了最大限度地开发与利用教学资源，该数字图书馆提供了包括教学资源、教学服务、网站搜索、RSS 订阅等在内的多种服务。这个网站在 2005 年 9 月 1 日获得了美国国家科学基金会（NSF）提供的 649 998 美元的赞助。网址为 http://serc.carleton.edu/sp/index.html，如图 2 所示。

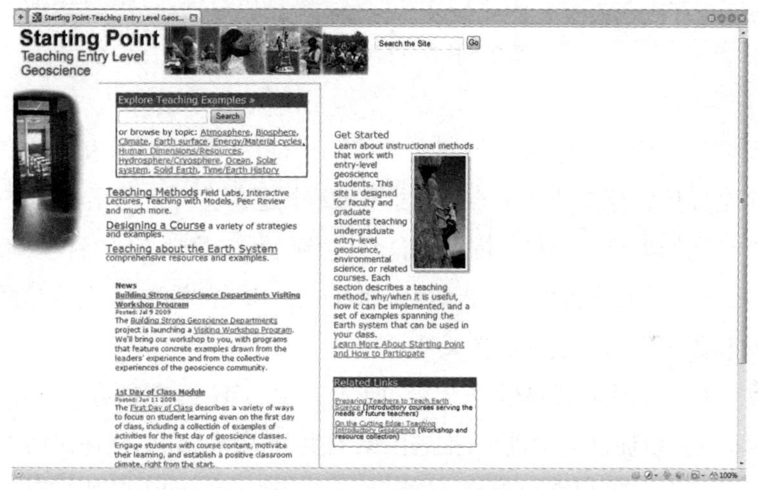

图 1　起跑点数字图书馆

（1）科学教育资源中心，即 SERC，它主要关注地球科学和教育领域，组织学术研讨班，并通过内容管理系统（Content Management System, CMS）来构建网站。SERC 致力于通过支持教育项目来推进教育发展。尽管工作重心放在本科生科学、技术、工程学和数学教育，但合作的教育机构横跨多学科领域，工作内容涉及高校教育、地球科学、社区组织、研讨会、数字图书馆、网站开发与编程，以

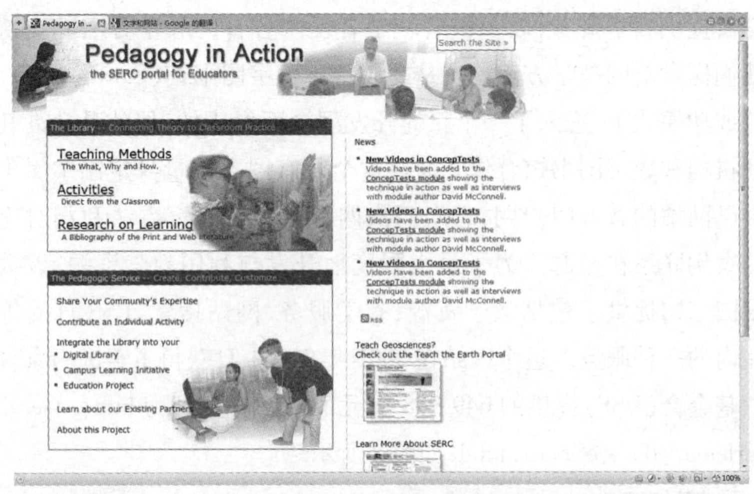

图2　教育进行时数字图书馆

及网站评价。它作为卡尔顿大学的一个部门,主要由国家科学基金会提供资金支持。中心目前运行32个还在进行中的项目和19个已完结项目。项目范围包括科学、边缘学科、数学、认知科学、教育、数字图书馆和数据分析,目前拥有员工10名,并与15个门户网站和数字图书馆建立合作关系。

(2)美国国家科学基金会,即NSF,由美国国会创办于1950年。它"以促进科学进步,推进国家卫生,繁荣和福利,确保国防等为目标",年度预算约为55亿美元,为美国的学院和大学所有联邦政府支持的基础研究项目提供了将近20%的资金。它为起跑点数字图书馆提供了2年的资金支持,并将教育服务(Pedagogic Service)项目作为国家科学数字图书馆(NSDL)的一部分,对其发展提供了大部分的项目资金。

起跑点数字图书馆所包含的教学资源全部与地球科学相关。教育进行时建立在起跑点的成功模式之上,虽然目前教育进行时数字图书馆的教学实例仍然由原先的地质科学实例占主导,但是它已经成功加入了不少统计学、物理、生物以及数学等方面的教学资源。两个数字图书馆的资源通过合作者的贡献在持续增长着。

2 数字资源及其组织

起跑点数字图书馆页面主体部分包含一个可供探索教学案例的检索框,并提供了很多可供扩展的地球科学的相关主体,具体教学功能通过三个资源链接体现,分别为教学方法、课程设计和地球系统教学。教育进行时主页分左右两个专栏,左侧专栏设置两个文本框,上面的文本框是数字图书馆主体内容,讨论如何将理论与实际融合,列有三个超链接:教学、教学活动、学习研究;下面的文本框则更强调互动,例如鼓励用户分享社区经验,贡献教学活动,将该数字图书馆融入到个人的校园学习过程、教学项目和数字图书馆等。

2.1 起跑点

(1)教学方法

这个部分提供了25个教学方法,例如:基于校园学习、概念测试、合作学习、基于经验的环境规划、艺廊街、基于游戏的学习、基于调查案例的学习、演讲教程、角色扮演等。该部分内容可以通过点击主页的教学方法超链接获取,每个方法都予以链接显示,并在其后附有一个简短的说明,使用户能够一目了然,从而可以在经过初步筛选后,挑选出几个感兴趣的作更进一步了解。深入了解可以点击相应学习方法,弹出的页面会详细介绍该方法的概念、适用情景、使用方法、相应案例,以及可供参考的文献书目等。

(2)课程设计

该部分内容主要用于指导教师如何设计课程方面,以及相应的技巧和案例。这一部分分为八项内容:浏览课程描述、评价、设计一个地球系统课程、户外实验、室内试验、使用地球历史方法、开课之初、教授城市学生等。同样的,每项内容附有简短说明予以解释,每部分的详细说明中会予以进一步阐释。以教授城市学生为例,在该部分内容中,网站列出了负责此项内容的负责人和相关的版权归属,明确定义了城市学生的范围,教授城市学生与普通学生的不同之处,如何融入其中,并为他们提供支持,以及一些供教师参考的活动案例和参考文献列表,每一部分之后还列出更为详细的链接。

(3)地球系统教学

该部分提供综合的资源和相对应的教学案例。同时,这部分内容与前两部分也有重叠之处,不过切入点有所不同。以设计一个地球系统课程为例,在课程设计中,主要是从系统角度为创建课程提供帮助,而在地球系统教学中,主要是从课程设计的角度来看待地球系统,不过,虽然说明中有所区分,但实际指向的页面是相同的。

2.2 教育进行时

(1)教学模块

这个部分提供了 5 - 10 页的具体教学方法的详细说明。教学方法页面给出多个链接,每个链接对应一个方法,例如 Karin Kirk 的基于经验的环境规划、课堂答应系统、概念测试、以过程为导向的指导问询学习等。该部分内容与起跑点的教学方法部分相似,基本涵括了起跑点列举的教学方法,但范围更广。由此可见,两个图书馆所用资源均来自 SERC,但教育进行时在起跑点基础上进行了更深层次的挖掘和收集。

(2)教学活动

教学活动页面设置了一个检索框,可供用户直接检索出所需活动。同时网页右侧还给出了对检索结果进行分类的不同主题,如学科、教育和学习研究等。这些教学活动是由使用相对应的教学方法的教育者提供的(通常含有额外的资料下载)。在各个教学模块的结尾都可以找到相对应的教学活动。而所有的教学活动可以通过网站搜索功能查到。教学活动部分包含了更多的资源，大约755种。很多教学活动都是从其他的网站引入的。

(3)学习研究

学习研究部分也设置了检索框，检索结果的分类与教学活动部分相似。这里搜集的是一些纸质和网络的资源，这些资源是从深层次研究人们的学习过程的。除了这个研究型的收集，你将会发现这些资源中很多都可以直接从教学模块中找到。这部分大多数都是提供资源的入口，读者通过点击链接，可以将页面转入合作的网站。

2.3 元数据架构

内容管理系统(CMS)的元数据管理是其核心模块，负责记录内容的描述信息和帮助其他模块快速定位相关内容，元数据索引是为检索提速的关键技术。作为SERC的入门网站，教育进行时提供详细而丰富的指导、软件和工具供用户上传资料，资料的上传主要通过AND元数据框架，遵守都柏林核心元数据标准。在CMS中创建和通过OAI引入的元数据记录可供所有的项目直接引用。

为了便于资源的管理以及让所有上传的资源都能很好地与起跑点和教育进行时这两个数字图书馆的网页风格融合，这两个数字图书馆提供了两种上传资源的模板，一种是简单的格式，主要用于上传单一的教学活动；另一种则是高度结构化的格式，主要用于对模块的多页面编辑。模板就是对资源格式的统一化，也是对元数据架构的形象表示。该数字图书馆的元数据里包含了标题、资源描述、链接、作者、文件、图片、视频、内容等信息，用户只需要按照模板的要求填写相应的信息就可以完成资源的上传工作。在资源导出的过程中，也是按照这个格式进行显示输出，形成统一的风格。内容管理系统(CMS)能够让资源提供者在提供资料的开放使用时，保持对自己所提供的资料的主人翁感和有效的控制。值得一提的是，在上传资料页面中的"使用条款"，明确了网站的版权信息，网站所有内容资源都遵守创意公用授权条款(Creative Commons license)，条款明确规定了资源上传、非商业用户、共享以及任何基于网站内容的二次创作所应遵守的规范。

3 服务

3.1 目标用户

起跑点是一个专门为地球科学教学者提供服务的数字图书馆，其目标用户是那些讲授入门级本科地球科学课程的教学者和研究生以及各种类型的实验室。而教育进行时(Pedagogy in Action)主要是为各个学科的教学者提供各种教学资源，并鼓励和支持他们探索和上传新的教学方法和教学活动，因此它的目标用户是所有教学人士。

3.2 服务方式

起跑点和教育进行时数字图书馆在所提供的服务内容上具有很大的相似性。这两个网站的核心服务都是教学服务以及教学资源检索，这一点可以从网站主页的设置上看出。此外，RSS 订阅、反馈服务(Feedback)以及打印服务(Printer Friendly)也颇具特色。

(1)资源检索

两个数字图书馆的资源检索功能提供了搜索和索引浏览两大功能。用户可以通过网页的顶端的搜索引擎，输入关键词来进行检索。或者也可以通过选择网页右边的栏进行浏览选择。当然，也可以二者兼用。如图 3 所示。

一旦输入关键词或者开始浏览选择，你的关键词就会出现在网页的上方，搜索引擎的下方。你可以通过浏览来进一步缩小你的选择范围。如图 4 所示。

网页右边的栏中列出了各种分类信息供用户浏览。用户可以

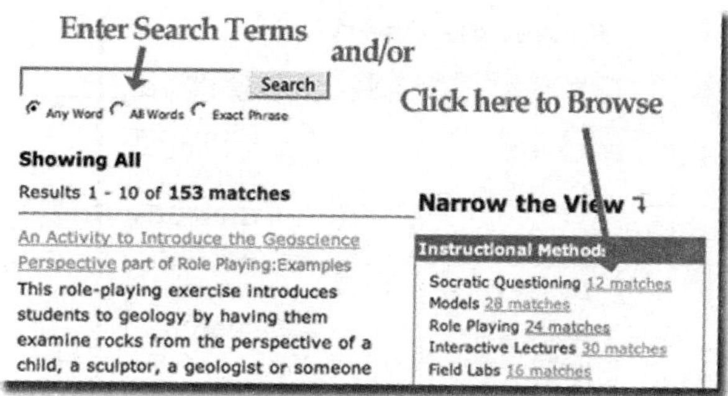

图 3　搜索和索引浏览功能

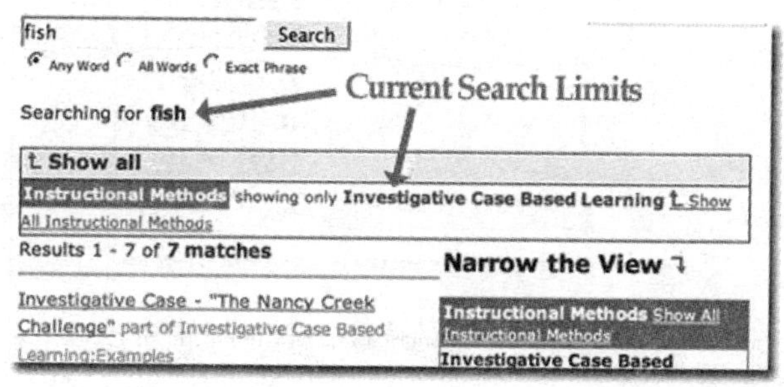

图 4　通过浏览进一步缩小选择范围

通过主题的字母顺序来浏览组织。在每个关键词的后面有相对应的数字，显示该方面的资源目前的数量。当你在搜索或者浏览的过程中，这个列表会自动改变以与当前用户的搜索结果相对应。这可以让用户对自己的搜索有一个很快很清晰的认识。如图 5 所示。

搜索引擎的搜索的过程是对关键词"与"运算的过程。当用户添加更多关键词时，搜索范围也就相对缩小了。搜索自动寻找含有关键词的网页，当然可能会返回含有与关键词类似的词的网页，不过准确含有关键词的网页将会置顶。此外，如果用浏览功能，由于浏览分类之间是水平关系的，所以如果你选择了一个关键词"鱼"，可能会出来与"鱼"相关的其他资源。

图5　与当前用户的搜索结果相对应的列表

(2)教育学服务

教育学服务的目的就是鼓励教育工作者真实反映自己的教学实践和方法并支持他们探索新的教学方法。

起跑点鼓励地球科学教育工作者上传并分享自己在该学科的教学过程中成功的教学经验。该数字图书馆允许教学工作者上传教学案例以及有效的课程和项目的描述。同时,教学工作者还可以成为数字图书馆的编辑。如果上传的是教学活动,只需要填写一个表格,数字图书馆的工作人员会在处理上传的资料的过程中与提供者取得联系。如果上传的是课程和项目描述,或者是教学大纲,需要联系 John McDar is(jmcdar is at carleton. edu)以取得援助。

教育进行时数字图书馆建立在地球科学网站的成功模式下,该馆收集了一系列教学方法和相对应的教学活动。该馆提供的教学服务面向教学人士个人和合作伙伴。教学人士可以上传自己觉得不错的教学方法和教学实践。如果是上传教学方法,可以和SERC联系。他们会派专人来一起探讨这个想法以使它更好地适合日益增长的需要,在某些情况下,还可以有资金支持。如果是上传教学实践,只需要填写一个表格来描述教学活动以及上传相关资料,在经过数字图书馆的工作人员审核之后,就可以随时进一步编辑自己的教学活动了。

除了允许个人上传教学资料外,教育进行时数字图书馆还允许其他网站成为它的合作伙伴。合作伙伴可以通过这个数字图书馆量身定制属于自己的网站的教育门户网。每个门户网都将把教学方法以及相应的教学活动链接在一起。合作者可以是学校的教学中心、其他数字图书馆或者教育项目。

例如:comPADRE,一个支持物理和天文教育的数字图书馆,已经创建了物理学教育门户网,提供了很多关于物理学的教学方法和相关教学活动。这个教育门户网被很好地整合到了他们的网站中。

此外,教育进行时数字图书馆还组织专题研讨会,让人们相聚一起讨论和制定行动计划。它提供了低干扰的环境,让繁忙的教师走到一起,创造新的教学材料,或者解决一个特定的教学问题。

(3)RSS订阅服务

RSS(Really Simple Syndication)是一种描述和同步网站内容的格式,是目前使用最广泛的资源共享应用,可以称为资源共享模式的延伸。

这两个数字图书馆均提供RSS输出,用户可以在客户端借助于支持RSS的聚合工具软件(例如SharpReader、NewzCrawler、FeedDemon),在不打开网站内容页面的情况下阅读支持RSS输出的网站内容,这有利于用户及时获取网站内容的最新更新。

订阅RSS新闻内容要先安装一个RSS阅读器,然后将该网站加入到RSS阅读器的频道即可。其订阅的一般步骤具体如下:

(1)选择有价值的RSS信息源；

(2)启动RSS订阅程序,将信息源添加到自己的RSS阅读器或者在线RSS；

(3)接收并获取定制的RSS信息。

(4)反馈服务

如果用户对这两个数字图书馆的改进有特别的想法,或者觉得该馆的内容哪里需要更新或者改正,都可以通过该服务向工作人员反馈。这两个数字图书馆都使用了reCAPTCHA程序,以防止一些人利用机器任意发送垃圾邮件。

(5)打印服务

这两个数字图书馆的所有的网页都支持直接打印,网页会自动调整成适合打印的格式,用户无需加载一个特殊的打印页。

4 技术特征

4.1 数据的收集、存储和输出

科学教育资源中心的内容管理系统(CMS)负责了整个数据的收集活动。这种创作、共享和数字图书馆的环境支撑着科学教育资源中心的所有网站,并作为教学信息和具体范例活动的收集之源。为了支持这一项目,该系统已经进行了调整,以便它能够显示自定义版本的收集以及从外观上与每一个合作伙伴网站相匹配。这使得每一个合作伙伴能够向它们的用户展示教学信息,这些信息可以作为一个与它们现有网站相连的一部分,而不需要在它们目前的系统中维护那些内容。这个系统可以使那些提供成功教学经验的教学工作者保持一种主人翁感并且能够掌控他们提供的资源。与此同时,这些贡献可以被其他合作伙伴重复使用。在那些资源被其他合作伙伴重复使用的过程中,作者也可以建立起很好的信誉。数字图书馆中的资源通过合作者的贡献在持续增长着。

起跑点所包含的教学资源全是地球科学方面的。教育进行时则是建立在起跑点的成功模式之上，虽然目前教学实例仍然是原先的地质科学实例占主导，但是它已经成功加入了不少统计学、物理、生物以及数学等方面的教学资源，目前，该数字图书馆包含了30多种不同的教学方法和700多种实例。

用户可以通过资源搜索功能对已经存储的资源进行搜索和使用。资源的搜索包括搜索引擎和浏览两种，用户可以根据需要自己选择合适的方法进行搜索。搜索的结果首先显示所有搜索结果的简要介绍，包含作者、主题、所属的教育方法等；点击名称链接，将出现新的页面，显示更加详细的信息，包括主标题、作者、原始出处、摘要、目的、用处、描述、教学小贴士、评价、引用的资源等。

4.2 技术支撑

科学教育资源中心（SERC）与地球系统教育数字图书馆（DLESE）合作进行元数据共享。它们根据OAI－PMH协议，使用DLESE的OAI软件来获得由DLESE汇总的14个数据集。这种与DLESE进行相互分享数据的方式

使得SERC的数据集能在国家科学数字图书馆（NSDL）中得以使用。起跑点采用的是SERC的内容管理系统（CMS）。CMS内有一系列的工具允许编辑者使用网页浏览器来创建和编辑网页。编辑者只需要进入管理页面，用自己的用户名和密码登录后，就可以编辑网页的内容了。编辑者可以用有限的HTML标记集合以及一些自定义的标记来格式化他们的内容。这些内容被存储在一个中央关系型数据库中。

教育进行时数字图书馆的核心采用标准LAMP堆叠和PHP来创建网页，使用开放源码软件MySQL作为数据库，利用Lucene的图书馆高性能全文搜索，同时采用无共享架构以实现线性扩展。通过OAI，该数字图书馆有效地在资源使用者和资源贡献者之间架起一个和谐资源分享的桥梁。

两个数字图书馆都是在内容管理系统(CMS)技术的基础上建立的,内容管理系统专门设计来帮助全国的教学者分享他们的知识,它提供一个格式化的界面,使教学工作者能够很好地使用它来上传资源。CMS的使用易于资源的参照、重组和再利用,以促进新的想法的发展。CMS的使用也使得SERC上的网络资源很容易用Google搜索到,并且能和其他的教育数字图书馆进行数据共享。

这两个数字图书馆的所有活动都是在内容管理系统(CMS)的支持下进行的。创作、分享以及数字图书馆的环境支撑着整个科学教学资源中心的所有网站,并且作为教育信息和实例收集的来源。为了支持这个项目,这个系统已经被改进以更好地显示个性化的页面,更好地从外观上和整体风格上与合作伙伴的网站相融。这个技术允许每个合作者向他们各自的用户呈现属于自己的教育门户网,而无需对门户网的内容进行维护。

这个系统能够使贡献成功的教学实践的教育人士保持一种主人翁感,并且能够掌控自己的资源。同时,这个资源可以被其他的合作者重复使用。通过广泛的传播,作者能够获得很好的信誉。SERC的CMS是一个内容管理工具,能够促使SERC和它的合作伙伴加强教育实践的网站建设。它和其他的网站(Plone、Drupal、RedDot等)的CMS有很多的相似之处,都是用于网站的建设。与这些一般用途的工具相比,SERC的CMS主要用于教育学方面。它的独特性还在于它与数字图书馆的集成以及它对信息的采集和传播的特殊模式的支持。

CMS有如下特点:

(1)支持分布式创作

(2)支持高质量网站的建设

(3)综合数字图书馆工具

(4)支持迷你集合

(5)支持发展和使用受控词汇表

(6)支持面搜索

(7)支持社区的贡献和探讨

(8)支持对基于 CMS 的项目的分布式所有权/管理/发展

(9)支持 CMS 系统中的信息的重复使用和相互链接

(10)建立在标准的网络技术基础上,有良好的性能和可靠性

它提供了两种编辑网页的格式,一种是简单的格式,主要用于上传单一的教学活动;另一种则是高度结构化的格式,主要用于对模块的多页面编辑。如图 6 所示。

4.3 界面设计

起跑点和教育进行时这两个数字图书馆的界面具有很大的相似性,它们的界面设计都十分简洁清晰。起跑点的主页面主要分为教学资源、网站搜索引擎、RSS 订阅等。教育进行时的主页面被分为四个模块:教学资源、教学服务、网站搜索引擎、RSS 订阅。第一次访问这两个网站,你可能都不会注意到 SERC 或者卡尔顿学院,但是一定会注意到这两个网站提供的服务。

起跑点的主页主要被分为两个大块,左边提供了一个教学案例搜索引擎,用户可以根据主题来搜索资源。教学案例搜索引擎下方是该图书馆的数据资源入口,数据资源被分为三个部分,分别是教学方法、课程设计、地球系统教学。页面左下方专门提供网站发展情况的新闻,用户可以通过 RSS 订阅,很容易地获取网站上的最新消息。在网页的右边是一个网站介绍的链接,点击该链接,用户可以了解到这个网站更详细的资料。网站的主页上方有一个很大的 logo,logo 的右边是一个搜索引擎。

在教育进行时主页的左边,我们可以看到两个很大的框,上面的那个框提供的是数字资源的链接,下面的框里提供的链接则是为用户提供教育服务,如上传自己的教学活动和方法,或是与该网站合作等。在网页的右边有一栏专门提供网站发展的新闻,用户通过 RSS 订阅,可以很容易地获取数字图书馆的最新信息。在网页的右上方有一个搜索引擎。该数字图书馆中的每个页面的右上

方都会有一个搜索引擎，且每个网页的最底端都提供了一些快捷链接，方便用户随时跳转。

5　评价与建议

综上几个方面可以看出，这两个教育学数字图书馆具有一些共同的优势：它们的内容管理系统（CMS）为用户提供了两种录入模板。简便的录入方式能够减少信息提供者的工作量，降低提交数据的门槛，可以帮助图书馆收集到更多的内容。同时，统一的格式是把收集到的数据进行管理和利用的必要条件，CMS 的使用易于资源的参照、重组和再利用。另外 CMS 还能够让资源提供者编辑和新增网页的内容。这个系统能够使提供成功的教学实践的教学人士能够掌控自己所提供的教学资源，保持一种主人翁感。这两个数字图书馆都为教育工作者之间提供了沟通平台，提供了学习、分享和讨论的机会。通过资源搜索，用户可以很方便地搜索到需要的信息，从而改进自己的教学过程。资源搜索的过程可以结使用搜索引擎和索引浏览。当你在搜索或者浏览的过程中，页面右边的列表会自动改变以与当前用户的索结果相对应。这可以让用户对自己的搜索有一个很快很清晰的认识。

同时，这两个数字图书馆还提供了 RSS 订阅服务，方便用户随时掌握网站的最新进展。它们的用户界面设计很清晰，视觉上符合逻辑，也很容易使用。

此外，教育进行时建立在起跑点的基础上，它有一个更为吸引人的地方：合作者可以通过此数字图书馆很方便地创建属于自己现有的网站的教育门户网，而无需对该门户进行维护。

当然，这两个数字图书馆也有需要改进的地方。首先，就网站设计和资源组织方面而言，缺少一个分类系统或网站地图，全部的文本信息难以让人印象深刻，不能使用户一目了然，随时跳转到关注的信息页面，不过提供的检索框从一定程度上弥补了这个缺陷。

其次，就吸引用户角度而言，图片较少，视频、音频资料基本没有，整个页面充斥着大段的文本信息，不利于引起用户兴趣；更重要的是，很多教学方法和案例以视频的方式呈现出来，会取得更好的效果。第三，提供的检索功能过于简单，不支持高级检索，这不便于用户及时、高效、快捷地获取所需信息。最后，网站除 RSS 订阅外，并未提供任何 Lib2.0 技术应用。目前 Facebook、Flickr、人人网、豆瓣小组、微博等社交网站的蓬勃发展已经吸引很多图书馆学界专家的关注，众多图书馆也开始积极探讨将其应用到图书馆的服务和宣传中来。网站完全可以利用这个契机，添加分享到人人、分享到 Facebook 等链接，提升数字图书馆的知名度和用户的认可度。此外，还有一些内容技术等方面的问题，如起跑点的资源更新速度慢，而且资源不是很多。而教育进行时数字图书馆的学习研究部分，并不是所有 559 个链接都能够连接到完整的文章，有的只能连接到文章的摘要。例如：一篇 Narayanan 和 Hegarty 写的名为"On Designing Comprehensible Interactive Hypermedia Manuals"的链接只能连接到摘要。

教育进行时似乎更多的是与机构进行合作，它应该多发展与教育者个人的合作，这样才能更好地丰富网站的资源。此外，研讨会似乎是一种能够将人们集合起来计划行动的方法，但是，它也有个弊端，就是形成了一个广泛参与的障碍，如果能够在网络上进行研讨会就会好很多。

SERC 教育学图书馆(Pedagogic Services Digital Library)应对其馆藏、资源收集策略和选择标准提供一个完整说明；同时，对其藏书提供一个完整的分类体系，以方便用户对其两个数字图书馆实现跨库访问和检索。在此之上，以分类体系为依托，建立一个更强大的搜索引擎，这两大变化将会促进用户对该馆馆藏资源的使用，使资源检索更深入更广泛。

参考文献

[1] 刘燕权，陈芬. 动态图像图书馆——通向世界动态图像的窗口[J]. 数字

图书馆论坛,2008.

[2] 刘燕权,于浩洋. 材料数字图书馆——美国国家科学数字图书馆项目评析[J]. 数字图书馆论坛,2009.

[3] Pedagogic Services for Digital Libraries [EB/OL]. [2012 - 05 - 30]. http://nsdlnetwork. org/project_update/due - 0532768/2009 - 11 - 07/801/pedagogic - services - digitallibraries.

[4] [EB/OL]. [2012 - 06 - 02]. http://innovateonline. info/? view = article&id = 643.

[5] Pedagogy in Action[EB/OL]. (2006) [2012 - 05 - 30]. http://serc. carleton. edu/sp/index. htm.

[6] Starting Point - Teaching Entry Level Geoscience [EB/OL]. (2006) [2012 - 05 - 30]. http://serc. carleton. edu/introgeo/index. html.

作者简介

王群,中国农业大学图书馆,馆员。

BEA数字图书馆：洞悉美国经济的窗口

刘燕权/美国南康涅狄格州立大学
南文秀/北京师范大学管理学院

摘　要：BEA（Bureau of Economy Analysis，美国国家经济分析局）在线图书馆建立于2006年，服务于美国从事经济数据统计工作的政府机构，同时面向社会公众提供免费的包括宏观和微观层面几乎所有经济活动的指标数据。其主要目的是发布美国历史及当前最新经济统计资料和评估调查报告，为不同的用户群体了解、研究美国经济提供良好的服务平台，包括搜索、浏览及下载服务。其资源涵盖范围广泛，有很高的科研及实际参考意义。文章从其数字资源、技术特征、服务特点等方面进行了概要的评述，并给出作者的评价和建议。

关键词：数字图书馆；数字资源；经济统计数据；美国经济分析局（BEA）；美国当代经济调查期刊（SCB）

BEA Digital Library, a Path to America's Economic Resources

Yan Quan Liu, Ph. D./Southern Connecticut State University, USA
Nan Wenxiu/Department of Management, Beijing Normal University

Abstract: Lunched in 2006, the BEA digital library provides "the most timely, relevant, and accurate economic accounts data in an objective and cost - effective manner" free for public to access. Its collection pulls together primarily historic data and articles on the U. S. economic accounts from the Department of Commerce, Bureau of the Census and other US government divisions, allows users to explore the economic history of the United States along with the national income and product accounts and general macroeconomic situation. While this paper indicates its well - organized rich resources, technological and services features, author's comments and suggestion for the library's improvements are also given.

Keywords: American history resources; Digital libraries; Digital resources; Bureau of Economic Analysis (BEA); Survey of Current Business (SCB)

1 概述

经济分析局(Bureau of Economic Analysis, BEA)隶属于美国商务部(United States Department of Commerce),是专门从事经济数据统计工作的政府机构。作为美国重要的联邦统计机构,BEA 与普查局一起组成商务部经济统计部的两个重要部门。BEA 数字图书馆项目于 2006 年 6 月启动,目前已合并到 BEA 官方网站中,其网址是 http://www. bea. gov,主页如图 1 所示。

BEA 作为世界领先的经济数据统计行政机构,其目的在于通过统计并免费提供最新、最全、最准的经济数据,勾勒出当前美国经济的发展现状以及其在国际经济中的地位。由 58 位具有博士学位的经济学家组成的专职团队自行收集源数据,采用科学的方法论,进行研究、分析、统计工作,并面向全社会甚至全世界提供免费的在线浏览、下载服务。其主要发布手段是将最新信息刊登在当代经济调查期刊(Survey of Current Business, SCB),此期刊由

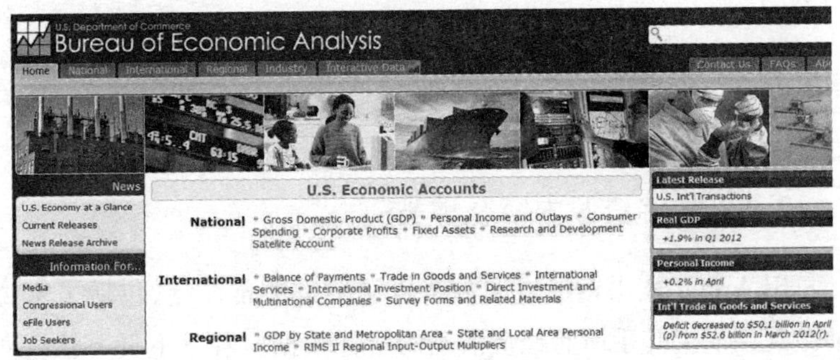

图 1　BEA 主页

BEA 于 1921 年创立,主要发表最新 BEA 的统计与评估结果。目前 SCB 已成为经济领域的一个权威期刊。

当前,BEA 的统计数据收藏范围涵盖大部分经济领域,并从不同的角度分析反映美国经济发展现状以及国际经济形势。其中,可看作为 BEA 统计工作奠基石的是国民收入和生产账目(National Income and Product Accounts, NIPAs)的统计,因为此统计数据是测量国内生产总值(Gross Domestic Product, GDP)的基本方法和框架。不仅如此,BEA 的工作涉及美国经济活动的每个角落,对决策者制定经济相关政策,如货币政策、税收政策、商业投资计划等方面提供了坚实的决策依据。因此,BEA 在美国联邦统计系统中扮演着极其重要的角色,享有"国家会计师"的美誉。

除了提供大量最新的统计数据,BEA 还保存着较完整的历史数据,最早可追溯到 1921 年。BEA 提供了数据库搜索服务,方便用户查询和使用资源;另外,随着用户兴趣多样性程度的不断加强,还提供了具有个性化的数据浏览和下载服务,这使大众能更好、更快、更方便地获取所需的数据。

2 数字资源

2.1 数字资源内容及种类

BEA数字图书馆提供的数字资源范围非常广泛，包括了宏观和微观层面上几乎所有经济活动的指标数据。官方主页上已经列出了所包含的资源内容，如图2所示。

图2 BEA提供的数字资源内容

(1)国民账目(National Accounts)。国民账目项目针对美国国内生产、消费、投资、进出口、收入和存款等相关经济活动进行评估和统计。BEA每月一次发布对上个季度的最新GDP评估数据和上个月最新的个人收入和支出的评估数据。国家固定资产存量和耐用消费品数据则每年发布一次。

(2)国际账目(International Accounts)。国际账目项目关注美国与其他国家质检的经济来往。这个项目发布每个季度的收支平衡和每个月的商品和服务贸易、国际服务的数据。此外，BEA统计每个季度对外直接投资、外商直接投资以及国际投资的情况。

(3)地区账目(Regional Accounts)。相比国民账目，此项目关注进一步详细的数据，这些数据是按照区域划分的，如BEA划分的

179 个经济地区、美国各州、366 个主要城市、各州下属的县(County)等。其中,每个州的 GDP 在基准年半年后发布。每个州的个人收入每个季度发布一次;主要城市和县的个人收入统计数据是每年发布一次。

(4)产业部门账目(Industry Accounts)。此项目主要统计各产业部分的投入产出表,揭示生产过程中各部门之间投入产出关系以及相互依存和相互制约的经济技术联系。其基准投入产出表每五年计算一次,每年都会进行更新。除此之外,该项目的内容还包括研发卫星账目、旅游卫星账目等。

(5)综合账目(Integrated Accounts)。综合账目揭示了美国国内生产、国民收入和花销、联邦财政储备等宏观经济数据指标。

除了以上资源,BEA 还提供了统计并评估每项经济数据指标的方法论。其理论基础和具体操作方法按照项目给出。随着数据内容的丰富和形式的多样性,方法论的内容也随着发生不小的改变,其变动的内容都会及时发表在 SCB。

2.2 数字资源组织形式

由于经济领域的统计内容带有一定的地域特征和时序特征,因此 BEA 采用基于范围和内容的分类方法对数字资源进行有效的组织。首先,将数字资源按照国民账目、国际账目、地区账目、产业账目和综合账目等五个类别进行分类;再次,每个账目包括多种不同的数据指标,即数据内容,因此再按照这些内容进行分类;最后,按照时间顺序进行组织。对于 SCB 来说,其发表的内容是严格按照时间顺序进行组织的,而且存储的是历史统计数据;而 BEA 存储的是最新的统计数据。

从用户的角度来看,用户需要借鉴历史数据、分析当前数据、预测未来趋势;而且往往只关注某个指标的变化。为用户提供更方便、快捷的服务,BEA 在组织资源时突出不同时间段里发表的报告或文献之间相同的经济指标,并整合这些统计数据,以揭示过去

和当前的

数据变化情况。这种组织形式在以下介绍的个性化交互式数据输出服务里得到充分的体现。

2.3　数字资源免费获取

由于BEA隶属于美国商务部,从事于经济统计工作的政府行政机构,其部门属性和工作内容很大程度上决定了BEA需向公众各类用户提供免费服务。几乎所有BEA提供的数字资源都能免费下载或打印,这些资源包括每年或每个季度发布的统计评估资料、BEA研究人员撰写的工作报告、统计某经济指标时所采用的方法、用户根据自身需求搜索得到的数据输出图表等。此外,刊登在SCB上的文章,不管其发表年代,均可以免费获取。

3　技术特征

3.1　数据存储和输出

虽然BEA与SCB的资源内容有重复的部分,但也有很多不同点。两者的存储内容、存储方式和存储格式上是相对"独立"的。

(1)数据存储内容:SCB只存储发表在其期刊上的统计内容,而BEA包含着最新的统计数据信息,以及其他数字信息;(2)数据存储方式:SCB严格按照发表时间顺序来进行存储,其形式与资源内容无关;而BEA按照基于范围和内容进行存储;(3)数据存储格式:SCB所有的数字资源内容均以PDF格式进行存储,而BEA为迎合用户的多样需求,提供了多种数据存储格式,如PDF、Excel、PPT、Word和Text。

BEA的数据输出充分考虑到用户的需求特点,设计了个性化的交互式数据输出方式。用户可通过点击界面中交互数据(Interactive Data)的菜单享受个性化的交互式服务。这个服务的实施也充分体现了该类数字资源内容的特点。

该服务采用步进式的设计,不仅记录着用户的每一步操作,而且正确、快速地引导用户定位其需要的数据项目,最终以表或图的形式展示出来。因为记录着整个操作流程,用户可回溯到之前某一步进行修改。此外,用户可以使用选项(Options)、下载(Download)、打印(Print)、图示(Charting)和地图映射(Mapping)等菜单进行个性化设置(见图3)。选项按钮可供用户对输出的图表对象采取一定的限制,例如只输出特定经济部门的国际收支平衡情况等;图示按钮可以把表转化为线形图或直方图,让用户更直观地观察所选数据;通过点击地图按钮,用户还可以以地图的形式看到美国各个州的相关经济指标的情况。此外,BEA 还在 SCB 的页面上设置该服务的菜单按钮,实现了两个资源库的连接功能,引导用户在两者之间自由穿梭。

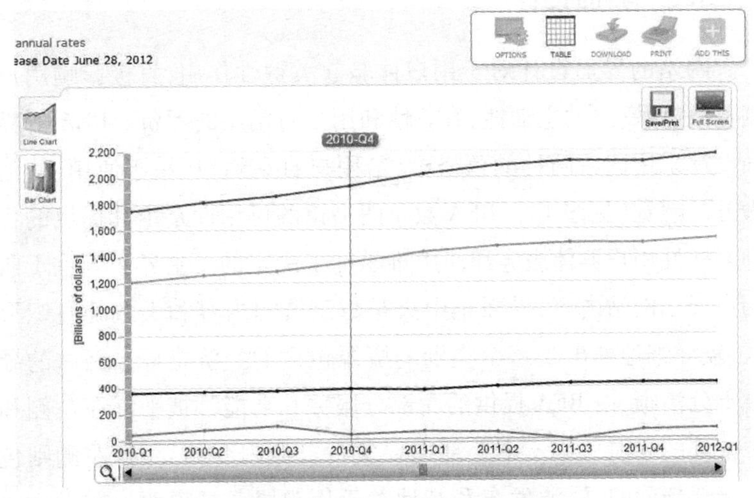

图3　交互式数据输出服务操作页面

3.2　搜索功能

为了用户快速、准确定位所需的数字资源,BEA 提供了简单检索和高级检索功能。通过输入关键词,用户可在 BEA Blog、新闻发布和 SCB 等三个范围或全部范围中进行检索。检索范围的自由限定也是 BEA 搜索功能一大特点，这是由于 BEA 采用了整合的搜索接口的原因，即 BEA 的数据库、SCB 和 Blog 共享同一个搜索接口。

在简单检索功能的基础上，BEA 还提供了高级搜索功能，以提高查全率和查准率。检索通过匹配全部词(All of the words)、精确词组(The exact phrase)、任意词(Any of the words)和不匹配任何词(None of these words)的方式，不仅支持精确查询，而且支持模糊匹配查询。不仅如此，用户还可以限制搜索结果的文件类型，可选的项目包括所有(All)、PDF、Excel、PPT、Word 和 Text。最后，所搜服务还包含了安全搜索(Safe Search)的服务。SCB 本身也具有一定的搜索特点，那就是提供了按照时间顺序进行检索(Search by Date)。

3.3 界面设计

网站的界面设计对于用户体验起关键性作用，直接影响用户浏览、利用资源的主动性、有效性和用户对网站的评价。BEA 的界面设计采用蓝白两种颜色搭配，给用户直观简单、易于使用、简洁大方的感觉(见图 1)。BEA 数字图书馆的可用性是由其提供的各种多样性用户群体服务和使用难易度来决定的。主界面侧重于向用户展示网站内容，界面正中央是数字资源内容和大致的组织形式，较详细地列出了每个类别的资源包含的经济指标。网站的导航十分清晰，由 BEA 提供的大部分服务和功能都被平铺在左侧和中上部的导航栏中。中上部主要负责资源内容的导航，左侧则包括最新新闻间、资源发布和其他关于用户服务的说明。在界面的右侧，用户可以看到最新最常用的经济指标的统计结果，以及发布在 BEA Blog 上的最新消息。

同时，每个页面右侧都对该页面包含的内容进行了概括，使其一目了然。每个页面的下方还有更新日期的提示(Last Modified)，标明该页面的内容是何时更新的(见图 4)。

Last Modified: Wednesday, June 20, 2012

图 4 BEA 页面下方的更新日期提示

4 服务特征

4.1 目标用户

BEA 数字图书馆面向全世界用户提供经济统计数据服务,其目标用户大致可以分为以下三类:

(1)一般用户。BEA 的数字资源可满足普通用户对于美国国内各地区的历史以及当前经济统计数据的需求,即满足一般性的信息需求。此用户群体对于数据的需求层次不高,一般局限在了解层面。

(2)研究人员。BEA 满足全世界范围内来自各国家和地区研究机构、高校的研究人员对于美国宏观经济发展历史及当前发展情况的信息需求。相比一般用户,这些研究人员不仅仅停留在参考信息的层面,同时利用这些数据研究其背后的潜在问题、社会原因、引起的社会影响以及美国经济对全球经济带来的深远影响。

(3)决策者。可以说,通过决策层人员有效利用,这些数字资源的使用价值和社会价值得到了淋漓尽致的体现,也是 BEA 的最终目标之一。在此,决策层人员可分为国家领导者和政策制定者,以及企业决策人员。通过分析和研究相关经济统计数据,他们可以制定科学合理的国家方针政策和企业战略方案,为社会经济的健康发展保驾护航。

4.2 服务方式

充分利用数字化使媒体信息容易传播、转换、查找的特性,BEA

图书馆过多种服务方式向社会不同用户提供经济领域的统计和评估数据,让相关政府部门机构和民众最大限度地了解当前经济形势。

(1)查询服务

BEA 图书馆提供的查询服务可分为浏览和搜索服务。用户可以根据自身需求,浏览相应的经济指标数据。由于数字资源以基于内容的分类法进行分类组织,因此用户可以轻松地定位最新的统计数据。当通过浏览无法快速定位所需资源,用户可在主页右上侧的检索窗口输入关键词进行搜索。在高级检索功能中,用户还可以通过进一步缩小或放宽检索词的限制、选择所需输出资源的格式的方式,提高查准率和查全率。

(2)交互式数据输出服务

如上述,BEA 图书馆提供了个性化的交互式数据输出服务,是该数字图书馆的服务亮点。与文字内容相比,有一部分用户群体更关注数据本身在一段时间内的变化情况。此时,用户通过该服务,可以自由地选取要输出的项目、横跨年代、形式等(见图 3)。用户可以将自动生成的相关图和表进行下载和在线打印,还可以通过世界最大的共享平台 AddThis,发布到本人的网络空间里进行分享与交流。

(3)数字资源发布服务

相比其他数字图书馆,由于 BEA 提供的数字资源在包括国家经济政策制定、产业结构调整、企业战略制定等重大决策中提供至关重要的信息,因此作为一个行政机构,BEA 应及时地、主动地发布这些数字资源。发布服务由横向交流和纵深拓展组成。其中纵深拓展是保存现有当代经济调查期刊 SCB,每个月发表最新统计资源。BEA 官方网站上还发布其研究团队的人员撰写的工作报告(working paper)。在横向交流方面,为迎合当前数字图书馆的发展趋势,BEA 在传统被动搜索的基础上,还推出了主动提供服务的方式,例如通过 Blog、RSS 和 Twitter 等传播媒介发布相关通知、发布时间表等信息。

(4)BEARFACTS 服务

BEARFACTS 是 BEA Regional Facts 的缩写,是 BEA 提供的特有的"快照"服务(见图 5)。该服务以美国各州、各州下属县、366 个主要城市和 179 个经济地区单位,提供包括人均个人收入、总个人收入和个人收入的主要来源等信息。点击主页左侧 Information For…的下级菜单 Media 的 Data 选项,用户就可以自行决定输出某一地区的个人收入相关信息。该服务的最大特点是,使用户在最短的时间内获取与个人收入相关信息的同时,以全部图形化(地图)的操作界面提高用户的兴趣度和满意度。

(5)FAQ 及反馈服务

BEA 为用户提供了"常见问题回答"的服务,用户不仅可以浏览并搜索常见问题,而且填写本人电子邮箱之后可进行提问。相关说明规定,用户提出的问题最多在两个工作日以内由相关领域的专家进行跟进。至 2012 年 6 月底为止,存储的问题数量已接近 500 个,为解决用户一般性的常见疑问提供了良好的渠道。此外,用户初次登陆该网站并退出时,在用户允许的前提下会弹出由第三方组织的用户满意度调查问卷。调查由 25 个客观题和一个主观题组成;在主观回答时,用户可以自由填写相关反馈意见。

5 评价与建议

BEA 作为美国联邦统计体系的重要一环,专注于美国宏观经济统计工作,经历数十年的发展,存储了大量的历年和当前最新的统计数字资源。其数字图书馆在近几年的发展过程中不断创新、努力应用数字化新技术、把握时机、紧跟时代步伐,一直将数字资源的建设和发布作为它的工作重点,这些都是我们应该学习和借鉴的地方。总的来说,BEA 数字图书馆的亮点可以归纳为以下五个方面:

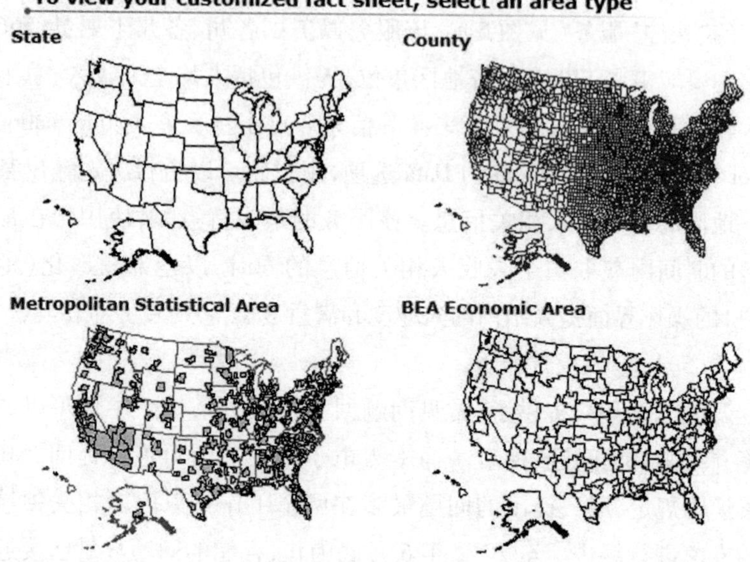

图 5　Bearfacts 的地图形操作界面

(1)数字资源内容丰富、组织有序、免费获取。BEA 提供的数字资源覆盖范围广、横跨年代长久。加上 SCB 存储的历史统计数据,BEA 可提供从 1921 年以来的美国宏观经济层面的各项经济指标统计数据。而且,BEA 还对最新资源进行了基于范围和内容的分类工作,对 SCB 上的发表文章进行了基于时间顺序的排序。最后,所有的数字资源面向公众免费提供下载和在线打印服务。

(2)界面导航清晰。界面的导航清晰与否在一定程度上与数字资源的组织是否有序密切相关。由于 BEA 对资源进行了分类,加上 SCB 的基于发布时间的资源组织,用户一旦确定自身需求之后,可以很简便地定位所需的资料。此外,简单大方的菜单布局设计也大大提高了其整体导航能力。

(3)馆藏资源更新及时性。由于这些统计数据的时效性特别强,BEA 非常注重数字资源的更新频率。通过浏览不同页面,笔者发现至少在 2012 年 6 月份,该网站已进行了 4 次更新,说明该馆不断地紧跟社会经济的发展步伐。

(4)提供交互式数据输出服务。BEA 充分考虑到统计数据特点和用户需求多样性,提供了用户可以自由选择输出项目、年代范围和输出形式,并免费下载和在线打印的全面服务。这种个性化的交互式服务不仅提高了资源的利用率,而且增强用户满意度,是所有服务中最具特点的一个服务。

(5)发布渠道多样化。BEA 的数字资源发布能力在纵深、横向方面都得到了体现。在 SCB 发表文章和 BEA 网站发布工作报告,加上当前流行的 Blog、Twitter 等传播媒介,这种多样性使该馆的数字资源得到更加广泛、高效的利用。

尽管 BEA 数字图书馆有很多优势,但仍有一些不足之处值得我们思考:

(1)可交互的数据项目。目前,BEA 提供的可交互的数据输出服务项目有限,并未应用到所有经济指标项目,需在以后的工作拓展该服务所包含的项目。

(2)检索结果输出。虽然检索结果可根据范围划分,但结果输出看起来有点杂乱无序。虽然检索结果的排序机制我们看不到,但可以通过增加用户可自行选择的排序依据,如按照相关性、发布时间、下载频次最多等项目,来提高检索功能,吸引用户更多地使用检索工具。

(3)BEARFACTS 服务。当前,此服务包含的内容只局限在关于个人收入的数字信息。笔者建议适当扩大服务内容,如常用的经济指标 GDP、投入产出表等。选取哪些项目作为服务内容,可通过分析后台数据库中用户日志获取。

(4)FAQ 服务。到笔者撰写本文的时间为止,FAQ 的问题数量达到近 500 个。虽然该馆提供 FAQ 范围内的搜索服务,但在检索出的问题中寻找相关问题也是一个不小的工作量,最终会影响用户满意度。因此,笔者建议先把 FAQ 问题基于内容进行分类,在分类的前提下提供检索服务,这样可以有效缩减查询所耗的时间。综上,通过笔者近两年的跟踪观察,BEA 从过去的单独数字图书馆计划到目前整合到官方网站中;从过去简陋的检索能力到目前较强大的搜索功能;从过去的无序的界面导航到目前清晰的导航功能等,各方面都得到了不小的进步。相信日益增长的数字资源内容、逐步完善的功能和服务将使 BEA 数字图书馆在社会经济发展中的影响不断扩大、研究价值得到进一步体现。

参考文献

[1] Bureau of Economy Analysis [EB/OL]. [2012 - 06 - 22]. http://www.bea.gov/.

[2] Survey of Current Business [EB/OL]. [2012 - 06 - 22]. http://www.bea.gov/scb/.

[3] Center for the history of political Economy at Duke University [EB/OL]. [2012 - 06 - 22]. http://econ.duke.edu/HOPE/CENTER/center_links.php.

作者简介

南文秀,北京师范大学管理学院。E - mail: nanwenxiubnu@gmail.com

教育资源数字图书馆——21世纪技能学习的门户

刘燕权/美国南康涅狄格州立大学
石达/北京师范大学管理学院
王妍/中国国务院港澳事务办公室港澳研究所信息部

摘 要:教育资源数字图书馆项目(The Gateway to 21st Century Skills)是由美国雪城大学信息学院于1996年发起并得到美国教育部资助的重要数字图书馆项目,该项目力图将分散在互联网中的免费教学资源收集起来,建立一个便捷的导航平台供用户免费查询使用。文章对该数字图书馆的发展历程、意义及现状进行了综合性的述评,包括项目概述、资源组织、技术特征、服务特点以及作者的评价与建议。

关键词:教育资源;数字图书馆;美国教育部;美国国家教育协会(NEA);教育资源门户(GEM)

The Gateway to 21st Century Skills, a Digital Library of Educational Materials

Yan Quan Liu, Ph. D./Southern Connecticut State University, USA
Shi Da/Beijing Normal University
Wang Yan/Hong Kong And Macao Affairs Office Of The State Co

Abstract: The Gateway to 21st Century Skills is a digital library funded by the U. S. Department of Education and has been supplying teachers & students with information since 1996. The Gateway contains an array of lesson plans, activities, projects, assessment tools and resources connected to the education profession. It provides "educators' capability to access Internet - based lesson plans, instructional units and other educational materials in all forms and formats." While this paper indicates its well - organized rich resources, technological and services features, author's comments and suggestions for the library's improvements are also given.

Keywords: Digital libraries; Educational resources; U. S. Department of Education; Gateway to Educational Materials (GEM); National Educator Association (NEA); Achievement Standards Network (ASN)

1 概述

教育资源门户(The Gateway to Educational Materials, GEM, 2005 年更名为 The Gateway to 21st Century Skills,)是一个提供教育资源导航服务的数字图书馆项目。该项目广泛收集分散在联邦、州、大学、非盈利网站及商业性网站上的免费教学资源,通过对这些资源的合理组织与管理,有效地提高了教育工作者对分散在互联网各处的教学课程计划、课程单元资料及其他教学资源的可查找性和利用率。根据 2012 年初的记录,Gateway 收录了超过 5 万份的免费教学资源(2012),其资源质量优良、丰富多样,并且拥有便捷的分类导航和搜索技术支持,目前已为来自全世界的教育工作者提供了 52 万多次资源查询服务,备受教育工作者的欢迎。教育资源门户的网址是 http://www.thegateway.org/。

1.1 Gateway 的资金来源和合作组织

Gateway 项目于 1996 年由美国教育部资助启动,是最早的在互联网上提供美国教育资源公共存取服务的项目，其总部设立于美国雪城大学(Syracuse University)信息学院。2005 年，美国教育部对 Gateway 项目的资助停止，由国家教育协会接手提供资金支持，并委派非盈利性组织 JES & Co. 管理和维护，随后 JES & Co. 和华盛顿大学(the University of Washington)信息学院、雪城大学信息学院合作建立了 GEM 交流会(GEM Exchange)对该项目进行全方位的联合管理。

在 GEM 交流会的共同努力下，Gateway 建立了国际认可的教育资源描述标准。在国家科学基金会的资金资助下，JES & Co. 进一步建立了成就标准网络(ASN，Achievement Standards Network)。ASN 是一个数字化的、权威的学术标准集，美国 50 个州可以共同采用 ASN 提供的同一套机器可读的格式对教育数字资源进行存储和共享。2006 年，JES & Co. 与国家教育技术指导协会(SETDA，the State Education Technology Director's Association)合作开发了一个工具包，该工具包将 Gateway 的编目工具与 ASN 的标准描述进行了整合，以便更好地对学习资源进行标注和编目。

在 GEM 交流会的积极推进下，Gateway 已经成为一个拥有 700 多个组织和大学成员的合作联盟，提供的教育学习资源范围由美国基础教育(K－12，从幼儿园到 12 年级的教育阶段)向教育的各个阶段扩展，为全世界的教育和培训人员提供教学资源服务。Gateway 的联盟成员主要包括联邦和州政府机构、教育机构、非营利机构和商业机构，同时，GEM 交流会积极鼓励教育工作者加入该联盟，通过 GEM 网站共享教育资源。

GEM 项目的运营工作由 6 个业务组来完成。第一组由 Gateway 的盟员构成，他们负责项目的推广宣传和具体工作的实施。第二组由使用 Gateway 资源的个人用户和组织构成。第三组由提供教育资源的所有者组成，他们将自己的资源编目录入 Gateway 的数据库。董事会则是从之前几个组的成员中挑选出来组成，他们负责对整个项目的政策和程序进行审批和监督。工作调研组的成员成分和董事会类似，他们负责调查项目中存在的具体问题以及董事会所关注的内容，当任务完成后将被解散。运营管理组则负责整个项目的日常管理和运作。

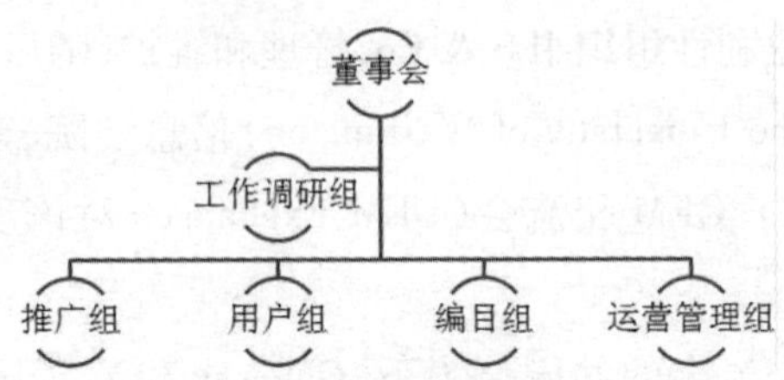

图1　Gateway 项目的管理组织结构

1.2　项目意义

Gateway 项目为教育工作者提供了一条找到互联网中优质教育资源的捷径。在 20 世纪 90 年代，搜索引擎存在对教育专业词汇的理解不准确、没有质量控制的问题，搜索结果常常由于召回率和相关性不足、资源质量良莠不齐而无法满足老师们获取教育相关资源的需求。Gateway 专门针对教育类型的数字资源建立了一套完善的元数据方案（GEM Metadata）和严格的收录标准，用户在 Gateway 网站中可以搜索和分类浏览教育资源，并通过 Gateway 提供的资源链接访问和下载原始资料。这极大地扩展了教育工作者搜寻教学相关资料的能力，降低了教育工作者筛选教育资源的成本。

2　数字资源及其组织

2.1　资源范围和类型

Gateway 项目于 1998 年建立了一个包含 1 500 套课程计划的数据库，时至今日，该数据库已收集了来自 700 多个加盟会员提供的超过 5 万份教育资源。资源种类也随着时间不断地扩展和丰富，由最初单纯的课程计划和教学实践资源向教育理论相关文献、研究成果等延伸，资源的教育年龄段也由 K－12 向全年龄层级扩展，主题内容包括自然科学、社会科学、艺术学、语言学等，资源的类型涵盖了文字、图片、音频和视频。

2.2 元数据方案

Gateway 项目采用的元数据方案基于都柏林核心元素集(DC, Dublin Core element set)，其元数据的建立基于以下 4 个目标：

(1)定义一个以专门描述互联网中教育资源为目的的、语义丰富的元数据配置文档和一个领域明确的受控词表；

(2)为了能在当前 HTML 规范下应用，该方案需要制定具体的语法和清晰的操作流程；

(3)设计并部署一套工具，对以 HTML meta 标签存放的元数据进行收割和检索；

(4)鼓励(加盟会员)设计更多的原型接口对 Gateway 项目的元数据进行存取。

目前，Gateway 的元数据在 DC 元数据的 15 个元素集基础上增加了以下 8 个元素：1)受众(Audience)；2)编目机构(Cataloging Agency)；3)持续时间(Duration)；4)必要资源(Essential Resources)；5)教育年级(Educational Level)；6)教育学(Pedagogy)；7)质量评估(Quality Assessments)；8)学术标准(Academic Standards)。这套元数据标准极大提升了 Gateway 对多样化教学资源的编目和存取效率。

3 技术特征

3.1 界面设计

Gateway 的主页风格简单清新，功能用途清晰明了。其主页的主要功能模块如下:1)搜索功能,居于屏幕中间的左侧;2)学科主题分类、资源提供方分类和教育年级分类功能依次排列在搜索功能下方;3)右侧滚动屏为用户提供本周的教学资源推荐;4)使用帮助(Gateway Training);5)资源寻宝活动(Resource Treasure Hunt),激励用户按主题线索查找优质资源;6)Gateway 新闻(Gateway News);7)页面底部,包括以下链接:主页、赞助方介绍页、本周主题资源页(Featured Resources)、Joann's Picks 与 Peggy's Corner 的博客页以及捐助和帮助页。

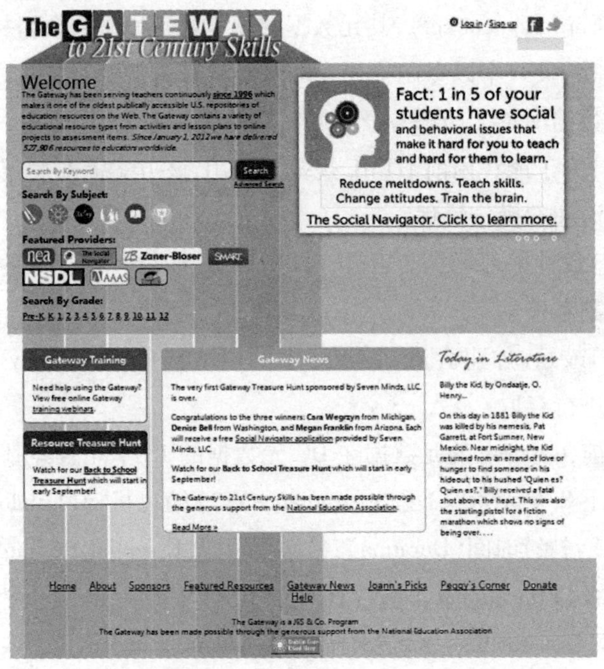

图 2　Gateway 的主页

3.2　软件结构与数据交互

Gateway 的数字资源收录量大,并且处在不断增加的状态,因此需要一个强大而健壮的后台系统。Gateway 的后台目前采用的是 Drupal 平台,Drupal 是一个拥有通用搜索和标记功能的开源内容管理系统,它的标记功能能为搜索功能提供多维度的查询入口,扩展了数字媒体的可查询词范围,从而使得那些以非文本形式存储的内容(例如图片、视频、音频)可以被搜索到。Gateway 的数据交互是数字图书馆网站结构中一个十分重要的环节。由于其资源的来源依赖于多种多样的资源提供方,而这些资源又提供给众多用户来存取访问,因此它对数据交互的可互操作性要求极高。目前,Gateway 的底层元数据交换采用的是 XML 语法格式的 RDF(Resource Description Framework,资源描述框架),基于这个框架标准,资源提供方可以通过多种数据提交接口直接将资源录入到数据库中,而用户在检索所需资源时,也会因为采用 XML 语法格式的 RDF 底层框架而提高检准率。

4 服务特征

4.1 用户类型及权限

Gateway 数字图书馆为了给用户提供个性化服务,以及更好地维护数字图书馆资源,对来访用户进行了明确的角色划分以便进行权限管理。用户类型如下:

(1)访客,即未登录的用户,他们可以免费使用 Gateway 的数据库来查找他们需要的教学资源并定位资源相关文档获取的位置。(Gateway 并不直接在站内提供这些资源,而是将用户引导至资源提供方的网站。)

(2)注册用户,注册并登录 Gateway 网站的用户除了具有访客的权利,还可以使用书签功能(记录和管理自己关注的教学资源)、评价功能(对教学资源进行评论和打分)以及分享功能(通过绑定 Facebook、Twitter 等 SNS 帐户来分享自己的发现)。

(3)盟员用户,他们不仅是 Gateway 资源的使用者,还具有向 Gateway 数据库提供资源并进行资源描述的权限。

4.2 服务功能

Gateway 网站为用户提供的服务基于以下几个功能：导航功能、博客专栏、个性化服务、移动版 Gateway。具体如下：

(1)导航功能。Gateway 网站提供检索与分类浏览两种导航功能，可同时使用以缩小查找范围。

检索功能分为基本检索与高级检索。基本检索允许用户从主题、标题、关键词、资源描述等维度输入查询词检索。高级检索(Advanced Search)包括了基本检索的功能，还将分类浏览的整个分类体系展现给用户进行条件筛选，十分直观。

分类浏览功能提供了 14 个维度的分类筛选，显示在主页、资源列表页右侧、高级检索功能页，方便用户随时对查询条件进行调整，包括：1)学科主题；2)教学资源类型；3)教育年级；4)采用设备；5)费用；6)媒体格式；7)教学方式；8)语言种类；9)传播者；10)受众；11)评估方法；12)P21 主题类型；13)ASN 技能相关的词汇；14)教学交互类型等，基本覆盖了用户可能采用的各种查询维度。这些维度下设对应的二级类目，例如根据教育资源的面向对象不同，受众(Beneficiary)分为学生、一般大众、英语作为第二语言的学生等。

用户通过点击资源列表页的结果到达资源详情页后，可以看到对该教育资源的简介信息，包括资源标题、关键词标签、资源描述、资源面向的年级、学科主题、资源类型、媒介类型、费用类型、受众、资源方等元数据，以及页面右侧更多相关资源的推荐。若用户对该资源感兴趣，可以通过点击资源标题链接跳转至对应资源提供方的网站获取资源。

(2)博客专栏：Joann's Picks 和 Peggy's Corner。Joann 和 Peggy 是 Gateway 网站博客栏目的专职作者，她们每周都会挑选一个与教育相关的话题进行探讨，例如：《iLearn, uLearn：如何在课堂上使用 iPad 教学》、《熊市 & 牛市：带你了解股票市场》、《挖掘化石：恐龙

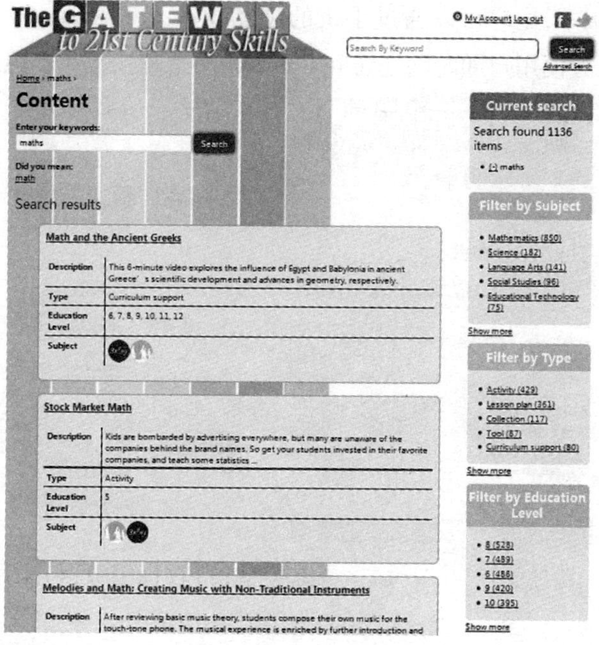

图 3　Gateway 的资源列表页

与古生物课堂教学》等，主题范围广泛、生动有趣。Joann 会针对某个特定主题全方位搜集教学资源，而 Peggy 则针对该主题发表评论和观点，并提供更多相关的学习资源。Joann's Picks 和 Peggy's Corner 博客内容都可以通过 RSS 进行订阅。

（3）个性化服务功能。注册用户在 Gateway 上拥有自己的个人主页，并享有以下特色服务功能：1）我的书签（My bookmarks），允许用户查看和管理自己收藏的资源；2）Gateway 新收录资源（New on the Gateway），以专栏形式展示近期收录的教育资源；3）特色资源（Featured Resources），即来自 Joann's Picks 和 Peggy's Corner 的文摘；4）按教育标准浏览服务（View and search by standard），即将美国的各种教育标准及对应的资源按目录树形式提供给用户进行查找。

（4）手机移动版 Gateway。2012 年 2 月 16 日 Gateway 网站上

线移动版本,用户可以通过手机的浏览器输入 TheGateway. Org 进行访问,方便用户随时随地访问 Gateway 网站查找教育资源。

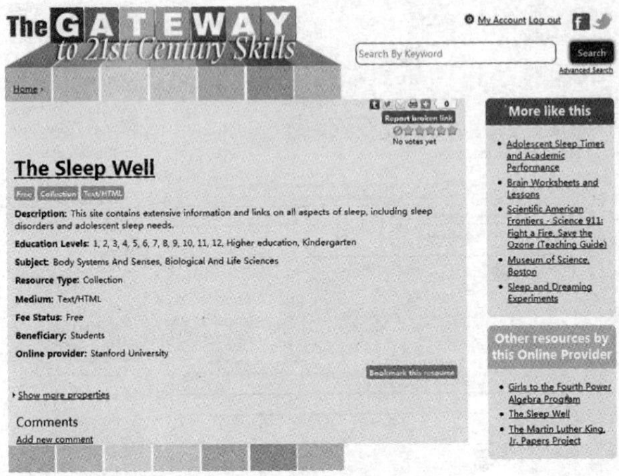

图 4 资源详情页

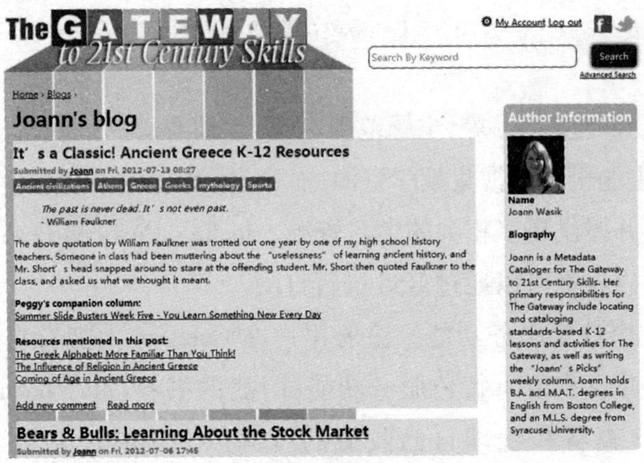

图 5 Joann 的博客栏目

5 项目改进与维护

Gateway 项目的改进历程可以通过网站页底的 Gateway News

来查阅,近期正在进行的几项改进包括:

(1)推出 Gateway 数字图书馆的移动版本;(2)与 ASN 联邦和州学术标准数据库进行连接,从而将每个资源的编目信息映射到相应的学术标准;(3)为用户提供个性化服务,包括允许用户定制个性化 Gateway 主页,让用户能够更好地收藏和管理自己感兴趣的资源等。

由于 Gateway 的数据来源网站可能存在更新变动,其资源的位置和可用性可能会经常发生变化,而且教学相关的资料也不断地推陈出新,为了保障网站收录内容的有效性与时效性,网站负责编目的人员将会定期对编目数据库进行更新(正常情况下三周一次),这包括对过期数据的修改和删除,以及对新获取的元数据进行编辑和数据库录入工作。系统更新工作十分复杂,网站为了能更及时地发现问题,在每个资源详情页提供了一个“链接报错”(Report broken link)功能,鼓励用户加入到维护资源可用性的工作中来。

此外,Gateway 的运营人员也紧跟时代变化和用户需求,推出移动版本的网站,很大地提升了网站适用环境和设备范围,方便了用户的访问。

6 分析与评价

从网站数字资源的质量来看,Gateway 的资源收录标准严格、资源优质,很大程度上降低了用户筛选教学资料时的成本。对于每个提交的资源,Gateway 的审核人员将从资源质量、可用性、权威性三方面进行衡量,并且不允许资源内容中存在偏见、歧视以及社会不公正等元素。

从网站数字资源的丰富度来看,Gateway 专精于教育相关资源,具有“馆藏独特性”,但是目前5万多条的教育资源收录量还仅仅只是所有可用资源的冰山一角,同时教育资源本身也在不断地发展和更新扩充,Gateway 在提升资源丰富性上任重而道远。

Gateway 网站的界面样式、功能易用性上设计良好,界面风格清晰简单,信息组织良好,网站结构层级清晰,用户访问过程流畅。其分类导航功能覆盖角度全面,分类类目有条理,但搜索功能智能性略显不足,用户输入查询词时没有辅助引导,用户自己构造的查询词可能不能得到良好的结果,相比之下,谷歌、百度等搜索引擎为了辅助用户找到所需资源,在用户进行查询词输入时会列出相关查询词进行推荐,辅助用户采用合适的查询词查找所需资源,这种方式很值得 Gateway 借鉴。

总体来看,Gateway 数字图书馆能够满足教育工作者的资源查找需求,其功能易用,界面元素清晰简单。但是在资源丰富性和功能使用体验上还有待进一步提升。

参考文献

[1] Welcome to The Gateway. The Gateway to 21st Century skills [OL]. [2012 – 07 – 15]. http://www.thegateway.org/.

[2] The Gateway to 21st Century Skills. JES and Co. [OL]. [2012 – 07 – 15]. http://www.jesandco.org/weblink – cat – programs/web – cat – gateway.

[3] The Gateway's blog. The Gateway to 21st Century skills [OL]. [2012 – 07 – 15]. http://www.thegateway.org/blog/gateway.

[4] Sponsors. The Gateway to 21st Century skills [OL]. [2012 – 07 – 15]. http://www.thegateway.org/sponsors.

[5] GEM Metadata – Overview. CEN WS – LT LTSO [OL]. [2012 – 07 – 15]. http://www.cen – ltso.net/Main.aspx? put = 215.

[6] TICKNER M. A GEM of a Resource: The Gateway to Educational Materials [OL]. [2012 – 07 – 15]. http://www.infotoday.com/mmschools/nov01/tickner&barkhouse.htm.

[7] SARACEVIC T. Digital libraries evaluation: Toward an Evolution of Concepts [J]. Library Trends, 2000, 49(2): 350 – 69.

[8] About The Gateway to 21st Century Skills [OL]. [2012-07-15]. http://www.thegateway.org/about.

[9] Achievement Standards Network. JES and Co. [OL][2012-07-15]. http://asn.jesandco.org/.

[10] The Gateway Webinar Series. JES and Co. [OL]. [2012-07-15]. http://www.thegateway.org/webinar-series.

[11] BERTOT J C. Assessing digital library services: Approaches, issues, and consideration Proceedings of the Annual Meeting of American Society for Information Science, 41 [OL]. [2012-07-15]. http://yamabuki.kc.tsukuba.ac.jp/dlkc/e-proceedings/papers/dlkc04pp72.pdf.

[12] SARACEVIC T. Evaluation of Digital Libraries: An Overview. Presentation at the DELOS WP7 Workshop on the Evaluation of Digital Libraries. October 4-5, 2004[OL]. [2012-07-15]. http://www.scils.rutgers.edu/~tefko/DL_evaluation_Delos.pdf.

[13] Drupal Showcase. The Gateway to 21st Century Skills [OL]. [2012-07-15]. http://www.drupalshowcase.com/drupal-showcase/gateway-21st-century-skills.

[14] LANKES R D. Gateway to Educational Materials Portal to Expand [OL]. [2012-07-15]. http://quartz.syr.edu/blog/?p=112.

作者简介

石达，北京师范大学管理学院情报学2010级硕士研究生。E-mail: bnusaya@163.com

王妍，毕业于北京师范大学管理学院，情报学硕士，现在国务院港澳事务办公室港澳研究所信息部任职。E-mail: bnuwangyan@126.com

奥沃森数字图书馆
——教育资源的百宝箱

刘燕权/美国南康涅狄格州立大学

李曦、崔旭/西北大学公共管理学院

摘　要:奥沃森数字图书馆是由R.杰里·亚当斯博士和美国评价与发展学会共同创建的。它面向教师、儿童、青少年、家长、图书馆员、大学生六大用户群,对网络中海量的教育资源进行组织,资源广泛,实用性强,是一个巨大的教育资源索引数据库。文章具体论述了这一数字图书馆的背景、资源组织、服务功能特点和技术特征,同时提出了作者的评价和建议。

关键词:教育资源;奥沃森数字图书馆;美国评价发展学会(EDI)

Awesome Library—The Collection of Educational Resources

Yan Quan Liu, Ph. D./Southern Connecticut State University, USA

Li Xi, Cui Xu/Northwest University

Abstract: Awesome library is created by Dr. Jerry R. Adams and the Evaluation and Development Institute in the U. S. This digital library is an extensive resource for teachers, kids, teens, parents, librarians, and college students. It encompasses a multitude of links in a variety of subject areas and provides users with thousands of valuable resources. This article discusses Awesome Library's background, organization of resources, service features, technology, and the authors' comments and suggestions.

Keywords: Educational resource; Digital library; Awesome Library; Evaluation and Development Institute (EDI)

1 项目概述

奥沃森数字图书馆(Awesome Library, http://awesomelibrary.org)由R.杰里·亚当斯(R. Jerry Adams)与美国评价发展学会(Evaluation and DevelopmentInstitute, EDI)合作建立。[1]亚当斯博士具有商学、教育学、医学和技术学背景,他是EDI的执行理事,有超过25年的管理教育项目经验。1995年,亚当斯博士创建了一个个人数据库,由美国联邦政府提供资金支持,面向公众开放。1996年,美国教育部教育基金的教育创新计划开展了一个名为"校舍"的项目,该项目以亚当斯的数据库为实施平台,并将其命名为"天空图书馆"(Library - in - the - sky)。1997年,亚当斯开始与美国评价发展学会(EDI)合作,共同运营这一数据库,亚当斯为执行董事,并将它改名为奥沃森数字图书馆。

使用"奥沃森(Awesome)"作为数字图书馆的名称,还有更深一层的含义,"Awesome"翻译成中文有"极好的、棒极了"的意思,创建者使用该词,意味着他们希望建设一个功能完备的数字图书馆,正如创建者所期望的,奥沃森数字图书馆的确实现了这一目标:资源广泛、质量高、运行速度快、使用安全且访问方便。

EDI在建立时就提出了它的三项使命,首先是扩大不同文化之间的相互欣赏,维护世界长期和平;其次是通过网络连接增进世界人民的交流;最后是解决健康、教育、犯罪、法律等领域的问题。[2]

为了实现这三项使命，EDI 为奥沃森数字图书馆设定了相应的建设目标，如表 1 所示。

AWESOME LIBRARY
Awesome Library organizes the Web with 37,000 carefully reviewed resources, including the top 5 percent in education.

图 1　奥沃森数字图书馆主页图标

表 1　EDI 使命与奥沃森数字图书馆目标

EDI 使命	奥沃森数字图书馆目标
扩大不同文化之间的相互欣赏，维护世界长期和平	为学生、教师和馆员提供信息，以促进世界和平 为学生、教师和馆员提供信息，以扩展不同文化间用户的相互欣赏
通过网络连接增进世界人民的交流	通过网路在线资源加强学生、教师和馆员之间的交流 使学生、教师和馆员更容易获取在线信息
解决健康、教育、犯罪、法律等领域的问题	为学生、教师和馆员提供信息，以提倡健康的生活方式

从表 1 可以看出，奥沃森数字图书馆着重提供学术资源，服务群体以教师、青少年、儿童、家长、图书馆员以及大学生为主。所有资源都经过了严格的审核，以符合 EDI 规定的标准。所有链接需保证安全稳定且时效性强，力求做到下载迅速、资源质量高。[3] 现今，奥沃森数字图书馆凭借其内容安全、质量可靠这一优势，已经位居谷歌搜索中“图书馆”、“教育指导”字段的前十名。

2 数字资源及其组织

在数字资源采集方面,奥沃森数字图书馆采取多项措施严把资源质量关。首先,制定了信息采集标准及采集程序;其次,严格控制资源质量,保证适用性和安全性。在数字资源组织方面,奥沃森数字图书馆采用三级目录体系,其中资源按类别或主题组织,形成宏大的数字资源组织系统。

2.1 数字资源采集标准

奥沃森数字图书馆的资源通过以下方式采集:(1)教师、学生、家长或图书馆员推荐的资源;(2)国家级评审者推荐的资源;(3)与某个主题相关的信息资源;(4)时事信息资源。奥沃森数字图书馆选择资源的标准为:

(1)提供给儿童的信息必须安全可靠;

(2)提供给教师、学生(儿童或青少年)、家长、图书馆员的资源必须实用;

(3)确保所提供的信息真实可靠(包括文档、项目、图片、讨论小组);

(4)确保所提供的信息内容新颖有效;

(5)确保资源能快速下载;

(6)减少"死链"数量;

(7)选择高质量的资源。

在资源采集方面,除了必须满足以上条件外,还要严格执行审查和监督措施。例如,在每收录一项新的网址链接前,都要经亚当斯的审核,在资源内容审核通过后才能被正式收录。同时他们还鼓励用户监督核查,一旦发现资源信息未达到标准,便可通过电子邮箱进行反馈,邮箱地址为 jadams@ awesomelibrary. org。

2.2 主要内容

奥沃森数字图书馆汇集了近 37 000 条网络信息资源,多数为教育资源。这些资源并不是奥沃森数字图书馆自身建设成的一次资源,而是从互联网中搜集来的,因此奥沃森数字图书馆集合的资源不仅具有很强的实用性和适用性,而且极具广泛性。资源的广泛性使得优秀资源的比例很小,[4]要成为奥沃森数字图书馆的优秀资源,需要达到以下条件:(1)资源的质量较高;(2)资源的信息来源全面;(3)资源经过了良好的组织;(4)资源包含了相关主题的最重要信息。

2.3 资源组织

奥沃森数字图书馆仅仅围绕着教师(Teachers)、儿童(Kids)、青少年(Teens)、家长(Parents)、图书馆员(Librarians)、大学生(College)这六大用户群体组织资源。打开网站主页,六个用户群体链接标识赫然显现,在其下方又有"艺术"、"英语"等主题词链接点。这种组织方式,体现了开门见山、简洁明快的特色,非常适合儿童访问。在页面层级设计方面,第一和第二级页面只显示主题词,起着"索引"导向的作用。网站对于某些主题词还做了更细的划分,划分出来的副标题被放在第三级页面上。因此,最终显示的资源链接,有的是在第三级页面,有的则在第四级页面。

具体来说,在资源组织方面,采用分类组织和主题组织两种组织方式。一级页面(主页)以主题组织方式为主,只提供主题词链接点,不显示具体资源内容,起着"索引"、"指南"的作用。主要以艺术、英语、数学、社会研究、科学、健康、技术、语言等这些主题词为链接点,同时兼有新闻、标题、参考等表示资源类型的链接点。具体而言,就是按照六大用户群体的类别设置了六项用户组(如图 2 所示),用户组的下方设置了各项主题模块。[5]例如,如果用户是一名教师,想要查找课程计划方面的资料,那么有三种渠道进行查询:第一,选择用户组中的“教师”(Teachers);第二,点击主题模块中的“教师”(Teacher);第三,选择主题模块中的“中小学教育课程”(K－12 Lessons)也可查询到相关信息。

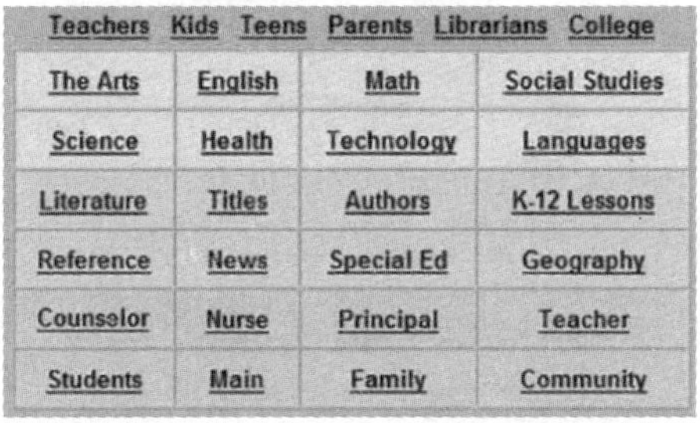

Teachers Kids Teens Parents Librarians College

The Arts	English	Math	Social Studies
Science	Health	Technology	Languages
Literature	Titles	Authors	K-12 Lessons
Reference	News	Special Ed	Geography
Counselor	Nurse	Principal	Teacher
Students	Main	Family	Community

图2　一级页面——主页主题列表

选择六个用户组中任意一个选项条,就会链接到二级页面,二级页面采取的组织方式是:先进行分类组织,每一大类下再采取主题组织方式。例如,点击“儿童(Kids)”选项条后,显示“SCHOOL SUBJECTS(学校主题)”、“FUN and MORE(娱乐及其他)”两个类目,在各类下再以主题组织方式,如学校主题下设有艺术、英语、数学等主题,娱乐及其他主题下设有游戏、探险、新闻等主题(见图3)。

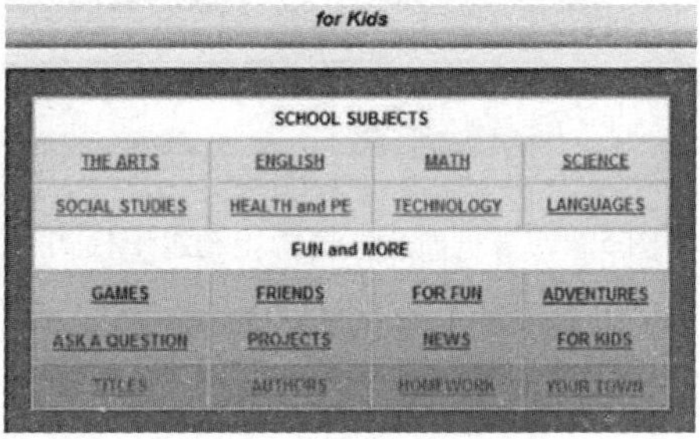

for Kids

SCHOOL SUBJECTS			
THE ARTS	ENGLISH	MATH	SCIENCE
SOCIAL STUDIES	HEALTH and PE	TECHNOLOGY	LANGUAGES
FUN and MORE			
GAMES	FRIENDS	FOR FUN	ADVENTURES
ASK A QUESTION	PROJECTS	NEWS	FOR KIDS
TITLES	AUTHORS	HOMEWORK	YOUR TOWN

图3　二级页面——儿童资源集合

同样,二级界面也只提供主题词链接点,不显示具体资源内容,起着“索引”、“指南”的作用。第三级页面主要采用主题组织方式。有的三级页面显示原文链接,有的三级页面只是二级页面主题的细分主题(也称副主题),例如,点击二级页面"THE ARTS",显示的页面如图4所示。

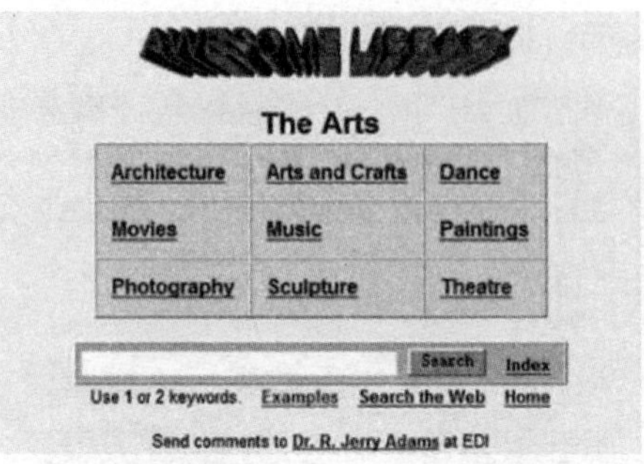

图4　三级页面——艺术副主题集合

四级页面采用分类组织方式,按照资源类型进行划分。根据上一级页面主题的不同,链接到的各类资源以列表、文档、资料、新闻、期刊、项目、工作表、其他类型的小标题等类别组织起来,每项资源标题下附有简单的信息描述(见图5)。

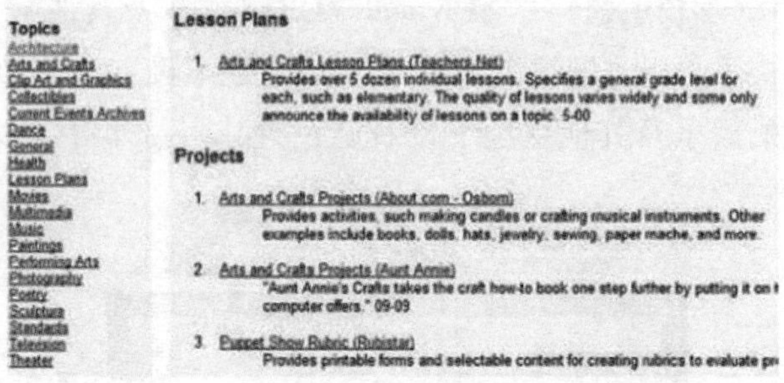

图5　四级页面——资源主题组织模式

3　服务功能和特点

3.1　目标用户

奥沃森数字图书馆的目标用户是教师、儿童、青少年、家长、图书馆员、大学生。儿童、青少年能够在这里获得家庭作业的帮助，提出各种问题，或寻找世界各地的笔友；教师能在这里获得课程教学的信息和自身学习发展的资料；图书馆员能获得各学科的有用资料、时事新闻等信息；而大学生能够获得学习资料、专业书籍、社会调研和拓展等方面的信息。

3.2 搜索功能

奥沃森数字图书馆具备两种搜索功能：站点搜索和谷歌搜索，两种搜索方式在主页都设有搜索框（如图6所示）。

图6 奥沃森数字图书的搜索功能

在首页，用户通过主题途径浏览，很容易就能找到查询页面的链接网页。例如，要查询“小学数学”这一词条，可以通过“主页 > 教室 > 数学 > 小学数学”这一途径查找，也可以利用搜索框快速定位。奥沃森数字图书馆在每一级页面都设置了搜索框。站点搜索用于查询本数字图书馆中的资源，谷歌搜索用于查询整个互联网中的资源。笔者使用“digital library（数字图书馆）”作为关键词，利用站点搜索和谷歌搜索两种方式，查询到的结果如图7和图8所示。

两种搜索功能各具特色，用户可以根据自己的需要选择。此外，站点搜索中还添加了拼写功能，单击“拼写（Spelling）”按钮后，即链接至韦氏网络在线词典。而谷歌搜索推出了增值功能——“书籍—全文”搜索。它是奥沃森数字图书馆与谷歌图书、谷歌学术搜索合作推出的功能，设置了包括维基百科、教育世界网站、雅

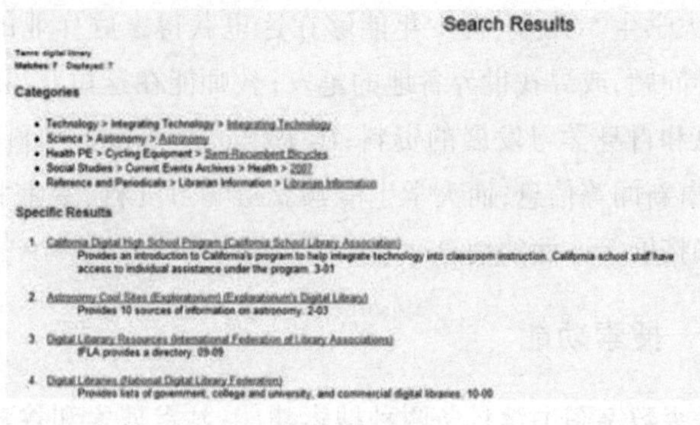

图 7　站点搜索

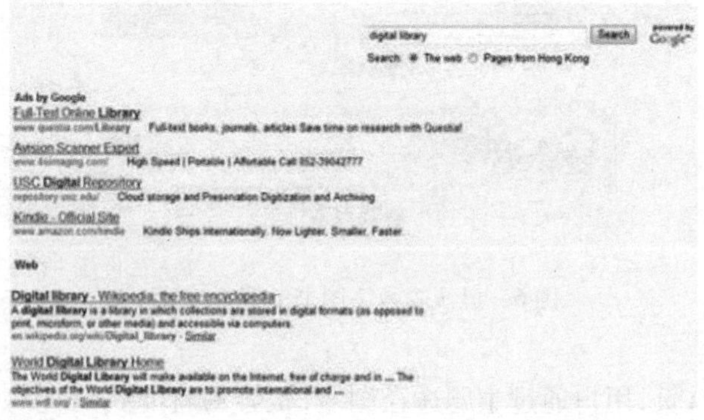

图 8　谷歌搜索

虎教育在内的 15 项教育类网站和搜索引擎，用户在奥沃森数字图书馆的主页上点击 Hot Topics 下的 Directories 选项，即可通过列表查询到详细且安全的全文信息。

奥沃森数字图书馆的每一页面最上方都有“路径地图”，用户可以根据它确认自己位于网站的哪级位置，决定是前进还是后退。页面底部是“站点地图”，可通过它快速有效地链接到新页面，不用再返回主页进行操作。另外，还提供维基百科、娱乐周刊、雅虎等网站的链接。

3.3 其他特色

奥沃森数字图书馆与 Code - It 软件商、微软公司合作，建立了奥沃森数字图书馆的副产品——奥沃森视听图书馆（Awesome Talking Library）。用户如要使用奥沃森视听图书馆，需事先下载客户端程序（EDI、微软公司、Lernout &Hauspie 公司、Code - It 软件商联合授权许可奥沃森视听图书馆 1.0 版本的免费下载），下载安装后，它以浏览器网页的形式供用户使用，主要服务于青少年用户。它具有“网页发音”功能，当用户浏览网页中的文章时，系统会自动读出词句。用户不仅能“看”到文章，还能“听”到文章，掌握各词句的发音。[6]这种技术被称作多感官阅读技术，尤其适合儿童，是提高阅读能力的一种有效方法。奥沃森视听图书馆还提供同步高亮功能，阅读时可以突出显示词语，方便用户。奥沃森视听图书馆支持多种语言，包括英语、西班牙语、日语以及中文在内。用户还可以选择声音模式，有男声、女声、成人声音之分。但奥沃森视听图书馆的阅读速率比正常速度略低。该软件超过 11 兆，所以下载安装需要一小时。

奥沃森视听图书馆极具 Web2.0 特征，被称为“孩子们的在线电子书”。此外，奥沃森视听图书馆的技术人员还特别为视障人士和聋哑人士设置了专门导航通道。这些特殊用户群体可以通过鼠标和键盘导航。事实证明，这个软件可以应用在双语教学中。

3.4 信息安全

奥沃森数字图书馆经过了互联网内容评价组织（Internet Content Rating Association，简称 ICRA）的认证，家庭网络安全学会（Family Online Safety Institute，简称 FOSI）为其所有年龄段的用户提供安全的浏览和检索过程。在个人隐私保护方面，奥沃森数字图书馆保证“不会收集网站访问者的个人信息”，尤其保证不会收集和传播 13 岁以下儿童的个人身份及联系信息。另外，奥沃森数

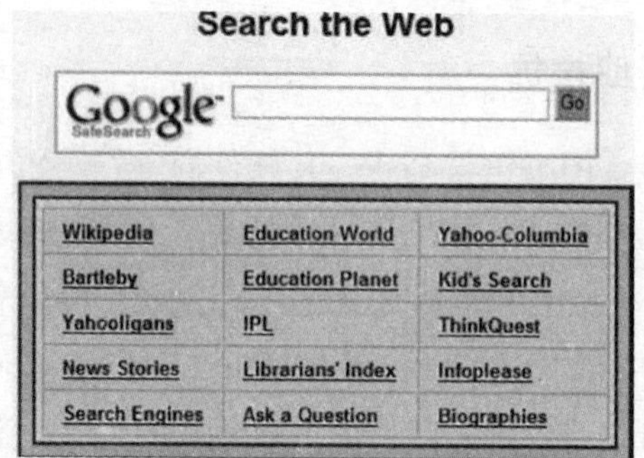

图9　奥沃森数字图书馆“书籍－全文”搜索方式

字图书馆特别关注儿童上网安全，专门设计了儿童浏览器，其宣传资料上说：“奥沃森数字图书馆为儿童上网提供了专用浏览器——Webware安全浏览器，它结合了桌面软件与网络资源，选取排名前二十分之一的儿童教育网站，将中小学教育网站的各类信息进行组织，同时保护儿童不受网上不健康信息的侵害。Webware软件能够确保所有的文章、课程计划、项目和活动受到资深教育专家的严格审查，以保证这些资源的质量水平。它还屏蔽了成人图像等不适合儿童的网址，以保护儿童上网安全。”

4　技术特征

4.1　界面设计

奥沃森数字图书馆的界面设计非常简洁，适宜阅读。总体布局易于浏览和检索。网站首页上方是其介绍图标，向下为搜索框和分类主题列表，此外还列举了一些热门词语供用户快速选择。网站既不设置工具条和下拉菜单，也不搭配照片、图像等视觉装饰性元素，更不安装flash动画、录像、声音文件、Java应用程序等多媒体内容。[7]正是这些简洁的设计保证了奥沃森数字图书馆的快速链接和下载。

奥沃森数字图书馆采用 HTML 语言作为其标记语言。同时,在浏览页面中,它借助谷歌在线翻译软件,提供多语言界面浏览,包括阿拉伯语、希伯来语、法语、德语、波兰语、简体中文和繁体中文等,方便了非英语国家用户的使用。

4.2 软硬件环境

奥沃森数字图书馆没有特别的软硬件要求,只要用户的电脑具备上网功能,就能访问。但是奥沃森视听图书馆的运行需要满足以下配置条件:微软 Win95、Win98、WinMe、Win2000 或 WinXP 操作系统;微软 IE 浏览器(至少为 4.0 版,或者具有同等版本功能的浏览器);16M 随机存取存储器内存;15M 空闲硬盘空间。但不能兼容苹果系列电脑。

访问奥沃森数字图书馆非常简单,只要输入网址即可,并不需要专门的软件,也不需要特别的登录权限,并且所有链接均为免费。奥沃森数字图书馆实现了软件的无缝连接,保证了它与各种操作系统的互操作,实现了较好的兼容性。除此之外,奥沃森数字图书馆的一个最大优点就是登录速度快,在 56k 传输速率的调制解调器中,大部分页面 5 秒内即可加载成功。速度快的原因是,一般较大图像的加载速率超过 15k,因此除了主页设置图像外(图像的加载速率为 12k),其他页面很少使用图像,以增加原有网页的访问速度。

5 评价和建议

5.1 优缺点

奥沃森数字图书馆是一个广泛的资源集合,它具有如下优点:

(1)资源丰富。不同于其他数字图书馆,奥沃森数字图书馆更像是一个巨大的资源索引数据库,帮助人们在浩瀚的网络中找到自己需要的信息资源。奥沃森数字图书馆面向教师、家长、学生和图书馆员，提供众多学科领域的成千上万种有价值的资源链接。同时，奥沃森数字图书馆将网络中的相关资源进行组织整合，使用户更易获取这些资源，友好性和适用性极强。

(2)信息安全可靠。首先，在资源收集中，奥沃森数字图书馆要求所有资源都要进行严格审查和用户监督，资源不仅质量高，而且死链接少；其次，在资源内容上，奥沃森数字图书馆链接到的所有网站都过滤了裸露、色情、暴力、攻击性言论等内容，非常适合青少年的上网需求，安全性强。

(3)使用方便。奥沃森数字图书馆具有无缝互操作性，对配置没有过多的要求，访问简便迅速，可以兼容多种操作系统，大大方便了用户的使用。另外，奥沃森数字图书馆利用其拥有的海量资源开展增值服务，建设开通了奥沃森视听图书馆，使儿童、残疾人、视障者及非英语用户也能享受到奥沃森数字图书馆的服务。

然而，奥沃森数字图书馆也不可避免地存在一些缺陷。主要表现在以下三点：

(1)其资源组织未能显示出高水平的编目、分类和检索能力。数字图书馆链接了大量的一次网络资源，但在资源组织中未设置统一的标准，部分类目有交叉重合，使它看起来杂乱无章，难以导航。而且这些资源的分布并不均匀，某些主题下的资源很多，某些主题却寥寥无几。

(2)其页面设计和色彩搭配过于简单，长期未更新，外观显得有些过时。

(3)页面附有广告[8]，且位置明显，影响了用户的浏览。

5.2　发展建议

基于以上缺陷，笔者认为，奥沃森数字图书馆可以从以下这些方面加以改进，以实现更好的发展。

(1)添加奥沃森数字图书馆的历史背景、发展情况、作品链接等信息。

(2)增加重要资源的背景信息。提供明确的使命声明、全面的资源收集政策及选择标准,并且以统一形式标注资源发布日期。

(3)界面设置中,应添加讨论组和表格等模块。另外重新设计主页,在保留按用户组和主题分类模块搜索的基础上,添加按字母顺序排列的目录链接,剔除按用户组和主题分类的表格模块。

(4)改善资源组织方式。首先增强索引功能,设计单独的页面作为索引页,按字母顺序排列所有词条,使用户能够方便地查询到具体主题;其次扩大搜索引擎功能。奥沃森数字图书馆目前只提供关键词/主题检索,检索过程为通过逐渐缩小检索词来查询所需主题。改进后的搜索功能应当能够帮助用户更有效地检索到具体字段,例如加强直接指向站点的链接功能;最后以更科学的方式组织副主题,取消将副主题以列表、链接、文档形式呈现的方式。

(5)增加帮助页面,帮助用户了解资源的分类方式,指导用户进行信息检索。

总体来说,奥沃森数字图书馆称得上是一个优秀的数字图书馆,它作为万维网信息组织的一部分,为用户提供高质量的资源。如果能进一步加强资源组织,提高检索效率,那么它会更易管理,更具友好性。

参考文献

[1] ADAMS R J. About the Awesome Library [EB/OL]. [2012 - 07 - 25]. http://www. awesomelibrary. org/about. html.

[2] JACSO P. Peter's Digital Reference Shelf [J/OL]. Gale Cengage Learning Reference Reviews, 2001(2) [2012 - 07 - 25]. http://www. gale. cengage. com/servlet/HTMLFileServlet? imprint = 9999®ion = 7&fileName = reference/archive/200103/awesome. html.

[3] Wikipedia. Awesome Library [EB/OL]. [2012 - 07 - 25]. http://en. wikipedia. org/wiki/Awesome_Library.

[4] Awesome Library Staff. Response to Peter Jacso's Comments on the Awesome

Library [J/OL]. Thompson Gale, 2001(2) [2012 - 07 - 26]. http://www2. hawaii. edu/ ~ jacso/

[5] extra/gale/awsome/Jacso - vs - Adams. htm.

[6] WADHAM R L. Awesome Library [J/OL]. Choice, 2008(2) [2012 - 07 - 26].

[7] http://www. cro2. org/default. aspx? page = reviewdisplay&pid = 3347468.

[8] MARCHIONINI G. Evaluating digital libraries: a longitudinal and multifaceted view [J]. Library Trends, 2001, 49(2): 304 - 333.

[9] TROUTNER J. Time saver web sites [J]. Teacher Librarian, 2002, 30(2): 34.

[10] JASCO P. Picks & pans [J]. E - Content, 2000, 23(5).

作者简介

李曦,西北大学公共管理学院硕士研究生。E - mail: xinjinmemory@ yeah. net

崔旭,西北大学公共管理学院副教授。E - mail: cu525. student @ sina. com

国际研究数字图书馆——美国海外研究的资源宝库

刘燕权/美国南康涅狄格州立大学

林道铭/中山大学图书馆

林梦笑/中山大学资讯管理学院

摘　要:国际研究数字图书馆(Digital Library for International Research)于1999年由美国海外研究中心委员会(Council of American Overseas Research Centers)创建。该数字图书馆以美国海外研究中心的23个机构成员建立的图书馆和研究馆藏为基础,是一个基于互联网为所有的美国海外研究中心成员及公众提供标准化的重要书目和一次、二次全文信息资源的免费服务项目。文章对该数字图书馆的建设及现状进行了综合性的评析,包括项目概述、资源组织、服务特点、技术特征以及作者的评价和建议。

关键词:国际研究数字图书馆;数字图书馆;美国海外研究中心委员会

Digital Library for International Research: A Resource Treasure of American Overseas Research

Yan Quan Liu, Ph. D. /Southern Connecticut State University, USA
Lin Daoming/Sun Yat - Sen University Library
Lin Mengxiao/School of Information Management,
Sun Yat - Sen University

Abstract: Building on the established libraries and research collections of its twenty - three constituent centers, the Council of American Overseas Research Centers(CAORC) in 1999 launched the Digital Library for International Research (DLIR). The DLIR is as a cost - effective, efficient, centralized, and Internet - based mechanism for the standardization and electronic delivery of important bibliographic and full - text materials from all CAORC member centers. The paper provides an extended review on the construction and status of the digital library, including project background, resources organization, service features, technological structures, as well as comments and suggestion made by the authors.

Keywords: Digital Library for International Research; Digital library; Council of American Overseas Research Centers

1 项目概述

国际研究数字图书馆(Digital Library for International Research, DLIR)早期被命名为美国海外数字图书馆(American Overseas Digital Library, AODL),由美国海外研究中心委员会(Council of American Overseas Research Centers, CAORC)于1999年创建。美国海外研究中心是一个非盈利的联合体,是美国的大学、学院、博物馆和研究机构的联盟。其主旨在于促进国际学术交流,主要通过赞助奖学金项目以推动人文社会学科的预科博士和资深学者去开展能增进美国乃至各国对外国文化了解的独立研究。

AODL建基于美国海外研究中心所拥有的23个机构成员(表1)建立的图书馆和研究馆藏,是一个高效、集中、免费、基于互联网为所有的美国海外研究中心成员及公众提供标准化、电子传递的重要书目和一次、二次全文信息资源(涵盖了印刷型和以其他媒介存储的馆藏)的项目。AODL最初的资源来自欧洲、近东、中东、南亚、东南亚以及西非的海外中心,发展至今已囊括来自于中亚、西半球及其成员中心所在的国家的书目数据,为了反映这一新的参与度和覆盖面,在2004年11月AODL改名为DLIR。DLIR的首要任务是建设联机公共检索目录,该联机目录包含了所有参与的图书馆的馆藏数据。从1999年到2008年,DLIR的联机公共检索目录都是由犹他大学的万豪图书馆(Marriott Library)维护的,2008年转移到美国研究图书馆中心,与研究图书馆中心的全球资源网(Global Resources Network)进行合作。同时DLIR也是OCLC的成员之一,在WorldCat中检索到的DLIR资源的代码标识为AMODL, DLIR也会在其馆藏书目中标注资源的OCLC编号(OCLC No.)。2010年11月,DLI R更新网址为http://www.dlir.org/。

表1 CAORC成员中心

罗马美国学院(AAR)	美国也门研究所(AIYS)
美国蒙古研究中心(ACMS)	埃及美国研究中心(ARCE)
美国东方研究中心(ACOR)	索非亚美国研究中心(ARCS)
奥布赖特考古所(AIAR)	土耳其美国研究中心(ARIT)
阿富汗美国研究中心(AIAS)	雅典美国经典研究学院(ASCSA)

续表

孟加拉国美国研究所(AIBS)	塞浦路斯美国考古研究所(CAARI)
印尼美国研究所(AIFIS)	高棉研究中心(CKS)
美国伊朗研究所(AIIRS)	北墨西哥研究网络(MNRN)
美国印第安研究学院(AIIS)	巴勒斯坦美国研究中心(PARC)
美国马格利布研究所(AIMS)	伊拉克美国学术研究所(TAARII)
美国巴基斯坦研究所(AIPS)	西非研究协会(WARA)
美国斯里兰卡研究所(AISLS)	

DLIR 的启动资金来源于美国教育部外国信息获取技术创新与合作项目(TICFIA),主要的资助者为 CAORC 和美国也门研究所(American Institute for Yemeni Studies,简称 AIYS)。AIYS 是一个致力于美国和也门间教育和文化交流的美国高等教育、博物馆和研究机构的联合体。AIYS 与 CAORC、美国研究图书馆中心进行合作,是 AODL 始创阶段的主要赞助机构,其执行理事也同时是 AODL 的项目负责人。此外,DLIR 的联合目录项目(Union Catalog)、海外研究中心所在地的档案馆与图书馆名录项目(The Local Archives and Libraries at Overseas Research Centers)、国际研究资料合作数字化项目(The Cooperative Digitization of International Research Materials)等子项目的开展也会申请美国教育部等政府部门、梅隆基金会项目等机构的经费资助及接受社会捐助。

2　资源组织

2.1　资源范围与类型

DLIR 重点在于提供书目资料,其书目数据随着新资源不断被采编而在持续快速增长,此外,DLIR 其他已完成的项目成果资源也会被添加上线。DLIR 同时提供印刷型资源和数字资源,其中数字资源主要包括以下 15 类内容(如图 1):DLIR 数字档案、非洲语言资料档案、美国印度研究中心图片档案、地中海陆地地图、中东研究期刊、蒙古法律文本、蒙古手稿、高棉语言书籍、斯里兰卡家具与装修艺术资料、突尼斯图片资料、驻土耳其美国县级行政机构的小册子、连续出版物和员工卡藏品、地区研究书目数据库、当地档案馆与图书馆名录等。总的来讲,其资源类型包括历史器物、书籍、期刊、手稿、地图、图片、音频资料等,其中只要是没有版权问题的资源均可供下载。

图 1　数字资源

DLIR 有超过 30 个活跃的机构成员在为 DLIR 网站贡献、建设书目数据、数字内容和项目资源,因此资源组织的标准化是非常重要的。但考虑到各个成员的设备、环境、人员、项目目标的差异,无法要求均采用严格统一的标准,因此 DLIR 提供了操作指南和最低标准,各成员可根据实际能力进行选择,如不同类型资源的数字化分辨率与格式要求可参考表 2(该标准出自《亚利桑那州立图书馆、档案馆和公共记录的数字化项目指南》)。JPEG 格式等虽然转换速度快且空间小,但会失真;TIFF 的转换时间与所占空间大,但因为其完整保留了重要信息，所以被推荐使用。

表 2 不同类型资源的数字化分辨率与格式要求

资源类型	文本			
Textual	图片			
Photographic	文件			
Documents	地图、绘画 Maps/Drawings			
扫描分辨率	200 - 300 dpi，最小灰度值，纯文本	4000 pixels on long dimension 或 600 dpi	4000 pixels on long dimension 或 600 dpi	300 dpi
格式与分辨率	未压缩的 TIFF，原始大小 200 dpi	未压缩的 TIFF，原始大小 600 dpi 或 4000 pixels on long dimension	未压缩的 TIFF，原始大小 600 dpi 或 4000 pixels on long dimension	未压缩的 TIFF，原始大小 200 - 300 dpi

2.2 元数据方案

因为都柏林核心元数据集合比较全面地概括了数字资源的主要特征，涵盖了资源的重要检索点、辅助检索点或关联检索点，并且简洁、规范。因此，DLIR 鼓励成员在数字化项目中尽量使用都柏林核心元数据作为最低的元数据标准。每一项款目尽量著录 15 个元数据信息，其中题名（Title）、说明（Description）、版权（Rights）为必备数据；创建者（Creator）、主题及关键词（Subject and Keywords）、出版者（Publisher）、发行者（Contributor）、类型（Type）、日期（Date）、格式（Format）、标识（Identifier）、来源（Source）、语言（Language）、相关资源（Relation）、范围（Coverage）等十二个数据为可选数据。DLIR 在其网页为每一项元数据字段内容提供了可资参考的受控词表，描述性术语的一致性能提高搜索和检索操作的效率。同时，DLIR 认为数据应该解析到最小的单元进行存储，以便日后可针对不同的目的进行重新组合。此外,DLIR 在指南中声明并不局限于 15 个元数据,也允许各成员根据实际情况进行灵活应变,如添加标签(Tags)、引文(Citation)等项目。

3 服务特点

DLIR 主要为各研究中心成员提供资源,服务对象的主体为学者、科研人员,但其网站资源也对公众免费开放,任何对国际研究课题感兴趣的人都可以从中获取有价值的信息。

3.1 一般服务方式

(1)浏览服务

DLIR 资源的主要浏览入口位于主菜单的"E - Resources",可从 15 类内容中选择自己的目标资源,不同类别的资料会有不同的浏览选项。譬如选择"DLIR 数字档案"后,子菜单会提供基本内容介绍(并且进行特色馆藏推介)、馆藏分类、资源条目和标签分类浏览。其中可供直接浏览的资源条目共 11770 条,按馆藏编号降序排列(如图 2),提供的书目信息包括说明、出版者、发行者、日期、馆藏分类、标签、Dublin Core XML 并自动生成标准格式的引文著录条目,可视信息除了该资料的预览图外,还会使用 Google Earth 来显示馆藏所在方位地点,非常直观。当选择浏览标签时,可以发现其标签按字母表顺序排列,并在右方提供"标签集"功能,"标签集"依照字母表排序,标签为超链接,指向分类页面。其原理是按照热门程度确定字体的大小和颜色,标签字体越大,颜色越深,说明有此标签的资源被用户使用过的次数就越多。该功能在网站公开统计点击,且不要求精准数据的情况下十分适用,并且可帮助用户依照字母或者关键词的热门程度来寻找信息。除了 E - Resources 对资源进行整合外,新资源、热门资源等模块在主页面也提供了浏览入口,用户可以对最新资源、最热门信息进行逐一浏览。

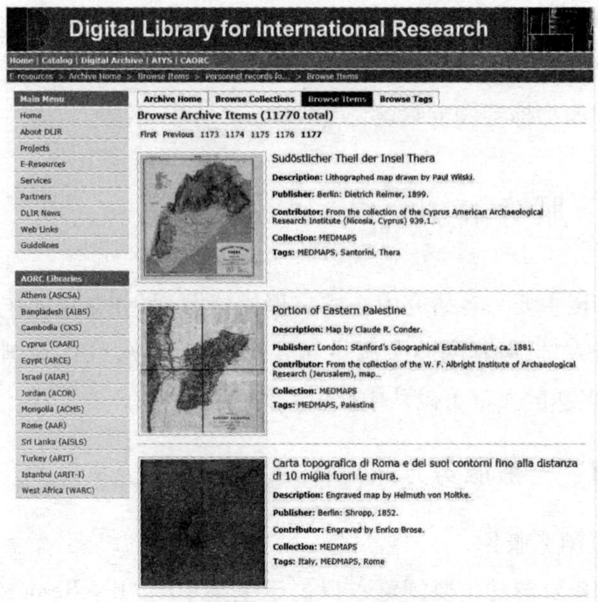

图2　资源浏览列表

(2)检索服务

DLIR的快速检索的对话框位于主页的右上方,可供检索字段包括关键词、题名首字词(Title begins with)、作者、主题、ISBN/ISSN号。检索结果默认为按相关度进行排序,用户也可以选择按日期或题名进行排列。如果用户不满意检索结果的准确性,还可重新检索或修改检索式进行二次检索,网站将保存其检索历史及检索式。

高级检索为菜单式检索,用户可以使用布尔逻辑算符、顺序算符、位置算符、截词算符(通配符检索)等,还可限定资源的馆藏地址、类型、语言、时间、出版者及检索结果的排序方式(如图3)。在查看具体资源条目时,DLIR还为用户提供了题录保存与下载功能,可以输出为"Full Display/Brief Display/Pro - Cite/End - Note/RefWork s/MARC"众多题录格式中的一种,并允许发送到指定邮箱、生成页面或下载到本地。DLIR还为用户提供相似检索结果、资源条目的永久 URL、有用的链接、物理馆藏地址等信息，相当详尽，起着为研究者推荐更多有用相关信息的作用。

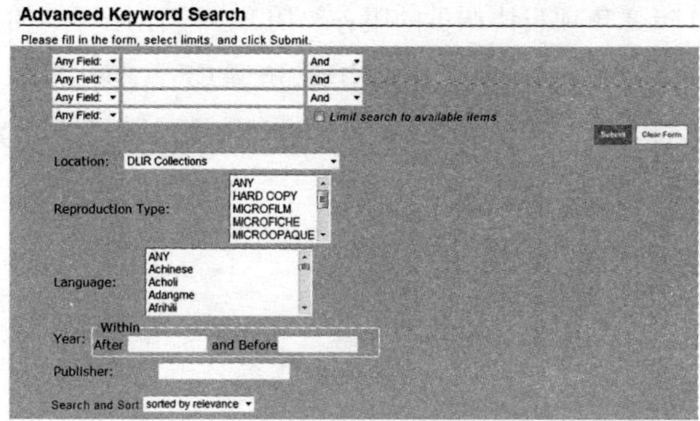

图 3 高级检索

(3)社会化分享服务

DLIR 提供基于 We b2 .0 技术的社会化分享功能，用户可以使用其 Delicious、Digg、Reddit、Yahoo!、News vine、Google、Facebook、Twitter、Flickr、Myspace 等社交网站的账户对有价值的资源进行在线分享。

3.2 为 CAORC 成员提供的服务

除了以上为所有能访问网站的研究者和公众提供的一般服务，DLIR 还为其共同创建内容的 CAORC 成员提供了针对性的服务。

(1)编目辅助。DLIR 是 OCLC 的成员之一，因此 CAORC 成员可在 WorldCat 中复制、下载书目，并也可贡献、上传新的 MARC 记录。

(2)在线目录。建基于 Millennium 系统的 DLIR 联机公共检索目录支持各个成员中心或者合作图书馆定制其个性化的 OPAC。

(3)共同参与受资助项目。CAORC 组织各成员中心进行项目合作，共同申请政府部门、慈善机构的资金和开展研究项目，如海外研究中心所在地的档案馆与图书馆名录项目、国际研究资料合作数字化项目等就是合作的范例。

(4)DL I R 项目协调员的服务。DLIR 项目协调员定位为受资助项目的中心管理者,其工作是沟通、协调 CR L 的技术员、OCLC/WorldCat 的服务、JSTOR 的订阅者和 DLIR 网站等各方面要素,保证合作的开展。

4 技术特征

4.1 界面设计

DLIR 网站界面简洁,主色调为浅蓝色,沉静素雅。主页分为四大模块,页首模块是网站名称与菜单栏,下左方为主菜单模块,介绍了 DLIR 的基本资料、项目、电子资源、服务、合作伙伴和新闻等。下正中模块为菜单内具体的内容。下右方有三类内容,一是检索入口,二是最新内容,三是最热门的内容。

4.2 技术工具及支持

DLIR 的联机公共检索目录使用了 Innovative Interfaces 公司开发的 Millennium 系统。DLIR 网站使用 XML 语言编写,主要使用了 Joomla 和 Omeka 等开源免费的内容管理系统(CMS)。Joomla 是一个较有用户黏度的内容管理系统,它能帮助用户建立网站和功能强大的在线应用,其“模式 - 视图 - 控制器”设计模式如图 4,扩展性及易用性良好,且因其基于 PHP 语言和 MySQL 系统,用户可自由、开放地使用、分享其强大的功能。Omeka 是一个自由、灵活、开源的网上信息发布平台,图书馆、博物馆、档案馆等可利用其进行网上学术藏品展示。同时它还是一个集网络内容管理、馆藏管理和数字档案馆藏管理系统为一体的软件,其“五分钟设置”理念让启动操作十分便易。DLIR 使用这些开源软件,不但节约了成本,也方便了网站运营。

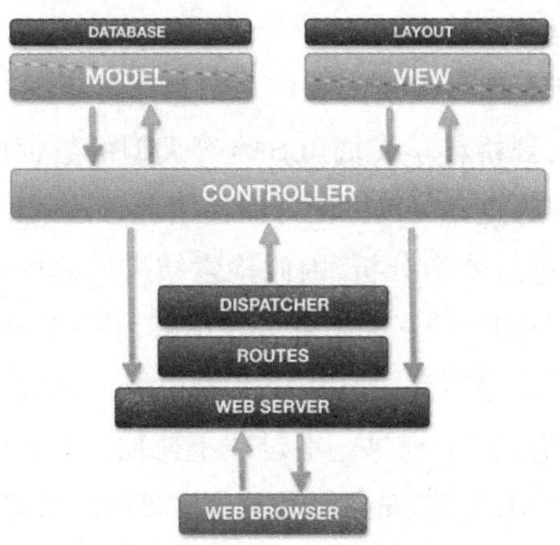

图 4　Joomla 的 MVC 设计模式

5　评价与建议

DLIR 是一个成功且有价值的项目,其优点突出:

(1)在资源建设方面,以书目资源建设为重点,书目数据丰富,为研究者带来了莫大的便利;DLIR 关注独特罕见的研究材料,来自危地马拉、阿尔及利亚、突尼斯、摩洛哥、埃及、以色列、也门、蒙古的珍贵资料被制作成更容易获取和访问的数字格式免费提供使用,颇有嘉惠学林的意义。

(2)在检索效率方面,提供简单检索和高级检索,其中的位置检索、截词检索、限定字段检索等能帮助用户更为精准地筛选信息,此外为用户提供相似检索结果也是有用的研究线索。

(3)在服务方面,DLIR 的题录保存与下载功能、引文著录款目的自动生成、"标签集"功能、Google Ear th 定位功能等对研究者来讲提供了莫大的便利,是很有针对性的特色服务。同时,DLIR 有社会化分享意识,并且有最新资源和最热门资源的推荐,宣传推广服务较为齐全。特别要指出的是，在 DLIR 的指南中可以发现其非常注重版权管理和平衡馆藏的保护与利用关系，数据标准化工作也是做得十分细致严谨的。

DLIR 的不足之处可从以下三方面进行探讨，一是没有提供命令式检索方式，剑桥科学文摘（CSA）等大型的数据库也仍然保留命令式检索，因为这样可以方便习惯使用此方法的研究者；同时没有对检索结果进行聚类分析，因此检索结果的总体情况无法一目了然。二是对与用户的互动服务关注不够，并未提供参考咨询、用户反馈、资源评分等服务。三是缺乏用户的个性服务，常见的“我的收藏夹”等功能并未提供。不过瑕不掩瑜，DLIR 为公众带来了丰富、便利、有用的资源，是美国乃至全世界国际研究的资源宝库。

参考文献

[1] Council of American Overseas Research Centers[EB/OL]. [2012 - 07 - 12]. http://caorc. org/.

[2] Digital Projects Guidelines [EB/OL]. [2012 - 07 - 10]. http://www. lib. az. us/digitalProjectsGuidelines. pdf.

[3] Digital Library for International Research [EB/OL]. [2012 - 07 - 13]. http://www. dlir. org/guidelines. html.

[4] American Institute for Yemeni Studies [EB/OL]. [2012 - 07 - 09]. http://www. aiys. org/.

[5] Joomla [EB/OL]. [2012 - 07 - 09]. http://www. joomla. org/about - joomla. html.

[6] Project [EB/OL]. [2012 - 07 - 13]. http://omeka. org/about/.

作者简介

林道铭，中山大学图书馆馆员。

林梦笑，中山大学资讯管理学院 2010 级博士研究生。

古腾堡项目
——数字图书馆的先驱者

刘燕权/美国南康涅狄格州立大学

刘晓东/北京师范大学管理学院

摘　要:古腾堡项目(Project Gutenberg)被普遍认定是最早出现的数字图书馆。1971 年 7 月 4 日,创始人 Michael Hart 将美国《独立宣言》输入计算机,开启了古腾堡项目的第一步。40 年后,在 Mr. Hard 的领导和无数志愿者的帮助下,该项目的免费电子书等目前已经超过 4 万本,而其附属网站收集的电子书更是超过了 10 万本。古腾堡项目作为最早的数字图书馆在数字图书馆发展史中扮演了十分重要的角色。文章对该项目的历史背景、信息资源组织、服务和技术特点等进行客观的介绍和评价。

关键词:数字图书馆;古腾堡项目;数字化藏书;免费电子藏书

Project Gutenberg—The Forerunner of Digital Libraries

Yan Quan Liu, Ph. D./Southern Connecticut State University, USA

Liu Xiaodong/Beijing Normal University, Department of Management

Abstract: Project Gutenberg has now been universally recognized as the very first informational provider on the internet and the oldest digital library. Project Gutenberg started on July 4, 1971, Michael Hart typed the content of the U. S. Declaration of Independence into a computer, and began a collection of electronic books that built up the Project Gutenberg. With countless volunteers' contribution, the project currently boasts over 42 000 free eBooks on its site and over 100 000 eBooks through its affiliated organizations after 40 years. Hailed as the first digital library, Project Gutenberg has played an important role in the construction and development of digital libraries. This paper explored the project based on its background, collection organization, services and technologies features. Authors' comments were also given.

Keywords: Digital library; Project Gutenberg; Free E－book collection; Digitization collection

1 项目概述

1.1 背景介绍

古腾堡项目(Project Gutenberg, PG,网址 www. gutenberg. org)是一个非盈利的数字图书馆,它免费为大众提供该馆的数字资源。1971 年,还在大学就读的 Michael Hart 利用做计算机实验的时间将《独立宣言》输入电脑(Hart, 1992),后又相继完成了美国《人权法案》、美国《宪章》以及《圣经》和莎士比亚戏剧(Lebert, 2008)等。这些数字资源被放到了当时处于起步阶段的因特网上,成为一个可供大众免费使用的数据库。随着因特网在 20 世纪九十年代中期的迅速发展,古腾堡项目所收藏的书籍数量也迅速增长,截至 2008 年,该项目的电子书籍一直以每年上千本的数量增加。Hart 致力于"推动电子书的创作和传播,通过志愿者的努力完成文化内容书籍的数字化和收藏",他积极鼓励志愿者将他们认为有价值的书籍进行数字化。Hart 在 2005 年接受采访时强调,PG 对大型数字化项目如 Google Books 等的出现起到了重要作用(Vaknin,2005),并指出该项目是网络信息扩散和传播的重要组成部分。

1.2 项目使命

PG 以“推动电子书的创作和传播,用尽可能多的格式和语言向全世界提供数字资源,冲破无知和愚昧的限制”作为自己的使命(Hart, 1992),其目标用户为任何需要信息资源的个人。Hart 表示“PG 的理念在于将信息、书籍和其他资源以电脑、程序和用户可以接受的电子数字格式提供给大众”(Project Gutenberg Literary Archive Foundation, 2010)。而要实现这一目标,文本文档和开放格式是最佳选择。为此 PG 收藏的书籍多使用可以被近 99% 的人接受的“Plain Vanilla ASCII”格式(American Standard Code for Information Interchange,美国信息交流标准编码),用户可按照自己的喜好对完成下载的文献进行装帧和格式调整。

1.3 合作机构

PG 数字图书馆是在个人和机构的共同努力下建立的。PG 文献档案基金会(Project Gutenberg Literary Archival Foundation, PGLAF)是一个非营利机构,为 PG 提供法律咨询,监督 PG 运营并代表其接受捐赠,组织筹资活动等,其成立目的在于收藏文献和其他智力作品;古腾堡项目合作中心(Gutenberg Consortia Center, PGCC)成立于 1997 年,致力于收藏、组织和传播在线数字资源。PG 仅有少数兼职领薪的工作人员,主要依靠志愿者的合作实现书籍数字化、校正和其他工作(“About,”2008)。另有分布式校对员机构(Distributed Proof Readers)负责监督校对志愿者提交到 PG 的数字资源。

PG 在独立制作电子书籍的同时,也积极与其他机构合作生成多种类型数字资源:如 PG 与 Librivox. org 合作,用英语、西班牙语和中文在内的多种语言录制有声读物(MP3/VoggOrbis 格式)

(Librivox. org, 2012);PG 也与 Classical Archives. com 合作对公共领域的乐谱进行数字化。Carnegie Mellon University 帮助 PG 优化了在线目录,大幅减少了浏览和使用的难度。IBiblio 是 PG 主要的电子书发布网站,它管理 PG 的网页内容,提供多种辅助服务(Project Gutenberg, 2011c),并在现阶段与 University of North Carolina - Chapel Hill 共同管理 PG。作为历史上第一个数字图书馆,PG 也激发了其他国际性姊妹项目的出现,如欧洲、澳洲、加拿大项目等(Lebert, 2008;Project Gutenberg, 2011)。PG 与这些坚持相同理念的独立机构合作共赢,提升其在信息时代的影响力。

1.4 资金支持

作为一个非营利机构,PG 主要经济来源是社会捐赠。Apple、IBM 和 Microsoft 等公司都曾资助过 PG 的运营(Weller, 2000)。为了购买更多书籍完成电子化,PG 鼓励用户使用多种途径实施捐赠,如使用 PayPal、Flattr 客户端或者直接使用支票和现金等。PG 将其运作费用有意识地控制在较低水平,以确保其独立性,避免来自政治和经济利益方面的压力。PG 对一般读者提供免费服务,但要求任何以盈利为目的而使用 PG 版权资源的组织和个人必须支付收入总额的 20% 作为回报。

2 资源组织

PG 数字图书馆网站创建于 1992 年。

2.1 主页设计

PG 网站设计简洁清晰,以黑色和栗色作为全站的主色调。网站主页包括欢迎内容及说明内容。网站标识以哥特式字体撰写,位于主页左上角的显著位置,下面分列不同的链接。用户可以通过输入标题、作者和主题检索书目和网页内容获取资源,还可以通

图 1　古腾堡项目主页

过文献标题作者和主题列表浏览文献。网页还提供捐赠入口和多语言选择链接，方便用户浏览和使用。页面中心展示了主要资源分类、新增项目及相关链接，包括自助出版入口、项目创始人 Michael Hart 的讣告、使用条款和网站地图等。

2.2　数字资源

至今为止，已有超过五万名志愿者参与了 PG 的建设工作，使 PG 馆藏电子书超过 42 000 部。PG 的文本资源并非直接储存在 PG 数据库，而是通过 FTP 从相关网站上提取，PG 提供索引指向特定文献（Readers，2010）。馆藏中近 29 000 部文献为英文文种，另有法语、中文、德语、西班牙语和葡萄牙语等外文文献。文献类型除了小说、诗歌、短篇小说、戏剧、食谱、参考资源和期刊文章等文本内容，还有非文本资源，如有声读物、乐谱、动态及静态图片等。同时，PG 允许其他图书馆将其馆藏书籍的标题上传至本地目录，大大减少了查找数字资源的难度。

2.3　馆藏政策

PG 并无正式的馆藏收集政策，Hart 在其项目历史和理念（The History and Philosophy of Project Gutenberg）中提到：“PG 基于实用原则选择电子图书……我们选择大部分用户需要并会频繁使用的书籍”(Hart, 1992)。在收集图书过程中,PG严格遵守版权法,只发布进入公共领域的内容或者获得作者授权的书籍。PG向用户提供了精简版的版权法来判断所推荐的书目是否已进入公共领域。尽管重重预防,PG却依旧难逃版权诉讼,如Poul Anderson的The Escape则属越权文件,PG不得不将其移出馆藏。

2.4 数字化方法

从1971年到1999年,PG收藏的所有文档都是手动完成输入的。现阶段,项目雇用了大量不定时志愿者借助图像扫描仪和OCR(光学字符识别系统)软件等现代化工具完成数字化。潜在志愿者首先向网站提交他们认为有价值的数字化文献样本,经PG工作人员审阅确定其版权保护内容后即可开始进行数字化工作。经过审核的书籍诸页会被扫描成图像文件,并通过OCR软件将图像处理为文本格式。PG并不只是简单地提供文献书籍,而且非常注重产品的质量,因此需要校对人员对文本进行二次审核。每一部书在上传之前都需要经历三轮校对,三轮格式调整,并完成发布流程和检测用户友好性的流畅阅读环节。

2.5 元数据方法

PG使用美国国会图书馆的标准书籍元数据组,将作者、标题、简介和关键词制作为文献索引。通过作者、标题、编码和电子书序列描述文本文档(Project Gutenberg, nd; Project Gutenberg, 2006a)。Newby表示,PG使用EPUB Maker软件将文本文档转变为EPUB格式,该软件能在新书发布时从语法上分析元数据,并激发其他多种自动生成的格式。PG使用电子书序列号表示数据相关性,使用机读目录记录贡献者,都柏林核心集则被用于搜索引擎和目录软件(Metadata, 2010)。虽然PG声称其检索功能是“自产自营”的,但它却是由Yahoo!和Anacleto生成索引,并提供收藏书籍的离线目录。PG还有一个总索引文档罗列了所有馆藏目录,此文档包括对 PG 的描述、图书馆藏的完整列表和 PG 的正式执照。

2.6 文献组织

PG 的资源按内容类型进行组织:通俗文学(如彼得潘)、经典著作(如圣经)和参考文献(如罗格同义词词典)。书籍也按照文献格式进行组织,如有声读物、音乐数据、乐谱、动态图片和静态图片等(Project Gutenberg, 2010b)。馆藏按照 23 个子目录编排,以字母顺排列为农业、教育、艺术、历史等多个部分,点击进入后,页面显示国会图书馆分类号标识,如教育类目为“L”,下设子类别教育史 - LA、教育理论与实践 - LB、教科书 - LT 等。收藏文献还按主题和主题词组织为“书架(Bookshelves)”,以字顺排列为动物、圣经、儿童小

说、教育等共 133 个子类别,点击进入后,用户将看到该类目下的相关书目。

2.7 馆藏记录——描述和组织

一旦用户选定特定馆藏进行浏览,他们将进入该馆藏的详细记录。该记录包括三个标签:下载、书目记录、二维码。下载标签罗列了一系列可供下载的格式,如 HTML、EPUB、Kindle、Plucker、QiOO Mobile 和文本文档等,用户可选择所需格式从镜像网站快速下载。书目记录罗列了作者、标题、语言、国会图书馆分类号、主题、类别、电子书序列号、发布日期、版权状况和下载量。用户可通过相似馆藏浏览“其他用户也下载了……”的内容或同一主题文献。如 George Herbert Betts 的 The mind and its education 与 The teaching of history 相互关联。二维码界面直接将用户带入手机访问界面,方便用户直接将文献下载至手机阅读。用户还可以直接通过 Facebook、Twitter 和 Google + 分享检索结果。

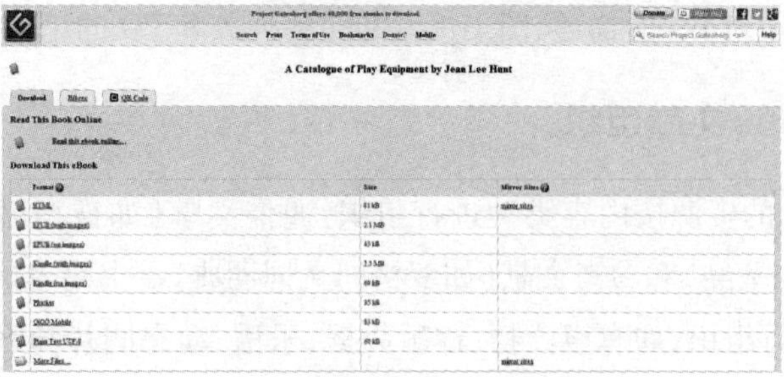

图 2　选定书籍描述页面

3　信息服务

PG 致力于为一般普通人群提供信息服务，故其网页结构简单，层次较少，设计单调无动画，用户界面智能性有限。但 PG 能够提供多种文献格式满足不同信息需求，如 Librivox 志愿者利用 PG 的内容制作免费的有声读物为残障人群提供服务，Kindle 和 iBook 商店都链接至 PG 文档（PG, n. d. a）为普通信息用户提供通道等。需要指出的是，PG 的主要目标在于实现信息可用性，致力于奉献而非出借文献，因此并不需要图书馆导向的服务内容如馆际互借、馆藏更新和数字参考服务等。

3.1　检索和浏览

在 PG 文献首页，用户可以直接浏览最新发布的书籍。PG 在线图书目录支持用户通过标题、作者、语言和最新发布进行浏览，作者和标题按首字母顺序排列，提供中文、法语、德语、拉丁语等多种语言内容。用户可根据资源类型浏览有声读物、编译文献、乐谱、动静态图片等，或根据发布日期选择可能感兴趣的文献。

PG 还在页面上多处提示读者内容的更新情况。PG 提供简单检索和高级检索服务，使用户可以直接在分类目录，如最受欢迎书目、最新发布内容、随意浏览和关注更新等分类目录中检索文献，也可设定多项条件完成检索,包括作者、标题、主题、语言、分类、国会图书馆分类号、文献类型和电子书序列号等(Project Gutenberg, 2010a)。除了网站自身的检索功能,用户还可以通过 Anacleto、Yahoo! 和 Google 等搜索引擎实现检索。Anacleto 是一个每周更新的全文元数据搜索引擎,"它可实现对 PG 内容的字段检索和全文数据库检索"(Newby, 2007)。Yahoo! 将 PG 纳入了其内容采编计划,可实现对书籍元数据的检索。Google 可实现对于文章前 100kb 内容的检索,除了支持标准元数据(如标题、作者、主题等)进行检索外,还可使用替代标题、语言、文献类型、编码类型、创作时间、内容梗概和描述等内容检索。

3.2 联系信息

用户可以通过电子邮件、普通信件直接联系 PG 的工作人员。PG 推荐使用电子邮件并提供了一系列邮件地址负责不同工作内容,如 help2010@ pglaf. org 为用户提供普通服务,承诺两日内回复书籍和网页请求;纠错邮箱专供用户纠正书籍、目录、网站等出现的错误;copyright2010@ pglaf. org 提供版权内容咨询;用户还可以直接联系项目主管 Dr. Gregory Newby 获取深入信息。

3.3 移动服务

PG 鼓励用户使用电子阅读器或移动设备阅读文献。用户可通过扫描二维码进入网站的移动版,每一项馆藏都有特定二维码。该移动版本提供检索功能,用户可通过作者、标题等检索馆藏并依据首字母顺序、受欢迎程度和发布日期对检索结果进行重新排序。作者使用关键词"Jane"试验检索,共得到 69 个结果,其中按作者名检索结果为 59,按标题名检索结果为 10,其中 Jane Austen 的 Pride and Prejudice 最受欢迎(下载量为 18 019 次),Edith Bancroft 的 Jane Allen: Center 为最新发布(2012 - 10 - 1)。用户还可对网页内容进行浏览,如最受欢迎作品、最新作品、随意浏览和新书发布等。点击进入后则显示按不同标准排列的书籍列表,如 Beowulf 为最受欢迎的书籍,下载量已达 42 341 次,点击特定书目,则进入书籍描述页面如作者、标题、电子书序列号、语言、主题、分类和版权等内容,网页还提供多种下载格式(HTML、EPUB、Kindle、Plucker、QiooMobile 等)和相关书籍内容,用户可浏览其他用户下载内容、同作者作品和同主题作品等。

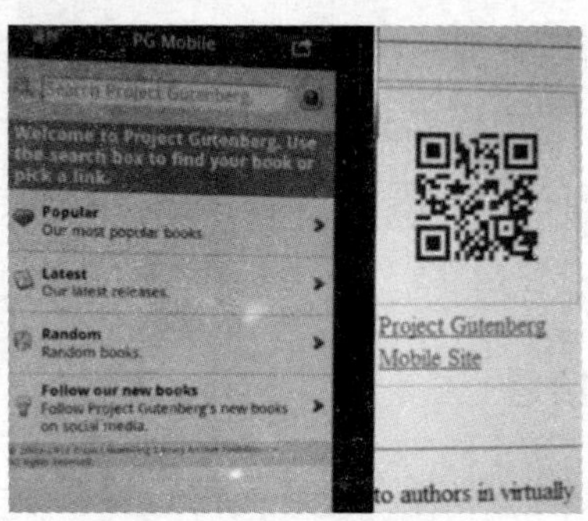

图 3　PG 的手机版页面

3.4　Web 2.0 工具:Blog 和 Wiki

PG 网站也融合了一些 Web 2.0 技术,以增加网站的友好性。Newby 指出,大部分非内容网页都是维基页面,这一灵活格式使 PG 工作人员和志愿者更便捷地增加或修改内容。PG 网站也拥有一个博客界面——古腾堡项目新闻(www. gutenbergnews. org),对 PG 的发展历史、创始人情况、特殊馆藏、合作机构等内容作了细致介绍,并提供标签云导航和社交网站链接。PG 设有良好的纠错机制,组织者会经常在 PG 的网站上、Wiki 界面和实时通讯界面发布消息,鼓励用户提供反馈并帮助校正、更新内容。同时,用户还可以通过 RSS 订阅新书服务,可以关注 Twitter 并通过 Facebook 和 Google + 分享内容。

4 技术层面

4.1 应用设备

P G 是一个开放式文本文档数据库。它提供 EPUB、Kindle、HTML 和其他文本格式书籍(Project Gutenberg, 2011),支持 PC、iPad、Kindle、SonyReader、iPhone、Android 和其他多种设备。PG 采用 ASCII 简单文本或其他可修改的开放格式编辑文本,并采用不同的格式发布资源(PDF、HTML、XML 等),只要电脑中安装有 JavaScript 及相关组件,用户就不必安装任何软件来阅读文献。同时,从 PG 下载的 MP3 格式内容也不需要特殊软件支持。

4.2 文件格式

为了使尽可能多的用户及其电脑设备流畅利用其免费电子书,PG 使用简易通用数字化技术。PG 的文献都被整理为 ASCI 格式,因为该格式可以被几乎所有的软硬件识别(Project Gutenberg, 2012)。图书馆的总索引文档的描述说明使用“最普通的格式”:文本文档、8 - bittext、Big - 5、Unicode、HTML、TeX、XML、MP3、RTF、PDF、LIT、MS Word Doc 和 PDB(Project Gutenberg,2012b)。PG 也将 EPUB、Kindle 纳入可用格式。比如,Jane Austen 的 Emma 一书,有 HTML、EPUB、Kindle(有影像)、Kindle(无影像)、PDF、Plucker、QIOOMobile、Plain Text 和 UTF8 等多种格式。

4.3 数据库结构和网络标记语言

据 Newby 表示,PG“输出 XML 和 RDF,在后台使用 Postgre SQL 数据库及不同的自定义脚本(Perl、PHP 和 python)获取新标题”。其中,Perl 是一种适用于统一编码的开源编程语言(Perl. org, 2012);PHP 即 hypertext preprocessor(超文本预处理器),是广泛使用的通用描述语言,适用于网络发展且能被嵌入 HTML 语言(PHP Group, 2012b);Python 也是开源编程语言(Python Software Foundation, 2011)。PG 使用 W3C 的标记语言验证服务来核查文档,每一个文档都设有链接指向其验证器,其验证器则证实该网站 UTF－8 编码并融合 XHTML 和 RDFa 语言,为浏览者呈现更清晰的 XHTML 编码内容。

4.4　其他技术服务

为了更进一步缩减数字鸿沟,对于没有电脑或新式设备的人,PG 提供可将所需内容复制到 CD 或 DVD 上为用户的定制服务。PG 可为任何有信息需求的用户免费制作、赠送 CD/DVD,并鼓励用户为朋友、图书馆或学校制作备份。2003 年 8 月,PG 发布的最佳资料 CD 囊括了 600 本电子书,当年 12 月为庆祝 PG 的第一个 10000 部电子书发布了第一个 DVD,并烫印了 9400 部书名。

5　不足之处及有关建议

PG 的优势显而易见:用户易用性好,无附加费用,版权信息完善,下载数据清晰,用户反馈及时快捷,资源更新较快,权威性高,收藏价值较高等。用户首次使用时即可快速定位网站并选定自己想要的文件格式。它从全世界范围征集尽可能多的资源和帮助,为尽量多的读者提供不同语言不同类型的免费信息资源,对数字图书馆的发展影响重大。但其在提供信息服务的过程中也不可避免地存在一定问题。

首先,PG 的缺陷在于其视觉效果不佳。用户交互界面较陈旧,网页设计缺乏网络标记语言,缺乏吸引力。网站检索结果较差,缺乏“联想”功能。界面层次不清晰,子目录和书架(Bookshelf)内容交叉,用户必须多次点击鼠标才能进入记录。

其次,PG 无明确目标或管理机制引导馆藏发展,馆藏的增加多依靠志愿者个人意愿。因此,图书馆的收藏文献失衡,如小说的数量远远超过非小说内容,原因是大多数志愿者愿意完成小说类文献的数字化。同时,确定的员工和有效的计划管理对于数字图书馆来说举足轻重,而 PG 的发展主要依靠志愿者的推动而不是由 PG 主动设定目标并选择志愿者完成工作,这可能影响 PG 的稳定和持续发展。

最后,版权限制是 PG 发展的最大障碍。PG 严格遵守版权法,任何一部书籍在进入获取领域之前都要经过版权审核,这意味着等待资源进入公共领域需要很长一段时间。因此除了经典读物,PG 提供的大部分内容可能并非普通读者喜欢的内容,内容信息性强但存在过时现象。

总而言之,Michael Hart 启动了第一个全球性数字图书馆。PG 为全世界提供长期免费的开放资源,对于数字图书馆的资源建设具有较强的影响力。然而,PG 在将来的发展过程中,需要更精美时尚的网页设计,提高 PG 对用户的友好程度和服务娱乐性,收集更丰富多彩的数字资源,提高 PG 的社会影响力和信息服务能力。

参考文献

[1] Distributed Proofreaders. DP: Welcome [EB/OL]. [2012-01-31]. http://www.pgdp.net/c/.

[2] WELLER S. Project Gutenberg sets 10 000 book goal [J/OL]. Publisher's Weekly 24/4 (2000-04-03). Infotrac, 2000.

[3] iBiblio.org. About [EB/OL]. [2012-02-05]. http://www.ibiblio.org/about/.

[4] Librivox.org. Complete FAQ [EB/OL]. [2012-01-31]. https://forum.librivox.org/viewtopic.php? f=18&t=219&sid=7fd6856af89f3c6bf2905c4d52fb0ce8.

[5] PHP Group. PHP: General Information - Manual [EB/OL]. [2012-02-05]. http://us3.php.net/manual/en/faq.general.php.

[6] Project Gutenberg. Project Gutenberg needs your donation [EB/OL].

[2012 - 01 - 31]. http://www. gutenberg. org/wiki/Gutenberg: Project_Gutenberg_Needs_Your_Donation.

[7] Project Gutenberg. Project Gutenberg online EpubMaker [EB/OL]. [2012 -01 -31]. http://epubmaker. pglaf. org/.

[8] Project Gutenberg Literary Archive Foundation. Cease and Desist Responses [EB/OL]. [2012 -01 -31]. http://cand. pglaf. org/.

[9] Python Software Foundation. About python [EB/OL]. [2012 -02 -05]. http://python. org/about/.

[10] VAKNIN S. The Ubiquitous Project Gutenberg interview with Michael Hart, its founder [OL]. [2012 -02 -01]. http://samvak. tripod. com/busiweb46. html.

[11] Project Gutenberg. About: Gutenberg [EB/OL]. (2008) [2011 -02 -03]. http://www. gutenberg. org/wiki/Gutenberg: About.

[12] HART M. The History and Philosophy of Project Gutenberg. Project Gutenberg [EB/OL]. (1992) [2012 -01 -31]. http://www. gutenberg. org/wiki/Gutenberg: The_History_and_.

[13] HART M. Project Gutenberg Mission Statement [EB/OL]. (2007) [2012 -01 -31]. http://www. gutenberg. org/wiki/Gutenberg: Project_Gutenberg_.

[14] NEWBY G. Anacleto Search of Project Gutenberg's eBooks. Project Gutenberg News [EB/OL]. (2007) [2012 -01 -31]. http://www. gutenberg-news. org/20070820/anacleto - search - of - project - gutenbergs - ebooks/.

作者简介

刘晓东，女，硕士研究生，现就读于北京师范大学管理学院图书馆学专业。E - mail: bnugyliuxiaodong@126. com

核路径数字图书馆——通向探索核科学的便捷途径

刘燕权/美国南康涅狄格州立大学

张黎/北京邮电大学图书馆

摘　要:随着世界上第一颗原子弹的爆炸,核问题越来越引起人们的关注和重视。核路径数字图书馆(Nuclear Pathways. org)作为美国国家科学数字图书馆(NSDL)的项目之一,旨在为教育者、学生以及广大读者介绍普及核领域的相关知识,使核知识变得容易理解获取,资料方便用。文章对该馆的数字资源组织、技术特征、服务特点等作了综合性的评述,并给出了作者的评价与建议。

关键词:核路径;Nuclear Pathways;数字图书馆;核科学;美国国家科学基金会;美国国家科学数字图书馆

Nuclear Pathways—A Digital Library of Nuclear Resources

Yan Quan Liu, Ph. D./Southern Connecticut State University, USA

Zhang Li/Beijing University of Posts and Telecommunications Library

Abstract: Nuclear issues have had a profound effect on every aspect of society. As one of National Science Digital Library projects, Nuclear Pathways makes information on historic and current nuclear issues more accessible and comprehensible to the public, educators, and students from middle schools through graduate programs. This paper explored the project based on its digital collection organization, technology features and service characteristics. Authors' comments were also given.

Keywords: Digital libraries; Nuclear science; Nuclear pathways; National Science Foundation (NSF); National Science Digital Library (NSDL)

1 概述

核路径数字图书馆(Nuclearpathways. org)是复合型数字资源库的典型代表,它为大众、教育者和学生提供了核领域的相关信息,为广大读者揭开了核的神秘面纱,使核领域的知识变得易于理解获取和可利用。它像一条宽敞的路道,提供给读者一个快速方便的途径,任何人都可以踏上这条便捷之路,去探索核科学的奥秘。网站网址为:http://www. nuclearpathways. org/。

从曼哈顿计划(第二次世界大战期间,美国陆军部于1942年6月开始实施的利用核裂变反应来研制原子弹计划的代号)开始,科学技术的迅猛发展使人类生产出了第一颗原子弹。从此,核领域的议题就对社会的各个方面产生了深远的影响。原子核问题影响着科学、技术,甚至是人文、艺术等多领域的发展和演变,同时也对许多国家的国内政治和国际关系有着关联和影响。[1]基于这样的背景,美国华盛顿和李大学(Washington and Lee University)组织发起建立核路径数字图书馆。该项目于2004年9月完成修改议案,并于同年10月启动,项目初期计划完成于2008年9月。该项目是国家科学基金会(National Science Foundation, NSF)建设数字化科学图书馆的早期努力之一,同时也是美国国家科学数字图书馆(National Science Digital Library, NSDL)的组成部分,获得资助的资

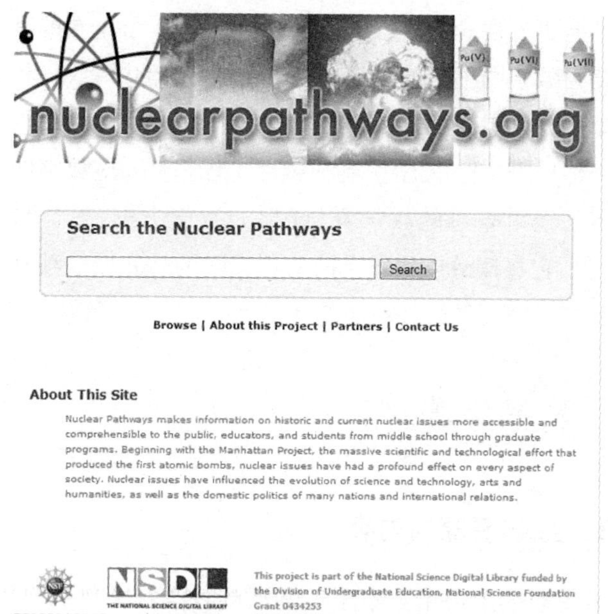

图 1　核路径数字图书馆首页

金总数为 507 961 美元。

核路径数字图书馆项目主要的实施和交流方式是通过将各类与核领域内容相关的网站资源整合成连贯的、内容丰富的、复合型的核科学资源集合，用以为图书馆员提供信息，帮助教育科普工作者或相关人员完成教育教学，同时使其成为教育者和学习者的一个学习园地。项目初期，由 Alsos 团队负责，将三个与核领域资源相关的网站[Alsos(http://alsos.wlu.edu/)、Atomic Archive(http://www.atomicarchive.com/)和 Nuclear Chemistry and the Community(http://www.chemcases.com/nuclear/)]的资源内容整合成复合型的核知识资源集。其中，固定的书目资源由两个内容丰富的网站 Atomic Archive 和 Nuclear Chemistry and the Community 提供。Atomic Archive 是成功商业伙伴的代表，Nuclear Chemistry and the Community 是 NSF 资助的 CCLI 教育项目的组成部分。两个合作网站通过提供元数据和参与 NSDL 活动将成为 NSDL 的成员，并持续蓬勃向上发展。此外,该项目还招募了10个左右的其他网站参与核路径数字图书馆的建设。在Alsos团队的带领下,核路径数字图书馆不断发展,力图为教学者扩充更多的参考资料,以便指导不同等级(从中学生、大学生到研究生)的学生。该数字图书馆链接了许多已经审查过的教学资料(比如教学大纲、教学参考资料等)。另外,它直接链接到适当的主题关联网站并使这项功能不断改进。[2]

2　数字资源及其组织

2.1　数字资源的内容

核路径数字图书馆汇集了核领域的各类相关信息,其资源内容主要通过四个合作伙伴网站提供:Alsos、Atomic Archive、Chemcases和Nuclear Files。Alsos数字图书馆(http://alsos.wlu.edu/)提供给读者一个广泛的、附说明的资料目录,所有的资料都经过了著名的国家顾问委员会成员审核,内容涵盖了3 000多种书籍、文章、电影、CD和网站等范围广泛的有关核问题的信息。Alsos数字图书馆的目标是努力解读核领域方面的历史和现实问题,使核问题能够接近大众,让被核时代力量所影响的各领域人群认识核问题、理解核知识。[3]

Atomic Archive(http://www.atomicarchive.com/)网站涵盖了科学、历史以及原子时代的一系列问题,探索了原子弹发明的复杂历史——人类的一个重要的转折点,介绍了从广岛到如今的后冷战时期,以及导致第一颗原子弹爆炸的震惊世界的历史事件和决策。用户从中可以了解基本的原子物理、核裂变、核聚变以及核武器的工作原理等知识,探索核武器的效果,思考各种假设场景,研究第一个核反应堆的细节以及在新墨西哥沙漠的第一个核试验。读者可以在此网站阅读核先驱者的传记,包括J. Robert Oppenheimer、Albert Einstein、Edward Teller 和 Hans Bethe。教育工作者也可在此发现例如交互式地图的教学用具、核历史演变时间表、术语词汇表、动画，分析当今核能世界的时事动态等。其中，AJ 软件和多媒体系统制作的在线指南生动地展示了网站的内容[4]。

Chemcase(http://www.chemcases.com/nuclear/index.htm)网站覆盖了核化学的基本概念，它始于查德威克(Chadwick)发现中子和重金属元素的原子快速衰败和裂变的说明。该网站介绍了锕系元素，并展示了如何隔离铀同位素，发现和分离钚的合成元素等问题。它还探讨辐射的遗留问题，包括对污染的担心、核能的生成问题、用于医疗的放射性同位素、核副产品的处理以及世界范围内的尚未解决的问题[5]。

Nuclear Files(http://www.nuclearfiles.org/)网站提供了从 A 到 Z 的有关核领域的资料信息，从核扩散到核武器试验，包括从广岛到朝鲜等许多第一手来源文档、历史资料、背景信息和分析材料。此网站的核文档可说是核时代优秀的教育资源，涉及了核领域相关的政治、法律、道德等一系列问题。它使不同领域的教育工作者，以片段章节的形式提供各种课程的教学大纲和学习指南。本站的特点是提供了一个核时代的历史时间表，以及最新的世界范围的有关核武器问题的发展，同时还包括主源文档、数据和图表、关键人物的传记，还有附带照片的媒体画廊、视频和音频剪辑。[6]

2.2 数字资源的组织

核路径数字图书馆的资源组织主要有两种方式，一种是按照所属主题的首字母从 A 到 Z 排列，另一种是按照不同的合作伙伴网站(即 Alsos、Atomic Archive、Chemcases 和 Nuclear Files)进行分类。第一种方式比较常用，且清晰方便。在主页面中点击“浏览(Browse)”按钮直接进入到浏览页面。该馆将所有的资料信息按照主题的首字母从 A 到 Z 排列，共计约 350 个主题，2 400 余条信息,每一个字母下面都有不同主题,且每一个主题后都标注该主题涉及几条信息。例如:以“核燃料循环(Nuclear Fuel Cycle)”为主题的信息在字母 N 下显示,点击该主题,可清晰地看到检索总结果(Number of results)为5,下面是对“核燃料循环”的简单介绍,接着是所涉及的5条信息,不仅有资料的题名,还有资料的来源,若想进一步了解可直接点击查看。同时为方便用户了解更多的知识,又在下面增加了参见(See Also)资料,供读者拓展学习参考[7]。第二种方式比较简单,在主页面点击“合作伙伴(partners)”按钮进入到合作伙伴网站的介绍页面,读者可根据需要点击任意合作伙伴网站了解相关信息。

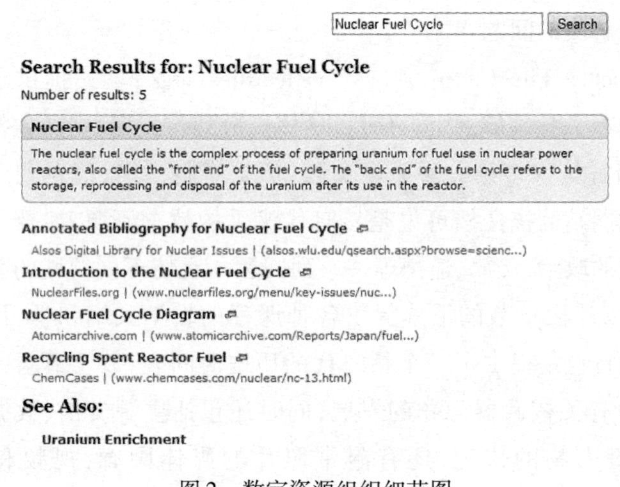

图2　数字资源组织细节图

3　技术特征

3.1　数字资源的采集、存储和输出

核路径数字图书馆的资源内容大多来自四个合作伙伴网站,每一个网站都有各自的特点,也有共同探讨的话题。对于网站的

内容都有严格的审核制度，且内容更新比较及时。例如，Alsos 数字图书馆的资料是经过权威的国家顾问委员会委员审查核准的，最近一次更新是在 2013 年 3 月。核路径数字图书馆将所有合作伙伴网站的资料按照主题字母从 A 到 Z 归纳存储，并且对每一个主题都进行了简单的介绍和讲解，同时给出了来源网站的链接地址。此外，不仅核路径数字图书馆中设置了 partners 版块，给出了每个合作网站的简单介绍和链接网址，并且每一个合作伙伴网站的最下方也都列出了核路径数字图书馆（Nuclearpathways. org）的链接，充分实现了信息资源共享利用。

3.2 软件支持

对于普通大众来说，核领域的知识尤其是很多专有名词比较深奥难懂，如果单凭文字的介绍和叙述很难理解得清楚明了。为此图片、音视频、多媒体技术的加入就显得格外重要，一些方便易用的软件也能起到事半功倍的效果。核路径数字图书馆及其合作伙伴 AtomicArchive 就恰到好处地利用了软件系统的支持，他们采用的是一家小型的网站设计工作室制作的 AJ 软件和多媒体系统构建网站，不仅界面友好易用，并且文字配以清晰的音视频等多媒体技术，使核问题变得容易理解，方便利用。此外，其他网站也不同程度地运用了软件和多媒体等技术。

3.3 界面设计

核路径数字图书馆的界面设计简洁美观、清晰大方，使用户能够在最短的时间内方便快速地找到所需资源。最上方是网站的标题"nuclearpathways. org"，标题文字配以四幅与核领域知识相关的图片作为背景，既美化了页面，又直截了当地表明该网站的信息内容。接着是搜索框（Search the Nuclear Pathways），供读者进行简单搜索。搜索框的下方是网站的四大主要组成部分：浏览、关于这个项目、合作者以及联系方式。再下方是关于该网站的简单介绍。

最下方是与该项目建设发展相关的机构的图标(NSF 和 NSDL)和版权声明(2005 - 2011 AJ 软件和多媒体)。

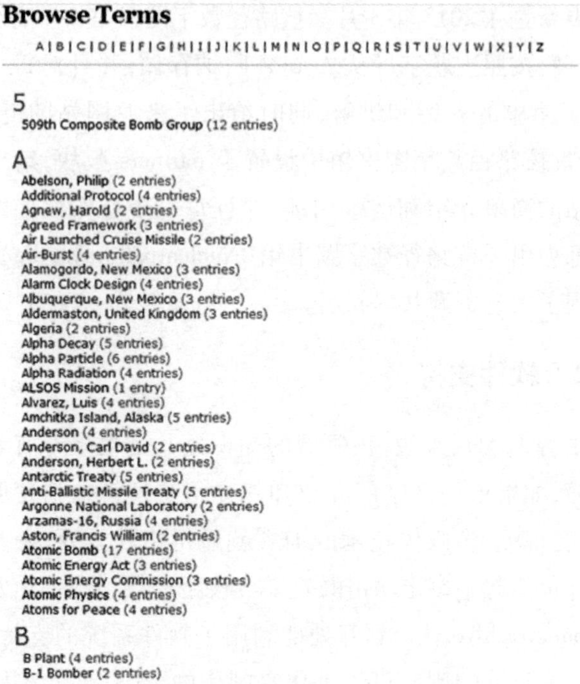

Browse Terms

A | B | C | D | E | F | G | H | I | J | K | L | M | N | O | P | Q | R | S | T | U | V | W | X | Y | Z

5
509th Composite Bomb Group (12 entries)

A
Abelson, Philip (2 entries)
Additional Protocol (4 entries)
Agnew, Harold (2 entries)
Agreed Framework (3 entries)
Air Launched Cruise Missile (2 entries)
Air-Burst (4 entries)
Alamogordo, New Mexico (3 entries)
Alarm Clock Design (4 entries)
Albuquerque, New Mexico (3 entries)
Aldermaston, United Kingdom (3 entries)
Algeria (2 entries)
Alpha Decay (5 entries)
Alpha Particle (6 entries)
Alpha Radiation (4 entries)
ALSOS Mission (1 entry)
Alvarez, Luis (4 entries)
Amchitka Island, Alaska (5 entries)
Anderson (4 entries)
Anderson, Carl David (2 entries)
Anderson, Herbert L. (2 entries)
Antarctic Treaty (5 entries)
Anti-Ballistic Missile Treaty (5 entries)
Argonne National Laboratory (2 entries)
Arzamas-16, Russia (4 entries)
Aston, Francis William (2 entries)
Atomic Bomb (17 entries)
Atomic Energy Act (3 entries)
Atomic Energy Commission (3 entries)
Atomic Physics (4 entries)
Atoms for Peace (4 entries)

B
B Plant (4 entries)
B-1 Bomber (2 entries)

图 3 核路径数字图书馆浏览界面

4 服务特点

4.1 目标用户

核路径数字图书馆为广大读者提供最容易理解的核知识,面向的服务对象比较广泛:教育者、学习者以及所有对核领域相关内容感兴趣的读者。它不仅为教学人员提供很多方便易用的参考资料,而且还有内容丰富的学习指南适用于各个级别的学生,中学生、本科生到研究生都能从中找到适合自己阅读理解的相关资料。

另外,一些与核问题有关的图片、音视频等多媒体资料的生动介绍也适合各类人群认识了解。

4.2 服务方式

核路径数字图书馆主要的服务是对馆藏所有与核有关的信息资料的搜索和浏览,另外还给出了便于沟通交流的联系方式。

搜索系统简单方便,直观清晰,在主页面最明显的位置就能看到搜索框。读者可以根据所需输入关键词,点击搜索按钮进行搜索。在搜索结果页面中,读者可以看到搜索结果的总数、搜索词语的简单解释、每一条搜索结果的情况(附详细说明的链接),以及其他拓展阅读资料等信息。

对该馆馆藏资源的浏览也很方便。在图书馆主页面就有浏览按钮,读者可以直接点击浏览按钮,在弹出的页面中点击按照主题词首字母从 A 到 Z 的顺序排列的超链接,读者可以按需或顺序依次浏览。同时,也可以直接点击浏览页面最上方的任意一个字母,选择性浏览该字母所涉及的主题资源。

为了方便与读者沟通交流,该馆还列出了联系方式,若读者对资源有任何疑问或者发现了网站上的任何错误,可以直接与网站联系。读者需要写清自己的姓名以及联系邮箱,并选择所反映的问题类型:技术问题、内容问题或者普通问题,然后详细写明问题所在,直接发送给网站工作人员。

4.3 版权管理

核路径数字图书馆对版权作了严格的说明,在主页面的最下方明确标出了版权所有:AJ 软件和多媒体。对于其合作伙伴的四家网站也对版权作了说明。Alsos 数字图书馆指出:本馆所藏书目信息除了文本注释外都是免费的,须经许可才能用于商业使用,商用许可必须经过 Creative Commons 的批准。Atomic Archive 也明确指出版权归 AJ 软件和多媒体所有。Chemcases 标注的版权所有信息为:肯尼索州立大学,首席研究员劳伦斯·彼得森,项目主任马修·爱马仕。NuclearFiles 标注的版权所有信息为:核时代和平基金会。

5　评价与建议

新时期伴随着科技的进步和原子能核技术的迅猛发展,核问题越来越受到普通民众的关注,越来越多的民众想要了解核知识。由于核本身蕴藏着大量的物理、化学、生物等多方面专业知识,再加上读者的年龄、学历、职业、能力等限制,关注了解核知识并非易事。核路径数字图书馆正是适应了广大读者的需求,利用简单通俗的语言和图片、多媒体等技术的多种展示,向读者普及核科学,使核知识走向学校,走进寻常百姓家。该馆联合了多家网站,从不同方面介绍了核领域的相关知识,不仅有原子核的发展历史,也有当今核发展衍生出来的一系列问题,还有核领域先驱们的著作,内容丰富多彩,解说详细易懂,是教师教学的好帮手、学生学习的好朋友,也是大众了解核问题的好平台。

虽然核路径数字图书馆有很多优势,但同时,在发展建设中也有一些不足需要引起足够的重视:

(1)信息来源比较局限。该馆的信息来源主要集中在合作伙伴的四家网站,虽然这四家网站的信息资源比较丰富,但是相比于核领域庞大的知识量来说,这些信息恐怕无法长期满足读者的需求。因此,建议该馆拓展信息获取渠道,使更多的研究机构、专家、学者等加入到核路径数字图书馆的建设中。

(2)检索系统比较单一。该图书馆仅提供了简单检索,而且检索系统不够智能,对于关键词的选取要求比较高,有时若只输入一个关键词并不能显示出该词所涉及的众多相关信息。另外,在改进简单检索的基础上,若能增加高级检索会更方便读者利用馆藏信息。

(3)缺乏与读者交流互动。虽然网站提供了联系方式,但是交流渠道简陋,读者仅能通过邮件与工作人员沟通,甚至连联系人、联系电话、联系地址都没有。这对于图书馆长期稳定的建设和发展是十分不利的。

参考文献

[1] Nuclearpathways. org [EB/OL]. [2012 - 05 - 28]. http://www. nuclearpathways. org/.

[2] Collaborative Project: Nuclear Pathways - A Model for Composite Digital Collections[EB/OL]. [2012 - 05 - 29]. http://www. nsf. gov/awardsearch/showAward. do? AwardNumber = 0434253.

[3] Alsos [EB/OL]. [2012 - 05 - 29]. http://alsos. wlu. edu/.

[4] Atomic Archive [EB/OL]. [2012 - 05 - 29]. http://www. atomicarchive. com/.

[5] Chemcases [EB/OL]. [2012 - 05 - 29]. http://www. chemcases. com/nuclear/index. htm.

[6] Nuclear Files [EB/OL]. [2012 - 05 - 29]. http://www. nuclearfiles. org/.

[7] Nuclear Fuel Cycle [EB/OL]. [2012 - 05 - 31]. http://www. nuclearpathways. org/searchresults. php? searchTerm = Nuclear + Fuel + Cycle.

作者简介

张黎,北京邮电大学图书馆助理馆员。

肯塔基数字图书馆

刘燕权/美国南康涅狄格州立大学

董凌轩/南京大学信息管理学院

摘　要:肯塔基数字图书馆(KDL)是一个整合肯塔基州本土文化及历史资料的具有地方特色的数字图书馆。作为美国国家科学数字图书馆(NSDL)项目的一部分,肯塔基数字图书馆免费为地方及相关民众提供丰富而独特的本土资源与服务。文章分别从资源组织、技术特征、服务特点三个方面对该数字图书馆作了评述,并从整体角度提出对于该数字图书馆的评价和建议。

关键词:肯塔基;数字图书馆;历史档案资源;文化;美国国家科学数字图书馆

Kentuckiana Digital Library

Yan Quan Liu, Ph. D. /Southern Connecticut State University, USA

Dong Lingxuan/School of Information Management

Abstract: The Kentuckiana Digital Library (KDL) is a large - scale, cooperative project that brings together rare and unique collections from a large number of Kentucky libraries, archives, and historical and cultural institutions. As an important project of the National Science Digital Library (NSDL) system, KDL offers free, online access to a wealth of digitized resources of immense value to scholars, researchers, and anyone with an interest in the region's history and culture. This paper provides an overview of the Kentuckiana Digital Library's resources organization, technology features, and service characteristics. The authors' comments and suggestions are also given.

Keywords: Kentucky; Digital library; Archival resources; National Science Digital Library (NSDL)

1 项目概述

肯塔基数字图书馆(Kentucky/Kentuckiana Digital Library, KDL)是美国国家科学基金会(NSF)资助的免费数字图书馆,也是美国国家科学数字图书馆(NSDL)项目之一。在充分利用美国肯塔基州地区的图书、历史、档案材料之外,还加以整合美国本土文化财富,KDL 成为了肯塔基州文化知识的宝藏。为了增进肯塔基州民众对本土文化学识以及方便相关学术研究,KDL 搜集整理了肯塔基州各图书馆的数字化资源,加以整合,建立了免费的资源网站,其目的是方便用户查找使用本土文化数字资源。对于部分版权资源未能提供的,KDL 运用适当数字资源处理技术,提供对这些图书馆、档案馆、历史博物馆等数据库的介绍和查询指导服务。[1] KDL 的网址为 http://kdl. kyvl. org/,主要界面如图 1 所示。

KDL 的数字化信息服务实际上是肯塔基虚拟图书馆(Kentucky Virtual Library, KYVL)中的一个部分。构想建立 KYVL 的第一次提出是在肯塔基州协助的学术图书馆委员会(SAALCK)的一次会议上,随后由八个州大学图书馆馆长协助牵头,组建了 KYVL。SAALCK 的初衷是呼吁肯塔基州内的各大学术型图书馆共办一个可以在线获得其特别信息资源服务的途径。

图 1　KDL 主页

KYVL 自建立以来,为肯塔基州的民众提供了大量的信息资源服务,其中 KDL 就是 KYVL 中最重要的组成部分。早在 KYVL 成立之初,KYVL 的计划委员会就成功申请到国家历史出版记录委员会(NHPRC)的联邦资助,使其提供数字资源的服务得以启动。[2] 到了 1997 年,高等教育委员会(CPE)在高等教育改进的行动中,向 KDL 提供了资助,从而使其服务涵盖整个肯塔基州各类图书馆,其中包括很多公共图书馆以及专业图书馆。[3]

此外,KDL 一直寻求与私人机构的合作。长期以来,KDL 以深厚的技术设施实力和优质的资源内容为用户提供了优质信息服务,成为美国公共数字图书馆(the Digital Public Library of America)服务中心的主要成员之一。

2　数字资源组织

2.1　资源范围及种类

KDL 收藏的大部分资源都与肯塔基州的历史文化紧密相连,覆盖的地理跨度宽广、信息内容丰富,具有很高的研究参考价值。

其资源相对来说较为独特,不容易从其他途径获得。为了提高资源信息质量,KDL 还会适当地对数字化文献给出评价,然后,收集整理 KDL 数据库的档案学家根据资源的受众程度以及适用性的评估将其纳入 KDL 数据库中,确保信息资源的质量。从 KDL 主页上可以看到,其数字资源的种类繁多,有图书、会议记录、新闻、年鉴、期刊、档案资料、体育刊物、论文、名录、地图、口述历史等,其数字资源总计 70 多万份文件。数字资源的收录范围也十分广泛,包含了肯塔基州内绝大部分可收集到的图书、档案以及博物馆的资源。其资源贡献单位包括肯塔基州的大学、公共图书馆、历史博物馆、历史协会、学院等总计 24 所不同机构。此外,从资源的时间跨度来看,其中很多史料的出版时间甚至可以追溯到 15 世纪。

2.2 资源描述

KDL 将数字资源按照文件格式不同进行分类组织,主要由图片和音频播放两种方式展示。大部分文本资料如书籍、报纸、档案等均以图片的形式展示,提供 PDF 文本下载,少部分会提供原文文本。还有部分格式的资源是以音频形式展示的,数字化时将资料信息用录音的方式记录下来,或是某些录音就是当时历史实时记录的,如口述历史、史料录音等。不论是图片还是音频资料,在每份数字化资料中都会提供其载体的基本特征介绍,主要字段包括标题(Title)、创始人(Creator)、格式(Format)、出版日期(Publication dat e)、数字化时间(Date digitized)、文本语言(Language)、出版方(Publisher)、知识库(Repository)、文本类型(Type)、主题(Subject)以及元数据记录(Metadata record)等。音频文件给出录制方的信息,部分资料还会给出音频内容的文本资料。

此外,KDL 中还有一种馆藏(Collections)格式的资源,由于该类内容是其他图书馆、档案馆及历史博物馆中涉及访问权限的内容,KDL 网页的链接中并没有提供原始资料的查看,而是给出寻找该资源的指南和基本特征介绍,包括参考提示、主要内容以及获取资源途径等。

3 技术特征

KDL的技术基础设施都是由肯塔基大学的数字图书馆服务部门管理和运行的。该部门为KDL管理信息系统设备,同时也为KDL收集、整理以及数字化选定相关历史文献资料。除了使用传统数字图书馆的技术以外,KDL还专门针对其项目的四个方面邀请了四位专家顾问,给予该项目更多方面的支持。

3.1 数据采集、整理和利用

KDL信息资源的丰富广泛依赖于其采集整理各图书馆、历史档案机构的技术和设备。KDL的信息化工作有专门的图像采集设备和严格的信息采集标准。所有的原始信息都以tiff格式的图片方式进行数字化采集。对于不同保护程度的原始资料,KDL也采取不同的采集方法,确保脆弱的资料在不受任何损害下数字化,一般的资料或是副本资料以LZW压缩方法数字化,从而降低采集数据的成本。在像素和色彩空间的标准方面,KDL也有固定的标准,保证数字化信息的质量。为此KDL配备了许多较高级别的数字化处理设备,如爱普生平板扫描仪、Better Light大型格式扫描仪、缩微胶片扫描仪等等[3]。

除了对传统文字资源的整理以外,KDL还有专门采集整理音频资源和新闻报纸资源的技术设备。KDL专门为口述历史资源的采集、整理和利用配备了口述历史元数据同步设备(Oral History Metadata Synchronizer),这种设备可以针对如今开放的网络环境,经济高效地获取在线发现的口述历史资源,并对这些可获得的口述历史资源加以收集整理。此外该设备可以同步生成该音频的文字信息描述,并为用户提供文字描述的检索服务。[4] KDL还在2005年至2012年专门为新闻报纸的数字化进行采集工作,将所有新闻用微型胶片捕捉技术拍摄下来。

3.2 版权管理与保护机制

关于免责、版权和保护机制方面,KDL 有相关链接,使用户及潜在的合作组织在浏览网站时都可以查看到。KDL 提供的是一个宽广的公共信息资源服务平台,为教育研究提供帮助。KDL 中的大部分内容都是受美国版权法保护的,用户在使用资源的过程中必须履行相应的要求。在每个数字化文献中凡是写明有版权保护的材料,都必须得到作者或出版机构的许可才能传播复制。[1] KDL 与其他数字图书馆类似,只用于教育和研究,不允许任何商业用途。[5]

KDL 中很多资源来自于不同知识库的贡献,这些资源大多是公共资源,KDL 的使用或得到此类知识库的许可,或者所收贡献的资源都可以用于教育研究,并无使用权限制。因此 KDL 将所有可以公开共享的资源展示给用户,用户可以放心使用所有 KDL 开放的资源。当然,使用者在使用资源时也需要详细阅读每个文献中的版权、规定和许可说明。另外值得一提的是,KDL 中仍有部分资源只给出了详细的描述和寻找资源的指引,因为这些资源均是其来源数据库中需要权限才能获取的,其开放的使用者大多为研究人员,KDL 出于版权管理的考虑不能提供该类资源的原文,用户若需要获取只能通过该知识库进行查找。

4 服务特点

4.1 目标用户

KDL 主要收录的信息资源来自肯塔基州各大公共图书馆、专业数据库以及当地历史博物馆、档案馆,因此其适用的人群主要是相关历史档案研究人员、教育工作者和学生。当然 KDL 的初衷也希望其信息资源可以为大众的终生学习而服务。此外，KDL 的网页在不断推广，从网页中可以获得所有 KDL 中的资源，其整理出每篇文献的外部特征及相关元数据，使其收藏的信息资源可以通过 google 等商业搜索引擎检索到，因此 KDL 的服务对象也是全世界希望获取相关资源的人群。

4.2 界面设计

KDL 的界面设计十分简单，主要依靠最基本的检索方式查找文献，在其网站主页的最上栏就是信息检索。其中 KDL 提供的检索字段为全文、标题、作者和摘要。检索方面，KDL 还可以通过主页右侧的搜索范围限制，提高用户检索的精确性。用户可以通过文献格式、知识库选择、出版年等方式限制信息检索。主页的中间还有 6 种信息资源的图片幻灯作为高亮展示，均是用户经常查找的信息格式。KDL 对检索结果还可以通过首字母顺序和同名的资源数量进行排序。用户在检索过程中，可以随时点击检索结果上方的 26 个字母，从而限制检索资源的题名或作者的第一个字母。这样可以方便用户在已经对所需信息有一定了解的基础上进一步查找。

4.3 服务形式

KDL 的服务资源主要是数字化图书资料、录音资源和新闻报纸资源。图片资料可以单页查看，也可以用缩略图的方式阅览。此外所有图片资源 KDL 都提供 pdf 的下载和部分资料的文本下载。2011 年，KDL 专门为口述历史资源配备了口述历史元数据同步器（Oral History Metadata Synchronizer），该设备可以直接为用户提供与音频信息相关的索引链接、文本检索词，通过 KDL 网站中的搜索引擎以及 google 等世界范围内的商用搜索引擎就可以检索到相应的音频。该同步器也会产生对应的原文文本供用户浏览。在 2005 年，美国国家人文基金会和美国国会图书馆参与了 KDL 的国家数字新闻计划(National Digital Newspaper Program),其目的就是将长期以来(尤其是1922年到1936年间)国家历史新闻数字化,使这些历史作为资源永久保存起来。[5]因此,KDL在该方面也进行了长期工作,将所有新闻用微型胶片捕捉技术拍摄下来,在美国国会图书馆中的《美国记录》专栏中和KDL的国家数字新闻计划(NDNP)数据库中都有存储。KDL还可以提供许多历史博物馆、档案馆等数据库的资料查询指引服务。对于这类资料,KDL除了会给出每篇文献的基本外部特征外,还会标明该资源所处的数据库、权限要求,方便用户查找。

5 评论与建议

KDL作为美国国家科学数字图书馆(NSDL)重要项目之一,其提供高质量的历史档案资源、促进教育研究资料的保存和共享,对研究当地历史文化的学者以及当地民众的学习都起到很大帮助,已成为地方性数字图书馆的典范。综合来看,其主要优势体现在这几个方面:一、资金和设备基础方面,KDL所属的KYVL发展较早,获得机构的资助合作较多,对信息资源采集整理有较好的设备,借助肯塔基大学的管理和邀请专家顾问的帮助,获得了较好的技术支撑;二、资源范围和质量方面,KDL与当地各大数字资料馆合作,收藏了尽可能多的图书、档案、历史文献等资料;三、信息资源的整理方面,KDL能清晰明了地将每份数字化文献的元数据及外部特征描述出来,结构十分清晰,格式也很统一,其中部分文献还提供文本下载,便于不同程度和有不同需要的用户查阅使用,可以使得研究者、教育工作者、学生、普通公众都可以在其库中寻找获取知识。

当然,在拥有众多优势的同时,KDL的发展也存在不足。仍有值得改善的地方:一、信息检索项过于简单,不适应复杂的检索要求,应该提高检索效率,可以开设一些高级检索,支持多重检索项的联合检索；二、在信息服务质量方面，KDL 可以基于 Web 2.0 建立交流互动平台，网站上提供论坛、在线交流、微博等社交媒介，加强用户与 KDL 间的交流，从而可以进一步提供个性化信息服务，方便用户与用户间沟通讨论，使集体在线学习探讨成为可能，从而使信息服务多元化。

参考文献

[1] KDL [EB/OL]. [2013 - 04 - 01]. http://athena. uky. edu/about. html.

[2] KYVL [EB/OL]. [2013 - 04 - 01]. http://www. kyvl. org/about. shtm.

[3] UKY[EB/OL]. [2013 - 04 - 01]. http://libraries. uky. edu/page. php? lweb_id = 1011<ab_id = 1755.

[4] UKY[EB/OL]. [2013 - 04 - 01]. http://libraries. uky. edu/page. php? lweb_id = 1011<ab_id = 1756.

[5] UKY[EB/OL]. [2013 - 04 - 01]. http://libraries. uky. edu/page. php? lweb_id = 1011<ab_id = 1752.

[6] UKY[EB/OL]. [2013 - 04 - 01]. http://libraries. uky. edu/page. php? lweb_id = 1011<ab_id = 1755.

作者简介

董凌轩，南京大学信息管理学院硕士研究生。E - mail：619049092@ qq. com

CVED——计算机视觉教育数字图书馆

刘燕权/美国南康涅狄格州立大学

王凌云/北京师范大学信息管理系

刘莎/中央财经大学信息学院

摘　要:计算机视觉教育数字图书馆(Computer Vision Education Digital,CVED)是美国国家科学数字图书馆(NSDL)的一个门户项目,它旨在提供一个既包含各种计算机觉教育数字资源,同时又能使相关人员贡献、共享计算机视觉教育资源的一个平台,代表了未来学科教育数图书馆的发展方向。文章对该数字图书馆的建设以及现状进行了详尽的评析,包括项目概述、资源组织、目标用户与特色栏目,并给出了作者的评价与建议。

关键词:CVED;计算机视觉教育;数字图书馆;美国国家科学基金会(NSF);美国国家科学数字图书馆(NSDL)

CVED—A Digital Library Collection for Computer Vision Education

Yan Quan Liu, Ph. D./Southern Connecticut State University, USA

Wang Lingyun/Beijing Normal University, Beijing

Liu Sha/Center University of Finance and Economics, Beijing

Abstract: Computer Vision Education Digital Library (CVED) is an attempt to bring collective educational successes and capabilities together into a comprehensive digital library collection for computer vision education. It contains links to computer vision courses around the world, links to and evaluations of textbooks, and links to assignments and data sets provided by computer vision educators. This paper reviews its major development, collection organization, special services provided. Author's comments and suggestions are also given.

Keywords: CVED; Computer vision education; Digital library; National Science Foundation (NSF); National Science Digital Library (NSDL)

1 项目概述

计算机视觉,是研究使计算机通过静态图像和视频序列来理解和解释视觉信息的学科。它于20世纪50年代末60年代初出现,现在世界各地获得迅速发展。它是一门交叉学科,和图像处理、机器人视觉、医学成像、图像数据库、模式识别、计算机图形学以及虚拟现实等学科相关。在过去的几十年中,计算机视觉研究获得了极大的发展,已经走出了象牙之塔,不再仅仅是一个学术研究的领域,同时成为一种被广泛利用的技术。它的利用能够大幅度提高劳动生产率的水平。由于其交叉学科的性质,计算机视觉学科的研究对于促进工业和其他学科的进步,如多媒体、机器人技术、制造业、医药和遥感等,作用巨大。与此不相协调的是,计算机视觉教育却没有跟上时代的步伐,大多数院校对此没有很好的课程安排。为了促进计算机视觉教育的发展,同时鉴于计算机视觉是一个交叉学科,学生必须学习和整合来自数学、电子工程、信号处理、光学、物理学、心理物理学和计算理论与算法等不同领域的知识,由美国颇富盛名的斯沃斯莫尔学院发起(Swarthmore college),Bruce Maxwell 作为首席研究者(Principal Investigator),于

2002 年 9 月 1 日建立了计算机视觉教育数字图书馆(http://cved.org),其主页如图 1 所示。

图 1　计算机视觉教育数字图书馆的主页

计算机视觉教育数字图书馆(Computer Vision Education Digital, CVED)是美国国家科学数字图书馆(NSDL)的一个门户项目(Pathways projects),也是由国家科学基金会(National Science Fund, NSF)支持的一个重要项目。CVED 是一个免费的数字图书馆,它的建馆目标旨在成为美国第一个计算机视觉教育的资源集成服务系统,收集各类计算机视觉教育数字资源,促进计算机视觉教育的发展,使该数字图书馆成为在校学生、教师、科研人员、自学人士以及其他对计算机视觉感兴趣的爱好者的网络资源中心。该图书馆收集了与计算机视觉教育课程相关的资源,主要包括全世界各地计算机视觉课程的链接,相应教材的链接及评价,以及计算机视觉教师提供的作业与数据集的链接。同时作为该网站开发的一部分,2004 年秋季在一次由国家科学基金会资助的研讨会上, Kevin Bowyer、Bruce Draper、Bob Fisher、Greg Hager、Bruce Maxwell、Sudeep Sarkar、Daniel Scharstein、George Stockman、C. J. Taylor 共同编写了普通教学大纲说明(Common Syllabus Description)。该报告提供了计算机视觉课程中的常见主题分类(a breakdown of the common topics),并对每一主题建议了计算机科学和数学的背景。这一报告可在网站的主页上下载。

2　资源组织

计算机视觉教育数字图书馆收集了与计算机视觉教育课程相关的资源,主要包括全世界各地计算机视觉课程的链接,相应教材的链接及评价,计算机视觉教师提供的作业与数据集的链接以及课程主题说明,分述如下。

2.1　课程资源及组织

由于该数字图书馆主要是为计算机视觉课程的教学服务,所以课程资源是该网站收集的重点。该网站目前收集了世界各地的计算机视觉课程共 50 种,每种课程的表示方法如下:教师,所学校,类别,课程名称、相应网址和课程简介。如图 2 所示。

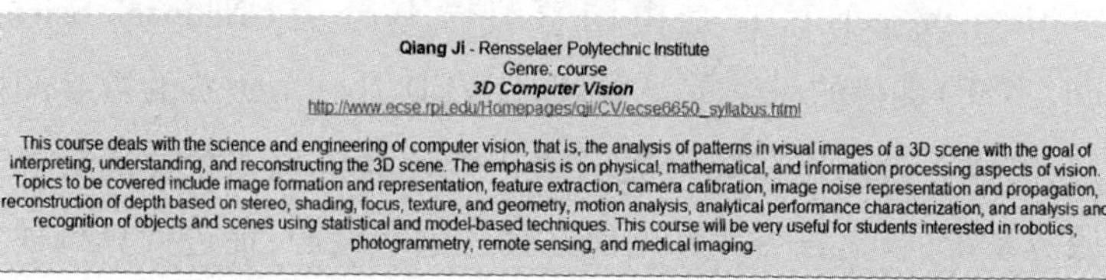

图 2　课程资源条目

对于所有课程资源,提供了四种浏览的方法,即通过姓氏(Sort by Last Name)、通过课程名称(Sort by Title)、通过机构(Sort by Institution)和通过修改日期(Sort by Date Modified)。

2.2　教材资源及组织

教材对于一门课程的重要性同样不言而喻。该网站目前收集了各种计算机视觉课程教材共 64 种(每页 10 种,最后一页 4 种),每种教材的表示方法如下:教材名称,作者,出版社,提交人。如图 3 所示。同时对于有些教材,还给出了 Average Rating。

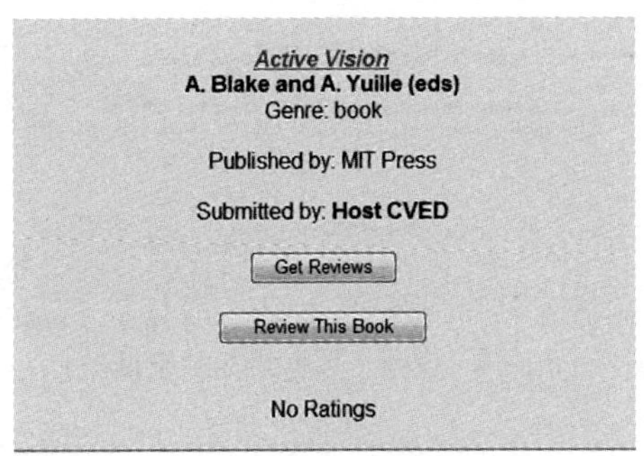

图 3　教材资源条目

对于所有教材资源，该网站也提供了四种浏览的方法，即通过教材名称（Sort by Title），通过修改日期（Sort by Date Modified），通过作者（Sort by Author）和通过出版社（Sort by Publisher）。

2.3　作业与数据集资源

组织作业与数据集是该网站收集的又一重要资源。在该网站的首页有这样一段话："在教授计算机视觉课程时一件很困难的事情就是布置良好的作业。在这个问题上，我们既有成功，也有失败。计算机视觉课程同时也是一门昂贵的课程，无论从设备方面看，还是从配置好硬件设施以及获取高质量的数据集所需要的时间看。不同的机构具有不同的能力，但很少有机构能够拥有覆盖计算机视觉课程所有主题的各种必要的资源。"可见网站的建立者对于作业与数据集资源的看重。目前该网站共收集 10 种作业与数据集资源。每种资源的表示方法如下：作者及所在高校，资源种类，资源名称，资源网址。如图 3 所示。

同时对于每一种资源，用户还可以提交匿名的评价。

上述三种资源，该网站除了提供上述浏览功能外，还在查询页面提供了查询功能。如图 5 所示，用户可以先在资源列表中选择所需资源的种类（共有 8 种，分别为课程、问题集、指导手册、图像集、评论、教材、软件和作业），然后查询的途径（共 3 种，通过名称、

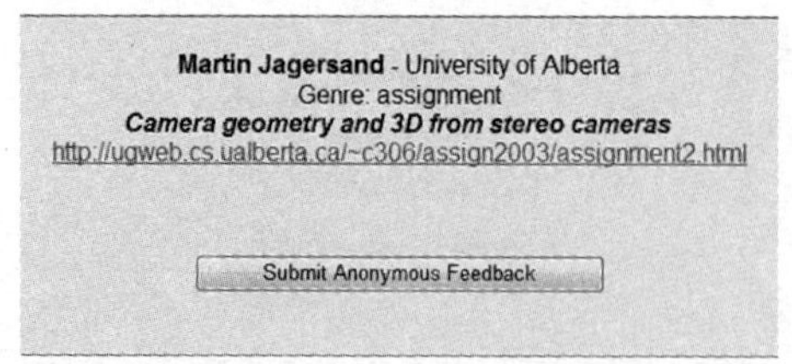

图 4 作业与数据集资源条目

所有者姓氏和提交及更新日期),然后输入关键词,点击 Submit 进行查询。另外,用户还可以选择查询结果的显示方式,如每页 10/20/50/100 个记录。

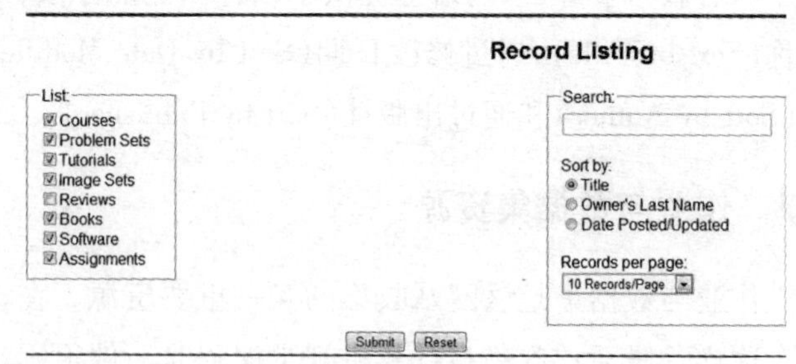

图 5 资源查询页面

2.4 课程主题说明

由于计算机视觉是一门相对较新的课程,因此对于计算机视觉课程的任课教师来说很难决定在这门课中应该教哪些主题。有鉴于此,该网站建立了课程主题说明这个页面,供计算机视觉课程的任课教师参考,同时这些主题信息对于学习这门课程的学生也有一定的参考价值。该网页包含了两类信息,一为正在被教授的主题,二为这些主题在计算机视觉课程中受欢迎的程度。其中一个主题的受欢迎程度表示的是有多少门课将该特定的主题作为教学大纲的一部分。

获取该页信息的过程如下:使用 Python 脚本语言找出所有课

程教学大纲的交集，同时记下包含主要主题列表中主题的课程门数。然后将各个主题整合到它们各自的类别中。一般认为包含在同一个类别中的主题是被一起讲授的。将类别表作为参照表来梳理课程列表，如果一门课程包含一个类别中的一个或多个主题，则认为该类别出现一次。如表 1 所示，左边一列表示类别名称，中间一列表示该类别出现在教学大纲中的次数，也即该类别主题的受欢迎程度，右边一列表示该类别出现的比例。

表 1　课程主题类别及受欢迎程度（局部）

Category Name	Frequency of Occurrence	% of Courses teaching at least one topic in category
Optical flow	10	0.385
Motion detection	3	0.115
Motion	15	0.577
aperture problem	1	0.038
sensitivity error	1	0.038
applications	8	0.308
image compression	6	0.231
tracking	11	0.423
human - computer interfaces	2	0.077
images streams	1	0.038
cameras	4	0.154
video processing	5	0.192
image processing	9	0.346
regions	2	0.077
color	10	0.385
imaging geometry	21	0.808
illumination	8	0.308

3 目标用户与特色栏目

3.1 目标用户

由于CVED是一个教育数字图书馆，为计算机视觉教育服务，其用户服务群可大体上分为以下三类：

(1)科研用户群，CVED为科研人员提供了计算机视觉论文及计算机视觉会议列表(Computer Vision Conference Listing)等链接，可以是研究人员掌握最新的研究动态；

(2)教师群，CVED为教育人士提供了丰富的计算机视觉教育资源，可以将这些资源引入课堂、实验室等教育场所，促进计算机视觉教育的普及与发展；

(3)学生群，包括高等院校学生和业余爱好者，可以利用CVED提供的丰富资源进行计算机视觉课程的学习、练习等。

3.2 用户注册及资源提交

该网站的初衷是想汇集与计算机视觉教育课程有关的资源，由于网站的创建者囿于闻见、时间的限制，不可能将所有资源收集完全。为了发挥广大用户的积极主动作用，让用户参与到资源的建设中来，该网站设计了用户注册及资源提交功能。成为注册用户后，便可提交电子资源与其他用户共享。

3.3 知识产权说明

该网站汇集了很多资源，而这些资源并不为该网站所有同时又具有知识产权，为了对他人的产权表示尊重同时为了避免可能带来的法律纠纷，因此有必要对这些资源的知识产权进行相应的说明。

4 评论与建议

计算机视觉教育数字图书馆定位于提供一个既包含各种计算机视觉教育数字资源，同时又能使相关人员贡献、共享计算机视觉教育资源的一个平台，代表了未来学科教育数字图书馆的发展方向。总体说来，CVED 基本上实现了预期的目标，即收集与计算机视觉教育课程相关的资源，包括课程资源、教材资源、作业与数据集资源和课程主题说明，为计算机视觉教育课程的发展服务。

正如该网站首页上所说，“汇集这些资源是一个尝试”。既然是尝试，就免不了有一些问题。存在的问题可以分为两个方面，一是该网站资源收集方面，二是该网站的网页设计方面。

在资源收集方面，有下面两个问题：

(1)该网站收集的资源还是偏少，特别是作业与数据集资源，仅收集了 10 种，也许这和这种类型的资源收集比较难有关；

(2)网站的更新稍显缓慢，很多都是较早之前的内容，而有关计算机视觉教育最新动态的资源则有些少。

在网站设计方面，则存在着下面的问题：

(1)在用户登录界面，选择用户时会出现一个下拉列表，显示所有已经注册的用户，用户只需选择自己的用户名，不需敲入，如下图所示。

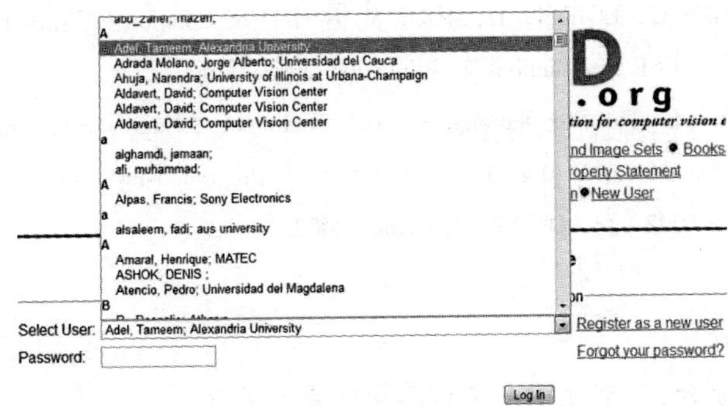

图 6　用户登录界面

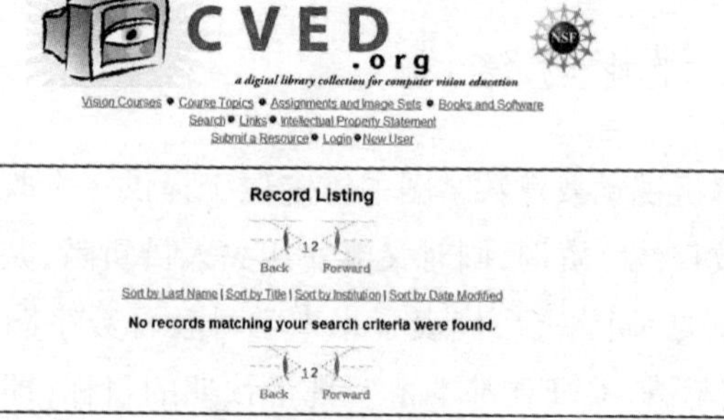

图7　空资源界面

同时这样也有一个好处,能够让一个用户获得其他用户可以公开的信息,如姓名、所在机构(高校或研究所),使得用户之间的交流成为可能。但同时也可以看到虽然用户名是按照字母排序,但这个排序很不统一,没有将首字母是A的放在一起,也没有将首字母是a的放在一起,而且A,a交叉。可以说这是该网站没有注意到而应该注意到的一个地方。

(2)在作业与数据集资源页面,点击页面2,会出现如下图所示的页面,该页中没有任何资源,会让用户感觉很奇怪。页面2没有存在的必要,应该予以删除。同样的问题也存在于课程资源页面。

参考文献

[1] Computer Vision Education Resource [OL]. [2013-06-05]. http://cved.org.

[2] BEBIS G, EGBERT D, SHAH M. Review of Computer Vision Education [J]. IEEE Transactions on Education, 2003, 46(1).

[3] ZIA L L. The NSF National Science, Technology, Engineering, and Mathematics Education Digital Library (NSDL) Program New Projects in Fiscal Year 2002 [J]. D-Lib Magazine, 2002.

作者简介

王凌云,北京师范大学信息管理系研究生。

刘莎,中央财经大学信息学院。

罗斯福数字图书馆项目
——首个实现数字化的总统图书馆

刘燕权/美国南康涅狄格州立大学
刘晓东/河北医科大学图书馆

摘　要:富兰克林·德兰诺·罗斯福图书馆&博物馆(以下简称罗斯福图书馆)是美国历史上第一个总统图书馆,以其为依托构建的罗斯福数字图书馆(The Franklin D. Roosevelt Presidential Library and Museum's digital library project)起步于20世纪90年代,是美国历史上首个实现数字化的总统图书馆项目。它向大众提供罗斯福夫妇生活及工作的历史文献,内容丰富,组织科学,设计合理,在数字图书馆历史上具有举足轻重的作用。文章将介绍该项目的历史背景、信息资源组织状况,服务和技术特点,并对该项目进行客观的评价。

关键词:数字图书馆;罗斯福数字图书馆项目;新政;第二次世界大战

The Franklin D. Roosevelt Presidential Library and Museum—The First Digitized Presidential Library

Yan Quan Liu, Ph. D./Southern Connecticut State University, USA
Liu Xiaodong/Library of Hebei Medical University

Abstract: The Franklin D. Roosevelt Presidential Library and

Museum's digital library project began in the early 1990s making it the first presidential library to have any of its items digitized. The digital library provides users sufficient information about the life and times of Franklin and Eleanor Roosevelt, which was well organized and scientifically designed. Its collection comprises of three components: printed text, current library exhibits, and audiovisual and curriculum materials. This paper explored the project based on its background, collection organization, services and technologies features. Authors' comments were also given.

Keywords: Digital library; The Franklin D. Roosevelt Presidential Library and Museum's digital library project; World War II

1 项目概述

富兰克林·德兰诺·罗斯福图书馆 & 博物馆(The Franklin D. Roosevelt Presidential Library and Museum, FDR Library)是美国历史上第一个图书馆。该馆是在美国总统罗斯福的指导下于1941年成立的,致力于"推动对罗斯福夫妇昔日生活及现世影响的研究与教育"。富兰克林·德兰诺·罗斯福图书馆和博物馆数字化计划(http://www.fdrlibrary.marist.edu/)起步于上世纪90年代,是第一个实现数字化的总统图书馆项目,由罗斯福图书馆与Marist学院和IBM有限公司联合构建:由图书馆提供实体资源,Marist负责在其主机上管理并更新数字化内容,IBM提供技术支持"这次协作是一个很好的范例,这说明联邦机构,教育机构和工业界能够共同努力,为学术研究、教育等提供支撑"(麦克米伦,1998)。罗斯福图书馆建设的原始资金来源于私人捐赠的约630万美金和联邦预算拨款的约1 750万美金。罗斯福图书馆的数字化馆藏项目主要向公众展示罗斯福及其夫人的生活,这对于研究新政和二战期间的外交政策具有重要意义。

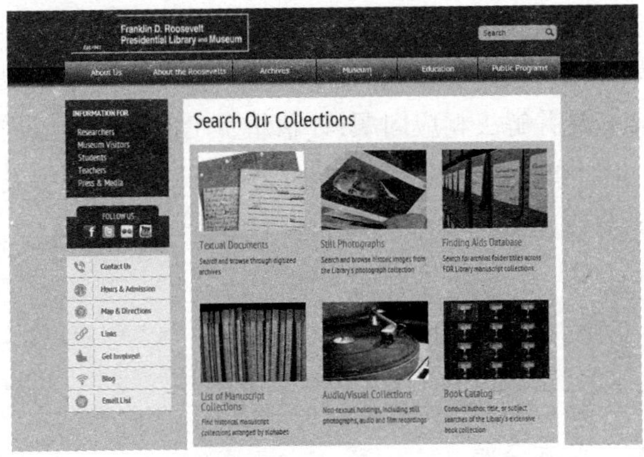

图1　罗斯福数字图书馆首页

（1）使命及成果

罗斯福数字图书馆在构建理念和现实运营方面都独具特色。Marist 学院的师生与罗斯福图书馆的工作人员合作，将历史知识、数字媒体和电脑编程有机结合，致力于将多学科数字图书馆融入人们的日常生活。他们的使命就是要建立一个宽领域多用户的数字图书馆，向大众尤其是历史系师生提供之前鲜有机会接触到的第一手资料。该项目历经多年，为社会各方展示了二战独特的魅力，也实现了多方共赢局面：罗斯福图书馆实现了其资源的大幅数字化，并使历史得以复原；Marist 学院展示了其在历史和计算机信息系统方面的优势，使其学生在运用研究技能分析并编辑历史文档的同时，提高了计算机操作水平；IBM 也通过该项目证明了其大型计算机的实力。

（2）构建团队

该项目的团队构成表明了数字图书馆运营的复杂程度：集成组负责可视化信息、Lotus Notes 软件，Domino 学习空间与浏览器的有机集合；内容组负责该馆的内容数字化；多媒体数据组负责测试数字图书馆中所有格式的多媒体数据；搜索及内容检索组负责收集检索要求并设计检索工具的外观和功能；流量管理组负责确保校园网络和通信设备能够接收数字图书馆中包括全动态视频在内的所有媒体类型;版权保护组负责版权管理;协助组负责提供其他团队所需资源并解决相应问题;评估组负责对项目全程进行评估(麦克米伦,1998)。各团队有机配合,实现了罗斯福数字图书馆的和谐运营与快速发展。

2 资源组织

2.1 实体资源

富兰克林·德兰诺·罗斯福总统是美国任职时间最长的一位总统,他连任3届总统,手中自然累积了大量文件材料。他十分重视和珍爱自己的书信和文件,不但积累了几百万件手稿,还收集了150多份世界著名领导人的讲话录音,以及200多部关于这些领导人活动的纪录影片。罗斯福总统图书馆在补充、编目和利用档案文件方面做了大量的工作。工作人员对收集起来的全部手稿和印刷文件都进行了系统整理,共分为18类,并且编制了分类目录,馆内也收藏了总统家庭成员及同事的部分文件材料。这些都为罗斯福数字图书馆提供了丰富的资源支持。

2.2 数字资源及组织

(1)文献资源

罗斯福数字图书馆是关于罗斯福夫妇及其朋友家人的重要文献储藏库。该馆藏包括1 700万多页的文献,15万多项视听内容以及5万多部书籍。[3]"罗斯福图书馆重要馆藏(The FDRL Significant Documents Collection)",主要为能够展示罗斯福夫妇1882 - 1962年间重要经历的部分历史文献,包括演讲、备忘、官方和私人信件等。"格雷斯·塔利藏品(The Grace Tully Collection)",包含了格雷斯私人收藏的总统文件和备忘,共计8 000多页文献;"总统机密文件(President's Secretary's File)”是罗斯福图书馆藏品中最重要的部分,包括罗斯福总统个人收藏的机密信件、备忘、打印资料和剪报等内容,用户可免费获取共计 13 000 部文献的扫描版和转译版;“海克特档案(Hackett Papers)”主要涉及总统私人律师 Henry T. 和 John Hackett 的情况,内容来自海克特档案、总统私密文档和政府文件等。

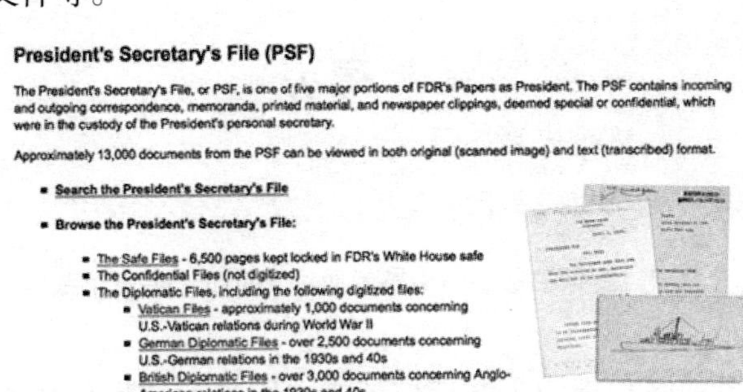

图 2　罗斯福数字图书馆总统机密文件

总统机密文件构成了主要馆藏,包括“安全文档(藏于白宫的重要文档,共计 6 500 多页)”和“外交文档(包括梵蒂冈文件、德国和英国外交文件,共计 6 500 多份)”等已经实现数字化的资源,以及“机密文件”、“部门文件”和“主题文献”等正在进行数字化的内容。“安全文档”分为六大板块,各设索引和内容介绍,下设子文档的索引目录。“外交文档”被组织为系列文件夹,并设索引。其元数据包括网址、文件类型、大小、数据增删、编码和其他信息。元标签包括读者、所有者、关键词、出版商、内容类型和描述信息等。该数字图书馆提供全天候服务,包括文档的全文搜索、水印验证和下载等项目。

(2)多媒体资源

图书馆的数字化视听资源分为三个主要类目,包括历史图片、动态影像片段和音像片段。图片又进一步分为三个主题,分别为富兰克林罗斯福和埃莉诺罗斯福、大萧条和新政,以及第二次世界

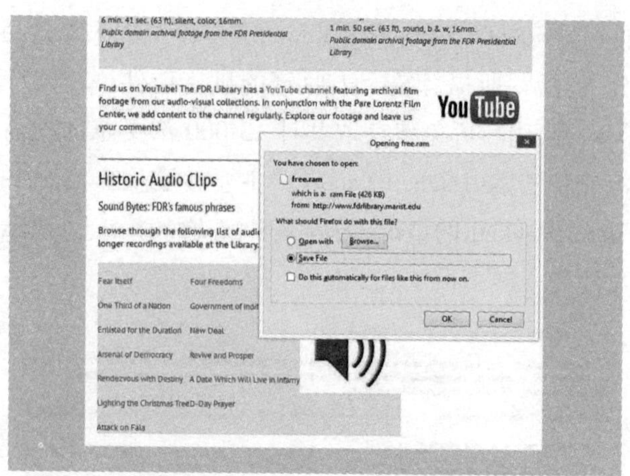

图3 罗斯福数字图书馆者通过 YouTube 展示馆藏

大战,所有的图片都为公共获取范围。图片元数据包括图书馆分类号和标题信息等内容,大众可以免费在数字图书馆浏览到数以千计的珍贵图片。[4]音视频片段数量有限且仅提供实体馆的部分简短内容,其中仅有罗斯福总统的十三段讲话录音,设标题描述。影像片段提供标题和日期描述,同时包括影片时长、类型、有无音轨、色彩等信息。[6]

视听资源可从主要网站直接下载,通过 RealPlayer 展示。读者也可通过 YouTube 和 Flickr 观看所选的图像和音频可视资源。

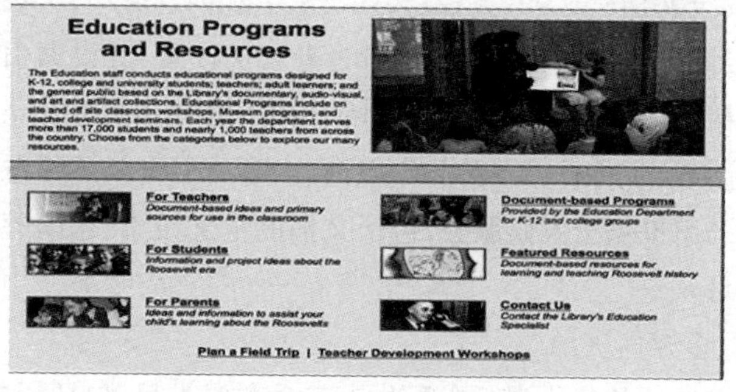

图4 罗斯福数字图书馆教育版面

(3)其他资源

课程资源可以从“教育项目”、“资源”板块及博物馆页面的“最新展品”板块获取。“罗斯福说唱”等内容以说唱的形式向师生展示了罗斯福夫妇的生活和工作情况。[5] 该数字图书馆提供在线书目,帮助用户浏览和检索高达 22 000 多份文档。“新政导引”则直接将用户带入图书馆中关于新政的各项资源。[8]

3 信息服务

罗斯福数字图书馆是实体图书馆的数字化表现,网页以红蓝作为主色调,布局简洁规整。页面左侧上方设立快速通道,按用户类型指引信息资源。下方导航栏提供网站的联系方式、图书馆工作时间与部门分布、网页导引、合作伙伴、捐助者、加入方式、博客和常见问题等内容。页面导航提供关于我们、关于罗斯福、档案馆、博物馆、教育、公共项目和博物馆商店等主要内容。

3.1 浏览和检索

用户可以通过数字图书馆主页面获取数字馆藏。网站的主页面提供“检索资源”,主要分为“在线检索”和“个人研究”功能。其中用户可以通过“在线检索”获取“搜索帮助”、“馆藏目录”、“数字化历史资源”、“在线书目”、“最新资源”、“音/视频馆藏”和“新政资源”等服务,检索结果默认以相似度排列,也可通过时间和标题重排。检索图片时,用户可通过限制日期缩小检索范围提高检准率。在线书目允许用户通过作者、标题和主题进行检索,高级检索功能则允许用户按资源类型进行检索。“个人研究”则向用户提供到馆检索预约、检索辅助等实体馆服务指导。用户还可以浏览罗斯福在任期间日程列表、原始版或转录版的文档内容。关于罗斯福夫妇的简介放置在页面底层,帮助用户快速了解该馆特色。另外,用户也能通过“询问馆员”接受专业指导服务。

3.2 社交网络服务

罗斯福数字图书馆提供包括Facebook、Twitter、Flickr、YouTube等在内的多种社交网站入口。数字化的图片能通过Flickr获取，用户可随意打印所需照片，图书馆也提供图片的印制与扫描。[4]该馆在YouTube上有独立页面，与网站同步提供视频资料，用户可免费获取并发表评论。

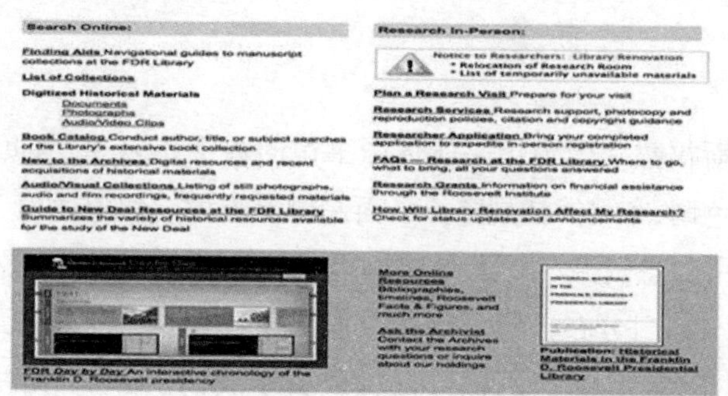

图5 罗斯福数字图书馆检索页面

4 技术支持

4.1 应用设备

罗斯福数字图书馆的后台技术是在Marist学院和IBM共同合作下实现的。该项目使用IBM DB2通用数据库构建，基于Marist's IBM ZSeries eServer平台，应用客户端/服务器技术。它在S/390主机上运行服务器，由Mandarin M3 OPAC系统为用户提供检索界面实现作者、标题和主题等检索。现阶段，大多数的数字图书馆都依托于可扩展的硬件，使数字图书馆可以收集到的信息更多，自身处理能力更强。Marist学院、IBM和罗斯福图书馆也承诺，要为全球数百万的用户保护罗斯福总统的珍贵遗产。

4.2 文件格式

用户可以通过任何可联网的计算机进入罗斯福数字图书馆，站内链接实现了多种数字资源的浏览和获取。数字化的图片以GIF格式储存，文件以HTML格式存在，每一个文件和图片都有唯一的应用HTTP的网址。音频文件以.RM格式存储并使用RealPlayer播放。视频资料由YouTube管理运营，使用Adobe Flash Player播放。网站的交互功能使用IS0－8859－1编码技术实现，它拓展了ASCⅡ中的欧洲语系。

5 不足之处及有关建议

总体来说，罗斯福数字图书馆的数字资源为社会提供了丰富而珍贵的历史资料。尽管目前有13个总统图书馆，罗斯福图书馆的独特之处有两个方面：它是第一个总统图书馆，同时也是第一个在任总统期间新建的总统图书馆。相比于其他数字图书馆来说，虽然其馆藏数量不大，但其数字化进程从未间断。就目前数字化进程来说，罗斯福数字图书馆组织合理，布局科学，它可以方便用户直接快速获取所需资源。但其在提供信息服务的过程中也不可避免地存在一些问题：(1)在其数字化过程中，部分影印内容过于模糊难以辨别，质量较差；(2)网站中存在部分死链，不能准确有效地指向所在内容；(3)数字图书馆中的部分数据库内容和馆藏内容重复，占用有效空间；(4)网站的检索界面友好性不足，提供的检索选项较少，影响用户的检索精确性。在未来的发展中，罗斯福数字图书馆应发挥其主要优势，如架构清晰，入口丰富，等级式导航直观便捷，提供多种类型数字资源满足用户多方面需求等。同时，应积极推动数字化进程，增加数字资源，丰富资源类型，多角度展示历史原貌，以期更好地为大众提供高质量的信息服务。罗斯福数字图书馆意在为全世界提供珍贵的开放性资源，其发展对于数字图书馆的资源建设具有重要意义。它将高校、企业和图书馆的发展有机结合在一起,探索数字图书馆发展的新道路,我们相信,在未来的发展过程中,罗斯福数字图书馆将会为学术研究和社会发展作出更大贡献。

参考文献

[1] BLACK A. The Franklin D. Roosevelt Presidential Library and Museum Digital Archive. George Washington University. Washington D. C. [EB/OL]. (2005) [2011 - 07 - 15]. http://historymatters. gmu. edu/d/3044/.

[2] CHOWDHURY G, CHOWDHURY S. Introduction to digital libraries [M]. London: Facet Publishing, 2007.

[3] Franklin D. Roosevelt Library. About the FDR Presidential Library [EB/OL]. [2011 -07 -14]. http://lxfdrweb. it. marist. edu/library/index. html.

[4] Franklin D. Roosevelt Library. Digitized Historical Photographs [EB/OL]. [2011 - 07 - 14]. http://lxfdrweb. it. marist. edu/archives/collections/photographs. html.

[5] Franklin D. Roosevelt Library. For Students [EB/OL]. [2011 -07 -14]. http://lxfdrweb. it. marist. edu/education/students. html.

[6] Franklin D. Roosevelt Library. Multimedia Selected Clips [EB/OL]. [2011 -07 -14]. http://lxfdrweb. it. marist. edu/archives/collections/av-clips. html.

[7] Franklin D. Roosevelt Library. Online Historic Documents [EB/OL]. [2011 - 07 - 14]. http://lxfdrweb. it. marist. edu/archives/collections/documents. html.

[8] Franklin D. Roosevelt Library. Search Our Collection [EB/OL]. [2011 - 07 - 14]. http://lxfdrweb. it. marist. edu/archives/collections. html.

[9] Franklin D. Roosevelt Library. The Safe Files [EB/OL]. [2011 - 07 - 14]. http://docs. fdrlibrary. marist. edu/psf/box1/.

[10] Franklin D. Roosevelt Library. The Grace Tully Collection [EB/OL].

(2011)［2011－07－14］. http://lxfdrweb. it. marist. edu/archives/collections/tully. html.

［11］ VITSE C. Marist and the mainframe［J/OL］. IBM Systems Magazine, 2010(7)：1－4［2011－07－15］. ftp://public. dhe. ibm. com/common/ssi/ecm/en/zs103018usen/ZS103018USEN. PDF.

作者简介

刘晓东，女，硕士研究生，河北医科大学图书馆。Email：bnugyliuxiaodong@126. com

索　引

INDEX

Computational Science Education Reference Desk 计算机科学教育咨询平台

Computer science technology 计算机科学技术

Computer vision education 计算机视觉教育

Concept map 概念地图

Computer vision education 计算机视觉教育

Contend management system 内容管理系统(CMS)

Copyright agreement 著作权协议

Council of American Overseas Research Centers 美国海外研究中心委员会

Culture 文化

Cuneiform 楔形文字

D

Demography 人口统计

Digital Integrated Systems 数字集成系统

Digital library 数字图书馆

Digital Library for International Research，国际研究数字图书馆

Digital Library Initiative II 数字图书馆先导计划项目 II

Digital resources 数字资源

Digitization 数字化

Digitization collection 数字化藏书

Dspace 数字空间

E

Earth education 地球教育

Earth Exploration Toolbook 地球探测工具书

Earth system 地球科学

Electronic journal 电子学术期刊

ESkeletons 电子骨骼

Evaluation and Development Institute 美国评价发展学会(EDI)

Experiment materials 实验素材

F

Free E – book collection 免费电子藏书

G

Gateway to Educational Materials 教育资源门户(GEM)

Gender equality 性别平等

Genealogical Research 族谱研究

H

History 历史

HP Labs 惠普公司实验室

I

Image resource 图像资源

Image resource 图像资源

Indiana University Digital Library Program 印第安纳大学数字图书馆项目(IU DLP)

IPA 图像处理技术

J

Japan 日本

K

K – 12 Education 中小学教育

K – 12 educational resources K – 12 教育资源

Kentucky 肯塔基

L

Lab experience 实验室经验

Linguistics 语言学

M

Macaulay Library 麦考利图书馆

Materials 材料

Materials Digital Library 材料数字图书馆(MatDL)

MathDL 数学数字图书馆

Mathematical Association of America 美国数学协会(MAA)

Math Gateway Resource integration 数学门户资源整合

MatML 材料属性标识语言(MatML)

Marine Mammal Commission 海洋哺乳动物委员会(MMC)

Medicine and life sciences 生物医学

MIC, Moving image 动态图像

Middle school education 中学教育

MIT Library 麻省理工学院图书馆

Moving image Collections 动态图像图书馆

Multilanguage 多语种

Multimedia education 多媒体教学

N

NASA 美国航空航天局

NEA 美国国家教育协会

NGSW 国家声音展馆

NSDL 美国国家科学数字图书馆

NSF 美国国家科学基金会

Nuclear Pathway 核路径

Nuclear science 核科学

O

Oceanic and Atmospheric 海洋与大气

Open Source 开源软件

Oral history 口述历史

P

Pedagogy education resources 教学教育资源

Project Gutenberg 古腾堡项目

Psychology education 心理学教育

Psychology laboratory 心理学实验室